60 JAHRE CHAMPIONS LEAGUE

DIE GRÖSSTEN TRIUMPHE
DIE SPEKTAKULÄRSTEN SIEGE
DIE LEGENDÄRSTEN SPIELER

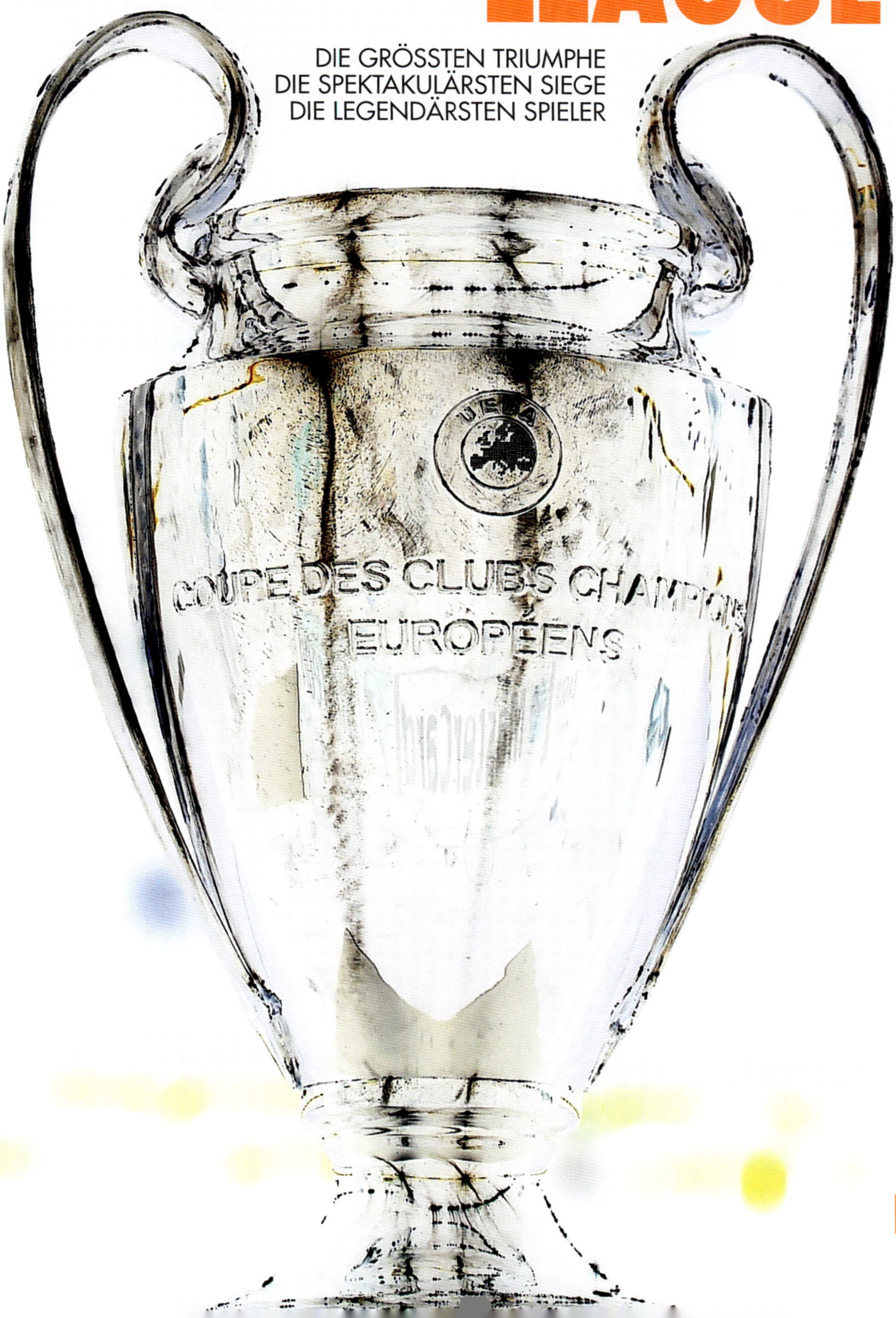

riva

IMPRESSUM

Bibliografische Information der Deutschen Nationalbibliothek: Die Deutsche Nationalbibliothek verzeichnet diese Publikation in der Nationalbibliografie; detaillierte bibliografische Daten sind im Internet über http://d-nb.de abrufbar.

Für Fragen und Anregungen: info@rivaverlag.de

1. Auflage 2016

ein Imprint der Münchner Verlagsgruppe GmbH
Nymphenburger Straße 86
D-80636 München
Tel.: 089 651285-0 | Fax: 089 652096

Projektkoordination/Realisation: SPOBUCOM, München
Autor: Ulrich Kühne-Hellmessen, Schondorf
Redaktion: Klaus Feuerherm, Berlin
Lektorat: Heike Margarete Worm, Eckernförde
Statistik: deltatre, München
Fotos: Picture alliance (dpa), Umschlagfoto (Getty Images)
Grafik/Layout: Véronique de Céa, Berlin
Druck: Florjancic Tisk d.o.o., Slowenien
Printed in the EU

ISBN Print 978–3–7423–0008–9
ISBN E-Book (PDF) 978-3-95971-369-6
ISBN E-Book (EPUB, Mobi) 978-3-95971-368-9

Weitere Informationen zum Verlag finden Sie unter www.riva-verlag.de
Beachten Sie auch unsere weiteren Verlage unter
www.muenchner-verlagsgruppe.de

INHALT

EDITORIAL

Liebe Leser,

es ist Mittwoch, die Uhr rückt auf 20.45 Uhr, der Puls steigt. Es ist Champions League-Time.

Was unter Ausschluss der (TV-)Öffentlichkeit begann, wird heute zum Straßenfeger. Über 150 Millionen Menschen in aller Welt sehen das Finale. Damit hat die Champions League sogar den Super Bowl übertroffen und ist zum größten Sportereignis der Welt geworden.

Da ist es an der Zeit, den Fußballfan mit erstklassigem Lesestoff zu bedienen. Mit Siegern und Verlierern, mit Porträts über die Superstars, die keiner von uns mehr spielen sah. Aber Alfredo Di Stéfano oder Eusébio haben dafür mitgeholfen, den Wettbewerb groß zu machen. Heute fiebern wir mit Stars wie Ronaldo oder Messi, Thomas Müller oder Reus.

Der Geburtstag – die Champions League wurde in diesem Jahr 60 Jahre alt – ist Anlass, die Triumphe und Tragödien noch einmal zu erzählen, die Katastrophe von Heysel ebenso wie den Torfall von Madrid oder den Guttmann-Fluch, der auf Benfica Lissabon lastet. Es sind Episoden und Anekdoten, packende Momente und spektakuläre Szenen der besten Fußballer der Welt.

Viel Spaß beim Lesen wünscht

ULRICH KÜHNE-HELLMESSEN
(Autor und Herausgeber)

FC BAYERN MUENCHEN

1974

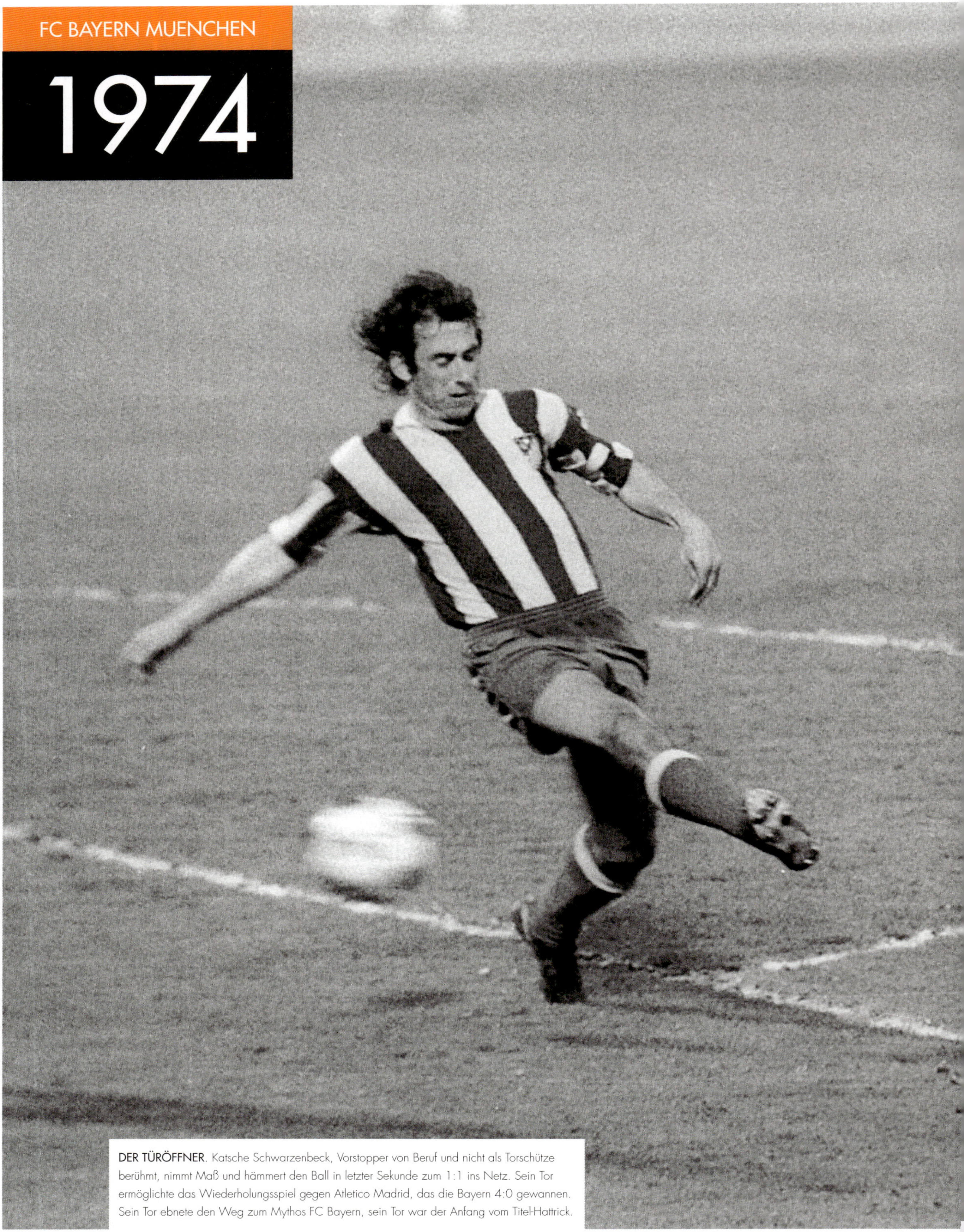

DER TÜRÖFFNER. Katsche Schwarzenbeck, Vorstopper von Beruf und nicht als Torschütze berühmt, nimmt Maß und hämmert den Ball in letzter Sekunde zum 1:1 ins Netz. Sein Tor ermöglichte das Wiederholungsspiel gegen Atletico Madrid, das die Bayern 4:0 gewannen. Sein Tor ebnete den Weg zum Mythos FC Bayern, sein Tor war der Anfang vom Titel-Hattrick.

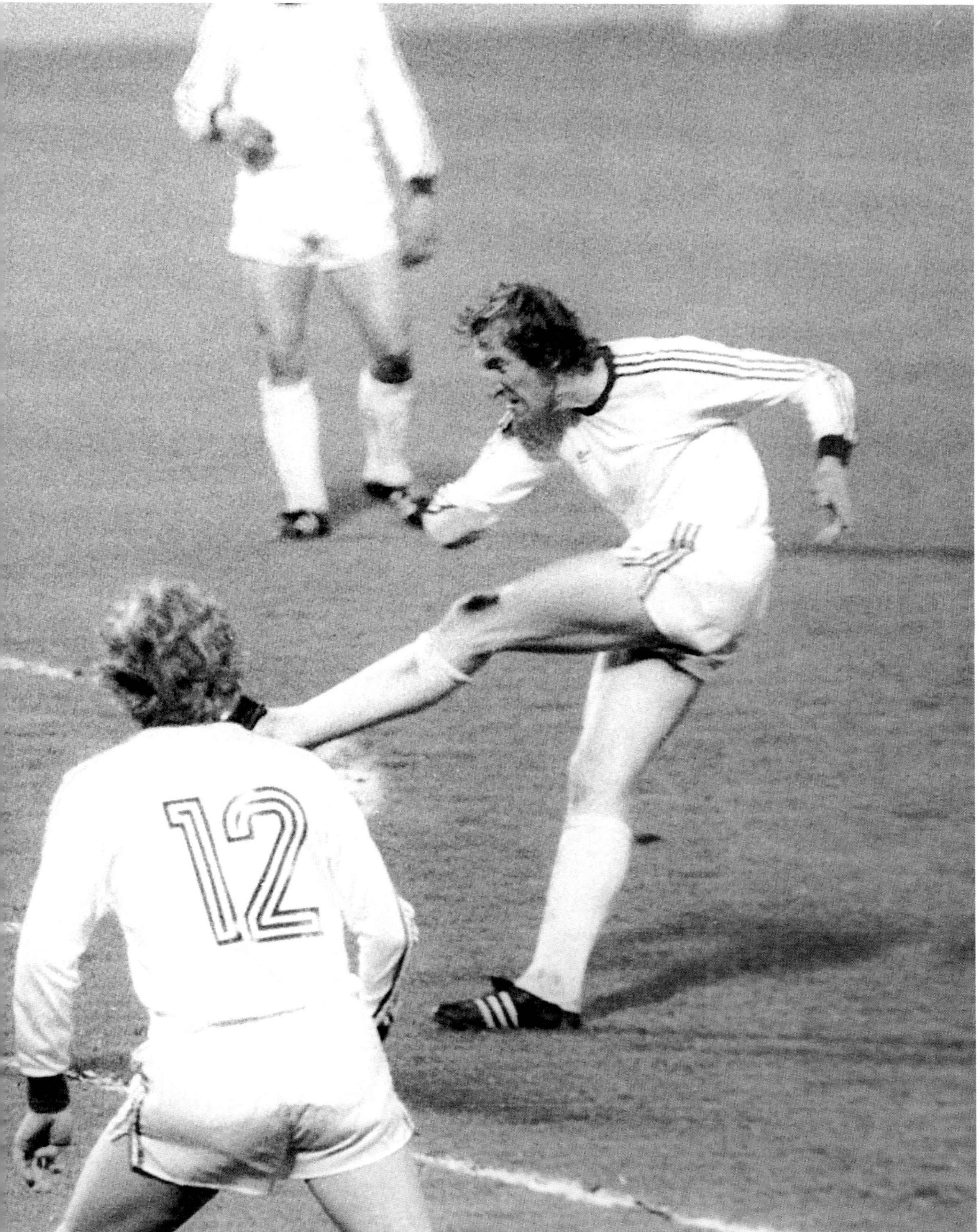

FC BAYERN MUENCHEN

1975

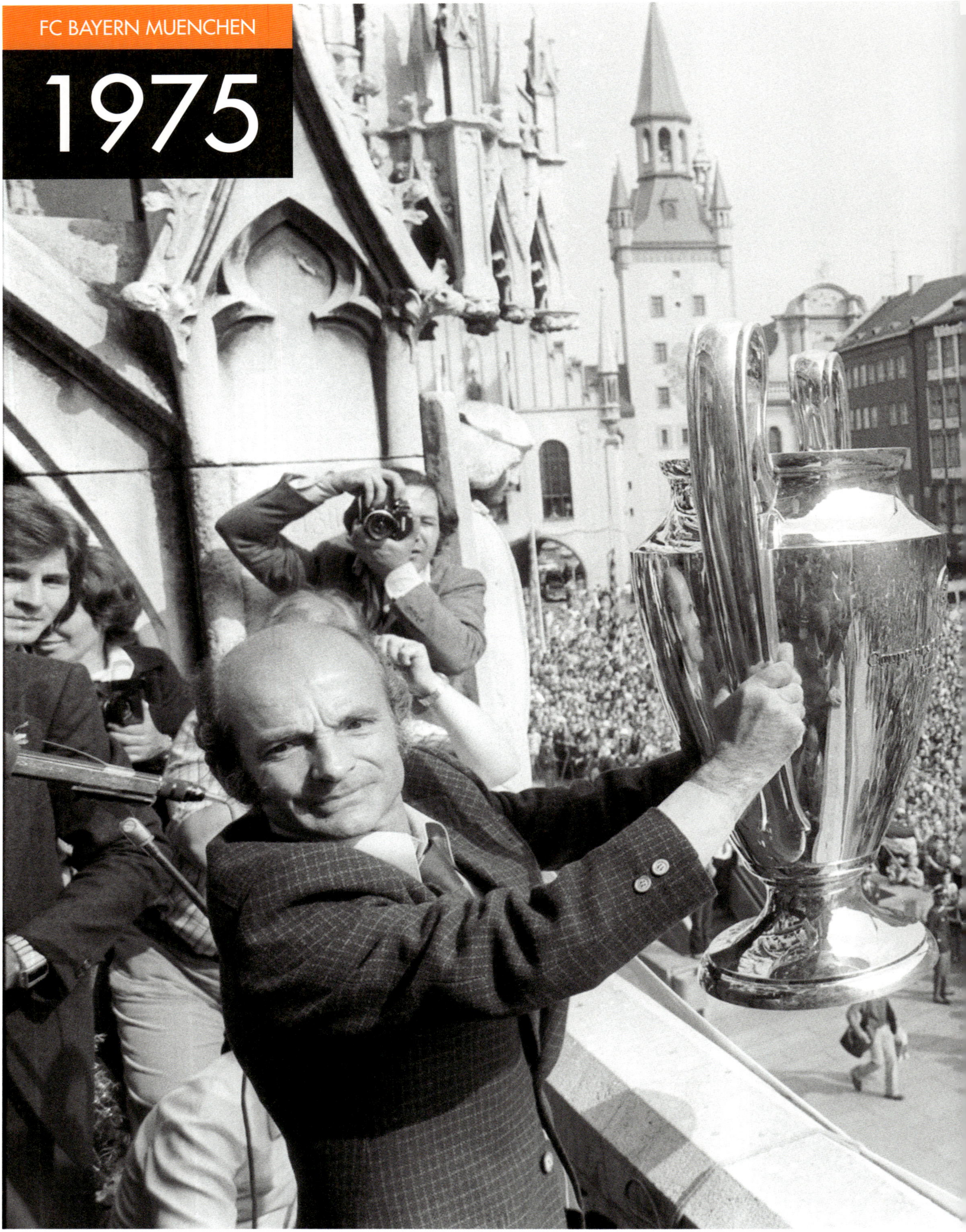

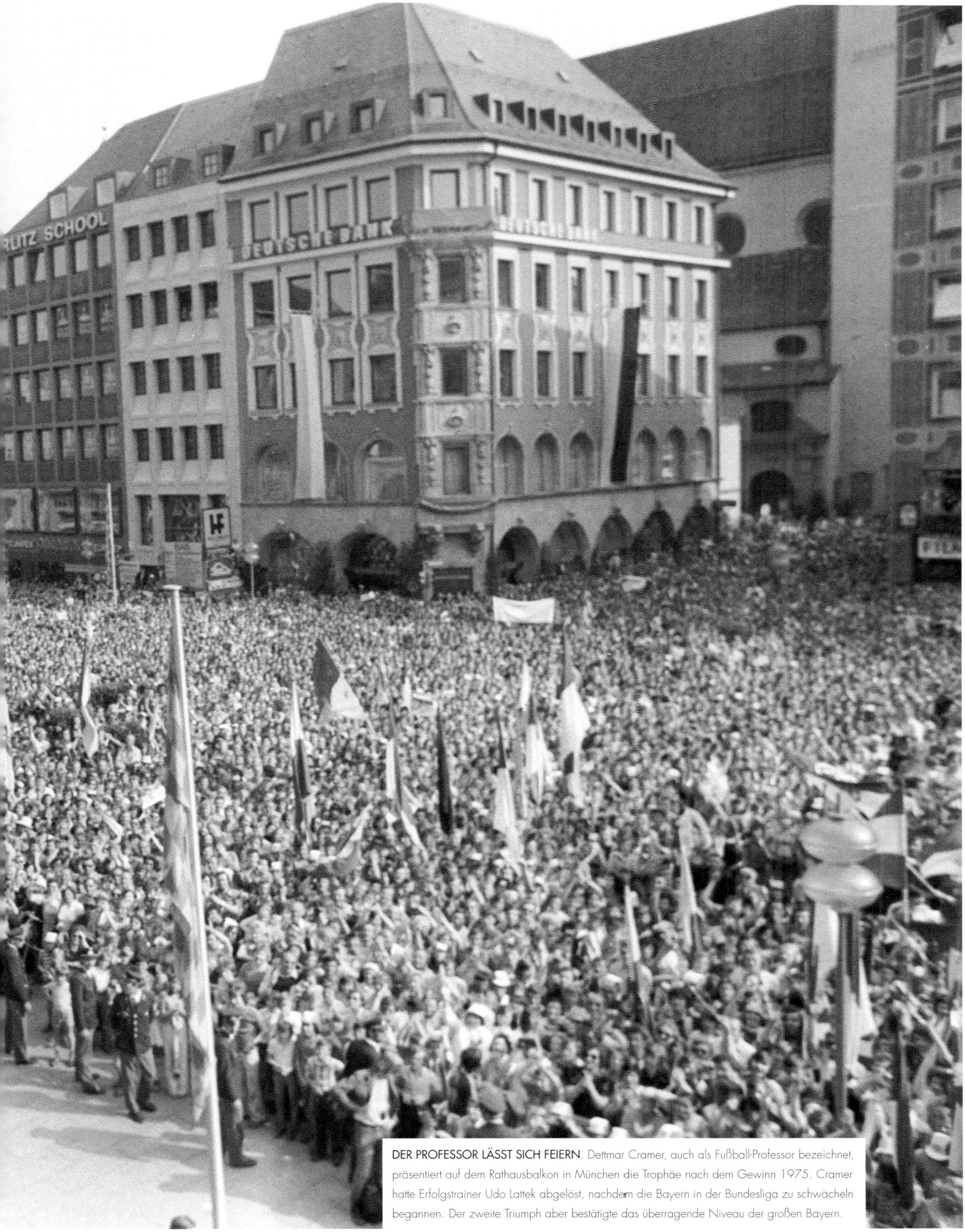

DER PROFESSOR LÄSST SICH FEIERN. Dettmar Cramer, auch als Fußball-Professor bezeichnet, präsentiert auf dem Rathausbalkon in München die Trophäe nach dem Gewinn 1975. Cramer hatte Erfolgstrainer Udo Lattek abgelöst, nachdem die Bayern in der Bundesliga zu schwächeln begannen. Der zweite Triumph aber bestätigte das überragende Niveau der großen Bayern.

FC BAYERN MUENCHEN

1976

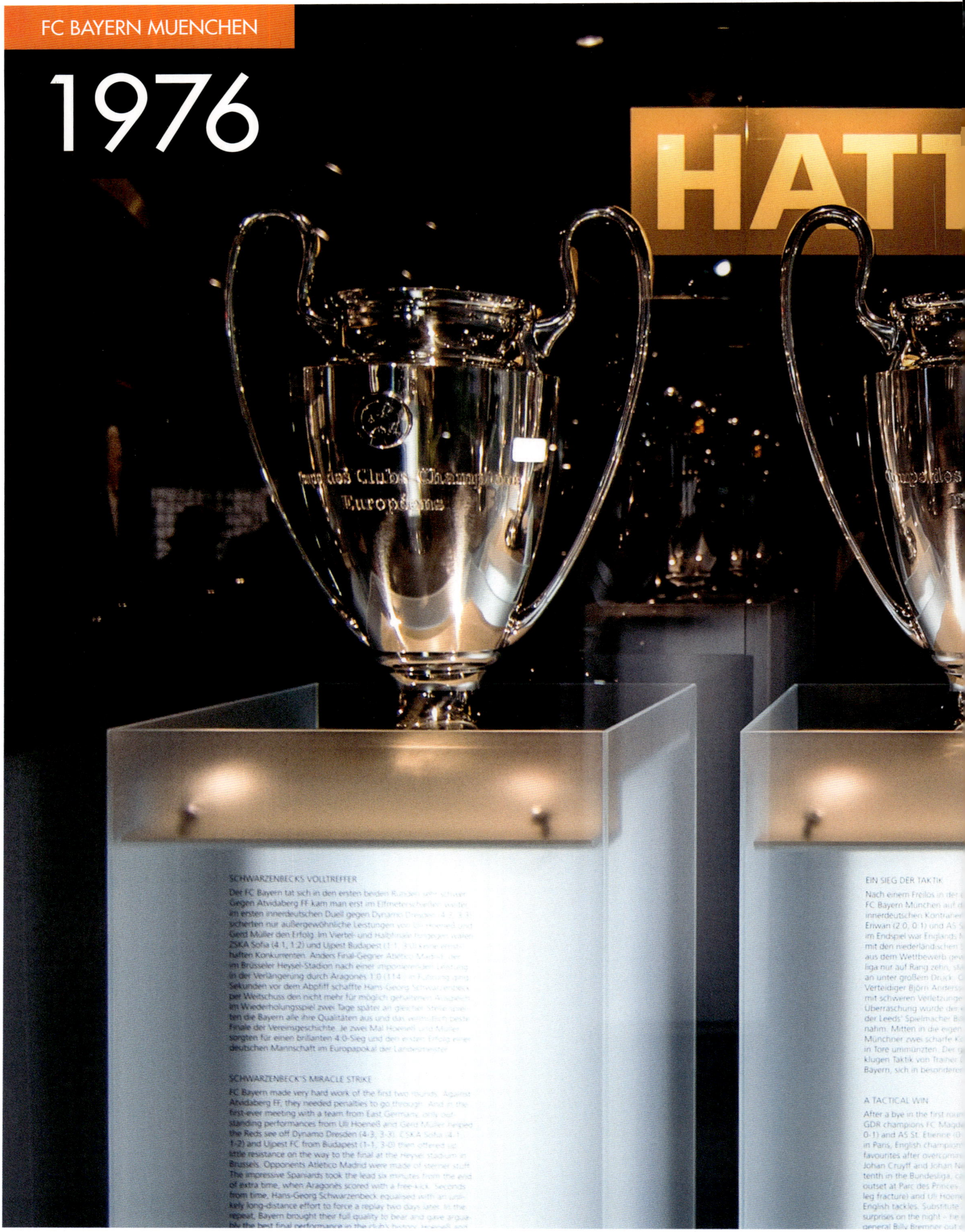

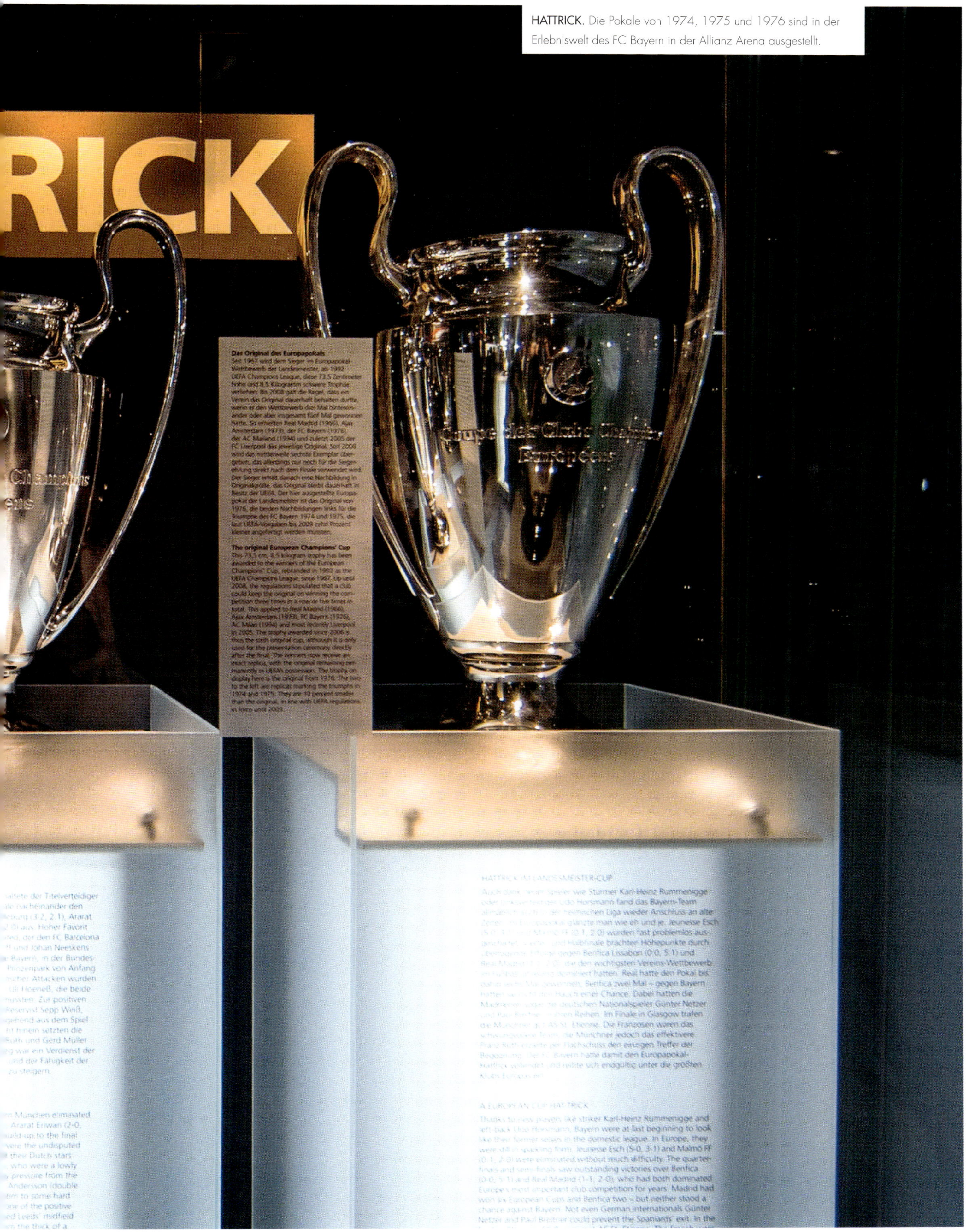

HATTRICK. Die Pokale von 1974, 1975 und 1976 sind in der Erlebniswelt des FC Bayern in der Allianz Arena ausgestellt.

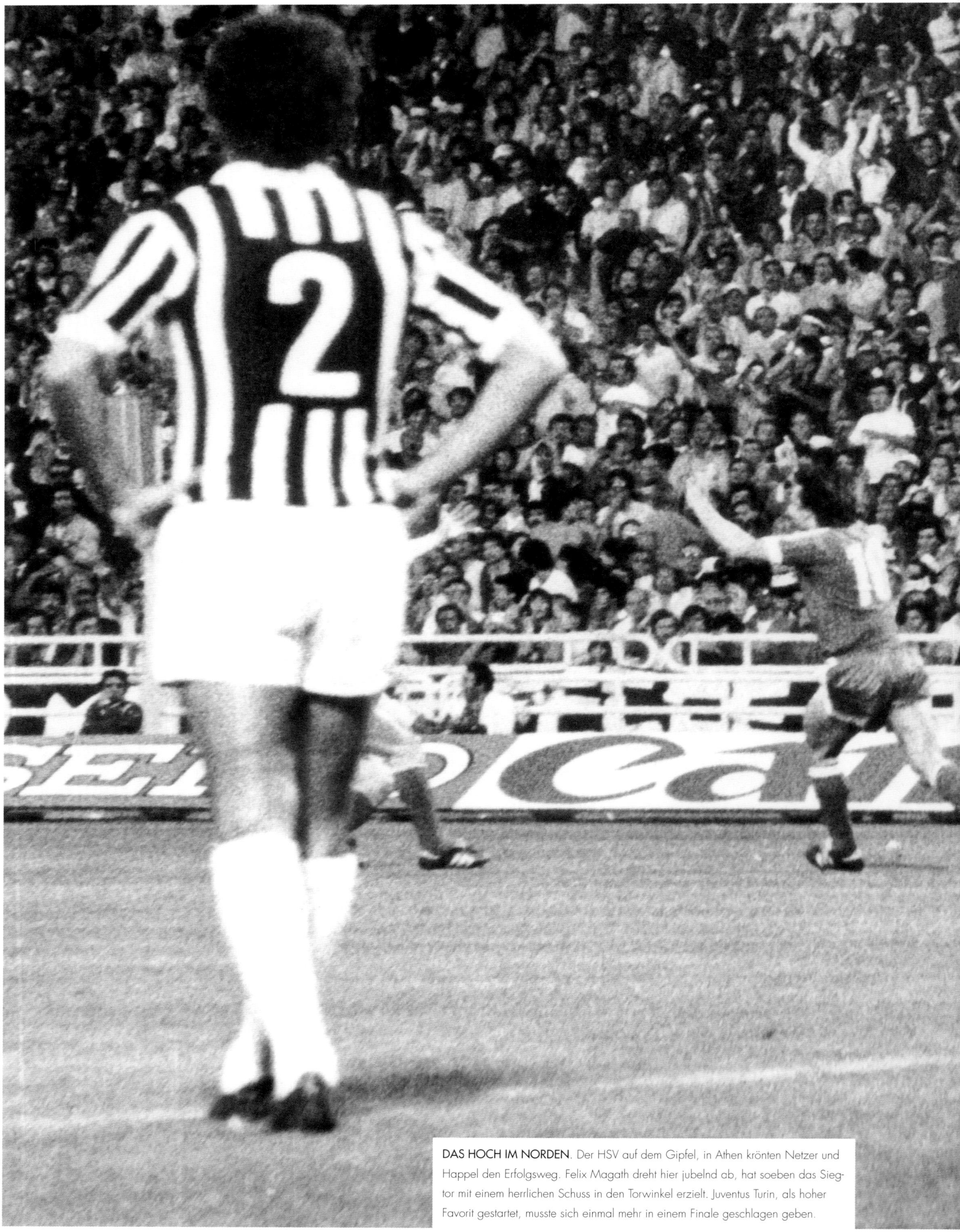

DAS HOCH IM NORDEN. Der HSV auf dem Gipfel, in Athen krönten Netzer und Happel den Erfolgsweg. Felix Magath dreht hier jubelnd ab, hat soeben das Siegtor mit einem herrlichen Schuss in den Torwinkel erzielt. Juventus Turin, als hoher Favorit gestartet, musste sich einmal mehr in einem Finale geschlagen geben.

HAMBURGER SV

1983

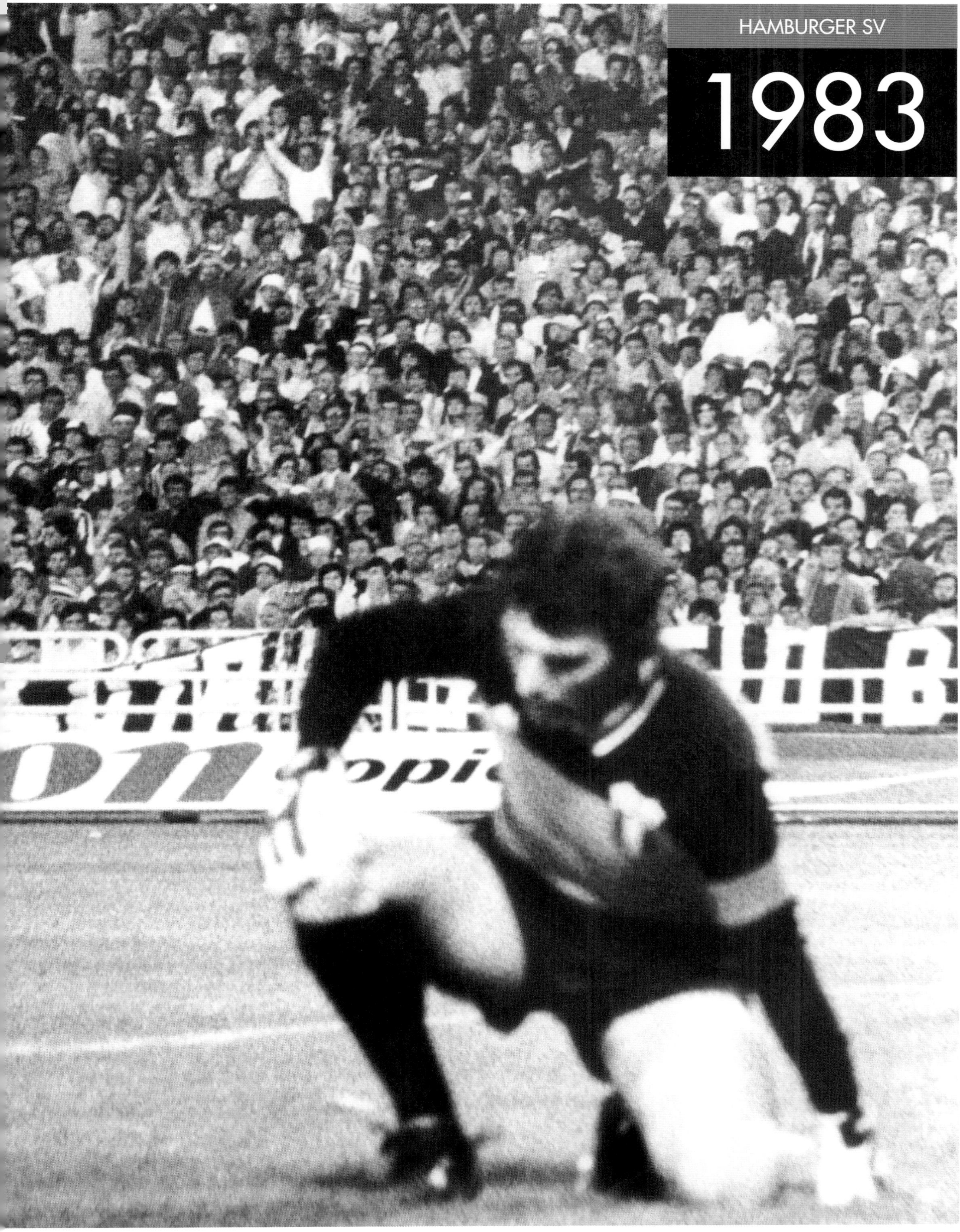

BORUSSIA DORTMUND

1997

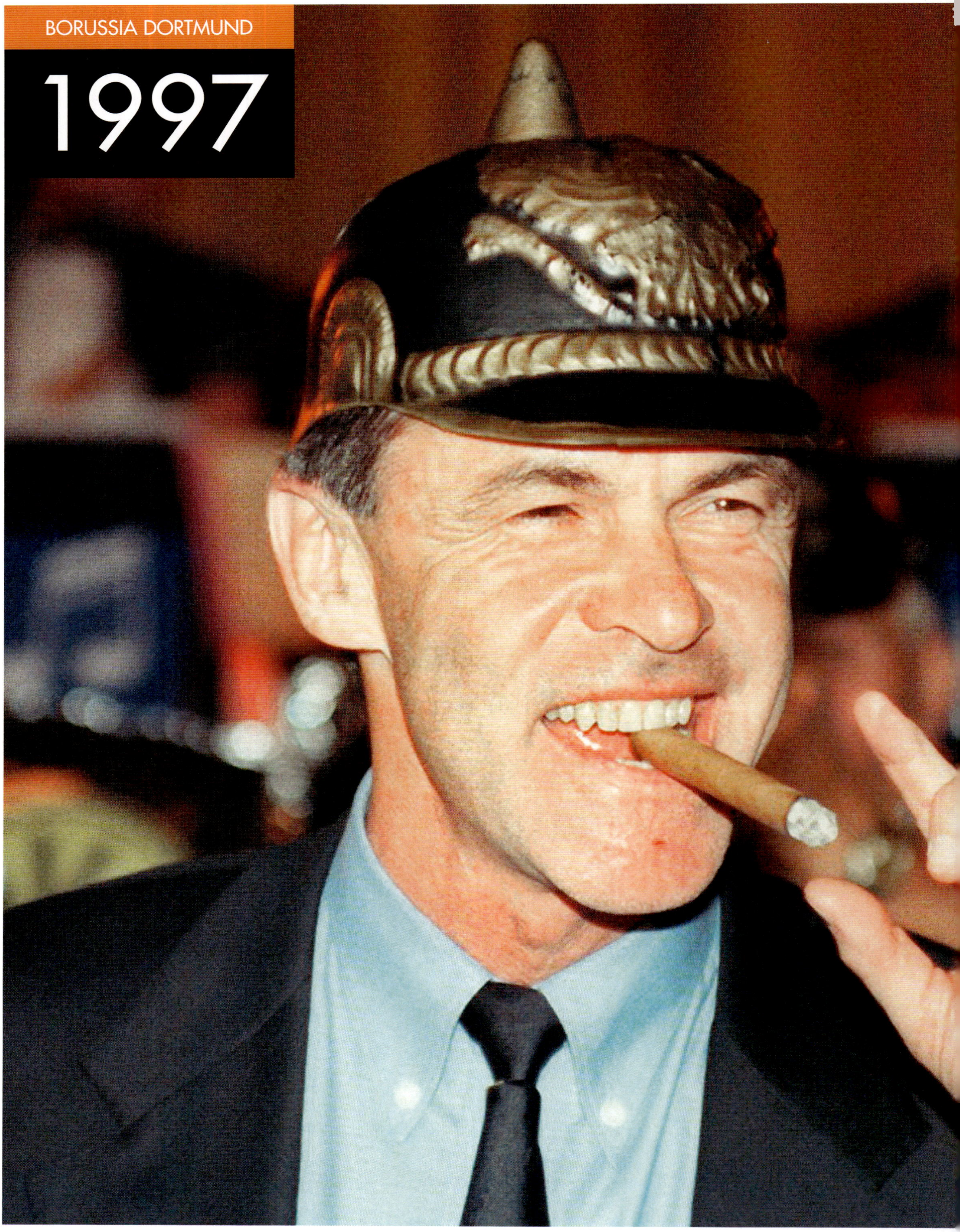

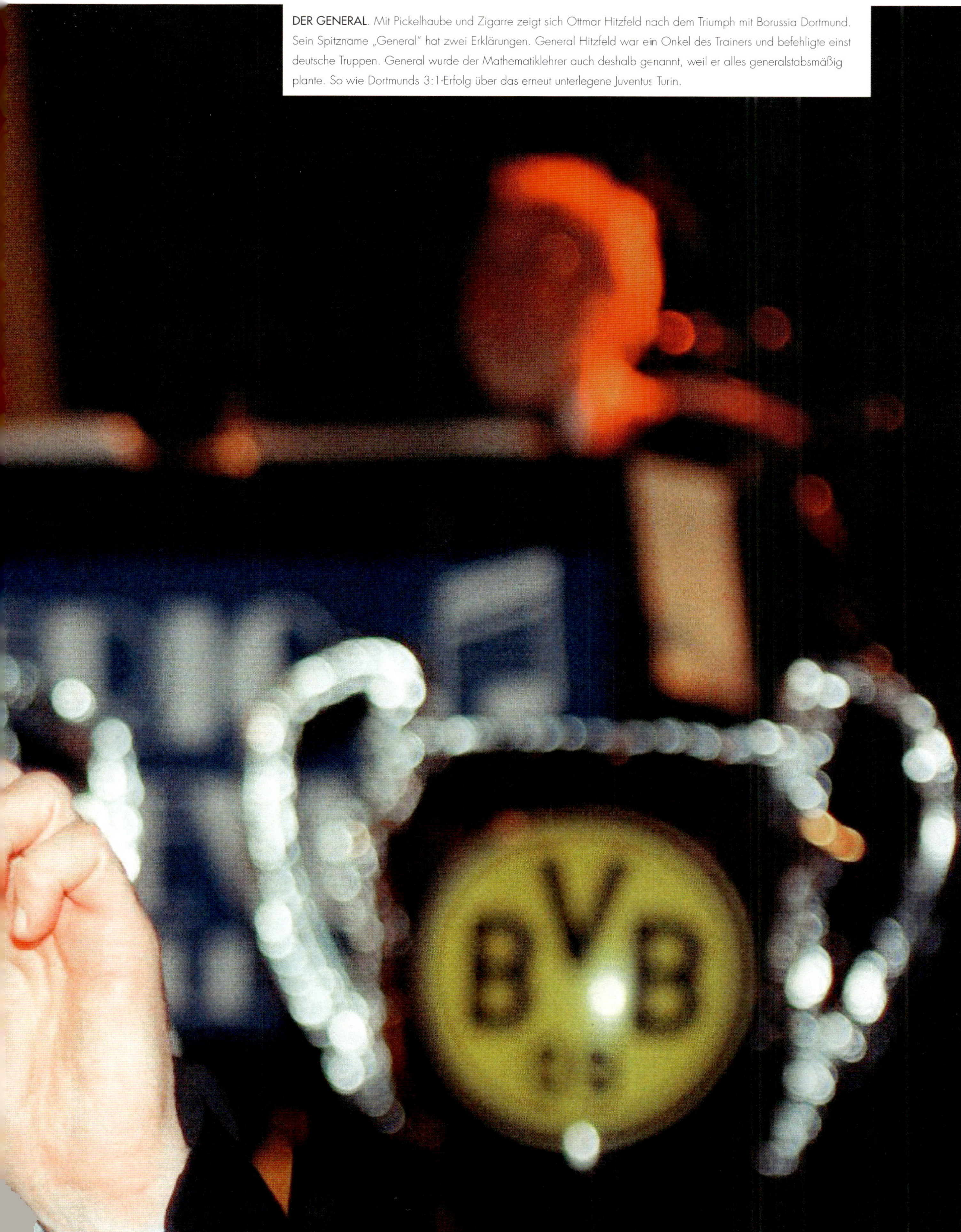

DER GENERAL. Mit Pickelhaube und Zigarre zeigt sich Ottmar Hitzfeld nach dem Triumph mit Borussia Dortmund. Sein Spitzname „General" hat zwei Erklärungen. General Hitzfeld war ein Onkel des Trainers und befehligte einst deutsche Truppen. General wurde der Mathematiklehrer auch deshalb genannt, weil er alles generalstabsmäßig plante. So wie Dortmunds 3:1-Erfolg über das erneut unterlegene Juventus Turin.

FC BAYERN MUENCHEN

2001

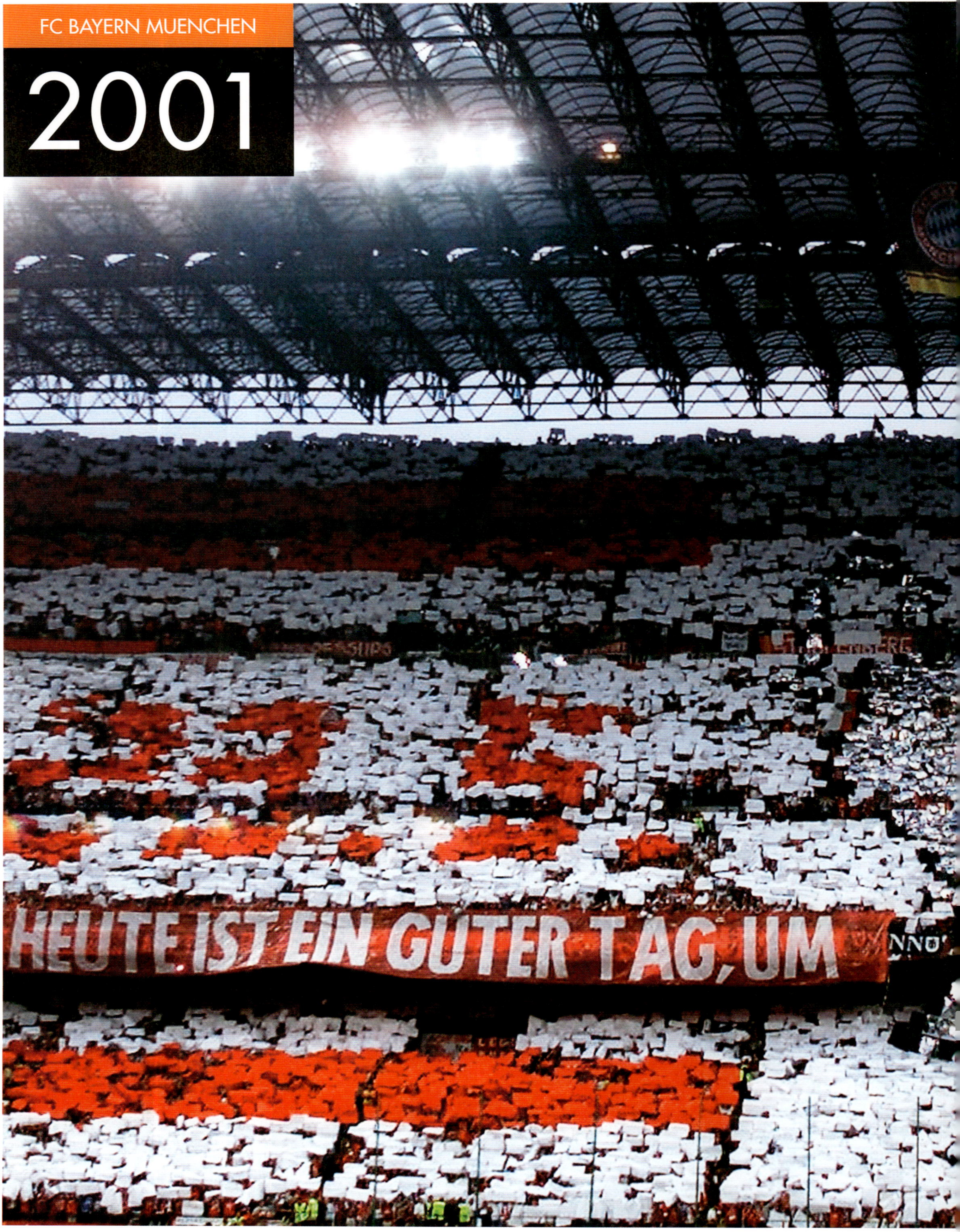

ENDE DER FLAUTE. Die Bayern-Fans zeigen an jedem 23. Mai ein gutes Gespür. 25 Jahre nach dem letzten Titelgewinn klettern die Bayern wieder auf Europas Thron, gewinnen gegen den FC Valencia im Elfmeterschießen die Champions League. Für Trainer Ottmar Hitzfeld ist es der zweite Triumph nur vier Jahre nach dem Sieg mit Dortmund.

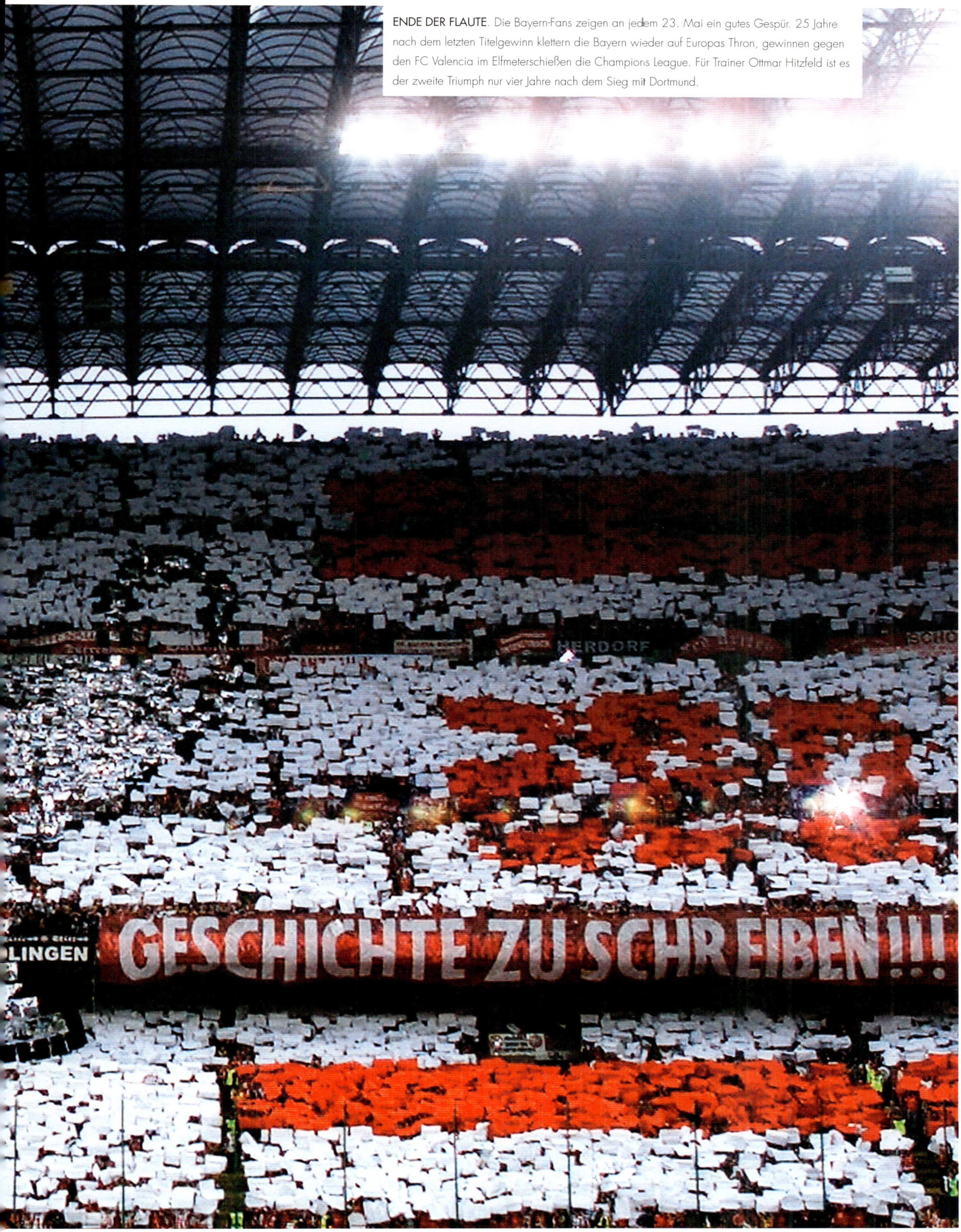

FC BAYERN MUENCHEN

2013

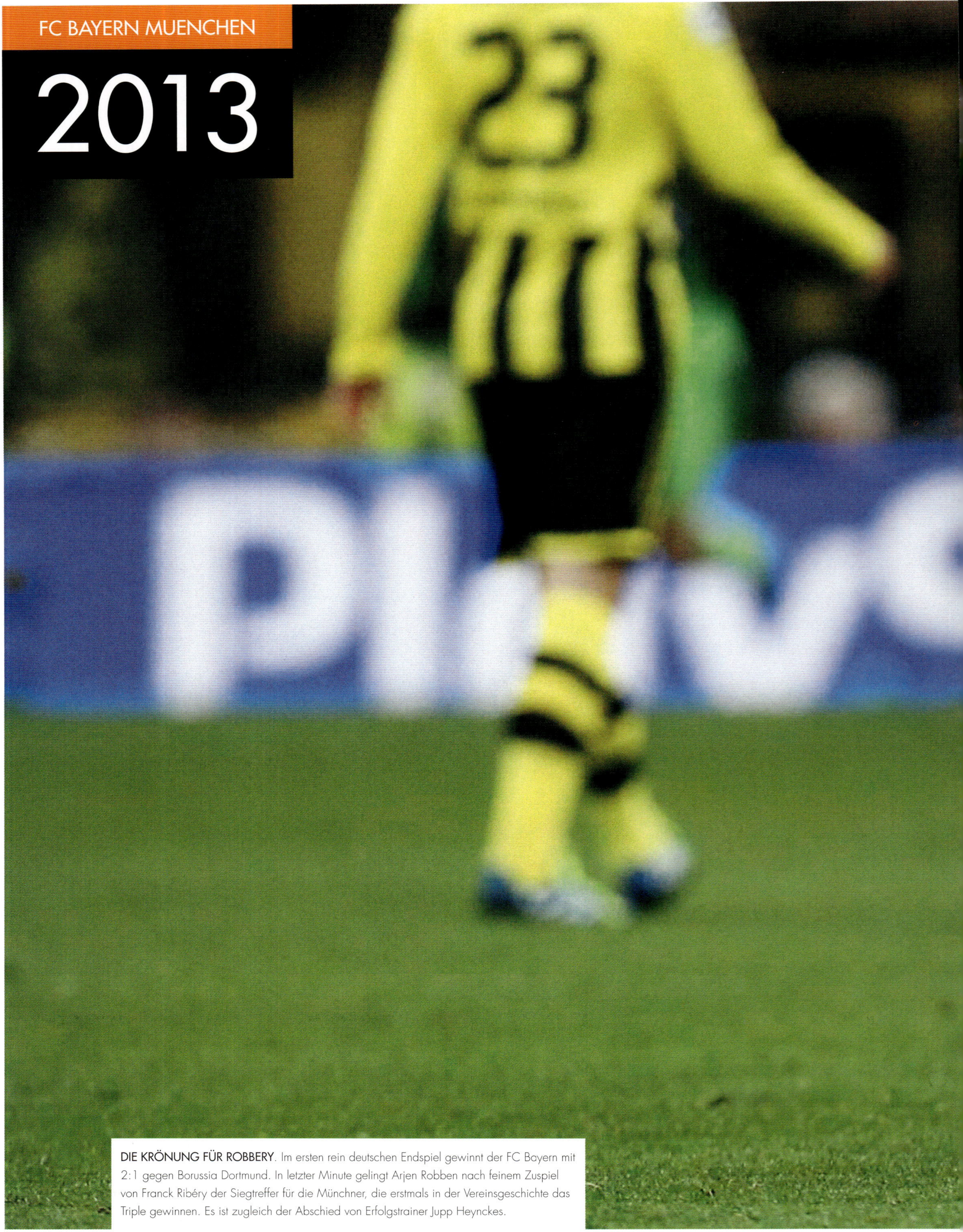

DIE KRÖNUNG FÜR ROBBERY. Im ersten rein deutschen Endspiel gewinnt der FC Bayern mit 2:1 gegen Borussia Dortmund. In letzter Minute gelingt Arjen Robben nach feinem Zuspiel von Franck Ribéry der Siegtreffer für die Münchner, die erstmals in der Vereinsgeschichte das Triple gewinnen. Es ist zugleich der Abschied von Erfolgstrainer Jupp Heynckes.

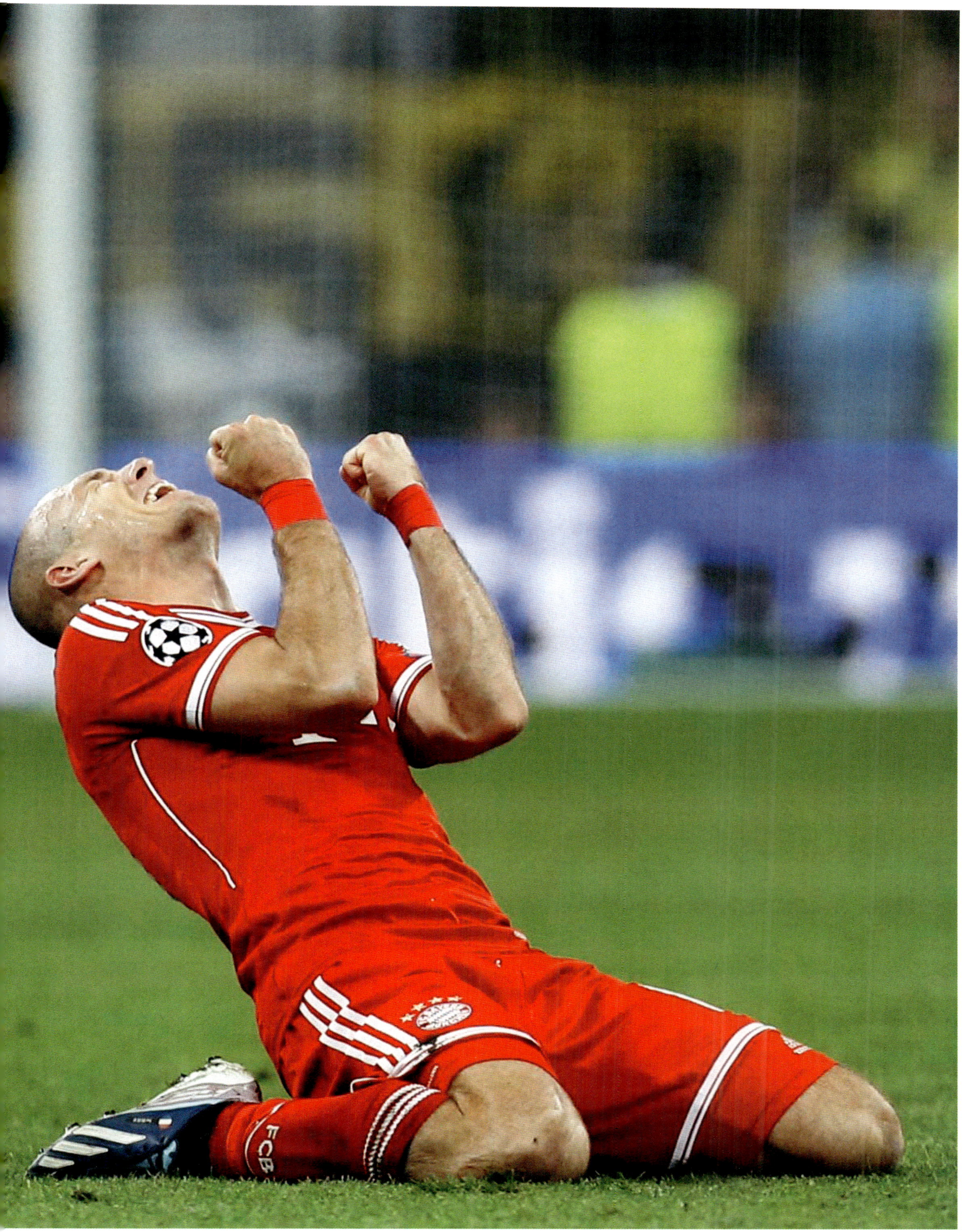
FCB

ULRICH KÜHNE-HELLMESSEN

EUROPAS KÖNIGSKLASSE

VOM KRÄFTEMESSEN DER MEISTER ZUM MILLIONEN-BUSINESS DER TOPKLUBS

Die Idee zum Europapokal hatte die französische Sportzeitung L'Equipe. Der Grund war ganz banal: Es sollte auch mittwochs Fußball gespielt werden, um die weißen Redaktionsseiten mit spannenden Inhalten füllen zu können.

Die Idee zur Champions League hatten die beiden deutschen Agentur-Inhaber Hempel und Lenz. Der Grund war ebenso einleuchtend: Sie garantierten der UEFA und den Vereinen Millioneneinnahmen durch eine Komplettvermarktung.

Damit ist der Unterschied zwischen dem Europapokal der Landesmeister und der Champions League einfach erklärt. Aus einem rein sportlichen Wettkampf ist Big Business geworden. Aus dem Kräftemessen der europäischen Meister wurde das Millionengeschäft der Topklubs. Ausschlaggebend für die Strukturreform war die Lostrommel. Als mit Neapel und Marseille Italiens und Frankreichs Meister gleich zu Beginn gegeneinander gelost wurden, war nach Runde eins bereits ein Topklub draußen. Dieses Zufallsprinzip hat sowohl der Attraktivität als auch der Vermarktung geschadet.

Die Champions League heute: Das ist der Auflauf der Superstars, das sind ausverkaufte Stadien, Millionen von Zuschauern in ganz Europa vor den Fernsehschirmen, das ist Fußball der Extraklasse und somit das Highlight für jeden Verein, Spieler und Fußballfan.

Die gestiegene Attraktivität lässt sich durch TV-Einschaltquoten belegen. Im Jahr 2009 sahen durchschnittlich 109 Millionen Zuschauer weltweit die Live-Übertragung des Endspiels zwischen dem FC Barcelona und Manchester United. Das war bereits eine Steigerung um 74 Prozent gegenüber 2004. 2013, als der FC Bayern das rein deutsche Finale gegen Borussia Dortmund mit 2:1 gewann, wurde das Spiel bereits in mehr als 200 Ländern übertragen und durchschnittlich von geschätzten 150 Millionen Menschen verfolgt. Insgesamt wurden damit mehr als 360 Millionen Zuschauer erreicht. Das zeigt die wahnsinnige Popularität der Champions League und deutet das Geschäft an, das sich durch die Vermarktung der Fernsehrechte akquirieren lässt. Die Champions League ist 60 und attraktiver als je zuvor. Selbst ein Spiel ohne deutsche Beteiligung ist für deutsche Fußballfans von großem Interesse und ein Blockbuster für die übertragende TV-Station. Das Finale 2016, das Real und Atletico Madrid bestritten, verfolgten im ZDF 8,19 Millionen Zuschauer, 700 000 mehr als zwei Jahre zuvor beim Madrider Stadtduell.

Blicken wir noch einmal zurück auf die Anfänge. Auf Einladung von L'Equipe-Journalist Gabriel Hanot kamen am 2. April 1955 15 Klub-Vertreter in Paris zusammen und beschlossen den Europapokal der Landesmeister. Und über die FIFA, die dem neuen Pokalwettbewerb den Segen gab,

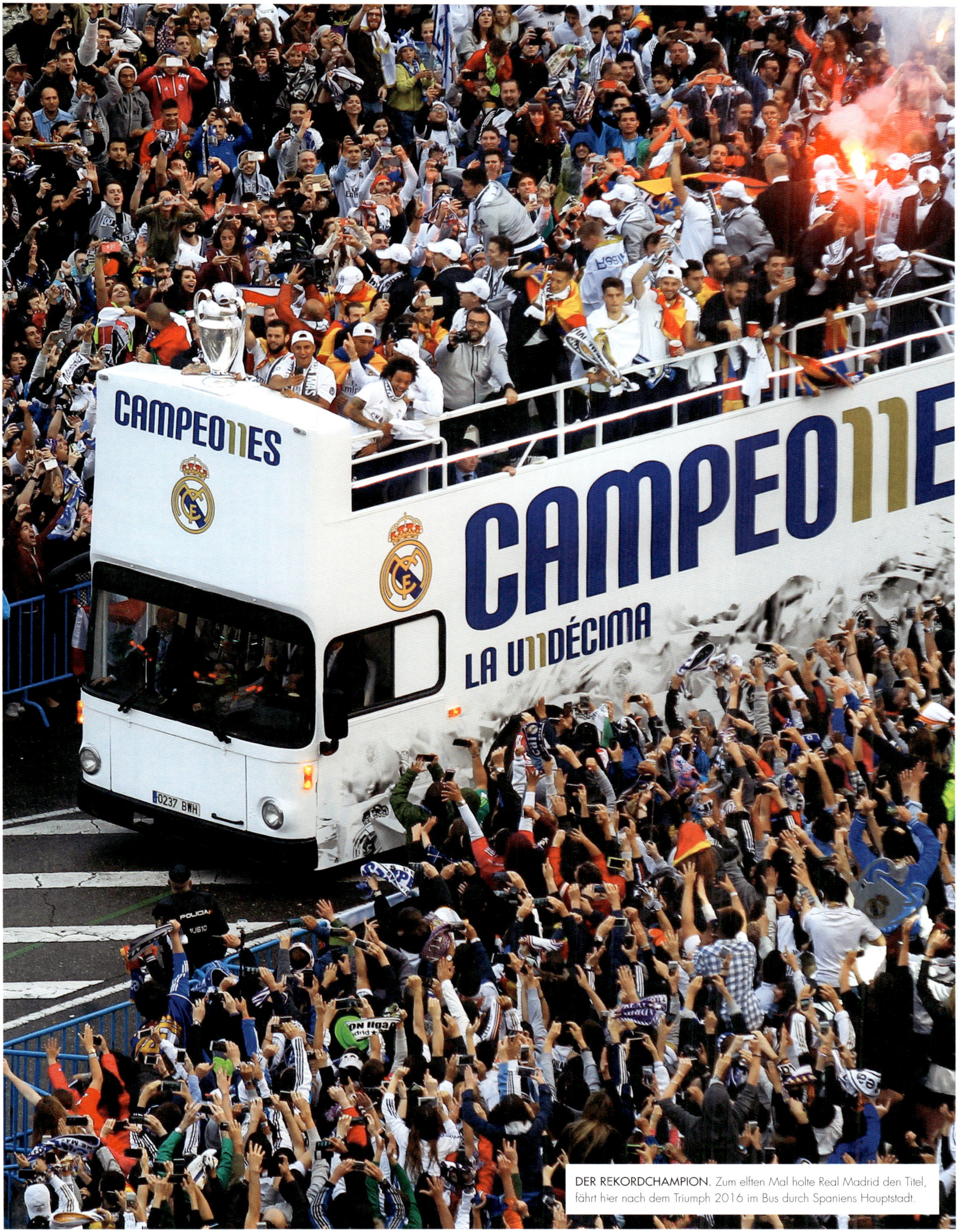

DER REKORDCHAMPION. Zum elften Mal holte Real Madrid den Titel, fährt hier nach dem Triumph 2016 im Bus durch Spaniens Hauptstadt.

bekamen die Vereine schließlich auch die UEFA mit ins Boot. Denn der Weltverband verpflichtete seine kleine europäische Schwester, den Meisterpokal zu organisieren. Kein halbes Jahr später startete der erste Landesmeister-Pokalwettbewerb mit 16 Klubs. Chelsea, das sich zunächst interessiert zeigte, nahm auf Druck des englischen Verbandes ebenso wenig teil wie der russische Meister. Die Niederlande schickten nicht die Profis von „Holland Sport", sondern Philips Eindhoven. Aber der deutsche Meister Rot-Weiss Essen war ebenso unter den 16 Starterteams vertreten wie das Saarland mit dem 1. FC Saarbrücken. Beide aber scheiterten in Runde eins.

Sporting Lissabon und Partizan Belgrad gaben am 4. September 1955 den Startschuss zu einer einzigartigen Erfolgsgeschichte. Real Madrid sorgte dafür, dass sich der Meistercup schnell etablierte. Die fünf Siege zum Auftakt – von 1956 bis 1960 – weckten Begehrlichkeiten. Der Wettkampf der Besten animierte Sportler wie Zuschauer. Danach dominierten Benfica sowie die beiden Mailänder Klubs Milan und Inter. In den 70ern war es Ajax Amsterdam und der FC Bayern. Anschließend der FC Liverpool und erneut der AC Mailand, ehe das Pendel erneut Richtung Spanien ausschlug. Im neuen Jahrhundert dominieren der FC Barcelona und Real Madrid, die sich je viermal den Titel holten.

Wie groß die Leistungsdichte der europäischen Ligen und Schauplätzen ist, belegen auch nachfolgende Zahlen: Von den bisher 60 ausgetragenen Endspielen gingen 16 in die Verlängerung. Fünfzehnmal endete ein Endspiel mit dem Ergebnis von 1:0, zehnmal mit 2:1. Zehn Endspiele wurden durch Elfmeterschießen entschieden und einmal gab es ein Wiederholungsspiel. Das war 1974 und der Sieger hieß

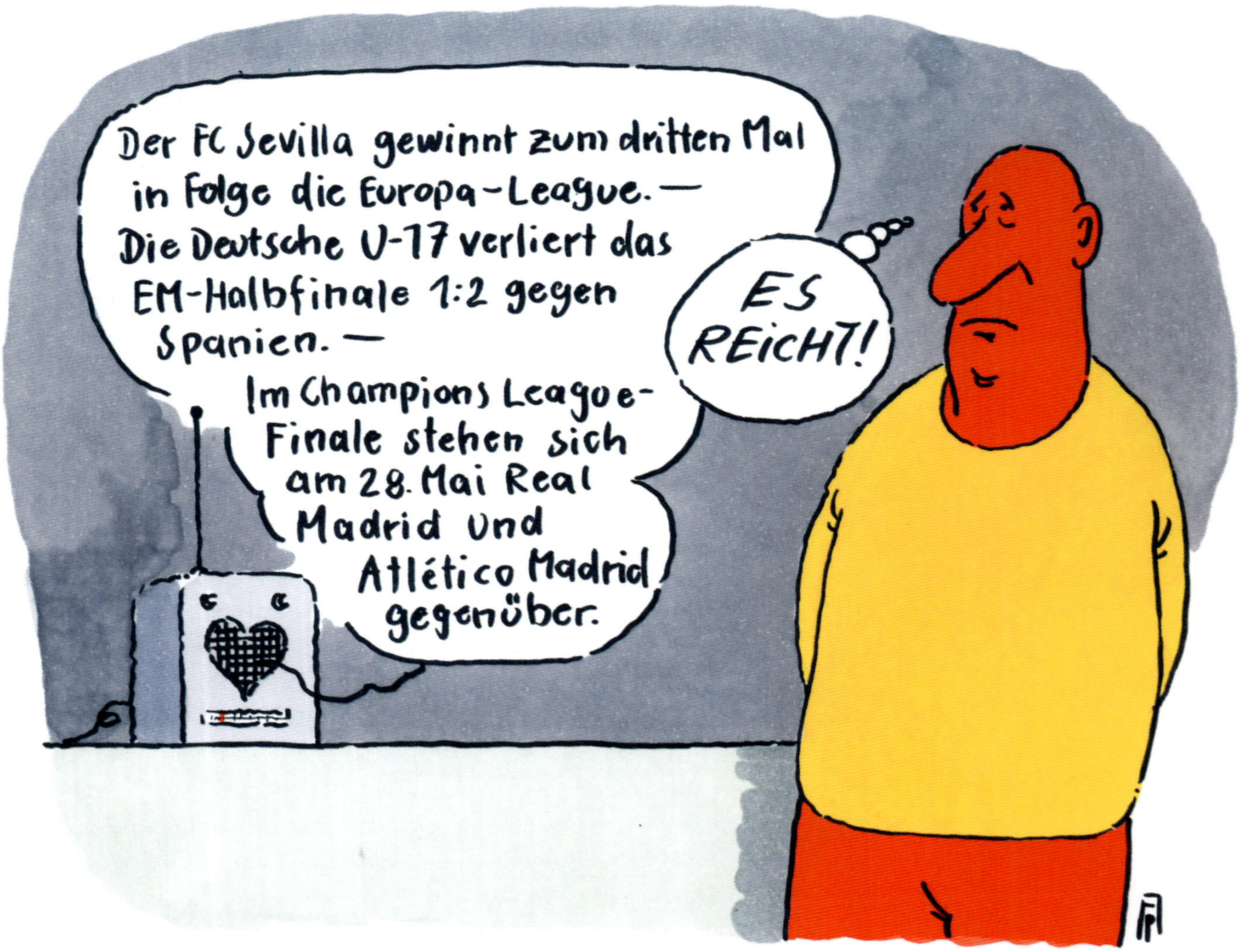

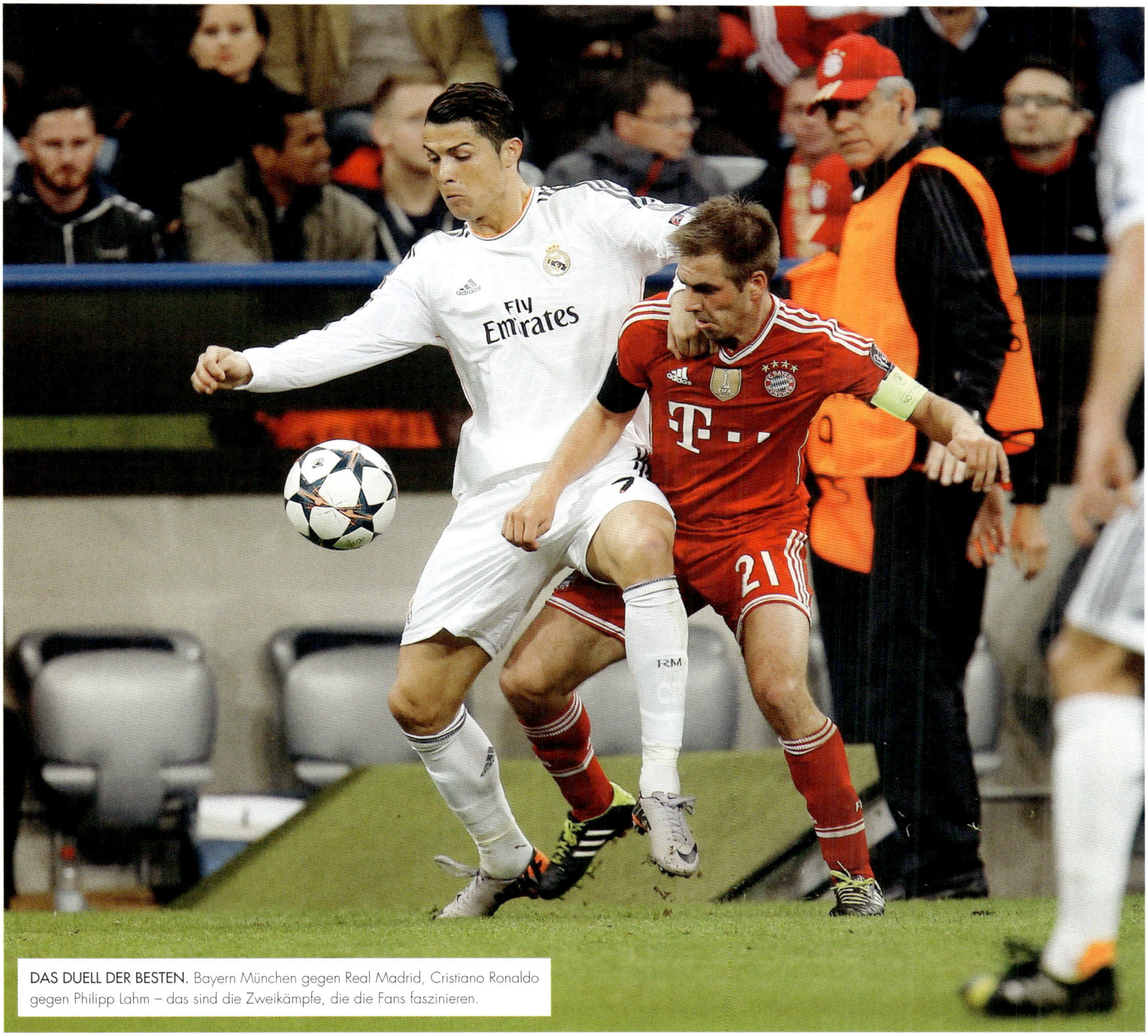

DAS DUELL DER BESTEN. Bayern München gegen Real Madrid, Cristiano Ronaldo gegen Philipp Lahm – das sind die Zweikämpfe, die die Fans faszinieren.

FC Bayern München, der nach dem 1:1 im Finale von Rotterdam zwei Tage später gegen Atletico Madrid mit 4:0 gewann.

Es war der Auftakt einer Münchner Dominanz mit drei Titeln in Serie, wie es sie seit Einführung der Champions League nicht mehr gibt. Obwohl der FC Bayern seit 2010 dreimal das Finale und sechsmal das Halbfinale erreichte und sich damit unter den Top vier Europas etabliert hat, gelang keiner Mannschaft seit 1992 eine Titelverteidigung. Auch das spricht für den neuen Modus, für die Leistungsdichte und für das unberechenbare Spektakel, das Mittwoch für Mittwoch auf Europas Schauplätzen geboten wird. Die Champions League sorgt nicht nur für europäische Transparenz und direkte Vergleichsmöglichkeiten, sondern hat den europäischen Fußball auf ein neues Niveau gehoben.

Das war nicht immer so. In den 80er Jahren dümpelte der Europapokal vor sich hin. Als der FC Bayern den russischen Rekordmeister Dynamo Kiew zu Gast hatte, verloren sich gerade einmal 8 000 Zuschauer im weiten Rund des Olympiastadions. Taktisches Ballgeschiebe sowie die Perfektion der Abseitsfalle machten das Spiel so unattraktiv, dass die Zuschauer ausblieben, die Fernsehsender keine Quoten und die Vereine kein Geld machten. Auch Live-Spiele waren keine Selbstverständlichkeit. Das Jahrhundertspiel, das

7:1 von Borussia Mönchengladbach gegen Inter Mailand mit dem legendären Büchsenwurf gegen Stürmer Boninsegna, blieb den deutschen TV-Zuschauern verwehrt. Erst als die Vereine die UEFA unter Druck setzten und mit der Gründung einer eigenen Europaliga drohten, reagierte Präsident Lennart Johannson. Klaus Hempel, der mit Jürgen Lenz zuvor für die ISL gearbeitet und die Agentur T.E.A.M in Luzern gegründet hatte, setzte sich gegen sechs Mitbewerber durch. Die Champions League (inclusive des Namens) ist ihre Erfindung.

Der größte Unterschied zum Europapokal: ein einheitliches CI mit einer zentralen Vermarktung. Klubs, die erstmals in

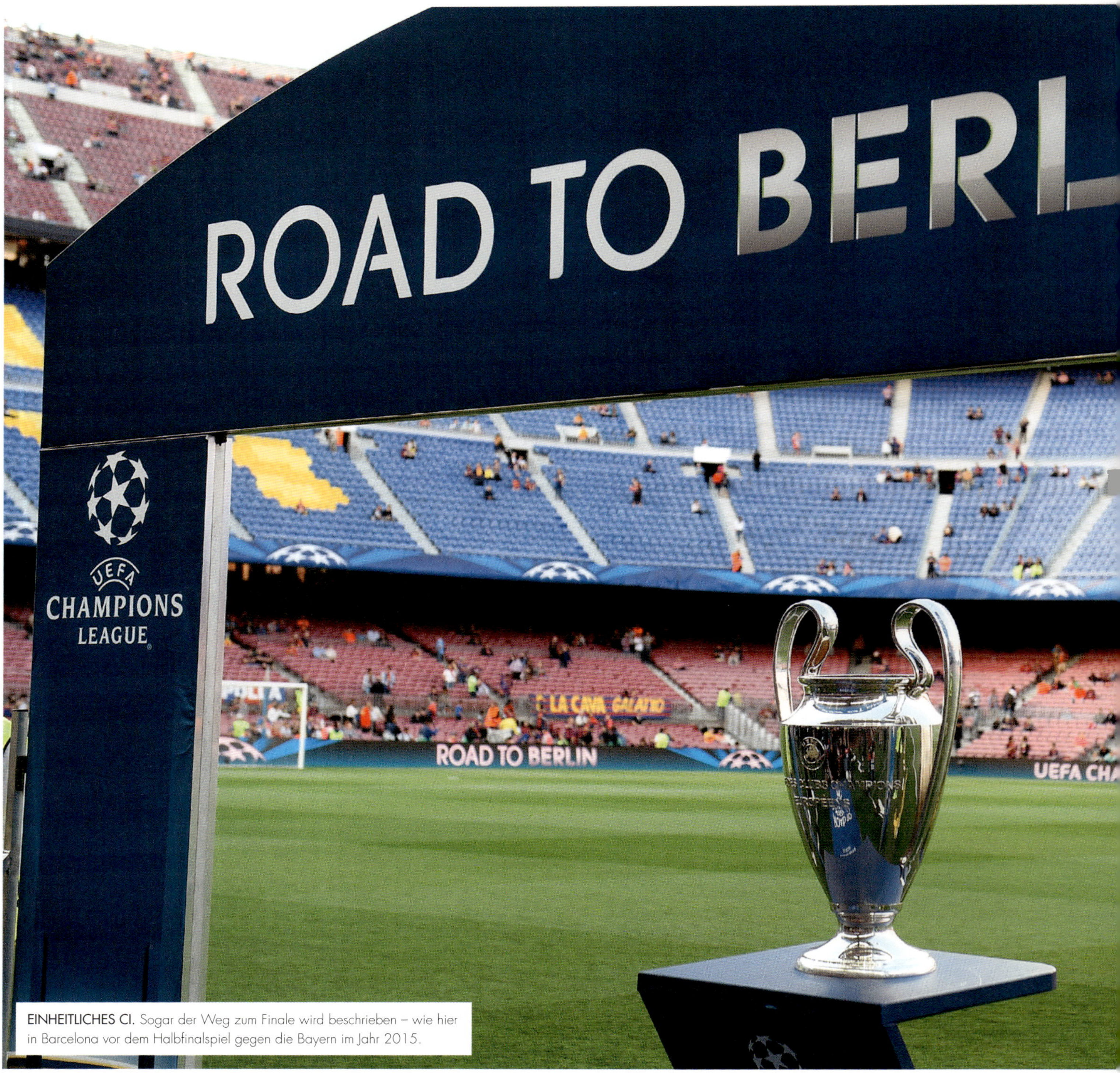

EINHEITLICHES CI. Sogar der Weg zum Finale wird beschrieben – wie hier in Barcelona vor dem Halbfinalspiel gegen die Bayern im Jahr 2015.

der Champions League antreten, wundern sich noch heute über die Heerscharen, die vor einem Heimspiel einfallen und das Stadion umbauen. Sämtliche Vereinswerbung wird abgehängt und abgedeckt, stattdessen die einheitlichen Champions League-Sponsoren präsentiert. Hempel: „Exklusivität erzeugt Wertigkeit. Die Regel, dass wenige Sponsoren viel Geld bezahlen, hat uns zum Durchbruch verholfen."

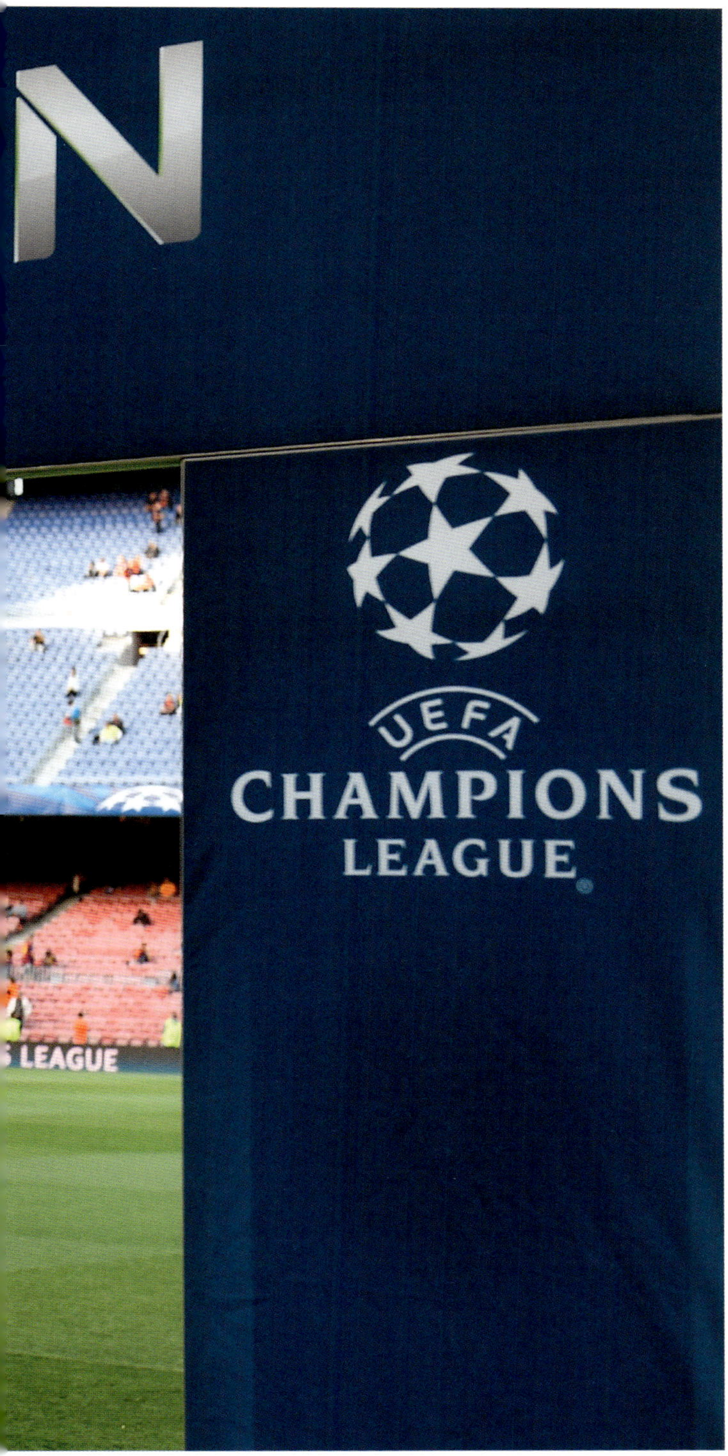

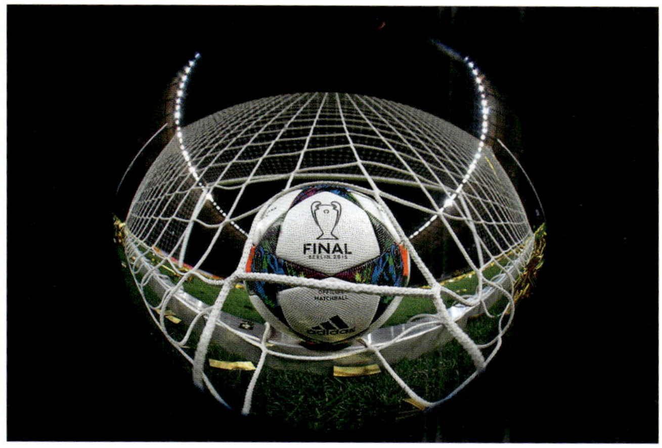

DER BALL. Sogar der Ball trägt das Logo. Und für das Finale gibt es noch ein Extradesign.

Das neue Konzept war auf das Fernsehen ausgerichtet, vor allem auf die größten Fernsehmärkte Deutschland, Frankreich, Italien, Spanien und England. Vereine und Sender konnten sich nicht mehr ihre Sponsoren aussuchen, sondern mussten Werbeplattformen bereitstellen, zentral vermarktet von Hempels Agentur. „Das war ein Aufschrei. Dass sie unser Format ohne Abstriche akzeptieren müssen." Der sich verändernde TV-Markt mit dem Privatfernsehen ermöglichte auch diese Revolution. Der Fußball war nicht mehr abhängig von den öffentlich-rechtlichen Fernsehsendern, sondern war verlockendes Mittel der Privaten, um Quoten zu machen. So landete die Champions League anfangs bei RTL und später auch im exklusiven Pay-TV.

Die größte sportliche Veränderung war die Einführung der Gruppenspiele. So wurde gewährleistet, dass die Mannschaften aus den TV-trächtigen Nationen nicht in der ersten Runde ausscheiden konnten, sondern mindestens sechs Spiele in der Königsklasse austrugen. Aus diesen fünf Ländern generiert die Champions League 80 Prozent der TV- und Werbemillionen.

Einschneidend sind bis heute die stringenten Vorgaben und Ablaufpläne sowie die Vereinheitlichung der Erscheinungsbilder: einheitliches Logo, Trainer in Anzügen, Jugendliche mit schwenkendem Sternenbanner und eine einheitliche Hymne in den drei Sprachen der UEFA: „Ils sont les meilleurs! – Sie sind die Besten! – These are the champions! – Die Meister, die Besten! – Les grandes Équipes! – The champions!"

Bei der EM 1992 in Schweden hatte Hempel den englischen Komponisten Tony Britten beauftragt, eine feierliche, eigenständige Hymne zu kreieren, wie das Halleluja von Händel. Hempel in einem Interview mit dem Berliner Tagesspiegel: „Noch heute läuft mir jedes Mal ein Schauer über den Rücken, wenn ich diese Hymne höre." Sie ist das akustische Signal für eine Liga, die seit 1992 für Furore sorgt, Jahr für Jahr neue Bestmarken aufstellt und sich auch zu einem existenziellen Wirtschaftsfaktor für die Vereine entwickelt hat. Denn die UEFA garantiert den Vereinen feste Einnahmen, die in jedem Budget eine dominante Rolle einnehmen. Diese Garantiesumme war für die Agenturgründer Hempel und Lenz zu Beginn die größte Hürde. 150 Millionen Mark sollten sie für die ersten zwei Jahre aufbringen und den Vereinen garantieren. Die deutschen Gründerväter kontaktierten Industrielle wie Rudolf Oetker und Otto Wolf von Amerungen und konnten mit ihrem Konzept überzeugen. Das hohe Risiko hat sich ausgezahlt, die Champions League wurde zu einer Gelddruckmaschine – für Hempel und Lenz, für die UEFA, für die Vereine. Lag der Vermarktungsumsatz noch 1992 bei rund 85 Millionen Mark, so waren es zehn Jahre später schon eine Milliarde, inzwischen sind es 1,75 Milliarden, und das wohlgemerkt in Euro und nicht mehr in D-Mark. 75 Prozent davon werden an die teilnehmenden Klubs ausgeschüttet. Wer die Gruppenphase erreicht, erhält eine Antrittsgage von zwölf Millionen Euro. Pro Sieg gibt es 1,5 Millionen Euro, für ein Unentschieden 500.000 Euro. Für den Einzug ins Achtelfinale werden 5,5 Millionen gezahlt, für das Viertelfinale sechs, für das Halbfinale sieben Millionen. Der Sieger kassiert noch einmal 15 Mil-

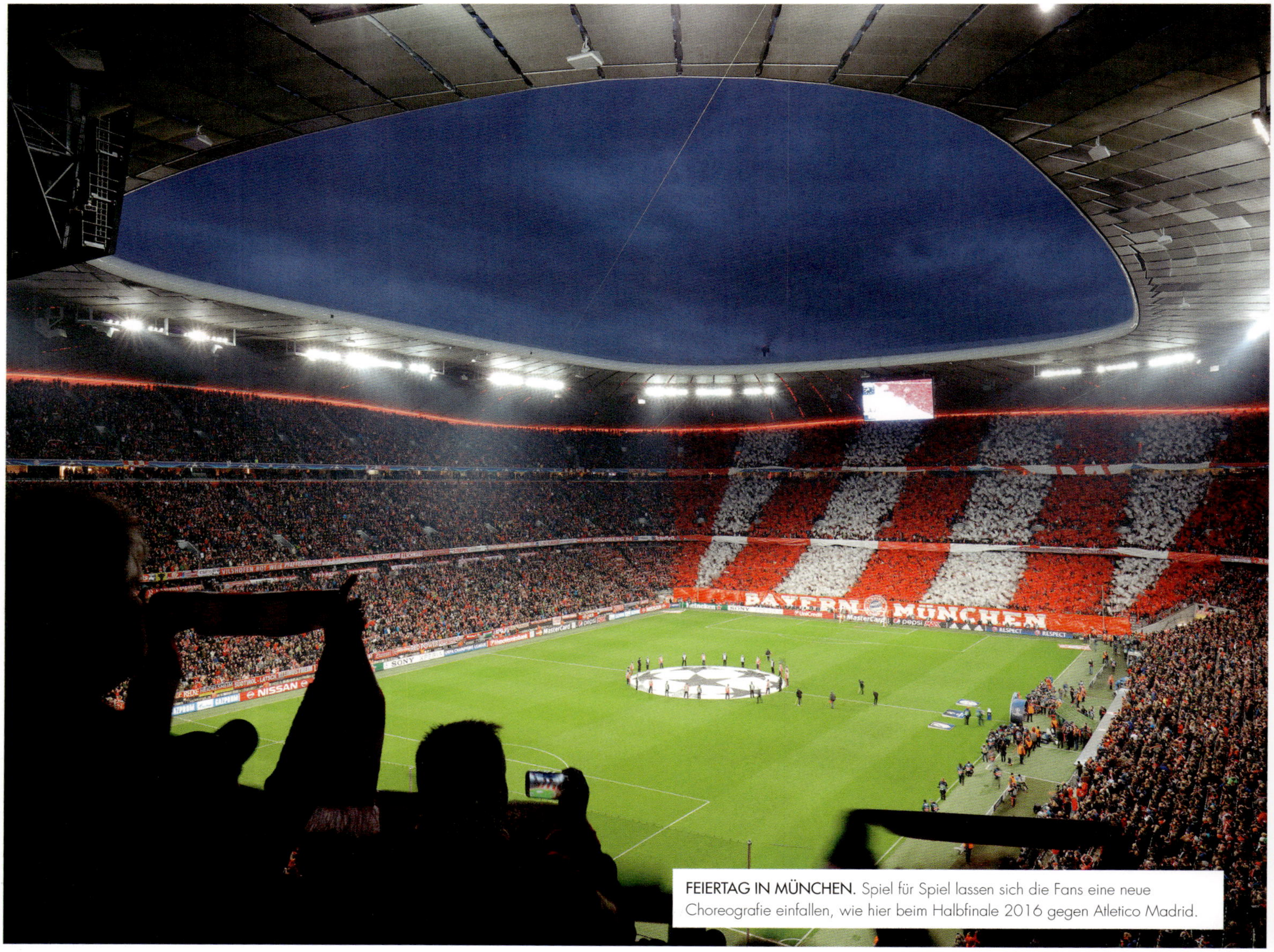

FEIERTAG IN MÜNCHEN. Spiel für Spiel lassen sich die Fans eine neue Choreografie einfallen, wie hier beim Halbfinale 2016 gegen Atletico Madrid.

lionen. Neben diesen Prämien gibt es den Marktpool, aus dem Werbe- und TV-Einnahmen ausgeschüttet werden und der sich nach einem komplizierten Schlüssel errechnet. Dazu kommen für jeden teilnehmenden Verein noch die Zuschauereinnahmen.

Für die großen Klubs ist die Champions League längst ein unverzichtbares Millionengeschäft. Als Bayern München 2002 in der ersten Gruppenphase ausschied, herrschte beim Vorstandsvorsitzenden Karl-Heinz Rummenigge Katerstimmung. „Es ist für das Image des FC Bayern, für den sportlichen Bereich, eine absolute Enttäuschung. Aber es ist auch finanziell gesehen ein großes Loch, das da hinterlassen wird und das wir jetzt zu schließen haben." Als Bayern die Einnahmen aus der Champions League gefährdet sah, mussten Trainer wie Felix Magath, Jürgen Klinsmann oder zuletzt Louis van Gaal vorzeitig gehen. Platz drei in der Bundesliga ist für das sieggewohnte Münchner Erfolgsensemble existenzielle Pflicht, um die Vielzahl hochbezahlter Stars überhaupt finanzieren zu können.

Einnahmen von mehr als 50 Millionen Euro aus der Champions League sind fest eingeplant und bedeuten bei einem Umsatz von über 500 Millionen Euro immerhin zehn Prozent des Gesamtbudgets.

Der Europapokal, der seit 1992 Champions League heißt, ist nun 60 Jahre alt. Ein Alter, in dem sich Otto Normalverbraucher mit dem Ruhestand beschäftigt und sein Arbeitsleben langsam ausklingen lässt. Die Champions League aber ist wie ein Jungbrunnen, so quirlig, so erfolgreich, so attraktiv wie nie zuvor. Nicht umsonst wird sie die Königsklasse genannt. Und nicht umsonst sagt Ottmar Hitzfeld im Interview (siehe ab Seite 70), dass ein Triumph in der Champions League höher zu bewerten sei als ein Weltmeister-Titel. Wie wichtig der Stellenwert heute ist, zeigt die Haltung des FC Bayern. Da ist es nicht genug, dass Pep Guardiola in seinen drei Münchner Jahren dreimal die Meisterschaft gewonnen hat. Das Erfolgsdenken ist fokussiert auf den europäischen Titel. Als Nachfolger des spanischen Erfolgstrainers haben sie einen Italiener nach München geholt. Der hat immerhin schon dreimal die Champions League gewonnen, mit zwei Vereinen und zwei Ländern. Der deutsche Meistertitel ist für die Münchner längst lieb gewordener Alltag. Der Gewinn der Champions League aber die Krönung einer Saison.

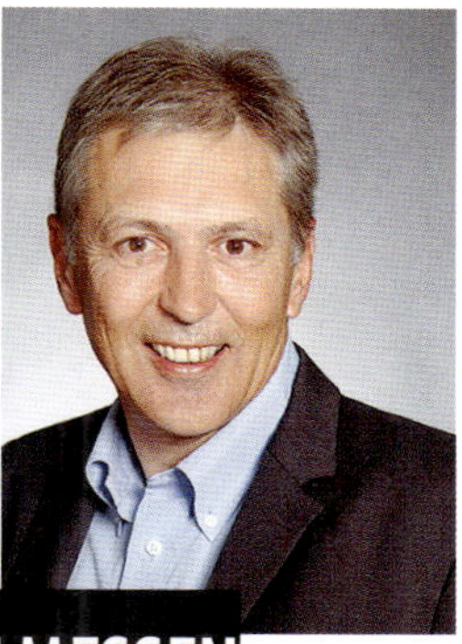

AUTOR
ULRICH KÜHNE-HELLMESSEN

(Jhg. 1957) ist Autor und Herausgeber von über 60 Sportbüchern. In 2016 sind die Titel „HANDBALL-WUNDER", „100 × VERRÜCKTE BUNDESLIGA" und „4EVER" im riva Verlag erschienen, dazu die Ereignisbücher zur EURO 2016, zu OLYMPIA 2016 und zu den PARALYMPICS 2016. Dazu gehören auch Biografien über Franz Beckenbauer, Rudi Völler, Matthias Sammer oder Mario Basler sowie diverse Sachbücher. Die drei Bände „VERRÜCKTER FUSSBALL" haben sich in mehreren Auflagen über 200 000 Mal verkauft. Der Hobby-Golfer (Hdcp. 20) war Sportkoordinator bei der Nachrichtenagentur dapd, geschäftsführender Chefredakteur beim Sportverlag Europa, Chefredakteur Sport beim Blick in Züric, stv. Sportchef bei BILD, Chefreporter bei Sport-Bild, leitender Redakteur beim Kicker und lernte Journalismus beim Westfalen-Blatt in Bielefeld und hat sich mit der Firma SPOBUCOM auf die Produktion von Sportbüchern spezialisiert. Sternstunden der Champions League erlebte er hautnah im Stadion. So war er live dabei, als Dortmund über Juventus Turin triumphierte oder Bayern München den Sekundentod gegen Manchester United erleben musste. Und er war an der Seite von Rudi Völler, als der Stürmer mit Olympique Marseille den europäischen Titel gewann. „60 JAHRE CHAMPIONS LEAGUE" ist deshalb ein authentisches Werk und vermittelt die Highlights dieses Wettbewerbs hautnah.

TRIUMPHE, TRAGÖDIEN REKORDE

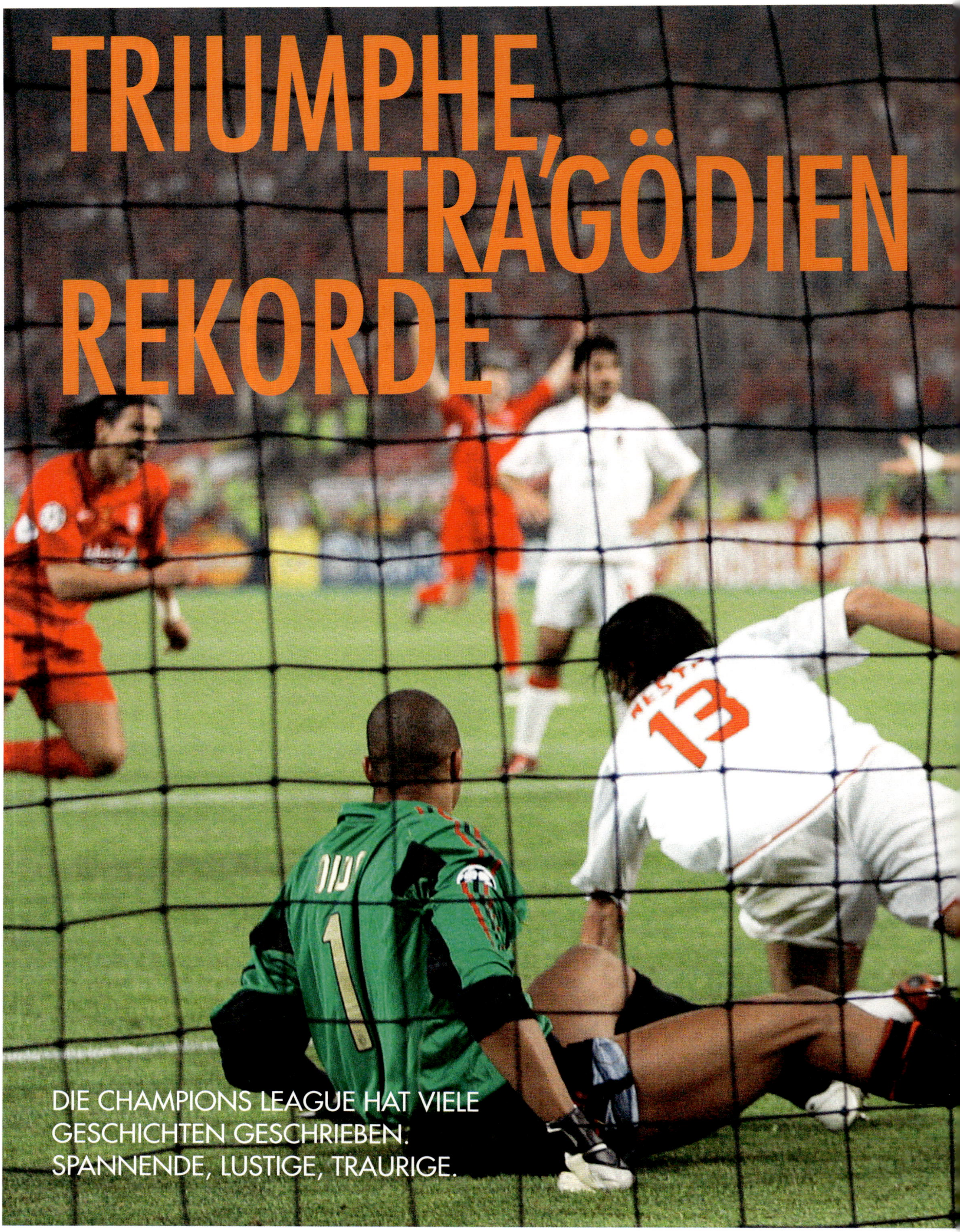

DIE CHAMPIONS LEAGUE HAT VIELE GESCHICHTEN GESCHRIEBEN. SPANNENDE, LUSTIGE, TRAURIGE.

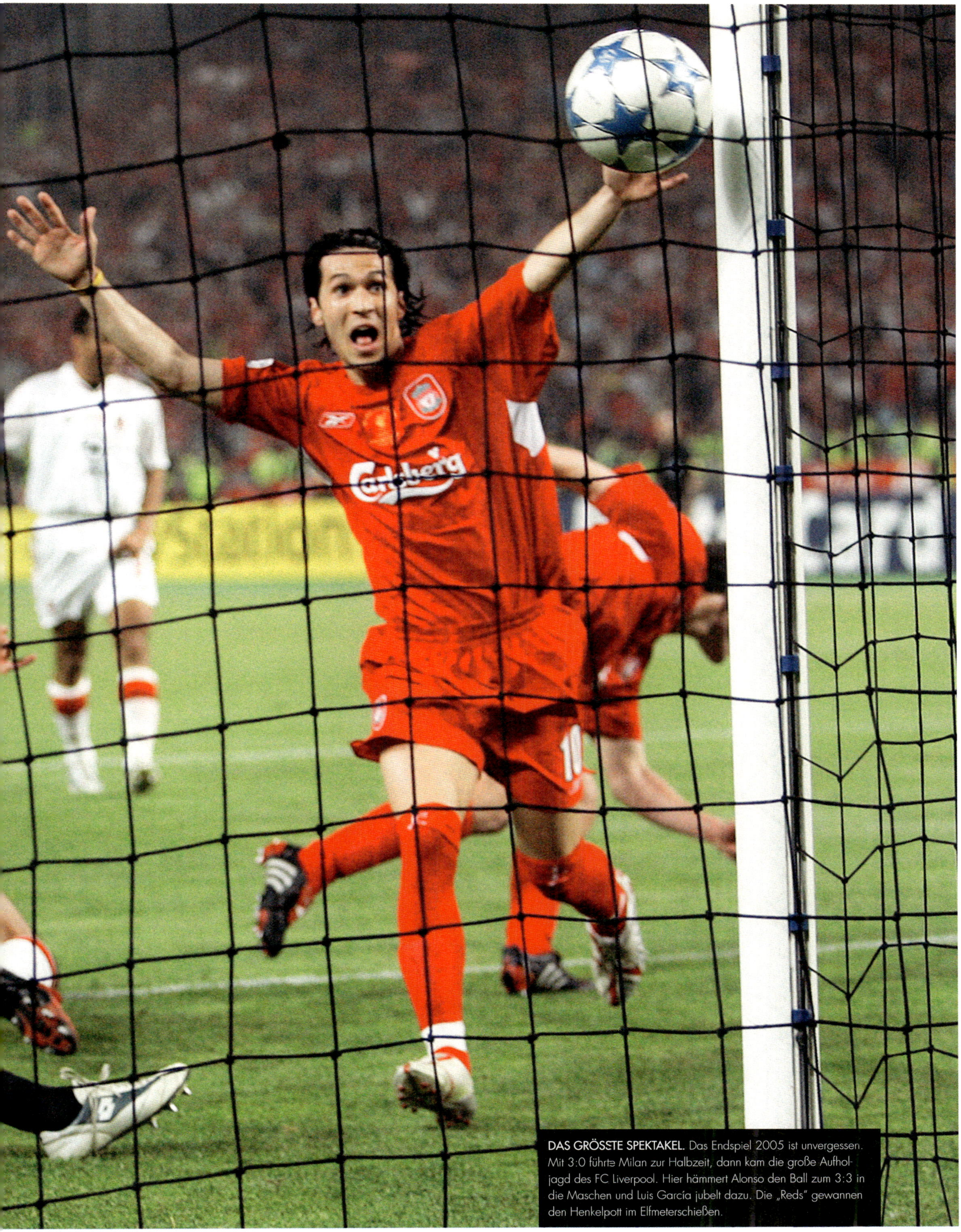

DAS GRÖSSTE SPEKTAKEL. Das Endspiel 2005 ist unvergessen. Mit 3:0 führte Milan zur Halbzeit, dann kam die große Aufholjagd des FC Liverpool. Hier hämmert Alonso den Ball zum 3:3 in die Maschen und Luis García jubelt dazu. Die „Reds" gewannen den Henkelpott im Elfmeterschießen.

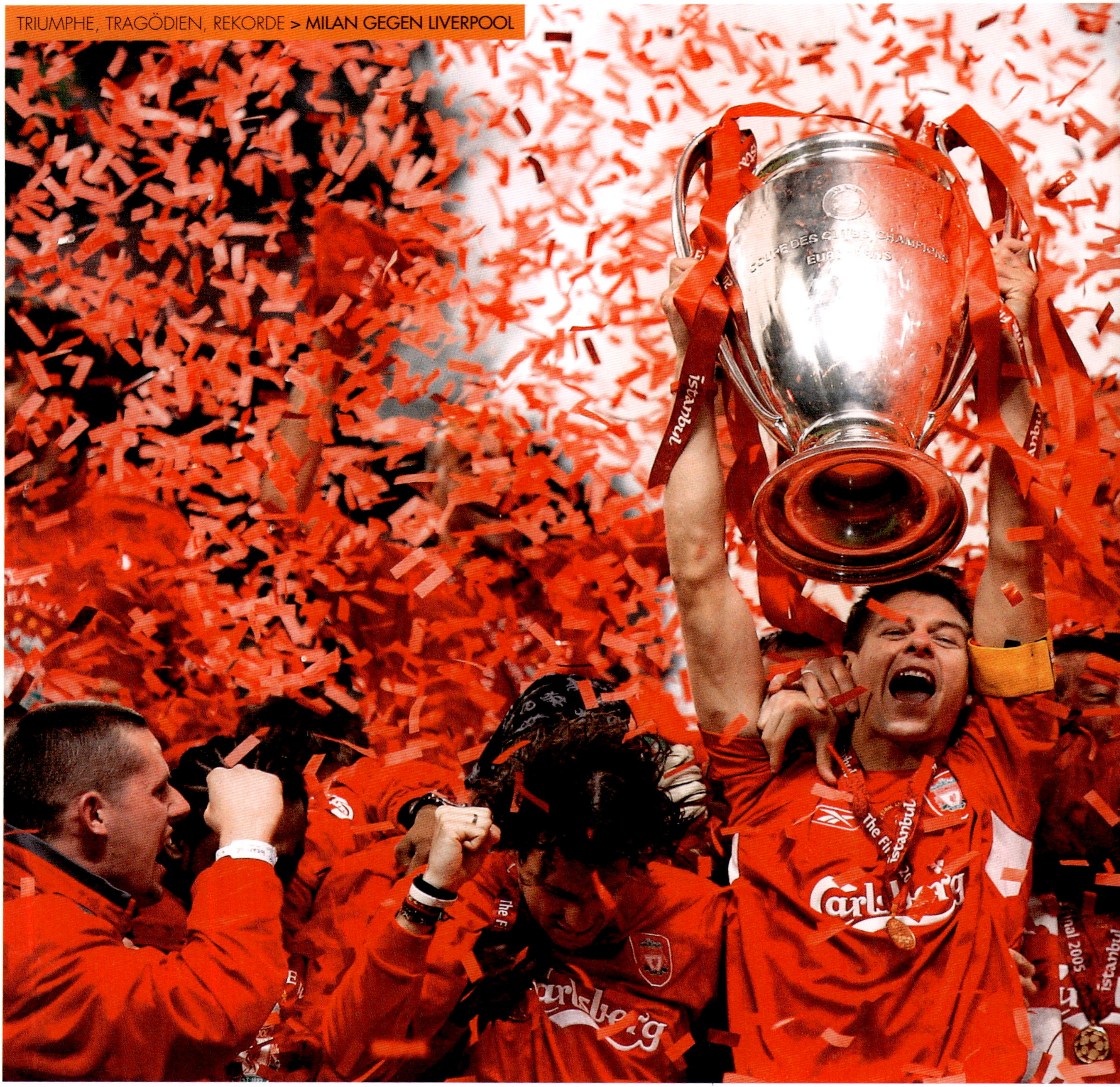

THE BEAUTIFUL GAME

Es gibt dramatische Endspiele. Dann, wenn der Sieger im Elfmeterschießen gekürt werden muss. Es gibt schöne Endspiele wie das 4:0 von Milan über Barcelona. Und es gibt Endspiele, die man nicht vergisst.

Die Engländer nennen das Finale 2005 „The beautiful game". Sicher auch deshalb, weil letztlich Liverpool als Sieger vom Platz ging. Carlo Ancelotti, der damalige Milan-Trainer, wird es anders sehen und anders fühlen, was an jenem 25. Mai 2005 im Atatürk-Stadion von Istanbul passierte. Aber es ist bis heute legendär: 3:0, 3:3, 5:6.

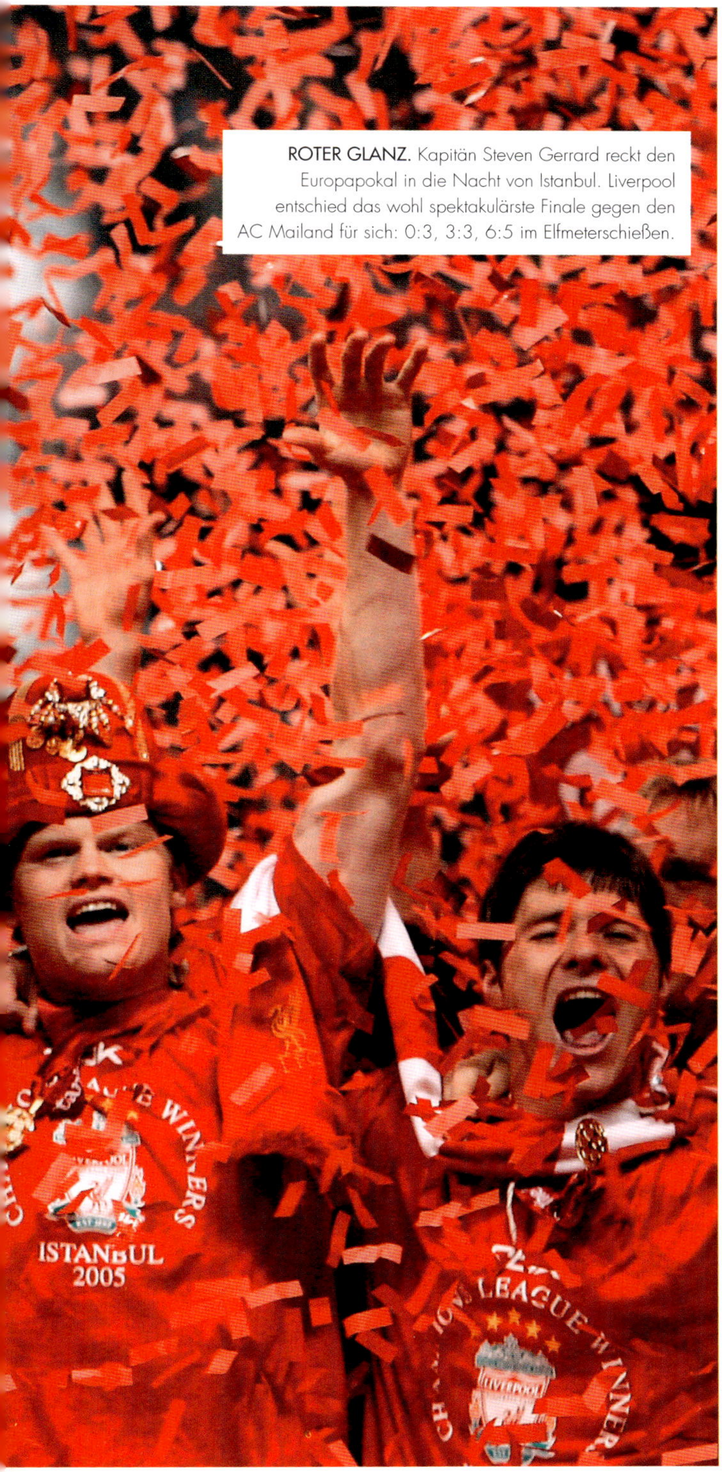

ROTER GLANZ. Kapitän Steven Gerrard reckt den Europapokal in die Nacht von Istanbul. Liverpool entschied das wohl spektakulärste Finale gegen den AC Mailand für sich: 0:3, 3:3, 6:5 im Elfmeterschießen.

Milan mit Kapitän Maldini, mit Nesta, Stam und Cafu in der Abwehr, mit Pirlo, Seedorf, Gattuso und Kaká im Mittelfeld und den Angreifern Crespo und Shevchenko legte los wie die Feuerwehr. Bereits in der ersten Minute nahm Palolo Maldini eine Freistoßflanke volley und setzte den Ball als Aufsetzer ins Liverpooler Netz. So ein frühes Tor beflügelt. Die Karten waren plötzlich anders gemischt, obwohl Milan als Favorit in dieses Endspiel gegangen war. Milan zog sein Kombinationsspiel auf, zeigte Ballsicherheit und auch den nötigen Zug zum Tor. Ein Spiel voller Attraktivität und Höhepunkte mit den Italienern als Initiatoren entwickelte eine Dynamik, wie es in keinem Finale zuvor der Fall war. Immer wieder die gleichen Stationen: Pirlo auf Kaká, dann das Zuspiel auf die Angreifer Shevchenko, Ukraine und Crespo, Argentinien. So fiel auch das 2:0. Ein feines Zuspiel von Kaká auf den rechts in den Strafraum sprintenden Shevchenko führte zum verdienten 2:0. Shevchenko behielt den Überblick. Statt aus spitzem Winkel selbst abzuschließen, spielte er den Ball auf den langen Pfosten zum besser postierten Crespo, der unbedrängt einschießen konnte (39.). Ein Bilderbuchtor – und noch nicht das Ende. Noch vor der Pause legte Milan nach. Wieder war es Kaká, der aus der eigenen Hälfte einen Zauberpass in den Lauf von Crespo spielte. Mit dem Außenrist lupfte der Argentinier den Ball elegant über Dudek ins lange Eck.

Pause, 3:0 für Milan.

Nie zuvor ging eine Mannschaft mit so beruhigendem Vorsprung in die Kabine. Nie zuvor war so ein Halbzeiter-

BITTERSTER MOMENT. Milan-Trainer Carlo Ancelotti in Istanbul nach der Niederlage gegen Liverpool.

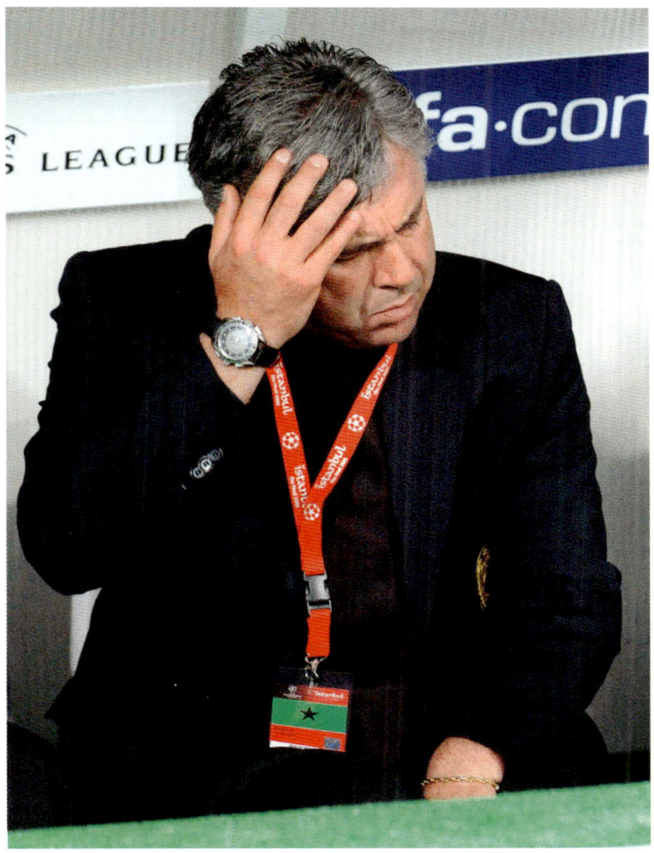

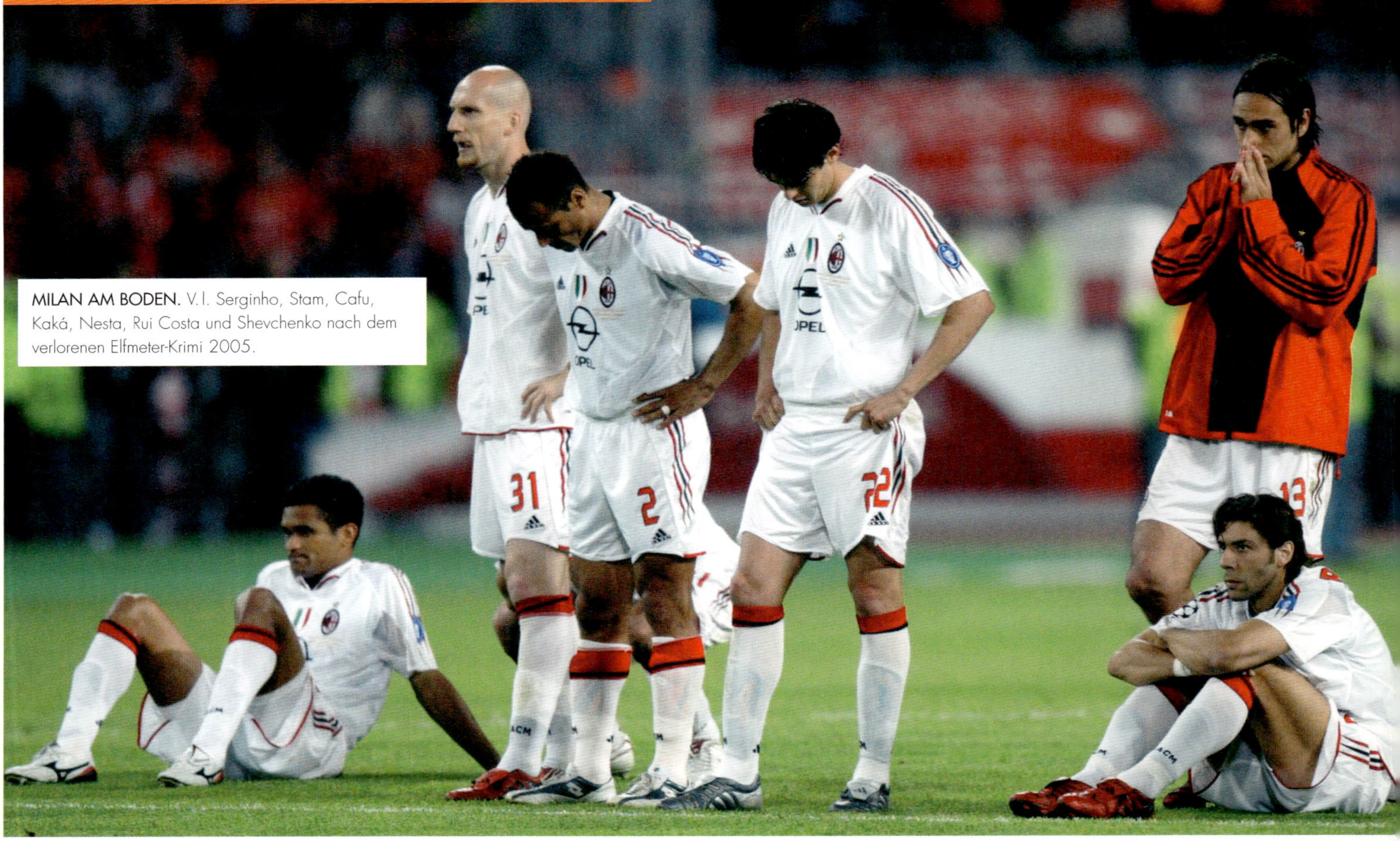

MILAN AM BODEN. V. l. Serginho, Stam, Cafu, Kaká, Nesta, Rui Costa und Shevchenko nach dem verlorenen Elfmeter-Krimi 2005.

gebnis noch umgebogen worden. Aber Rafael Benítez, der Spanier in Diensten der „Reds", wollte nicht kapitulieren. „Wenn wir ein frühes Tor schießen, ist vielleicht noch etwas drin", so Benítez bei Halbzeit. Und er stellte um. Er brachte Dietmar Hamann für Abwehrspieler Finnan. Ein Wechsel, der die taktische Grundordnung veränderte. Statt Viererkette wurde nun mit einer Dreierkette verteidigt. Hamann sicherte den Rückraum des Mittelfeldes ab und zerstörte damit die Spielwiese der Italiener. Dafür rückte Steven Gerrard weiter nach vorne und sorgte für Belebung des Liverpooler Angriffsspiels. Gerrard war es auch, der die Wende einleitete. In der 54. Minute köpfte er eine Linksflanke von Riise unhaltbar in die Maschen, es stand nur noch 1:3. Nun witterten die Reds ihre Chance, machten weiter Druck, während Milan nicht mehr so zielsicher und dominant auftrat, sondern im Gefühl des sicheren Sieges in der Konzentration und Laufbereitschaft nachließ.

Liverpool setzte nach und hatte – dank Mithilfe von Schlussmann Dida – auch gleich Erfolg. Nur zwei Minuten später zog Šmicer aus mehr als 20 Metern ab. Der flache Diagonalschuss landete im langen Eck. 2:3 in der 56. Minute – noch 34 Minuten Zeit zum Ausgleich.

Milan war geschockt und die Reds nutzten die Lähmung der Italiener zu Powerfußball. Liverpool machte Druck, suchte immer wieder mit wuchtigen Angriffen das Tor. Als Gerrard steil in den Strafraum geschickt wurde, kam Gattuso zu spät – Elfmeter. Xabi Alonsos trat an, scheiterte zunächst an Dida. Doch Alonso erwischte den Abpraller und hämmerte ihn mit links zum Ausgleich ins Netz (60.). Liverpool hatte das Spiel gedreht, drei Tore in 15 Minuten erzielt. Alles war wieder offen, alles stand wieder auf null. „Es waren sechs Minuten des Wahnsinns", kommentierte Ancelotti später, der sich zuvor stets auf seine stabile Abwehr verlassen konnte. Drei Tore gegen Italiener in so kurzer Zeit sind allein schon ein Wunder.

Der Vorteil lag nun bei den Reds. Milan war demoralisiert. Aber die Aufholjagd hatte Kraft gekostet, besonders Liverpools Spieler von Krämpfen geplagt. Die Partie war nun wieder offen, ging in die Verlängerung. Ancelotti brachte in der 85. Minuten Serginho und den kopfballstarken Jon Dahl Tomasson. Aber Benítez reagierte, machte Gerrard zum rechten Verteidiger, um den brasilianischen Flankengott zu bekämpfen und die Vorlagen für Tomasson zu unterbinden. Gerrard wuchs über sich hinaus, blockte jede Flanke des

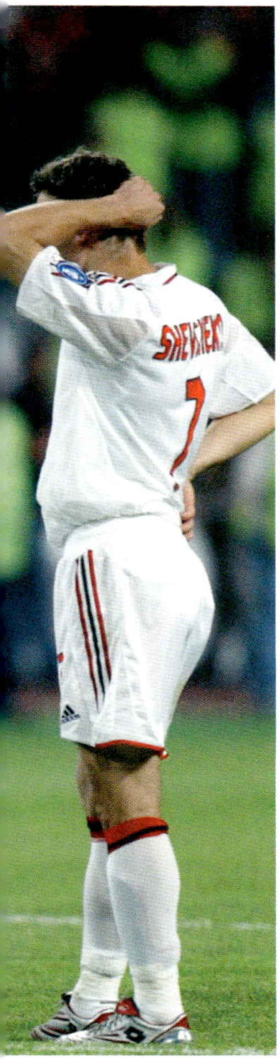

Brasilianers. Trotzdem hatte Milan noch die große Chance zum Sieg. Zwei Minuten vor dem Abpfiff hatte Shevchenko die Möglichkeit zur Entscheidung. Aber da war Dudek, der polnische Schlussmann. Erst wehrte er den Kopfball aus kurzer Distanz ab, dann auch den Nachschuss. Mit einem sensationellen Reflex und einer Hand rettete er die Reds ins Elfmeterschießen. Es war die 118. Minute. Und Dudek hatte alle Vorteile auf seiner Seite.

Dudek gegen Dida, zehn Schützen gegen zwei Torhüter.

Zuerst trat Mailands Serginho an und wunderte sich, dass Dudek wie ein Irrwisch über die Linie wieselte, dabei die Arme über den Kopf schleuderte und wie ein Hampelmann wirkte. Serginho schien irritiert, schoss drüber. Didi Hamann brachte Milan mit einem verzögerten Schuss in Führung.

Wieder rückte Dudek in den Mittelpunkt. Er übergab, wie jedem der fünf Milan-Schützen, den Ball persönlich an Pirlo, hampelte erneut auf der Linie und irritierte auch Milans Spielführer Dudek hält.

Cissé macht das 2:0, Jon Dahl Tomasson trifft zum 2:1. Dann ist Dida dran. Der Brasilianer hält gegen Riise. Kaká gleicht aus, aber Liverpool liegt immer noch vorne. Als Šmicer zum 3:2 trifft, liegt aller Druck auf dem ukrainischen Starstürmer Shevchenko. Zu lasch zielt er in die Mitte, Dudek hält. „Ich werde nie begreifen, wie er diesen Ball hat halten können", stammelte Shevchenko, Europas amtierender Fußballer des Jahres, in die Mikrofone und meinte damit nicht seinen zuletzt verschossenen Elfmeter, sondern die Szene in der 118. Minute, die der Pole Jerzy Dudek entschärfte, erst den Kopfball, dann den Nachschuss.

„The beautiful game" ist over, Liverpool hat den Pott nach langen 21 Jahren des Wartens. In einer unfassbaren Aufholjagd sichern sich die Reds ihren fünften Europapokal-Triumph und werden nach ihrer Rückkehr wie Helden gefeiert. Der Spiegel kommentierte es so: „Die Dramaturgie dieses elektrisierenden Sieges erhebt das Geschehen zur Legende." Die Engländer machten es sich einfacher: The beautiful game hat Champions League-Geschichte geschrieben.

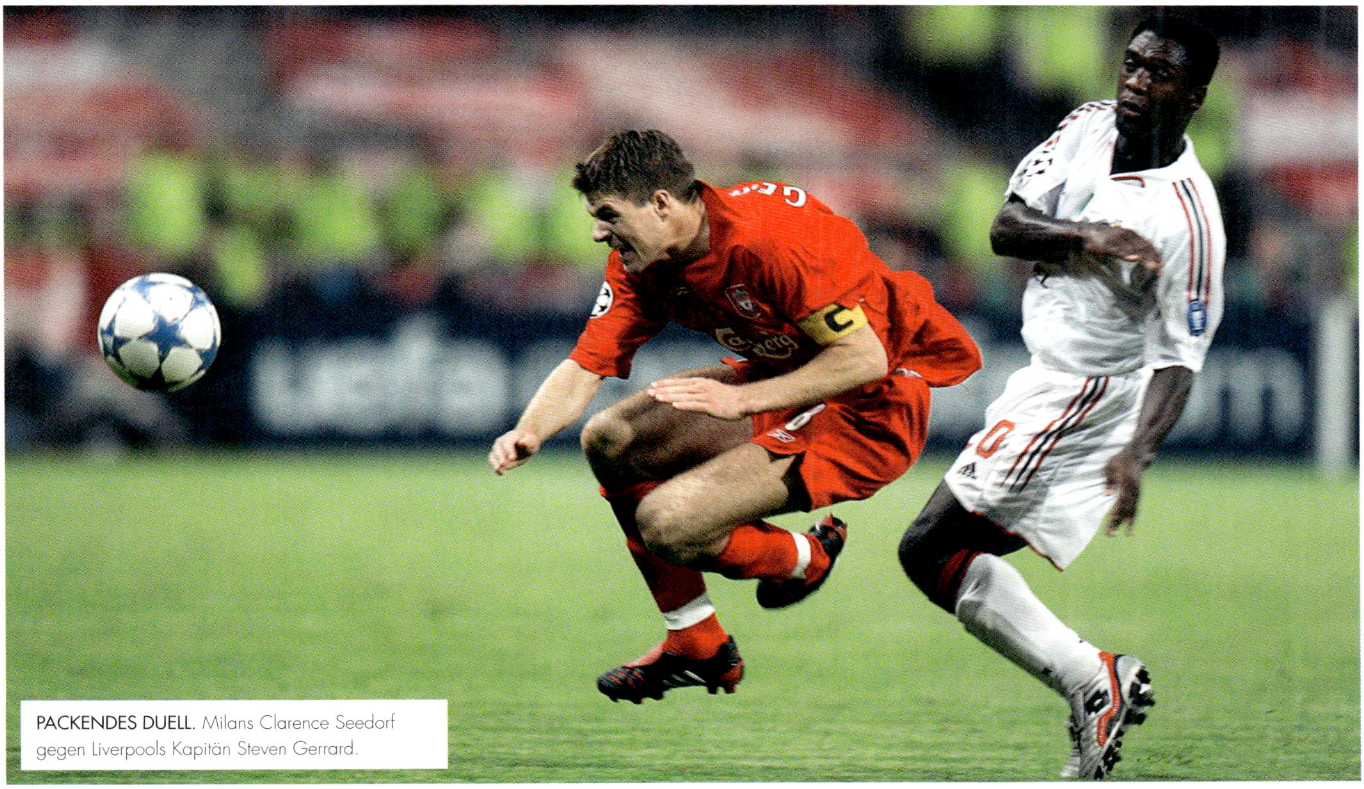

PACKENDES DUELL. Milans Clarence Seedorf gegen Liverpools Kapitän Steven Gerrard.

DAS DRAMA VOM BETZENBERG

Kaiserslautern und der Europacup – der erste Auftritt war ein kurzer, heftiger, schöner und auch so schmerzvoller.
1991 waren die Pfälzer erstmals seit der Ära Fritz Walter wieder Deutscher Meister geworden. Kalli Feldkamp hatte eine Region wach geküsst. 40 000 FCK-Fans waren zum letzten Auswärtsspiel nach Köln gereist und sahen einen imponierenden Sturmlauf zum Titel – 6:2!
Nun also durften die „Roten Teufel" in der Königsklasse starten. Gleich in der zweiten Runde kam der große FC Barcelona mit Trainer Johan Cryuff. 2:0 hatte Barça im Nou Camp gesiegt, am 6. November 1991 mussten sie zum Rückspiel am „Betze". Es wurde ein Spiel zwischen Himmel und Hölle.
70 Minuten lang Vollgas-Fußball. Mit einer Wucht und einer Power, getragen von fantastischen Fans, sah sich Kalli Feldkamp „wie auf einer Opernbühne". Zweimal hatte Demir Hotić einen Eckball per Kopf verwandelt, das Hinspielergebnis war schnell egalisiert. Als dann Bjarne Goldbæk einen Konter zum 3:0 abschloss (77.), glich das Stadion einem Hexenkessel.
Aber Barça steckte nicht auf, warf alles nach vorne. Die TV-Uhr zeigte 89:52 Minuten, als es passierte: Ein Freistoß von Ronald Koeman in den Strafraum der Pfälzer, ein Kopfball von Bakero – und irgendwie landete der Ball hinter Ehrmann im Netz. 1:3, aus der Traum. Dank der Auswärtstorregel war Barcelona weiter, gewann anschließend übrigens den Titel im Endspiel gegen Sampdoria Genua.
„Wenn du so nah bist, deinen Traum zu erfüllen, dann ist die Hölle besonders brutal", stammelte ein sichtlich mitgenommener Kapitän Stefan Kuntz. Selbst Cryuff sprach von einem „tragischen Aus" nach so einem Spiel. Und die Fans hatten ein gutes Gespür für die besondere Situation: Trotz des Ausscheidens feierten sie ihre Mannschaft für eine große Leistung.

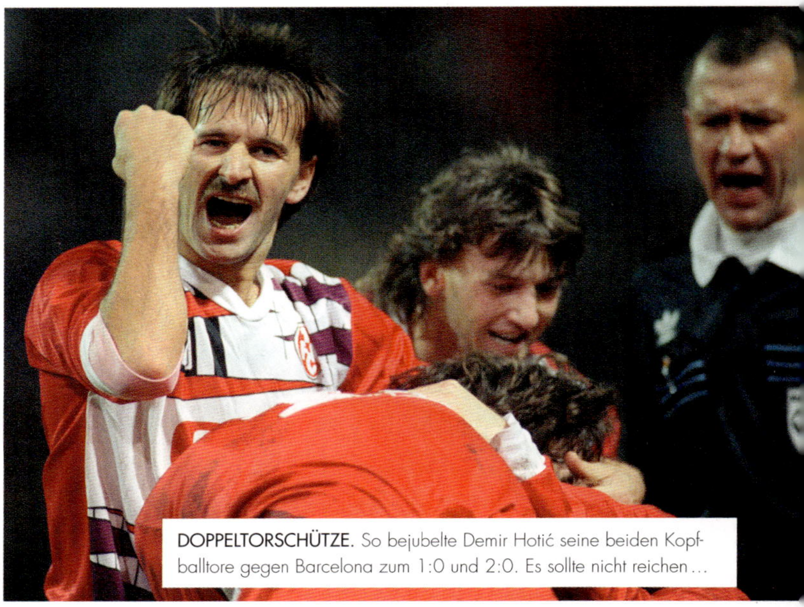

DOPPELTORSCHÜTZE. So bejubelte Demir Hotić seine beiden Kopfballtore gegen Barcelona zum 1:0 und 2:0. Es sollte nicht reichen …

REKORD

BELGISCHER YOUNGSTER

Der bisher jüngste Spieler, der in der Champions League zum Einsatz kam, war der Belgier Celestine Babayaro vom RSC Anderlecht. Er kam am 13. November 1994 beim 1:1 gegen Steaua Bukartest zum Einsatz und war zu jenem Zeitpunkt 16 Jahre, 2 Monate und 26 Tage alt. Sein erstes Spiel allerdings wird der Younster nie vergessen. Denn er sah bereits nach 37 Minuten die Rote Karte.

DER HÖCHSTE SIEG

Das höchste Ergebnis in der Champions League bzw. im Europapokal der Landesmeister ist ein 11:0. So hoch gewann in der Saison 1973/1974 Dinamo Bukarest in der ersten Runde gegen Crusaders FC aus Nordirland. Aber auch hier mischen die Bayern gehörig mit. Sie schafften im Achtelfinale gleich zweimal ein 7:0. Keiner schoss in dieser Runde mehr Tore. 2011/2012 gelang das gegen den FC Basel, 2014/2015 gegen Schachtjor Donezk.

100 MINUTEN MIT GEBROCHENEM WADENBEIN

Er ist der vielleicht härteste Spieler, der je im Europapokal der Landesmeister gespielt hat. Wolfgang Weber hielt 100 Minuten mit gebrochenem Wadenbein durch.

Es war im März 1965. Der 1. FC Köln traf im Viertelfinale auf den FC Liverpool. Nach dem 0:0 in Köln und einem 0:0 an der legendären Anfield Road wurde in Rotterdam ein Entscheidungsspiel angesetzt. Nach 20 Minuten passierte es. Ein Zweikampf mit Gordon Milne, ein Zusammenprall, dann ein heftiger Stich in der Wade. Weber im Rückblick: „Ich konnte nicht mehr auftreten, musste mich in die Kabine führen lassen." Da damals noch nicht gewechselt werden durfte, wurde Wolfgang Weber eine schmerzstillende Spritze verabreicht. Ein Härtetest folgte in der Kabine. Weber musste von der Massagebank springen, zweimal. Das Bein hielt, also ging es weiter.

Vermutlich sorgte der Sprung von der Massagebank dafür, dass das zuvor angebrochene Wadenbein gänzlich durch war. Aber der eisenharte Verteidiger, der sich den Spitznamen „Bulle" nicht erst in dieser Partie verdiente, lief in der zweiten Halbzeit wieder auf, positionierte sich auf Linksaußen. „Wir spielten mit zehneinviertel Mann", so Weber. Und der 1. FC Köln machte aus einem 0:2 ein 2:2. Es ging in die Verlängerung. Weber: „Da hatte ich tatsächlich zweimal die Chance, das Siegtor zu machen. Es ist mir leider nicht gelungen."

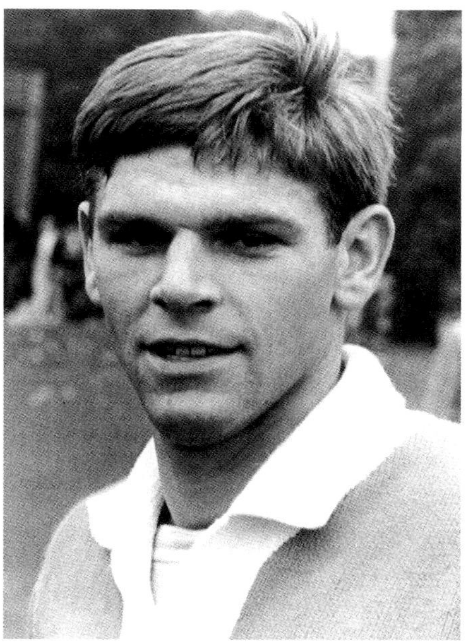

Er litt, er kämpfte, er wollte seine Mannschaft nicht im Stich lassen und hielt tatsächlich durch. „Bei jedem Schritt war es, als hätte mir jemand ein Messer in das Bein gerammt."

DER KÖLNER EISENFUSS. Wolfgang Weber spielte gegen Liverpool 100 Minuten lang mit gebrochenem Wadenbein.

Wolfgang Weber, berühmt geworden ein Jahr später durch sein Ausgleichstor in letzter Minute zum 2:2 gegen England im WM-Finale von Wembley, sammelte mit seinem 1. FC Köln viele Titel. Zwischen 1963 und 1978 brachte er es in 356 Spielen auf zwei Meistertitel, gewann mit Köln 1968, 1977 und 1978 auch den DFB-Pokal. Er galt als eisenharter Verteidiger, der weder sich noch Gegner schonte. Den ultimativen Beweis lieferte er in jener Europapokal-Schlacht gegen den FC Liverpool – 100 Minuten mit gebrochenem Wadenbein!

Im Januar 2011 wurde er mit dem Bundesverdienstkreuz am Bande ausgezeichnet. Aber nicht für seine Heldentat von Rotterdam, sondern weil er sich als Fußballbotschafter bei den Special Olympics verdient gemacht hatte.

VERHEXTES WANKDORF

Das Berner Wankdorf-Stadion ist eine Stätte der Tradition. Hier wurde Deutschland 1954 Weltmeister, hier erlitt die legendäre ungarische Nationalelf um General Puskás eine empfindliche 2:3-Niederlage.

Zwei der Vize-Weltmeister kehrten sieben Jahre später nach Bern zurück. Sándor Kocsis und Zoltán Czibor erreichten mit dem FC Barcelona das Finale im Landesmeister-Wettbewerb 1961. Natürlich war Barça Favorit, natürlich wollten Kocsis und Czibor endlich einen Titel in Bern holen. Aber es wurde nichts draus. Auch sieben Jahre später verließen die beiden Ungarn das Stadion als Verlierer, wie sieben Jahre zuvor gab es ein 2:3, diesmal gegen Benfica Lissabon. Dabei lief es für die beiden Ungarn zunächst gut. Kocsis erzielte das 1:0 für Barça, auch Czibor wurde zum Torschützen. Doch dazwischen lagen die drei Treffer, mit denen sich Benfica erstmals zum europäischen Champions krönte.

DER FATALE MÜNZWURF VON ROTTERDAM

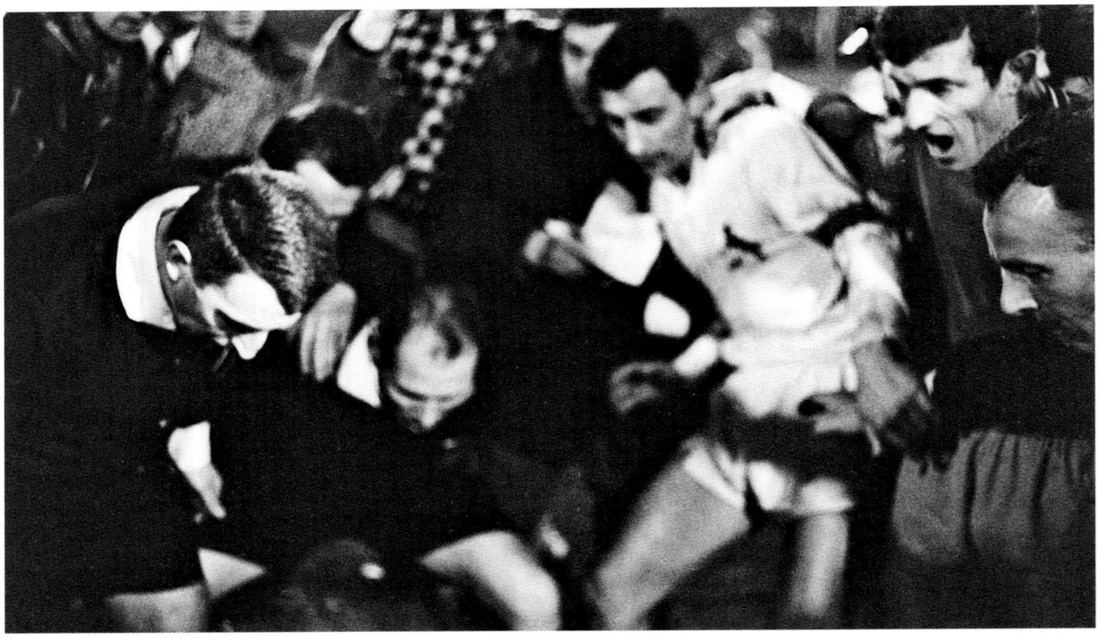

DIE ENTSCHEIDUNG. Das Foto zeigt das Chaos auf dem Platz und die Emotionen in den Gesichtern. Schiedsrichter Schaut hat die Münze geworfen.

Bis 1970 gab es kein Elfmeterschießen. War in Hin- und Rückspiel kein Sieger ermittelt, setzte die UEFA ein Entscheidungsspiel an. War auch hier ein Spiel- und Torgleichstand, entschied ein Münzwurf über das Weiterkommen im Landesmeisterpokal.

Das ist dem 1. FC Köln im Viertelfinale 1965 gegen den FC Liverpool passiert. In jenem Spiel, in dem Wolfgang Weber mit gebrochenem Wadenbein 100 Minuten durchhalten musste, gab es keinen Sieger. 0:0 endeten die 90 Minuten in Köln, 0:0 dank herausragender Paraden von Anton Schumacher auch das Rückspiel an der berühmten Anfield Road. Die UEFA setzte ein Entscheidungsspiel in Rotterdam an – nur eine Woche nach dem Rückspiel musste ein drittes Duell über den Halbfinal-Einzug entscheiden.

Köln galt als krasser Außenseiter gegen die englischen Vollprofis. Liverpool war bereits zum sechsten Mal englischer Meister geworden, hatte mit Kapitän Ron Yeats, Ian Callghan, Peter Thompson sowie den Stürmern Ian St. John und Roger Hunt international anerkannte Akteure in seinen Reihen. Georg Stollenwerk, zuvor Spieler beim FC, war als Spion auf die Insel geschickt worden, um die Mannschaft von Bill Shankly zu beobachten. Sein Urteil: „Die sind unschlagbar."

Die Dramatik war kaum zu überbieten. Das Rückspiel in Liverpool wurde 15 Minuten vor dem Anpfiff abgesagt. Schnee bedeckte das Spielfeld, machte den Rasen unbespielbar. Die Partie wurde um zwei Wochen verschoben. Während Liverpool sich ein Entscheidungsspiel in Glasgow wünschte, folgte die UEFA dem Kölner Vorschlag und entschied sich für das Stadion De Kuip in Rotterdam, das mit 47 862 Zuschauern natürlich ausverkauft war.

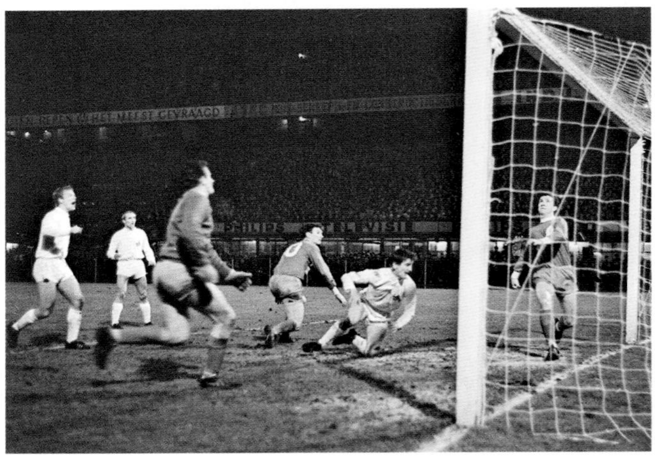

EIN TOR IN ROTTERDAM. Hannes Löhr gleicht zum 2:2 aus, das Entscheidungsspiel gegen Liverpool hat keinen Sieger.

2:0 führte Liverpool durch Tore von St. John und Roger Hunt, aber noch vor der Pause konnte Karl-Heinz Thielen auf 1:2

verkürzen. Unmittelbar nach der Halbzeit gelang Hannes Löhr mit einem Distanzschuss das 2:2. Heinz Hornig machte sogar noch das 3:2, aber der belgische Schiedsrichter Robert Schaut verweigerte die Anerkennung. Es ging in die Verlängerung.

Der Rasen im Stadion de Kuip glich nunmehr einer Schlammwüste. Deshalb beschränkten sich beide Teams darauf, Fehler zu vermeiden. Es kam, wie es kommen musste: Das Los musste entscheiden – der Münzwurf.

Robert Schaut nahm keine Münze, sondern eine kleine Holzscheibe mit einer roten und einer weißen Seite. Er bat die beiden Kapitäne an eine der beiden Strafräume. Auch Polizei und einige Journalisten waren Augenzeuge von dem, was nun passierte. Liverpool wählte die Farbe Rot. Schaut warf die Holzscheibe hoch, doch sie blieb senkrecht im Schlamm stecken. Kölns Kapitän Hans Sturm wie auch Liverpool-Spielführer Ron Yeats bestätigten später, dass die Scheibe deutlich weiß gezeigt hätte. Aber der Schiedsrichter wiederholte den Wurf. Und diesmal zeigte die Scheibe ihre rote Seite – Liverpool wurde zum Sieger erklärt! Wolfgang Overath: „Es ist furchtbar, auf diese Weise zu verlieren. Das hatten wir nicht verdient."

Heftig in die Kritik geriet der Schiedsrichter. Nicht nur, weil er den Treffer von Heinz Hornig nicht anerkannt hatte, auch beim Münzwurf war ihm ein Regelfehler unterlaufen. Nicht er hätte die Farben bestimmen dürfen, sondern die Kapitäne hätten sich einigen müssen, wer nun die weiße und wer die rote Seite erhalten hätte.

Nie zuvor und nie danach wurde ein so bedeutendes Spiel im Landesmeister-Wettbewerb durch eine Münze entschieden. Aber es dauerte weitere sechs Jahre, bis eine sportliche Lösung umgesetzt wurde. Erst seit 1971 wird der Sieger im Elfmeterschießen ermittelt.

SPIES MIT FLUGKOPFBALL

Hansa Rostock war der letzte Meister der DDR-Oberliga und deshalb in der Saison 1991/92 startberechtigt, als Neu-Bundesligist im Europapokal anzutreten. Das Los bescherte in der ersten Qualifikationsrunde den FC Barcelona als Gegner. Am 18. September 1991 trat Hansa im Camp Nou von Barcelona an, verlor 0:3. Das Rückspiel aber bleibt den Hans-Fans unvergessen. Vor 8 500 Zuschauern versenkte Michael Spiel in der 64. Minute einen Flugkopfball zum 1:0-Siegtreffer gegen das übermächtige Barça, bei dem mit Andoni Zubizarreta Spaniens Nationaltorhüter zwischen den Pfosten stand. Es war der einzige Auftritt einer Ost-Mannschaft in der europäischen Königsklasse nach der Wende. Auch das Tor von Spies ist somit für die Geschichtsbücher.

REKORD

MIT 40 IM FINALE

Der niederländische Torwart Edwin van der Sar gewann nicht nur zweimal die Champions League (1995 mit Ajax, 2008 mit ManU), sondern krönte seine Laufbahn mit einer Superlative der besonderen Art. Sein letztes Spiel als Profifußballer war das Finale der Champions League am 28. Mai 2011. Zwar verlor er mit Manchester United mit 1:3 gegen den FC Barcelona, aber er war mit 40 Jahren und 211 Tagen der älteste Fußballer, der je in einem Finale auflief.

DER KLASSENKAMPF OST GEGEN WEST

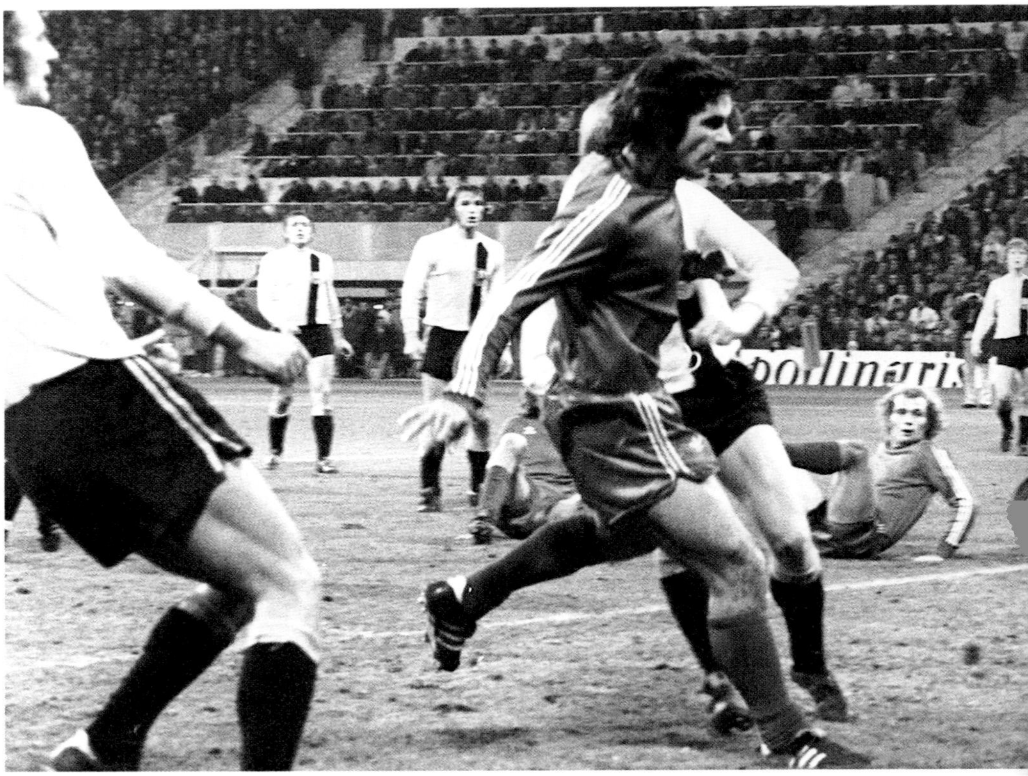

Das Los hat es so gewollt. Bayern gegen Dresden, Bundesliga gegen DDR-Oberliga: Erstmals gab es im Achtelfinale des Europapokals der Landesmeister ein deutsches Duell, erstmals nach 17 Jahren Europapokal führte das Los zwei deutsche Mannschaften zusammen. Ost gegen West, Sozialismus gegen Kapitalismus, der Klassenkampf auf dem Fußball-Rasen.

Natürlich fühlten sich die Münchner als Favorit. Der glamouröse Klub mit seinen Weltstars gegen die jungen Wilden aus Sachsen, die seit ihrem Wiederaufstieg 1969 die DDR-Oberliga dominiert hatte. Und natürlich drückte ganz Westdeutschland dem Bundesliga-Meister die Daumen. Es war das erste Mal, dass die nicht so beliebten Bayern ein ganzes Land hinter sich spürten.

Zuerst wurde in München gespielt. Am 24. Oktober 1973 ging es im Olympiastadion mächtig zur Sache. Dresden, das in der Runde zuvor Juventus Turin ausgeschaltet hatte (2:0, 2:3), gab Vollgas. „Wir wollten unsere Chance nutzen, hatten nach dem Turin-Sieg das nötige Selbstvertrauen", erinnerte sich Reinhard Häfner später. Zur Halbzeit lagen die Dresdner mit 3:2 vorne. Erbost stiefelte Bayern-Präsident Wilhelm Neudecker in die Kabine, wetterte gegen die mit Europameistern gespickte Elf von Trainer Udo Lattek, um anschließend mit einer erhöhten Siegprämie die Motivation zu steigern. Bayern, mit Gerd Müller, Franz Beckenbauer, Sepp Maier, Uli Hoeneß und Paul Breitner angetreten, konnte das Spiel noch drehen. Kurz vor dem Abpfiff gelang Gerd Müller das umjubelte 4:3.

Zwei Wochen später das Rückspiel in Dresden. Zwei Wochen Zeit, den Klassenkampf weiter zu schüren. Die drei Auswärtstore beflügelten ganz Dresden. Die DDR-Führung wollte unbedingt den Sieg gegen das kapitalistische Ausland und ließ nichts unversucht. Die Stasi startete die „Aktion Vorstoß". 28 000 der 36 000 Plätze im Rudolf-Harbig-Stadion waren mit verdienten Genossen und Stasi-Mitarbeitern besetzt. Für die Fans blieben lächerliche 8 000 Tickets übrig, die für 8,10 Ostmark angeboten wurden. „Wir hätten 300 000 Karten verkaufen können", so Klubchef Wolfgang Hänel später in seiner Dokumentation über die glorreiche Zeit der Fritzsch-Schützlinge. Waschkübel voller Bestellungen gingen ein, Fans schliefen auf der Straße, um eines der begehrten Tickets zu ergattern.

Es wurde an jenem 7. November 1973 ein legendäres Rückspiel, zu dem auch der FC Bayern einiges beisteuerte. Statt wie üblich am Tag vor dem Spiel anzureisen, übernachtete die Bayern-Delegation im grenznahen Hof. An-

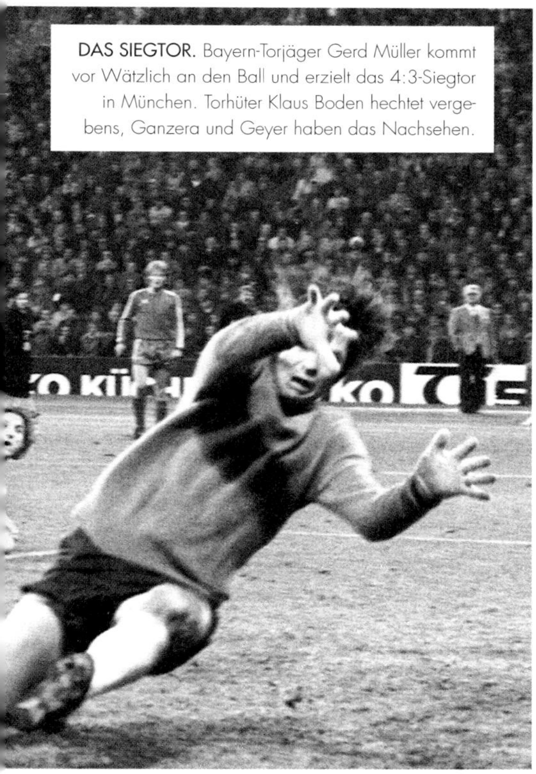

DAS SIEGTOR. Bayern-Torjäger Gerd Müller kommt vor Wätzlich an den Ball und erzielt das 4:3-Siegtor in München. Torhüter Klaus Boden hechtet vergebens, Ganzera und Geyer haben das Nachsehen.

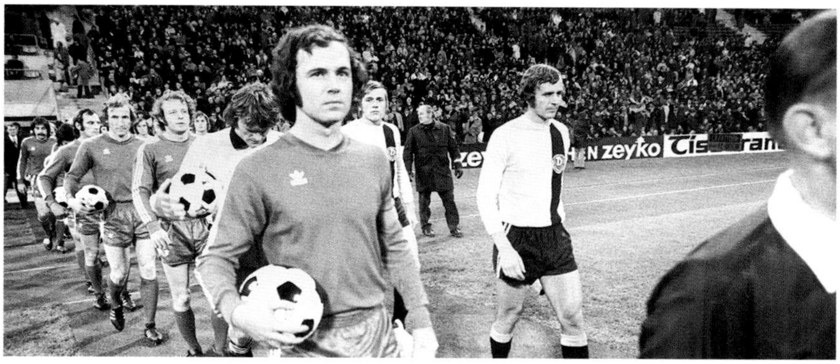

AUFMARSCH IN MÜNCHEN. Bayern-Kapitän Franz Beckenbauer (l.) und Dresdens Spielführer Frank Ganzera.

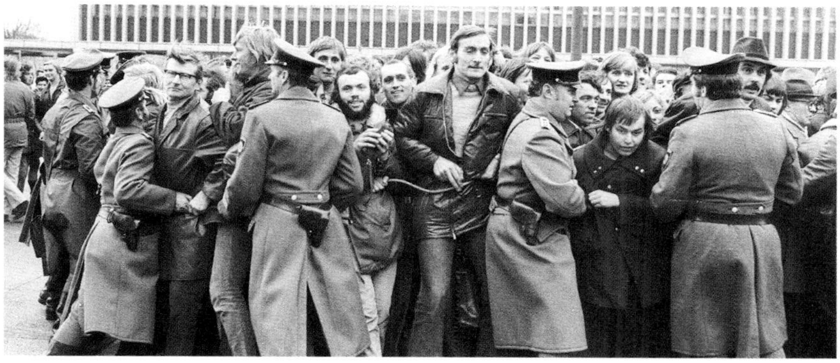

MASSENAUFLAUF IN DRESDEN. Volkspolizisten schirmen das Hotel Newa ab, in dem sich die Bayern-Spieler vorbereiten.

geblich auch deshalb, weil sie mit vergifteten Speisen rechnen mussten, hatten die Bayern erstmals einen eigenen Koch dabei. Bei einem Jugendturnier in Leipzig einige Jahre zuvor war es zu plötzlichen Durchfallerkrankungen gekommen, auch bei Uli Hoeneß und Paul Breitner. So traf der Bayern-Bus erst am Spieltag um 14.35 Uhr am Hotel „Mewa" ein, was ZDF-Reporter Oskar Wark so kommentierte: „So etwas hat es im Europapokal noch nie gegeben. Möglich, dass Dresden nun Protest einlegt, weil diese verspätete Anreise gegen UEFA-Regeln verstößt." An der Elbe angekommen, bezogen die Münchner Stunden vor dem Spiel ein Tageshotel, wurden weitestgehend von der Öffentlichkeit abgeschirmt. Franz Beckenbauer erinnerte sich später: „Vor allem der Ton der DDR-Funktionäre war sehr unangenehm."

Das Spiel selbst war an Dramatik nicht zu überbieten. Diesmal nahmen die Bayern die Aufgabe ernst. Vor allem der pfeilschnelle Uli Hoeneß, von Lattek als Sturmspitze aufgeboten, hatte einen Glanztag erwischt. Sein 0:1 in der 10. und sein 0:2 in der 12. Minute sorgten für einen beruhigenden Vorsprung. Noch in der Halbzeit heulte Ede Geyer wie ein Schlosshund, weil er seinem Gegenspieler nicht hatte folgen können. „Noch ein Tor macht der Hoeneß nicht", stammelte Geyer. Es klang wie eine Drohung und war gleichzeitig ein Versprechen. Denn Dresden, das noch vor der Pause durch Wätzlich auf 1:2 verkürzt hatte (42.), stürmte mit dem Mute der Verzweiflung. Angefeuert von den Stasi-Chargen auf der Tribüne („Dynamo, Dynamo") segelte eine Flanke nach der anderen vor das Tor von Sepp Maier. Schade gelang den Ausgleich (52.), Häfner sogar die Führung (56.). Die Stasi-Genossen auf der Tribüne feierten schon den Sieg im Klassenkampf des Europapokals. Aber die Bayern schlugen noch einmal zurück. Nur zwei Minuten später glich Gerd Müller in unnachahmlicher Art zum 3:3 aus, stocherte den Ball über die Linie und damit die Bayern in die nächste Runde.

Mit Ach und Krach hatte West gegen Ost gewonnen. Dieser Kampfgeist, den die Bayern in Dresden zeigen mussten, sorgte schließlich für den ersten Titelgewinn. Monate später gewannen die Bayern erstmals den Europapokal.

DER TORFALL VON MADRID

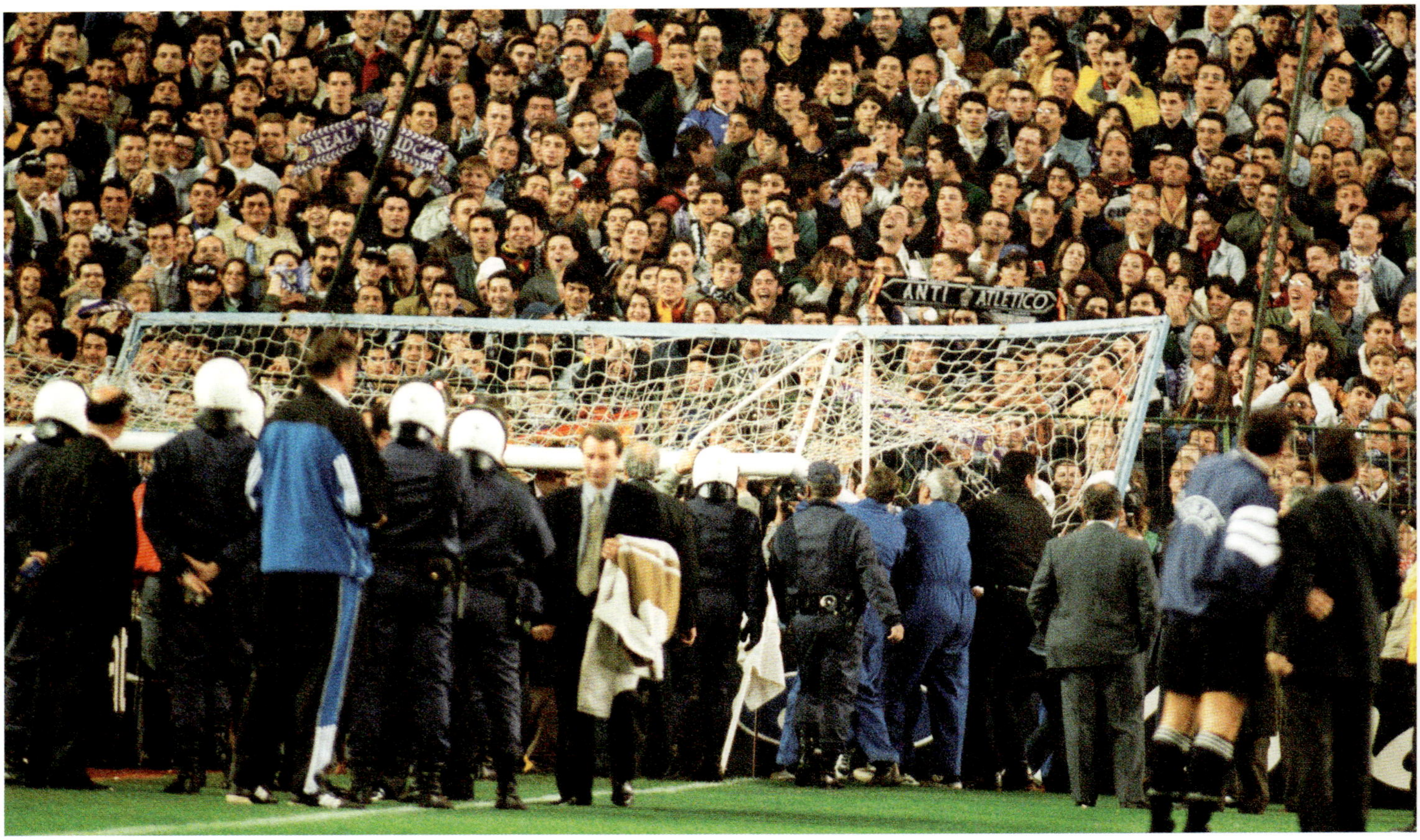

DAS GEFALLENE TOR. Polizei, Ordner, Offizielle versammeln sich auf dem Rasen und sehen ratlos das zerbrochene Torgestänge.

Es war der 1. April 1998, aber wahrlich kein Aprilscherz. Ausgerechnet in Madrid, im Fußball-Mekka Bernabeu-Stadion passierte etwas, was nicht passieren darf.

Es war das Halbfinal-Hinspiel und Borussia Dortmund, der aktuelle Titelverteidiger, beim großen Real zu Gast. Spanische Fans hatten vor Spielbeginn den Schutzzaun hinter einem der Tore erklommen. Sie schüttelten und rüttelten, bis der Zaun umknickte und das daran befestigte Tor umfiel. Die Stadionuhr zeigte 20.43, es waren noch zwei Minuten bis zum regulären Anpfiff.

Was aber tun? Woher ein neues Tor besorgen?

Das Spiel und das Ergebnis sind längst in Vergessenheit geraten. Unvergessen aber ist die Sternstunde der Fernsehgeschichte. Die TV-Rechte hatte zu jener Zeit RTL. Und was Günter Jauch als Studiomoderator und Marcel Reif als Kommentator im Stadion die nächsten 76 Minuten an Unterhaltung boten, zog die TV-Zuschauer in ihren Bann.

Kostproben:

GÜNTHER JAUCH: *„Für alle, die nicht rechtzeitig eingeschaltet haben, Sie haben etwas verpasst: Das erste Tor ist schon gefallen! Unmittelbar vor Spielbeginn. Und jetzt müssen spanische Handwerker ein neues Tor schnitzen."*

MARCEL REIF: *„Habt ihr das gesehen, eben? Das stimmt nicht sehr optimistisch. Jetzt kommt so eine Art Aktionismus auf. Jetzt fummeln die an dem Netz rum, so wie Fischer."*

Jauch: *„Spanische Fischer, genau."*

REIF: *„Das macht mich jetzt ganz betroffen, die warten nicht*

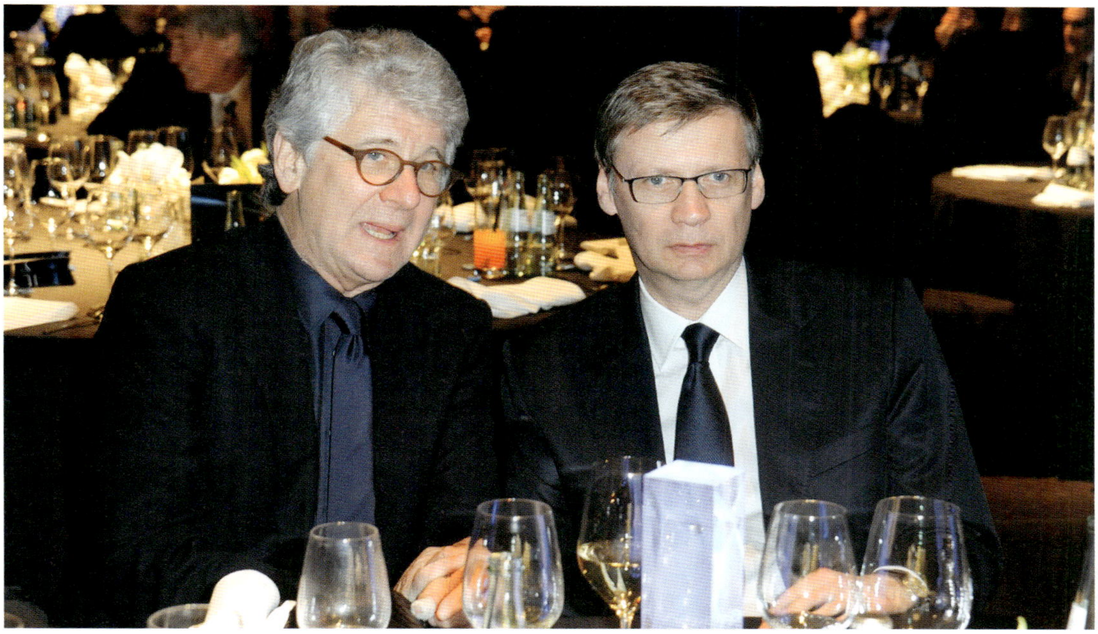

HABEN FERNSEHGE-SCHICHTE GESCHRIEBEN: Moderator Günter Jauch und Kommentator Marcel Reif, hier bei der Verleihung des Mira-Wards 2012 in Berlin.

auf das neue Tor, sondern sagen: Irgendwas müssen wir machen. Lasst uns doch das Netz flicken. Wo nichts zu flicken ist!"
JAUCH: *„Wir brauchen unbedingt ein schnelles Tor!"*
REIF: *„Das würde dem Spiel guttun. Noch nie hätte ein Tor einem Spiel so gutgetan wie heute hier."*
Jauch: *„Ein frühes."*
REIF: *„Ein ganz frühes. Leute, das glaubt uns kein Mensch, was wir zur besten Sendezeit anbieten!"*

Der Dialog wurde zum Kult, 12,76 Millionen TV-Zuschauer amüsierten sich köstlich, wie die beiden TV-Ikonen eine Situation überbrückten, die ungeplant über den Bildschirm lief. Günter Jauch experimentierte im Studio mit einem Zollstock, um den Zuschauern die Ausmaße des Torfalls zu demonstrieren. Und Marcel Reif lief zur Hochform auf, als endlich, nach mehr als einer Stunde, ein neues Tor vom Trainingsgelände ins Stadion gebracht und aufgestellt werden konnte. Das Spiel selbst, die Dortmunder 0:2-Niederlage, verfolgten nur noch rund sechs Millionen TV-Zuschauer. Der Dialog aber wurde prämiert. Das Duo Jauch / Reif erhielt den bayrischen Fernsehpreis, den goldenen Löwen und wurde 1999 auch für den Adolf-Grimme-Preis nominiert.

EIN FREIER SITZPLATZ

Spiele in der Champions League elektrisieren die Massen. Das Schild „Ausverkauft" ist die Regel, wenn Europas beste Mannschaften aufeinander treffen. Nur im Philips Stadion in Eindhoven bleibt mindestens ein Platz immer frei: Sitz 43, Reihe 22, Block D. Seit dem Tode des Firmengründers Frits Philips im Jahr 2005 bleibt dieser Platz leer – aus Respekt vor dem Mann, der den PSV Eindhoven zu einer europäischen Top-Adresse formte.

DIE KATASTROPHE VON HEYSEL

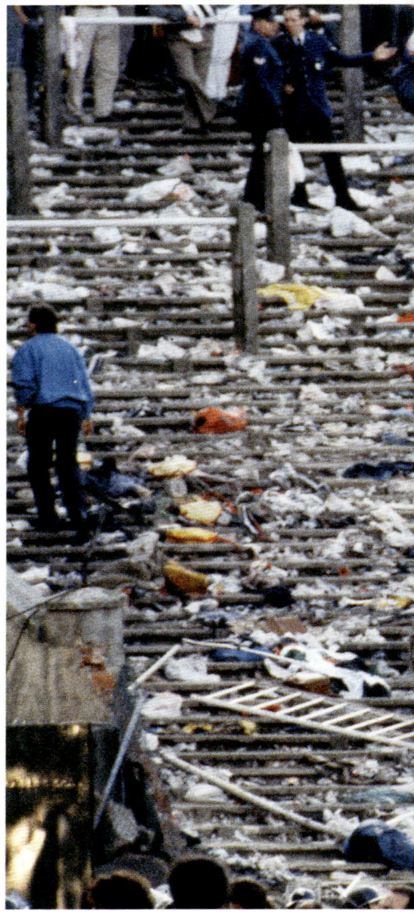

Ein Feiertag des Fußballs wurde zu einer der grauenvollsten Veranstaltungen der Sportgeschichte.

Brüssel, 29. Mai 1985. Im Endspiel des Europapokals der Landesmeister stehen sich Juventus Turin und der FC Liverpool gegenüber. Ein Spiel mit Vorgeschichte. Ein Jahr zuvor hatte Liverpool in Rom gegen den AS Rom im Elfmeterschießen gewonnen. Dabei kam es zu Messerstechereien und 33 zum Teil schwer verletzten Fans. Entsprechend explosiv war die Stimmung auch in Brüssel.

Die zunächst fröhliche Party begann bereits am Morgen in der Innenstadt. Da feierten Fans beider Seiten ausgelassen ihre Mannschaften. Zunächst friedlich, im Laufe des Tages immer aggressiver, schließlich wurde randaliert. Deshalb ordnete die Polizei an, die Tore zum Heysel-Stadion bereits drei Stunden vor dem Anpfiff zu öffnen. Schon der Einlass war chaotisch. George Kelly, ein Liverpool-Fan, erinnerte sich in einem TV-Beitrag: „Ich wusste gar nicht, wem ich die Karte zeigen sollte. Manche reichten ihre Eintrittskarte über die Mauer, um andere Fans reinzulassen." Es gab keine Kontrollen.

Noch schlimmer: Ein UEFA-Funktionär hatte Tickets an ein italienisches Reisebüro verhökert für den Block Z, der eigentlich für „neutrale" Fans vorgesehen war und als Puffer zwischen englischen und italienischen Fans gedacht war. Dieser Block Z wurde nun zur Todesfalle.

Die Chronologie: Fans von Juventus werfen Steine und Leuchtraketen auf die Polizei, die Fans der Reds antworten mit bengalischen Feuern. Zwei Tifosi rennen auf den Rasen, provozieren so die englischen Rowdys. Hunderte von ihnen beginnen nun, Block Z zu stürmen. Es ist 19.15 Uhr, eine Stunde vor dem Anpfiff.

Der Maschendrahtzaun, der die englischen von den italienischen Fans trennt, ist schnell niedergetrampelt. Es beginnt eine Hetzjagd. Die Engländer haben sich mit Steinen und Eisenstangen bewaffnet, prügeln auf alles und jeden ein. Die Italiener ziehen sich zurück bis in das letzte Eck von Block Z. Es wird eng und enger, die Panik groß und größer. Es wird eine Hetzjagd. Die völlig überforderten Ordner und Polizisten schauen nur zu. Eine Mauer, die einen Aufgang schützt, wird zur Falle. Immer mehr Menschen werden dagegen gedrückt. Minuten später bricht die marode Mauer, begräbt unzählige Fans unter sich oder reißt Zuschauer in den Tod. Ein überlebender Italiener, der eingequetscht am Boden lag: „Es war das Schlimmste, was ich je erlebt habe. Die Mauer hatte mich begraben. Ich klammerte mich an ein Bein. Der Mann spürte meine Hand, zog mich heraus."

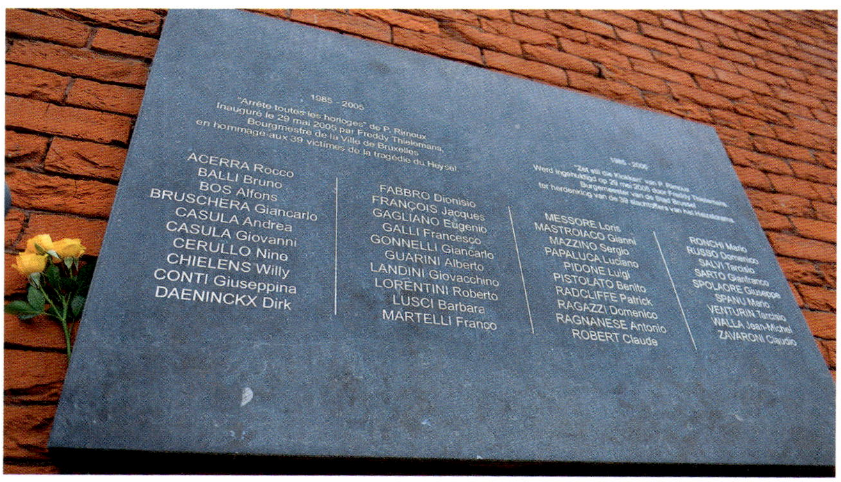

IN GEDENKEN. Eine Tafel mit den Namen der Todesopfer am neuen Stadion erinnert an die Katastrophe von 1985.

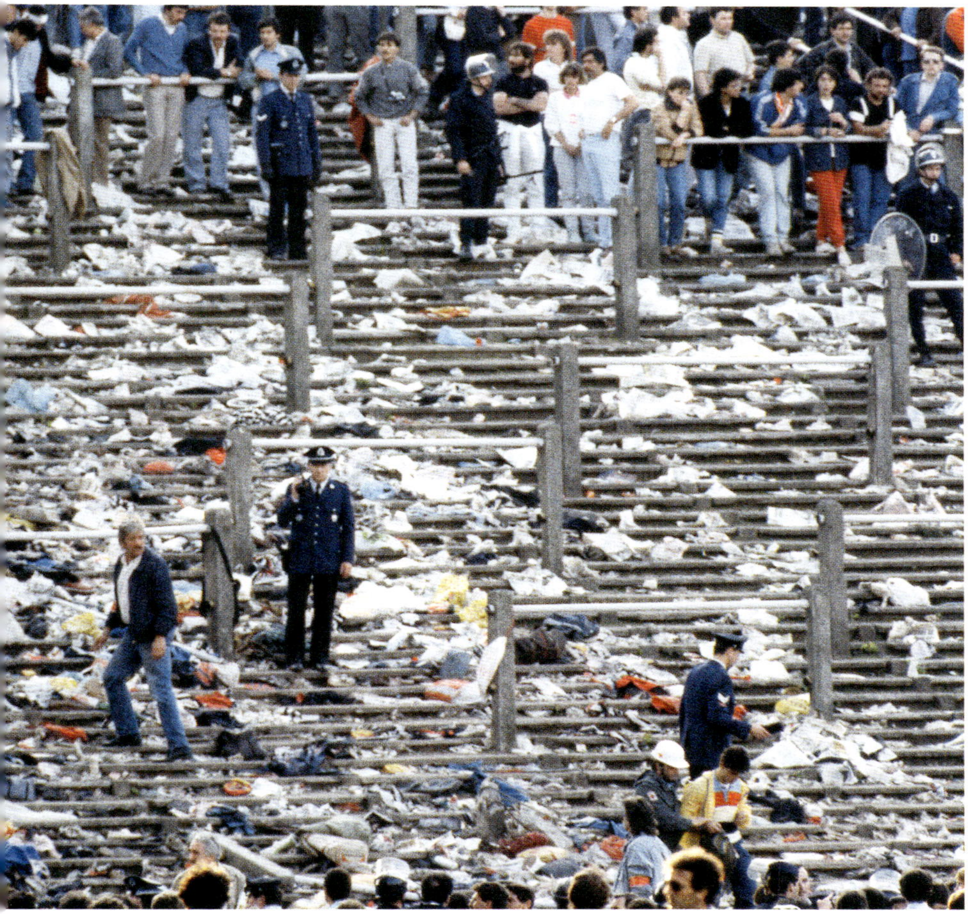

BILD DER VERWÜSTUNG. Der Block Z am 29. Mai 1985 nach den Ausschreitungen gewalttätiger Fans.

Die erschütternde Bilanz: In der Nacht von Heysel starben 39 Menschen, 454 wurden verletzt. 32 Italiener, vier Belgier, zwei Franzosen und ein Nordire kamen ums Leben. Und das Desaster wurde live in 77 Länder übertragen.

Die Mannschaften und auch die Zuschauer im weiten Rund konnten das Ausmaß der Katastrophe nicht einmal erahnen. Juve-Spieler Cabrini: „Plötzlich standen Juve-Fans in unserer Kabine, ohne Schuhe, fast ohne Kleidung. Da wussten wir, dass etwas Schlimmes passiert sein musste." Der spätere UEFA-Präsident Michel Platini: „Uns Spielern wurde die Wahrheit verschwiegen. Uns wurde von zwei, drei Toten erzählt. Wir mussten uns in der Kabine nur warm halten." Dann kam der damalige UEFA-Präsident Jacques Georges in die Katakomben und bat die Spieler aufzulaufen mit dem Hinweis: „Wenn jetzt alle Menschen das Stadion in Panik verlassen, droht eine Katastrophe." Also wurde gespielt und mit einer Stunde und 27 Minuten Verspätung vom Schweizer Schiedsrichter André Daina angepfiffen. ZDF-Reporter Eberhard Figgemeier wurde abgeschaltet. Der Sportreporter hatte live die Katastrophe, aber nicht das Spiel kommentiert, das zur Nebensache verkam. Der Sieger hieß Juventus Turin durch einen von Platini verwandelten Elfmeter (56.), der – für viele unangebracht – den Siegtreffer bejubelte. Später sagte er: „Ich habe mich gefragt, ob ich den Elfmeter schießen soll. Ich habe mich dazu entschlossen, um den Italienern in all der Trauer vielleicht ein wenig Freude zu schenken. 30 Sekunden später habe ich meine Entscheidung schon bedauert."

Die Süddeutsche Zeitung fasste die Gründe für das Desaster wie folgt zusammen: „Die Katastrophe von Heysel entsprang einer ungeheuerlichen Mischung aus Gewalt und Inkompetenz sowie einem unfassbaren Ausmaß an Verantwortungslosigkeit."

Weil die Katastrophe bei einem Endspiel passierte und in aller Welt live übertragen wurde, sind Sport, Politik und Gesellschaft zu Konsequenzen gefordert. Es findet ein Umdenken statt, um die Gefahr der Hooligans zu kontrollieren

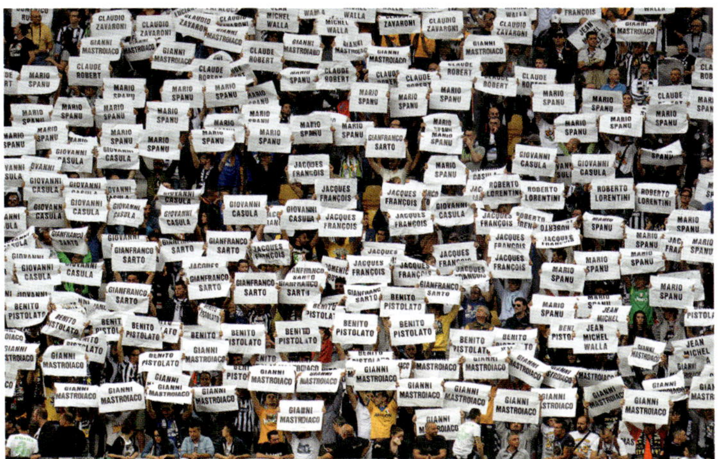

UNVERGESSEN. 30 Jahre nach der Katastrophe erinnern italienische Fans an die Toten von Brüssel.

und einzugrenzen. Zunächst werden alle englischen Klubs für fünf Jahre für alle europäischen Wettbewerbe gesperrt, der FC Liverpool sogar für sieben Jahre.

Im maroden Heysel-Stadion finden keine Fußballspiele mehr statt. Erst nach dem Umbau 1995 wurden im neuen „König-Baudouin-Stadion" wieder Fußballspiele ausgetragen.

Die Kartenvergabe wird stringent personalisiert, die Fangruppen getrennt.

Die Stadien werden zu reinen Sitzplatzarenen umgebaut, die solche Paniken ausschließen sollen.

Bei Massenveranstaltungen wird Alkoholverbot eingeführt.

In England werden alle Stadien mit Video-Kameras ausgerüstet, die „eiserne Lady" Margret Thatcher sieht sich und die englischen Vereine besonders in der Pflicht.

Von insgesamt 26 an Belgien ausgelieferten Hooligans wurden 14 zu Haftstrafen bis zu drei Jahren verurteilt. Belgien zahlte den Hinterbliebenen rund 1,25 Millionen Euro Entschädigung. Zu Bewährungsstrafen verurteilt wurden ein belgischer Fußballfunktionär, der Polizeichef von Brüssel sowie der Schweizer UEFA-Generalsekretär Hans Bangerter.

DER BÜCHSENWURF VOM BÖKELBERG

Es war eines der besten Spiele, das je eine deutsche Mannschaft auf Europas Parkett zauberte. Mit 7:1 (in Worten: sieben zu eins) fegte die Fohlenelf von Borussia Mönchengladbach den italienischen Starklub Inter Mailand vom Bökelberg. Netzer, Vogts, Heynckes, le Fevre demonstrierten Fußball der Extraklasse. Aber kaum einer hat's gesehen.

Denn die Gladbach-Gala vom 20. Oktober 1971 lief nicht im Fernsehen.

Die ARD hatte zwar für 60.000 Mark die TV-Rechte an diesem Achtelfinale erworben, aber Borussia-Manager Helmut Grashoff bestand darauf, nicht die Mehrwertsteuer abführen zu müssen. Wegen läppischer 6.600 Mark wurde Gladbachs Glanzstunde ein exklusives Vergnügen für 27 500 Zuschauer im Stadion – die TV-Zuschauer blieben ausgesperrt.

Sie verpassten nicht nur ein Highlight deutscher Europapokal-Geschichte, sondern auch die größte Tragödie in Gladbachs Fußball-Historie. Denn die UEFA-Richter annullierten den Sieg wegen einer Cola-Dose.

Es lief die 28. Minute. Gladbach führte 2:1. Roberto Boninsegna, der zwischenzeitlich zum 1:1 getroffen hatte, steht an der Außenlinie zum Einwurf. Da segelt eine rote Getränkedose aus dem Gladbacher Fan-Block und landet am Kopf von Boninsegna. Obwohl das 0,25 Liter fassende Behältnis offensichtlich leer war und der Aufprall deshalb von bescheidener Wucht, nutzte der Inter-Stürmer die Gunst der Stunde, um geistesgegenwärtig noch an Ort und Stelle mit unfassbarer Schauspielkunst zu Boden zu sinken. Gladbacher Spieler erzählten, dass sich Boninsegna irgendwann erheben wollte, aber von Trainer Gianni Invernizzi erneut zu Boden gedrückt wurde. Der niederländische Schiedsrichter Jan Dorpmans unterbrach die Partie, schickte beide Mannschaften in die Kabine. Erst sieben Minuten später ging es weiter. Dorpmans erzählte es später so: „Dann kam der Polizeihauptkommissar von Mönchengladbach und bat mich, das Spiel fortzusetzen, weil auch 7 000 bis 8 000 Italiener im Stadion waren." Der damalige UEFA-Beobachter Matt Busby erwähnte den Büchsenvorfall seltsamerweise nicht einmal in seinem Spielbericht. Der vermeintliche Büchsenwerfer vom Bökelberg hingegen wurde noch am Tatort abgeführt. Er beteuert bis heute seine Unschuld. „Bei den Italienern konnte man seinerzeit fast generell davon ausgehen, dass es sich bei der Aktion um Schauspielerei handelte", so Dorpmans, „aber ich hatte keine Beweise."

Anschließend verging den Italienern Hören und Sehen, wurden Mazzola, Burgnich, Facchetti und Jair von einer entfesselten Borussia vorgeführt. le Fevre machte das 3:1, Netzer zirkelte einen Freistoß zum 4:1 in den Winkel, Heynckes setzte noch vor der Pause das 5:1 obendrauf. Erneut Netzer (52.) und Sieloff per Foulelfmeter machten das Schützenfest perfekt. Aber die Partie hatte ein Nach- und ein Wiederholungsspiel.

Das Rückspiel in Mailand verlor Gladbach mit 2:4. Die UEFA-Richter (Dorpmans: „Da hatten die Italiener die richtigen Leute an den richtigen Stellen.") machten das Fußballfest zunichte, annullierten das 7:1 und setzten in Berlin ein Wiederholungsspiel an. Es endete 0:0 auch deshalb, weil Sieloff einen Elfmeter verschoss und Luggi Müller schwer verletzt wurde. Er brach sich das Schien- und Wadenbein – nach einem Foul von Roberto Boninsegna.

Das Relikt aus Blech steht übrigens – fein rausgeputzt – im Vereinsmuseum von Vitesse Arnheim. Schiedsrichter Dorpmans hatte die leere Cola-Büchse mitgenommen und seinem Verein zur Verfügung gestellt.

Gladbachs schönster Europapokal-Abend wurde so zu einer der größten Tragödien der deutschen Sportgeschichte.

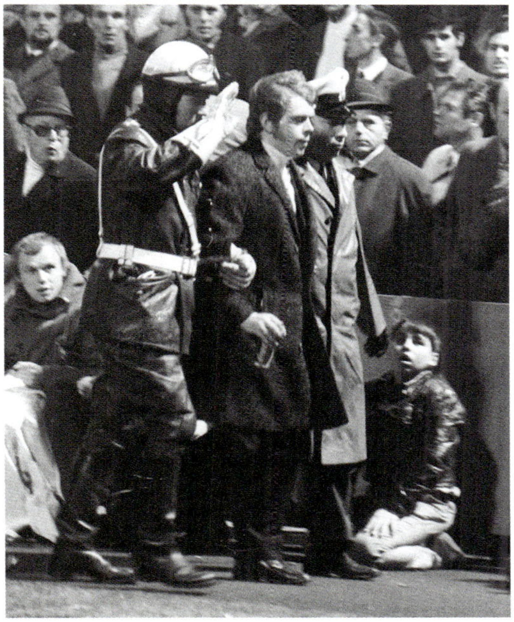

ABGEFÜHRT. Der vermeintliche Täter wird von der Polizei überführt und aus dem Stadion gebracht.

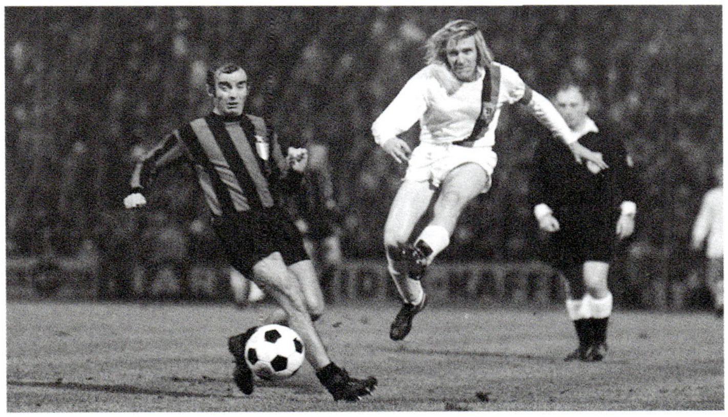

GALAFORM. Günter Netzer glänzte beim 7:1 gegen Inter Mailand mit zwei Toren und seinen unnachahmlichen Pässen.

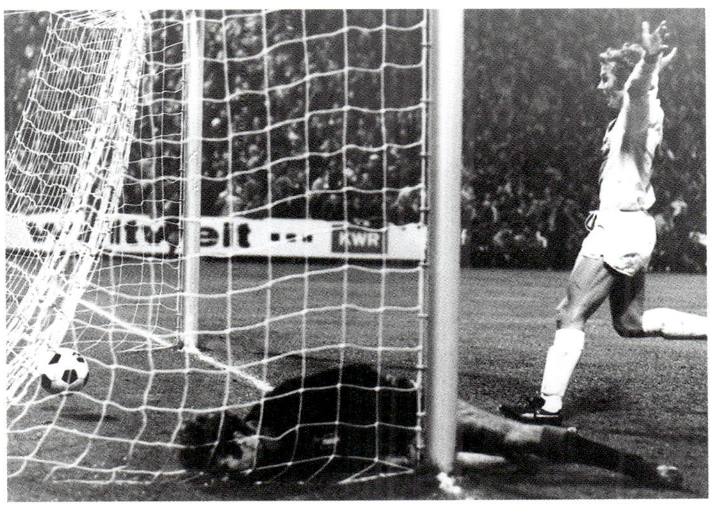

JUBEL. Ulrik le Fevre reißt die Arme hoch. Gladbachs Däne glänzte wie Netzer und Heynckes als zweifacher Torschütze gegen Inter Mailand.

REKORD

LAHMS DOPPELTER REKORD

Kein anderer Bundesligaspieler wurde so oft in der Champions League eingesetzt wie Philipp Lahm. Seit der Saison 2015/16 hat er Oliver Kahn als Rekordspieler abgesetzt. Aber der Abwehrspieler von Bayern München hält auch noch einen anderen Rekord – die meisten Spiele ohne Tor. Denn in über 100 Partien hat er in der Champions League noch nicht getroffen.

DER FATALE WECHSEL-FEHLER VON LEEDS

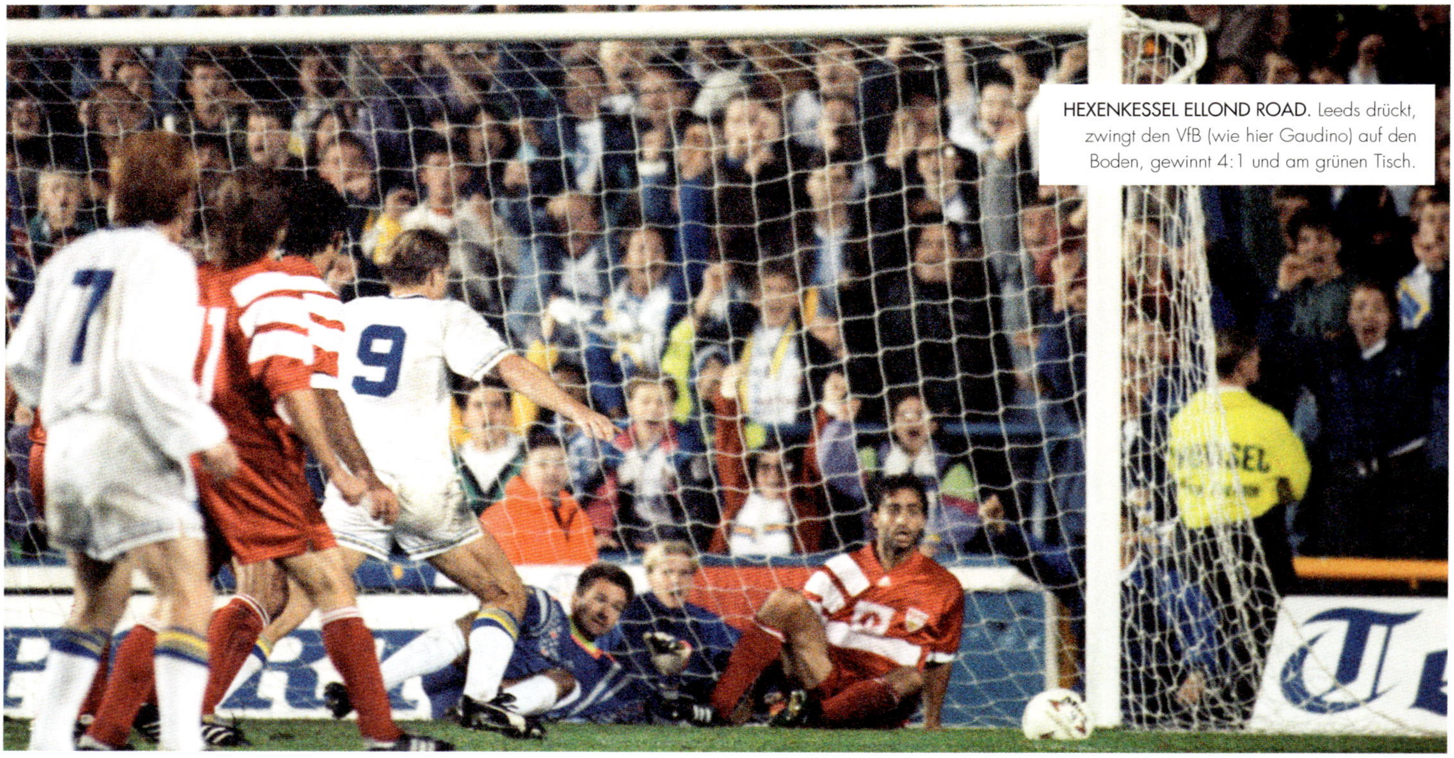

HEXENKESSEL ELLOND ROAD. Leeds drückt, zwingt den VfB (wie hier Gaudino) auf den Boden, gewinnt 4:1 und am grünen Tisch.

Es war vieles neu in der Saison 92/93. Erstmals wurde die Champions League ausgetragen, erstmals nahmen 36 Mannschaften teil. Und neu war auch, dass nur noch drei statt wie bisher vier ausländische Spieler eingesetzt werden durften. Eine Regel, die Stuttgart nicht kannte.

Das Los hatte es so gewollt. In der 1. Runde trafen der deutsche und der englische Meister in K.o.-Spielen aufeinander. Der VfB Stuttgart, der durch das 2:1 in Leverkusen überraschend seinen vierten Titel gewonnen hatte, musste gegen Leeds United antreten. Das Ziel war klar: Einzug in die Gruppenphase, um das große Geld zu verdienen.

Motivationskünstler Christoph Daum und der gewiefte Manager Dieter Hoeneß hatten eine schlagkräftige Mannschaft gebaut. Eine bärenstarke Abwehr (nur 32 Gegentore in 38 Saisonspielen) um Torwart Immel und Weltmeister Buchwald, im Mittelfeld Gaudino, im Angriff Fritz Walter – so hatte der VfB überraschend den Titel geholt. Nur Matthias Sammer fehlte. Er war nach der Meisterschaft zu Inter Mailand gewechselt. Dafür waren Thomas Strunz und André Golke gekommen.

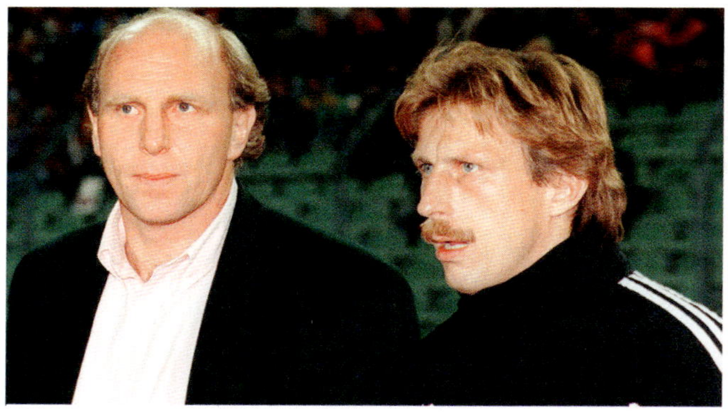

DIE SÜNDENBÖCKE. Manager Dieter Hoeneß, Trainer Christoph Daum.

Der 30. September 1992, das Hinspiel gegen Leeds, wurde zum Festtag. Fritz Walter mit einem Doppelschlag (63. und 68. Minute) und Andreas Buck sorgten für das beruhigende 3:0, 36 000 Zuschauer feierten begeistert den Sieg über den englischen Meister.

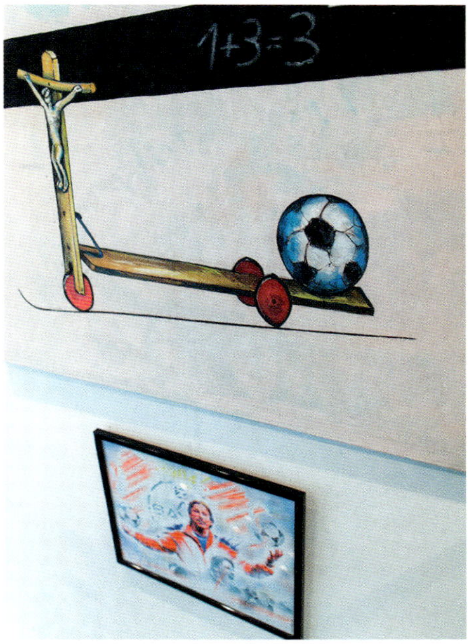

1 + 3 = 3. Dieses Bild symbolisiert Daums Wechselfehler von Leeds, hängt in seinem Büro.

Doch das Rückspiel wurde zu einem denkwürdigen Ereignis mit fatalen Folgen.
Leeds legt vor 25 000 Zuschauern an der Elland Road los wie die Feuerwehr, wittert seine Chance. 1:0 nach 18 Minuten durch Gary Speed. Buck gleicht aus, McAllister verwandelt einen Foulelfmeter zum 2:1. Pause. Leeds braucht also noch drei weitere Tore zum Weiterkommen. Der VfB bleibt gelassen.
Aber die Elland Road wird zum Hexenkessel. Éric Cantona macht das 3:1 (67.), Chapmann das 4:1 (80.). Der Vorsprung ist aufgebraucht, nur das Auswärtstor rettet den VfB. Daum reagiert. Erst bringt er den Schweizer Adrian Knup (80.) ins Spiel, dann den Kroaten Jovica Simanić (83.) für den müden Gaudino. Mit Libero Dubajić und Angreifer Sverisson stehen plötzlich vier Ausländer auf dem Feld. Der VfB rettet das 1:4 ins Ziel, reißt beim Schlusspfiff jubelnd die Arme hoch. Aber das Erwachen kommt schnell …
Bereits in der Kabine werden die Wechsel diskutiert. Präsident Mayer-Vorfelder und Dieter Hoeneß fällt es wie Schuppen von den Augen: Sie hatten mit dem vierten Ausländer gegen die UEFA-Regeln verstoßen. Ein fataler Wechselfehler mit ungeahnten Folgen. Er sollte Daum und Hoeneß den Job und dem VfB viel Geld kosten. Vor allem aber: Die VfB-Euphorie wurde von den Gerichten gestoppt, Daum und Stuttgart zur Lachnummer der Nation.
Leeds legte Protest ein, das Spiel wurde mit 0:3 gewertet. Gleichstand. Ein Entscheidungsspiel auf neutralem Platz wurde angesetzt, die Partie im Estadio Nou Camp von Barcelona gewann Leeds am 9. Oktober mit 2:1. Der deutsche Meister hatte sich selbst aus dem Wettbewerb gekickt – durch einen Wechselfehler mit dramatischen Folgen.
Jovica Simanić spielte nie wieder für den VfB. Ganze sieben Minuten hatte er das Stuttgarter Trikot getragen. Die sieben Minuten von Leeds, sieben Minuten zu viel.

REKORD

DAS EWIGE TOR-DUELL

Cristiano Ronaldo und Lionel Messi – der Zweikampf der aktuellen Superstars wird zu einem unerbittlichen Torduell. Beide wurden je fünfmal Torschützenkönig, beide schafften je fünf Dreierpacks. Während Ronaldo für Madrid in der Saison 15/16 die meisten Tore in der Gruppenphase erzielte (11), hält Messi gemeinsam mit Luis Adriano den absoluten Torrekord. Beide trafen je fünfmal in einem Spiel. Die meisten Tore in einer Saison gelangen Cristiano Ronaldo 2013/2014. Da traf der Portugiese im Trikot von Ream Madrid 17-mal.

BARÇAS DEMONTAGE

Im Finale 1994 standen sich der FC Barcelona und der AC Mailand gegenüber, der spanische und der italienische Meister. Es traf Pep Guardiola auf italienische Fußball-Kunst. Denn nie war Guardiola, der Stratege im Team von Cruyff, so ratlos wie in diesem Endspiel. Barça sah sich nicht einem italienischen Catenaccio gegenüber, den der große Johan Cruyff als „vulgären Spielstil" bezeichnet hatte. Milan zelebrierte unter Trainer Fabio Capello attraktiven und offensiven Powerfußball und sorgte für das höchste Finalergebnis seit Einführung der Champions League. Massaro (22., 45.), Savićević (47.) und Desailly (58.) erzielten die Tore in Athen, die Guardiola und Trainer Cruyff zur Verzweiflung brachten.

BALLACKS TRÄNEN

Sogar der Himmel weinte an jenem 21. Mai 2008, als Michael Ballack die Wucht der Gefühle übermannten. Hemmungslos weinte er nach dem Schlusspfiff, die Tränen der Enttäuschung tropften auf den Rasen von Moskau, die Fäuste hämmerten auf die Spielfläche. Soeben hatte er mit Chelsea das Elfmeterschießen verloren, und damit seinen Traum vom Gewinn der Champions League. In dem Moment ahnte er wohl, dass seine Karriere ungekrönt bleiben würde. Zum zweiten Mal hatte er ein Champions League-Finale vergeigt.

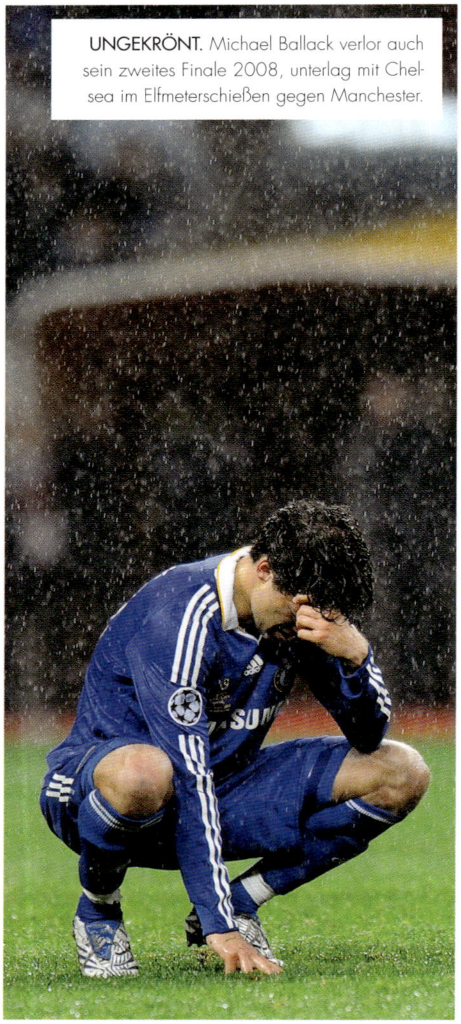

UNGEKRÖNT. Michael Ballack verlor auch sein zweites Finale 2008, unterlag mit Chelsea im Elfmeterschießen gegen Manchester.

2002 war er mit Leverkusen nur Außenseiter, als Real 2:1 siegte. Diesmal war es ein Duell auf Augenhöhe. Chelsea gegen ManU. 1:1 hieß es nach 90 Minuten, 1:1 auch nach 120. Ballack zählte in dem temporeichen Finale zu den besten Akteuren auf dem Platz, war Ideengeber, Organisationschef, Scharfschütze. Der „Daily Mirror" sollte später schreiben: „Ballack war mit Abstand Chelseas bester Spieler mit einem superben Mittelfeld-Rundum-Auftritt." Ballack hatte auch den ersten Elfmeter verwandelt und seine Freude ins weite Rund des Olympiastadions hinausposaunt. Alles umsonst. Als John Terry ausrutschte und verschoss und van der Sar auch noch den Elfmeter von Anelka hielt, war Chelseas Niederlage besiegelt. Wie ein heulendes Häufchen Elend schlich Ballack an der Ehrentribüne vorbei, holte sich von Michel Platini die Silbermedaille ab. Für Gold hat es nicht gereicht.

DER ERSTE FEHLSCHUSS

Das Elfmeterschießen sorgt längt für die dramatischsten Momente, mit denen ein Finale beendet werden kann. Die Premiere dieses Showdowns gab es 1984 zwischen dem FC Liverpool und dem AS Rom.

Der erste Schuss vom ominösen Punkt bleibt unvergessen. Denn der Schotte Steve Nicol drosch den Ball über das Tor und sich damit in die Geschichtsbücher des Europapokals. Liverpool gewann dennoch, denn für die Roma konnten mit Bruno Conti und Francesco Graziani gleich zwei Spieler nicht verwandeln.

16 Endspiele gingen seit 1956 in die Verlängerung, inzwischen wurden elf Finals durch ein Elfmeterschießen entschieden, zuletzt 2016 durch das 5:3 von Real Madrid gegen den Stadtrivalen Atlético.

REKORD

HAPPEL, HITZFELD, HEYNCKES

Insgesamt fünf Trainern ist es gelungen, gleich mit zwei Vereinen Europas Nummer eins zu werden. Der erste war Ernst Happel mit Feyenoord Rotterdam 1970 und dem Hamburger SV 1983. Es folgte Ottmar Hitzfeld mit Dortmund 1997 und dem FC Bayern 2001. José Mourinho (FC Porto 2003, Inter Mailand 2010), Jupp Heynckes (Real Madrid 1998, Bayern 2013) und Carlo Ancelotti zogen nach. Ancelotti gewann mit dem AC Mailand 2003 und 2007, mit Real Madrid 2014 die Champions League.

DAS WUNDER VON DER WESER

Seit dem Duell zwischen Bayern und Dresden im Jahr 1973 hat es viele Duelle zwischen Ost und West gegeben. Aber keines war so spektakulär wie das von Werder Bremen 1988. Eine Europapokal-Nacht, von der sie noch heute in Bremen erzählen.

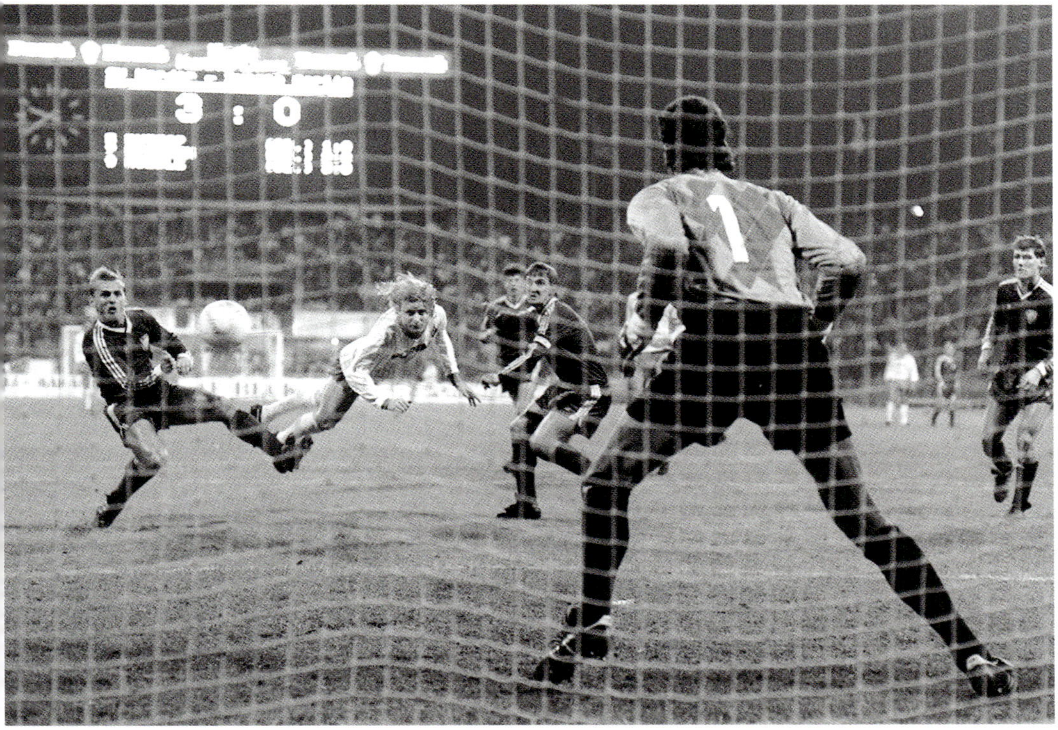

FLUGSCHULE. Schulbuchmäßig köpft Manfred Burgsmüller das 4:0 gegen Dynamo Ost Berlin und damit Bremen in die zweite Runde.

Mit 0:3 hatte Werder in Ost-Berlin sang- und klanglos verloren. Thomas Doll, Andreas Thom und Frank Pastor hatten für den Stasi-Klub getroffen. Dynamo Ost-Berlin, Abonnements-Meister der DDR-Oberliga und von Erich Mielke persönlich „betreut", hatte die Truppe von Otto Rehhagel vorgeführt. Aber da gab es ja noch das Rückspiel.

Ein Jahr vor dem Mauerfall erlebte das Weserstadion eine „magische Nacht", wie sie ZDF-Reporter Günter-Peter Ploog ausrief. Andere sprachen vom Wunder von der Weser. Mit 5:0 deklassierte Werder den DDR-Meister und stürmte nach seinem ersten Titelgewinn bis ins Viertelfinale. Es war wie ein Schaulaufen. 1:0 durch Kutzop (22.), der einen Foulelfmeter sicher verwandelte. Das 2:0 gelang Thomas Hermann mit einem herrlichen Volleyschuss (55.). Riedle staubte zum 3:0 ab (62.), ehe Burgsmüller Werder in die nächste Runde köpfte (70.). Thomas Schaaf setzte mit dem 5:0 den Schlusspunkt (90.) und machte das Wunder von der Weser perfekt.

REKORD

DER JÜNGSTE DAUERBRENNER

Seit Thomas Müller beim FC Bayern einen Stammplatz hat, marschieren die Münchner auch in der Champions League. Dreimal erreichten sie das Endspiel (2010, 2012, 2013), dreimal das Halbfinale (2014, 2015, 2016), schieden nur einmal im Achtelfinale aus (2010/2011 gegen Inter Mailand) und einmal im Viertelfinale (2009/2010 gegen Barcelona). Somit ist Thomas Müller der jüngste Spieler aller Zeiten, der bereits 50 Siege auf seinem Konto hat.

DER GUTMANN-FLUCH

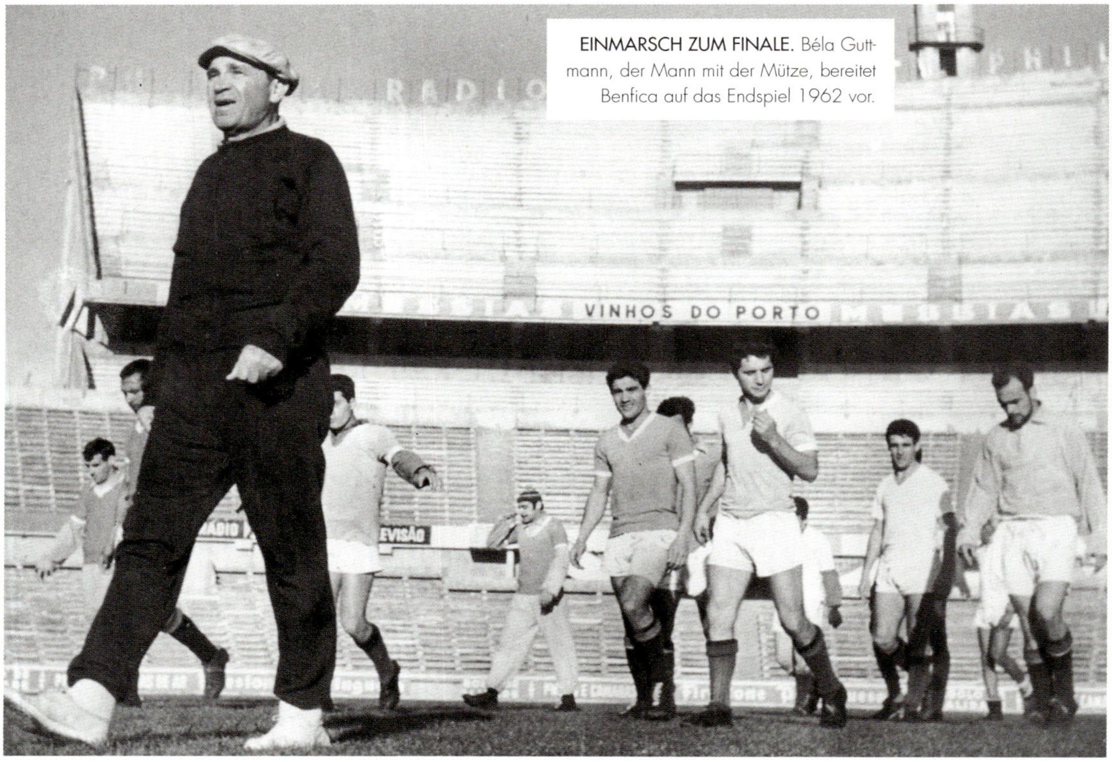

EINMARSCH ZUM FINALE. Béla Guttmann, der Mann mit der Mütze, bereitet Benfica auf das Endspiel 1962 vor.

Es war sein vielleicht größter Tag – mit einem bitteren Ende. 2. Mai 1962. Béla Guttmann, der ungarische Trainer in Diensten von Benfica Lissabon, hat soeben eine Ära beendet. Sein Lissabon hat Real Madrid mit 5:3 besiegt, damit den Triumph aus dem Vorjahr wiederholt und Europas Vorherrschaft von Real somit endgültig beendet.

Guttmann schreitet zur Ehrenloge im Olympiastadion von Amsterdam, spricht mit Präsident Antonio Vital. Es geht ums Geld. Unklar ist bis heute, ob der Trainer in diesem emotionalen Moment eine höhere Prämie oder gar eine Gehaltserhöhung eingefordert hat. Klar sind die Folgen. Als der Präsident hart blieb, stieß Guttmann einen Fluch aus.

„Nicht in hundert Jahren!", soll er gesagt haben, eine weitere Überlieferung lautet so: „Nicht in hundert Jahren soll Benfica noch mal den Europapokal gewinnen!"

Mit diesem Paukenschlag beendete er seine Trainerkarriere in Lissabon, verließ Benfica noch vor dem Pokalfinale, das für den 1. Juni angesetzt war. Und seither gibt es die Mär vom Guttmann-Fluch. „Es ist einer der viralsten Mythen der modernen Fußballgeschichte", schrieb das Magazin 11Freunde.

Denn die Ergebnisse seither sind frappierend: Achtmal erreichte Benfica das Finale, achtmal ging Benfica als Verlierer vom Platz. Eine solche Negativbilanz kann kein anderer Verein Europas vorweisen.

Fünfmal stand Benfica im Endspiel der Landesmeister, verlor 1963, 1965, 1968, 1988 und 1990. Erst gegen Milan 1:2, dann gegen Inter 0:1, gegen Manchester 1:4 in der Verlängerung, gegen Eindhoven mit 5:6 im Elfmeterschießen und 1990 mit 0:1 gegen Milan, als Rijkaard das Siegtor erzielte.

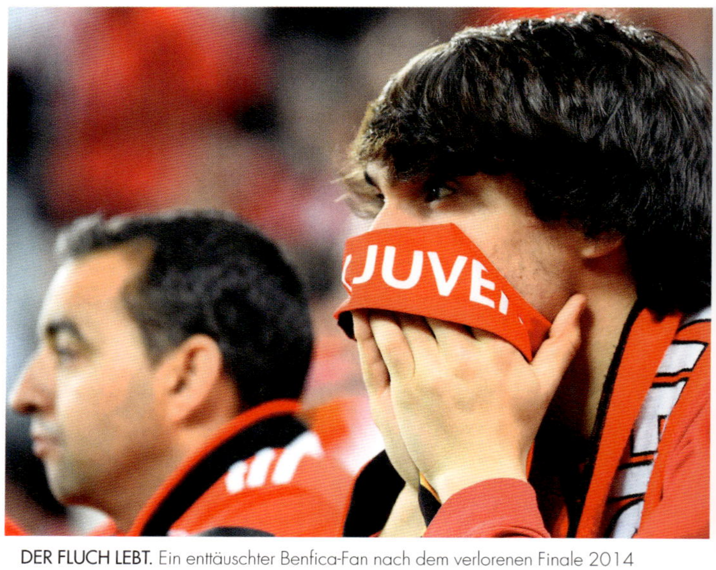

DER FLUCH LEBT. Ein enttäuschter Benfica-Fan nach dem verlorenen Finale 2014 in Turin. Der FC Sevilla gewann das Finale der Europa League im Elfmeterschießen.

Das UEFA-Cup-Endspiel 1983 wurde ebenfalls verloren: 0:1 und 1:1 gegen den RSC Anderlecht.

Zuletzt erreichte Benfica zweimal das Endspiel in der Europa-League, unterlag 2013 trotz besserem Spiel dem FC Chelsea mit 1:2 und 2014 dem FC Sevilla mit 2:4 nach Elfmeterschießen.

So oft, so knapp – kein Wunder, dass der Guttmann-Fluch lebt, weil so viel Pech nach außerirdischen Erklärungen schreit. Vor dem Finale 1990 ließ sich der große Eusebio überreden, das Grab von Guttmann zu besuchen. Der Ungar ist auf dem Wiener Zentralfriedhof beerdigt. Eusebio bat ihn an seinem Grab, den Fluch zurückzunehmen. Auch das half nichts. Vor dem Endspiel 2014 bauten sie Guttmann eine Bronzestatue und stellten sie im Februar 2014 vor dem Estadio da Luz auf. Es zeigt Guttmann in Lebensgröße mit den beiden Europapokal-Trophäen, die er 1961 und 1962 gewann. Auch diese Geste konnte den Fluch nicht besiegen.

„Auf die Rolle des bösen Orakels reduziert zu werden", so 11Freunde, „hat der unheimliche Herr Guttmann nicht verdient." Er war eine faszinierende Trainerpersönlichkeit, geboren 1899 in Budapest, Spieler in Wien, Trainer bei 25 Teams in 13 Ländern, darunter auch in Brasilien, von wo er das 4-4-2-System mitbrachte, mit dem Brasilien 1958 Weltmeister wurde.

Guttmann selbst kehrte übrigens noch einmal nach Lissabon zurück – in der Saison 65/66. Aber die Rückkehr an die Stätte seiner größten Erfolge endete mit einer Demütigung. Guttmann wurde im Frühjahr 1966 gefeuert.

BECKENBAUERS WUTREDE

Ein Champions League-Bankett hat Tradition. Da sitzen Mannschaft, Sponsoren und Journalisten nach einem Spiel weit nach Mitternacht zusammen. Traditionell eröffnet der Präsident das Buffet und hält eine kleine Ansprache. Die von Franz Beckenbauer artete am 6. März 2001 in eine Wutrede aus. Gerade hatte der FC Bayern bei Olympique Lyon mit 0:3 verloren und die Tabellenführung in der Zwischenrunde aufs Spiel gesetzt. Beispiele sind hier zu lesen:

„Wir haben eine Vorführung bekommen, weil unsere Einstellung nicht gestimmt hat."

„Das hat nix mit Fußball zu tun, was wir spielen, das ist eine andere Sportart."

„Wir haben körperlos gespielt, das ist Altherren-Fußball, das ist Uwe-Seeler-Traditionsmannschaft. Tut mir leid, wenn ich das so hart sagen muss, aber es ist so."

„Das könnt ihr so nicht machen, sonst müssen wir uns alle einen anderen Beruf suchen. Das ist vielleicht gescheiter ..."

„Bis auf das Spiel war das ein ganz schöner Ausflug."

Applaus im Saal.

Anschließend verlieren die Bayern kein Spiel mehr, schlagen Manchester United im Viertelfinale (1:0, 2:1), Real Madrid im Halbfinale (1:0, 2:1).

78 Tage später gewinnt der FC Bayern das Finale gegen den FC Valencia mit 5:4 im Elfmeterschießen.

REKORD

PAISLEY UND ANCELOTTI

Nur zwei Trainer schafften es, dreimal die Champions League zu gewinnen. Das war Bob Paisley vom FC Liverpool und Carlo Ancelotti, der die Trophäe zweimal mit Milan und einmal mit Real Madrid gewann. 17 weitere Trainer holten den Titel zweimal. Sowohl als Spieler als auch als Trainer erfolgreich waren Pep Guardiola, Carlo Ancelotti, Miguel Munoz, Giovanni Trapattoni, Johan Cruyff, Frank Rijkaard und 2016 auch Zinédine Zidane.

DAS MARSEILLE-SKANDAL

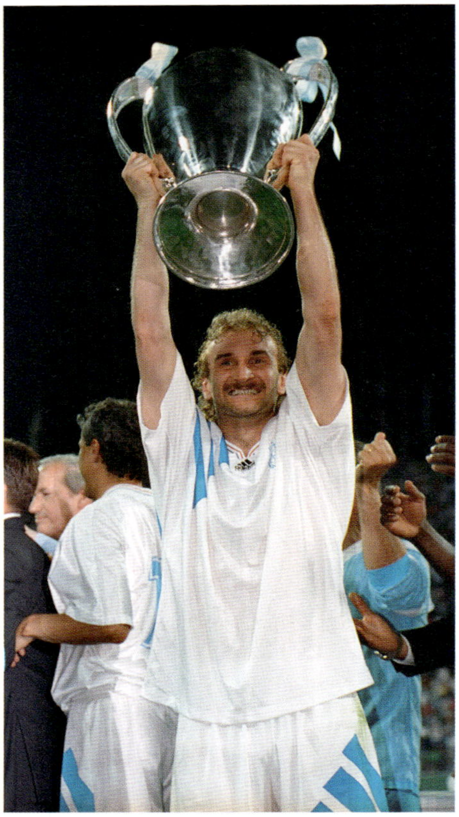

DIE KRÖNUNG. Rudi Völler gewinnt 1993 mit Marseille die Champions League. Im Finale von München gab es einen 1:0-Sieg über den AC Mailand.

Olympique Marseille, kurz l'OM, ist ein Symbol Marseilles – große Augenblicke und Triumphe, katastrophale Abstürze und immer wieder Skandal begleiten den Klub aus der Stadt mit der höchsten Kriminalitätsrate Frankreichs. Aber l'OM ist bis heute die einzige französische Mannschaft, die die Champions League gewonnen hat.

Es war in der Saison 1992/93 und in der ersten Saison der neu gegründeten Champions League, als sich im Münchner Olympiastadion Marseille und der AC Mailand im Finale gegenüber standen. Der Emporkömmling aus Frankreich, gespickt mit Stars wie Rudi Völler, Alan Bokšić, Didier Deschamps und Fabien Barthez, gegen die von Fabio Capello trainierten Norditaliener. Basile Boli (44.) köpfte das Tor des Tages und holte den Henkelpott erstmals nach Frankreich.

Bernard Tapie, der 1985 den Vereinsvorsitz übernommen hatte, war endlich am Ziel. In neun Jahren hatte er L'OM viermal zum Meister und einmal zum Pokalsieger gemacht, 1991 ins Finale gegen Roter Stern Belgrad geführt und nun zum Sieg über das große Milan. Der phänomenale Aufstieg ist ebenso sein Verdienst wie der tiefe Fall in den Abgrund.

Denn Marseille wurde unmittelbar nach dem Triumph der Korruption überführt. Vor dem Punktspiel gegen US Valenciennes waren Bestechungsgelder bezahlt worden. Marseille wurde der nationale Meistertitel aberkannt, vom Europapokal ausgeschlossen, der Verein 1994 in die Zweite Liga zurückgestuft und mehrere Beteiligte strafrechtlich verurteilt. Ein Zusammenhang mit der Champions League konnte nicht hergestellt werden, obwohl es Vermutungen gab, die Franzosen hätten sich eine längere Vorbereitungszeit auf das Finale erkaufen wollen.

Der Europapokal-Sieg geriet erst später ins Zwielicht. Die französische Sportzeitung L'Equipe enthüllte 2006, dass alle Spieler mit Ausnahme von Rudi Völler in der Saison 92/93 mit Injektionen behandelt worden seinen. Ähnliche Doping-Vorwürfe hatte bereits drei Jahre zuvor der irische Nationalspieler Tony Cascarino öffentlich gemacht. Dennoch verzichtete die UEFA auf sportliche Strafverfolgung. Obwohl sich Milan Hoffnung machte, den Titel von 1993 „erben zu können", sahen die Sportrichter keine Möglichkeit mehr, mit 13 Jahren Verspätung ein beweiskräftiges Urteil zu fällen.

Ein fader Beigeschmack bleibt.

REKORD

SCHNELL, SCHNELLER, MAKAAY

Keiner war so schnell wie der Niederländer in Diensten des FC Bayern. Am 7. März 2007 brauchte er ganze 10,12 Sekunden für das 1:0 gegen Real Madrid. Es war das schnellste Tor, das jemals in der Champions League erzielt wurde. Es half allerdings nichts. Nach der 2:3-Niederlage in Madrid verloren die Bayern auch das Rückspiel mit 1:2 und schieden im Achtelfinale aus.

DER HELD VON SEVILLA

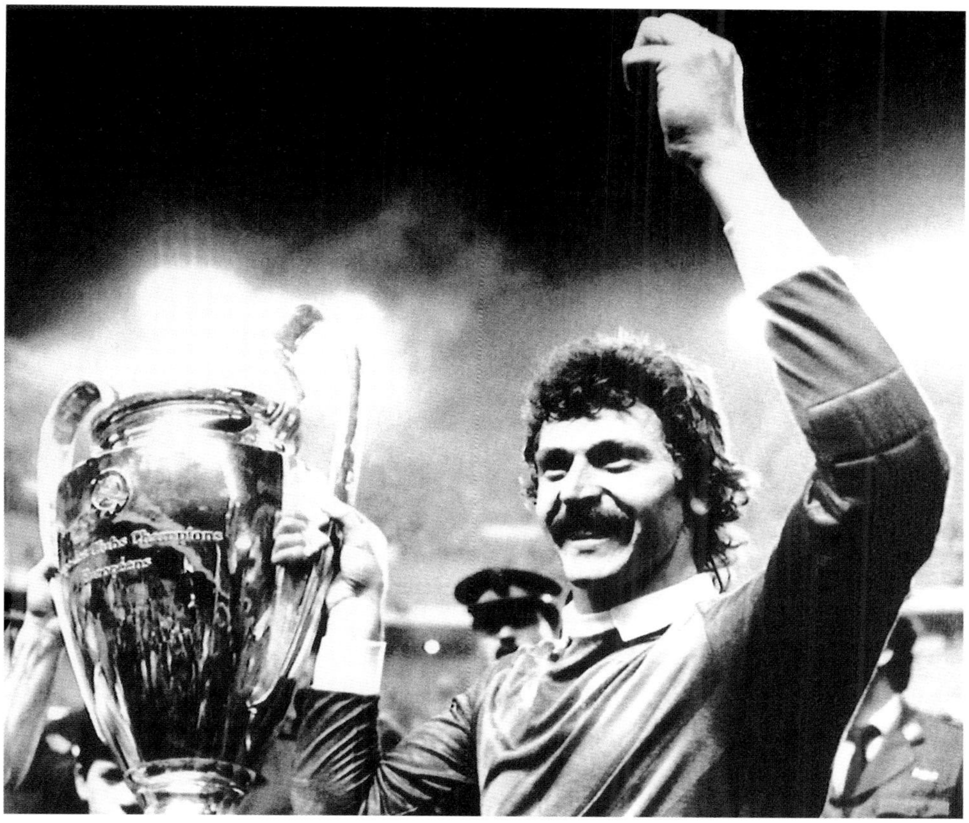

STRAHLENDER SIEGER. Steaua-Torwart Helmuth Duckadam mit seiner Trophäe. Er hielt vier Elfmeter im Finale gegen Barcelona.

Es war das letzte Spiel seiner Karriere – mit 27 Jahren. Nie wieder sollte er zwischen den Pfosten stehen. Aber was er an jenem 7. Mai 1986 vollbrachte, ist einmalig in Fußball-Europa. Bis heute.

Helmuth Duckadam, manchmal auch Helmut Ducadam geschrieben, weil er der deutschsprachigen Minderheit der Banater Schwaben angehört, steht mit Steaua Bukarest im Finale von Sevilla. Der kleine Verein aus dem Land von Diktator Nicolae Ceauşescu trifft auf den großen FC Barcelona, gespickt mit Stars wie Victor Munez, Bernd Schuster, Steve Archibald. 60 000 Spanier und ein paar wenige auserlesene Rumänen werden Augenzeuge einer Sensation: Steaua gewinnt – nach einem 2:0-Erfolg im Elfmeterschießen.

0:0 hieß es nach 90, 0:0 auch nach 120 Minuten. „Barcelona", so erzählte Duckadam später, „war überzeugt davon, das Elfmeterschießen zu gewinnen, weil sie so bereits im Halbfinale gegen Göteborg weitergekommen waren. Außerdem hatten sie wohl bemerkt, dass keiner von uns als Erster schießen wollte."

Steaua legte vor. Majearu lief an. Aber seinen schwach getretenen Schuss konnte Barças Keeper Urruti problemlos parieren.

Nun Barça. José Alexanko schoss halbhoch nach links, Duckadam war zur Stelle und wehrte ab.

Bölöni scheitert.

Intuitiv sprang Duckadam auch beim zweiten Schützen nach rechts und hielt: Nach 120 Minuten und vier geschossenen Elfmetern stand es weiterhin 0:0.

Endlich traf Marius Lăcătuş. Der Mittelstürmer hämmerte den Ball unter die Latte und signalisierte seinen Mitspielern Mut und Entschlossenheit. Dem großen Barça schlotterten die Knie.

Wie Pichi Alonso, der im Halbfinale noch zwei Elfmeter verwandelt hatte, erst zum Elfmeterschießen eingewechselt worden war. Der Psychokrieg zwischen Torwart und Schütze nahm zu. Duckadam hechtete erneut nach rechts, konnte den Ball sogar festhalten. Als Balint das 2:0 machte, lag es nun an Marcos Alonso. Er musste treffen. Duckadam, der Mann im grünen Sweater, ging in die Knie, Alonso schoss, Duckadam sprang – und entschied sich erstmals für die linke Ecke. Duckadam: „Diese Entscheidung hat uns den Titel gebracht."

Unglaublich, Helmut Duckadam hatte im größten Spiel des Vereinsfußballs alle Elfmeter gehalten! Sein elftes und letztes Europapokal-Spiel hatte ihn berühmt und zum „Held von Sevilla" gemacht. Nie wieder konnte ein Torwart in so einem großen Finale so eine große Leistung vollbringen.

Acht Wochen später diagnostizierten die Ärzte bei Duckadam ein Aneurysma, ihm drohte eine lebensgefährliche innere Blutung und eine Armamputation. Daraufhin kursierten die wildesten Gerüchte: Gefolgsleute von Ceauşescu hätten ihm die Arme gebrochen, um ihm die Mercedes-Siegprämie zu entreißen. All das stimmte nicht. Duckadam wurde erfolgreich operiert, steht Steaua seit 2010 als Präsident vor. Als Held von Sevilla hat sich der Mann mit dem Schnauzbart unsterblich gemacht.

EIN TICK ZU SPÄT

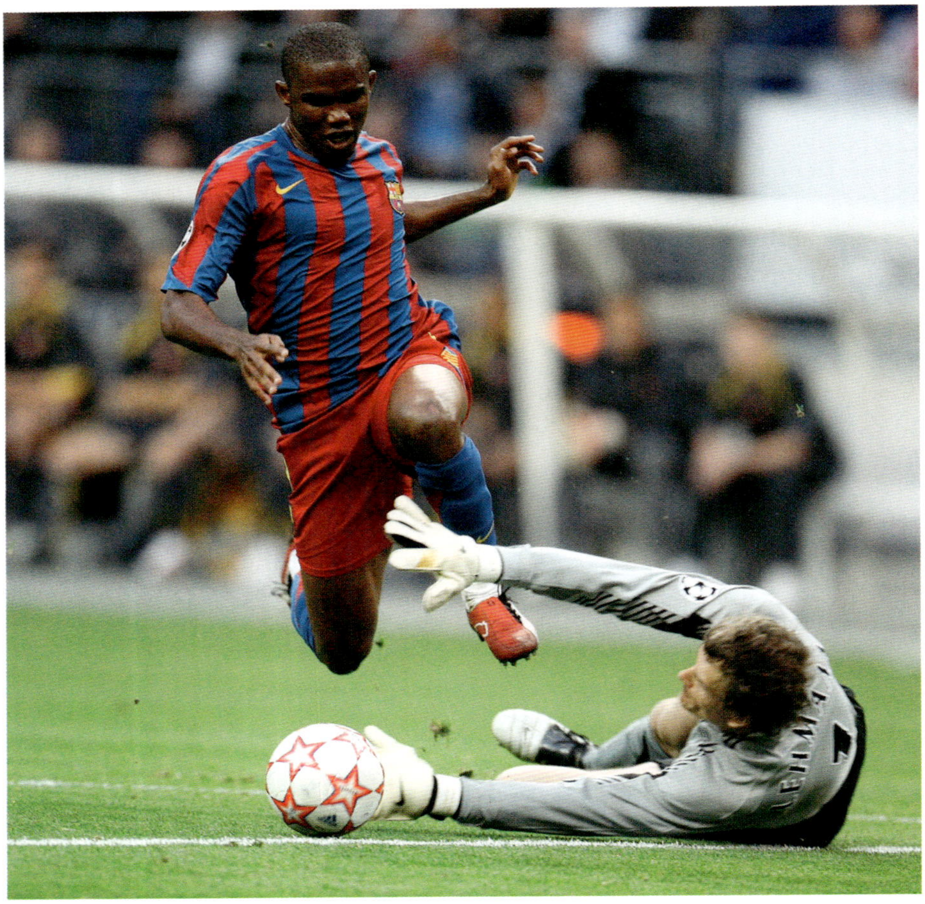

DAS FOUL. Jens Lehmann ist außerhalb des Strafraums, erwischt Eto'o mit den Händen, wird vom Platz gestellt.

Es läuft die 18. Spielminute. Jens Lehmann hatte bis dato nur zwei Ballkontakte. Die Schüsse von Ludovic Giuly (9.) und Deco (17.) hatte er mühelos pariert. Dann schickt der Brasilianer Ronaldinho seinen Angreifer Eto'o auf die Reise. Lehmann stürzt aus seinem Tor, erwischt Eto'o einen Meter vor der Strafraumgrenze. Für den norwegischen Schiedsrichter Terje Hauge ein klarer Fall: Foul, Notbremse, Rote Karte!

Viel wurde diskutiert über diesen Fall. Lehmann sah es so: „Ich habe mich verschätzt und bin einen Tick zu spät gekommen, das war nicht gut, das ist klar. Aber ich dachte, Eto'o sei im Abseits gewesen", so Lehmann bei SAT1. „Im Fußball werden Fehler gemacht, und die gehören bestraft." Und schickte gleich noch eine Verschwörungstheorie hinterher: „Ich hatte schon nach wenigen Minuten das Gefühl, dass der mich runterstellen will."

995 Champions League-Minuten war er ohne Gegentor geblieben. 12:44 Stunden in der europäischen Königsklasse hatte er seinen Kasten sauber gehalten. Und dann das: Rote Karte im Champions League-Finale. Es ist die besondere Geschichte des Jens Lehmann.

Es ist der 17. Mai 2006. Während sich die deutschen Nationalspieler bereits auf die Heim-WM vorbereiten, steht Deutschlands Nummer 1 auf dem Rasen in St. Denis. 77 500 Zuschauer fiebern in Frankreich dem Finale entgegen. Erstmals seit 1994 will Arsenal wieder einen internationalen Titel, damals hatten sie den Pokalsieger-Wettbewerb gewonnen. Nie zuvor hatten sie das Finale der Königsklasse erreicht. Nun also fieberte das Team von Arsene Wenger dem Henkelpott entgegen. Auch und gerade gegen das Starensemble des FC Barcelona.

Später zeigte sich sogar der norwegische Schiedsrichter einsichtig und sprach von einem Fehler. „Ich muss gestehen, dass ich vielleicht einen Moment zu früh gepfiffen habe, aber ich war extrem auf die Szene konzentriert", sagte Hauge dem „Verdens Gang". Denn nach dem Pfiff hatte Ludovic Giuly den Ball zum vermeintlichen 1:0 für Barcelona ins leere Arsenal-Tor befördert. „Der Torwart hat den Stürmer gefoult und ich pfiff, ohne auf den Lauf des Balles zu achten", sagte Hauge. „Die Situation war ein bisschen unglücklich." Hätte der Schiedsrichter Vorteil laufen lassen und das 1:0 der Spanier gewertet, wäre Lehmanns Platzverweis nicht nötig gewesen.

So schlich Lehmann mit gesenktem Haupt vom Platz. Arsenal spielte in Unterzahl und mit Ersatzkeeper Manuel Almunia weiter und ging sogar in Führung. Sol Campbell erzielte

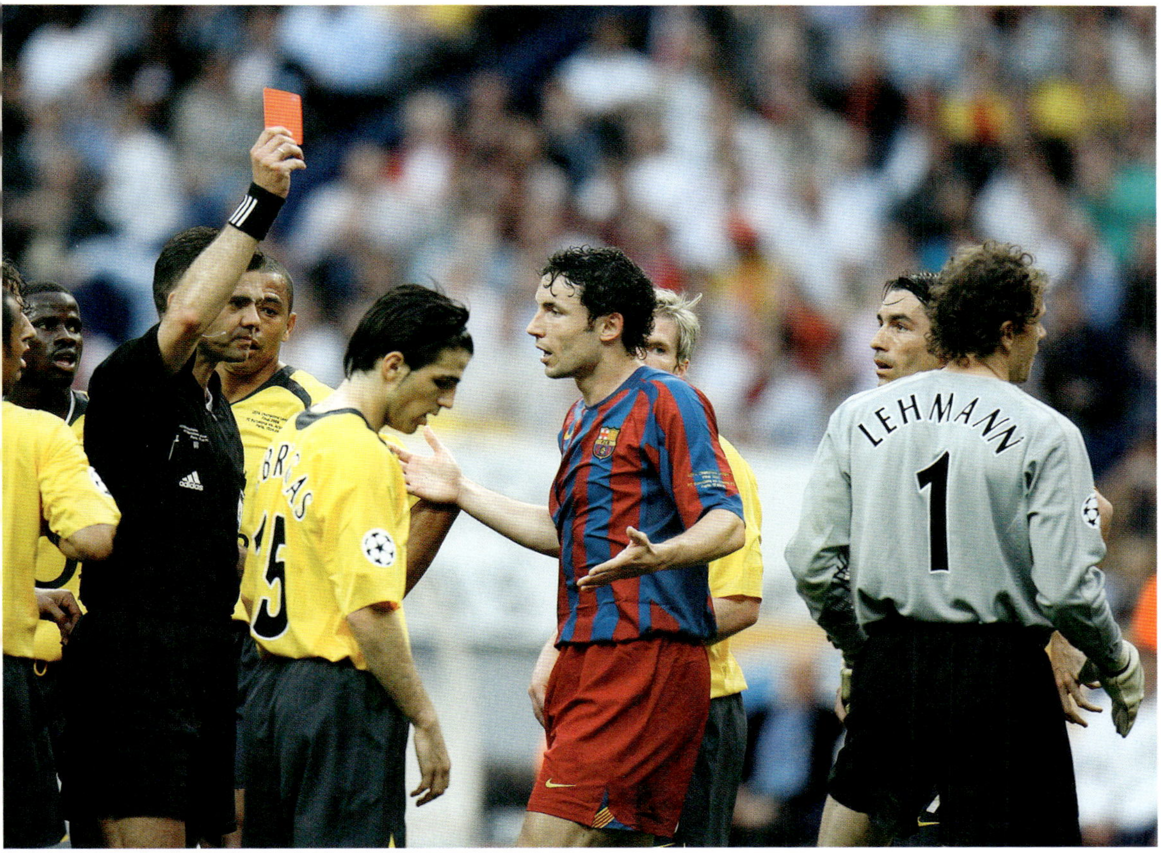

DIE ROTE KARTE. Schiedsrichter Terje Hauge zeigt Lehmann die Rote Karte. Barcelonas van Bommel versucht zu beschwichtigen.

per Kopfball das 1:0 (37.) für die „Gunnars", die sich nun auf Konterfußball verlegen mussten.

Dennoch hatte Barcelona das bessere Ende für sich. Nach der Einwechslung von Henrik Larsson (61. für van Bommel) wendete sich das Blatt. Obwohl Arsenal hervorragende Konterchancen besaß und vergab, drehte Barça das Spiel binnen vier Minuten durch einen Doppelschlag, den jeweils Larsson vorbereitete. Samuel Eto'o (76.) und Juliano Belletti (80.) sorgten für die Entscheidung zugunsten des frischgebackenen spanischen Meisters, der nach 14 Jahren endlich wieder Europas Thron erklimmen konnte.

Lehmann wurde zum Sündenbock, 72 Minuten Unterzahl waren für das starke Arsenal zu viel. Dennoch nahm Wenger seinen Torwart, der eine großartige Saison gespielt hatte, in Schutz. Der Manager: „Ich glaube nicht, dass er einen großen Fehler gemacht hat. Er kam halt einen Tick zu spät." Es war ein Tick zu viel für den Titel.

REKORD

OLDY BALLOTTA

Je älter, desto besser. Auch mit 43 Jahren und 253 Tagen bewies Marco Ballotta von Lazio Rom seine internationale Klasse. Er wurde beim Gruppenspiel am 11. Dezember 2007 gegen Real Madrid eingesetzt und ist damit der älteste Spieler, der je in der Champions League zum Einsatz kam.

FÜNFMAL TRIUMPHIERTEN DIE BAYERN, ZULETZT 2013. ABER AUCH DORTMUND UND HAMBURG STANDEN AUF EUROPAS THRON.

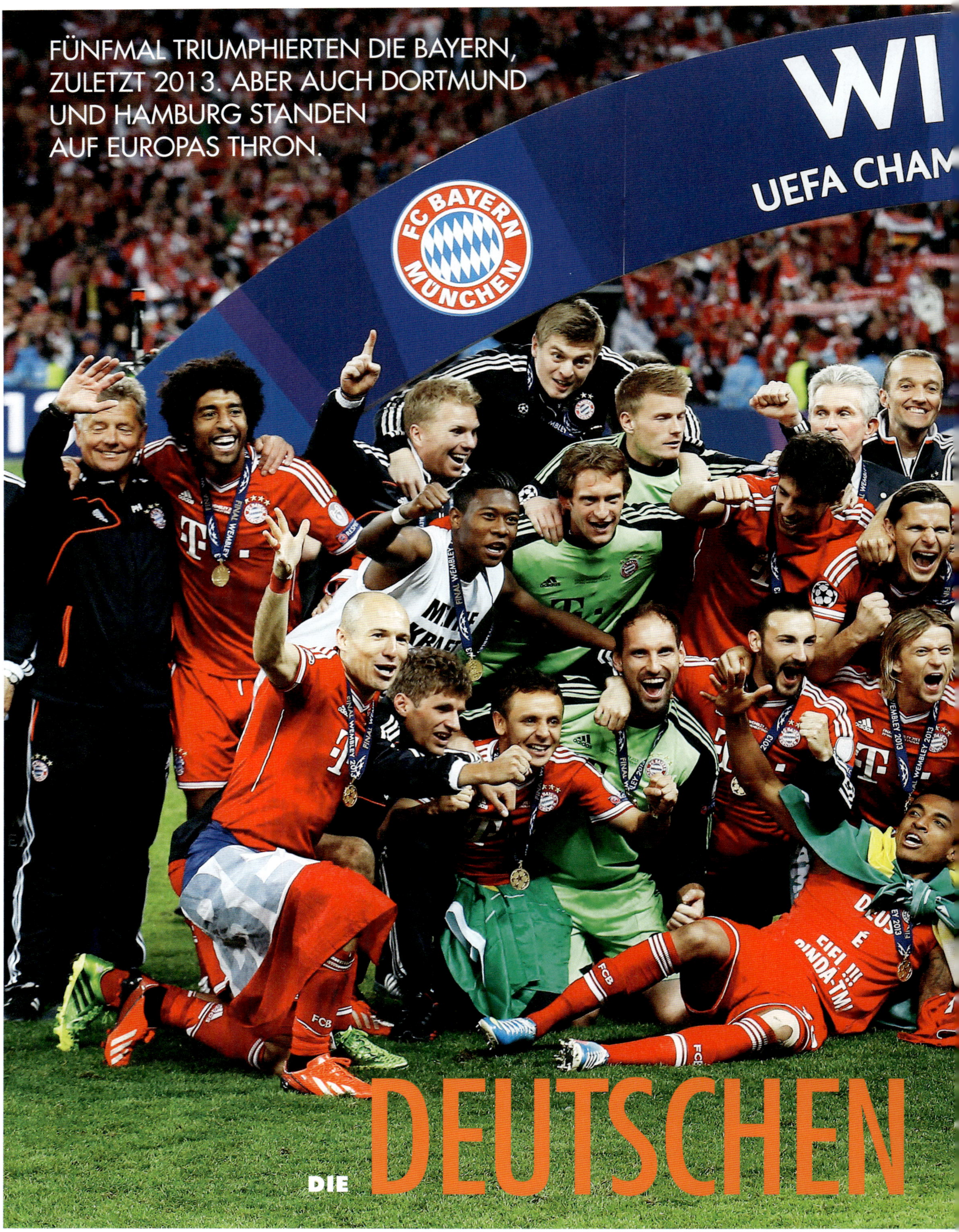

DIE DEUTSCHEN

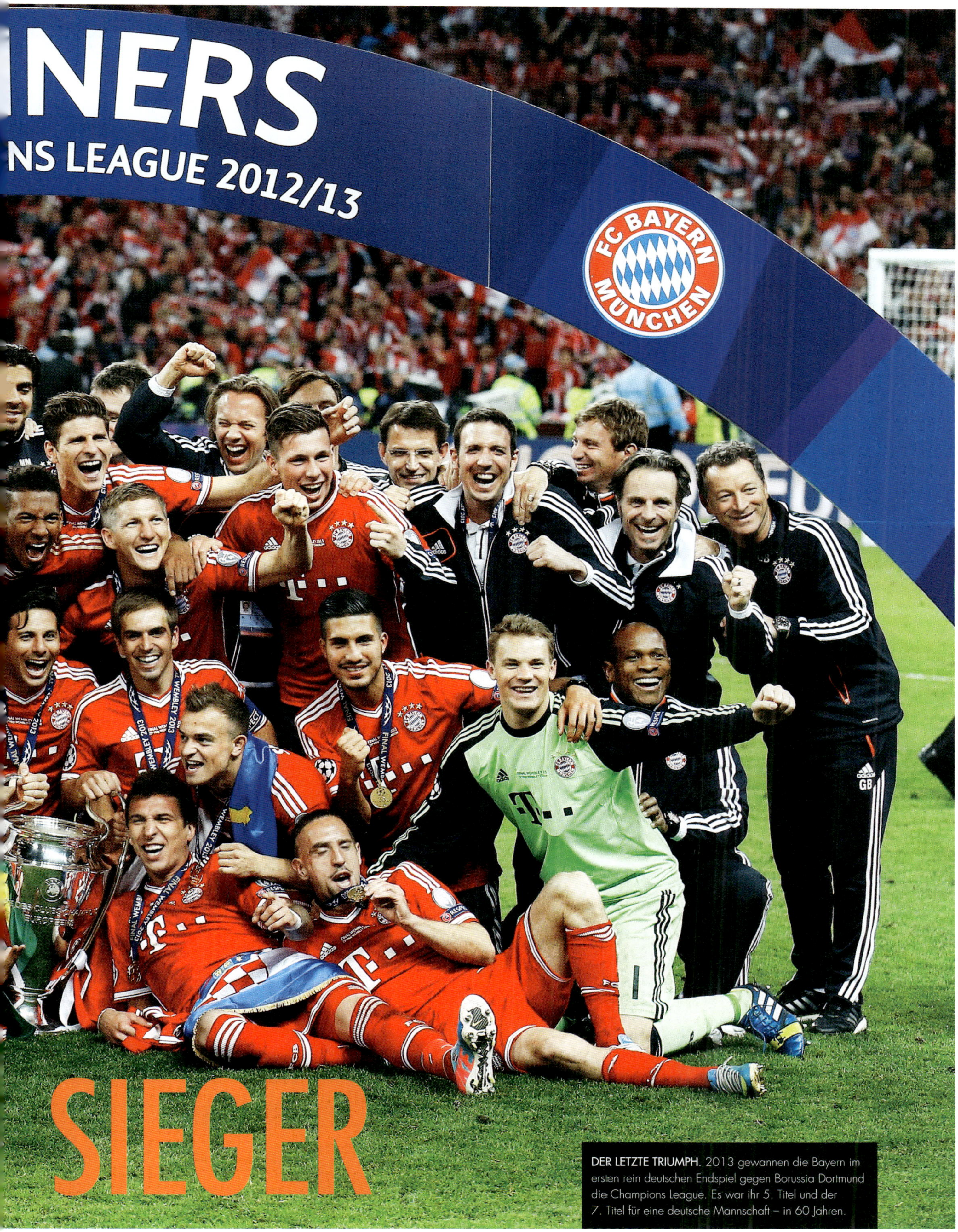

SIEGER

DER LETZTE TRIUMPH. 2013 gewannen die Bayern im ersten rein deutschen Endspiel gegen Borussia Dortmund die Champions League. Es war ihr 5. Titel und der 7. Titel für eine deutsche Mannschaft – in 60 Jahren.

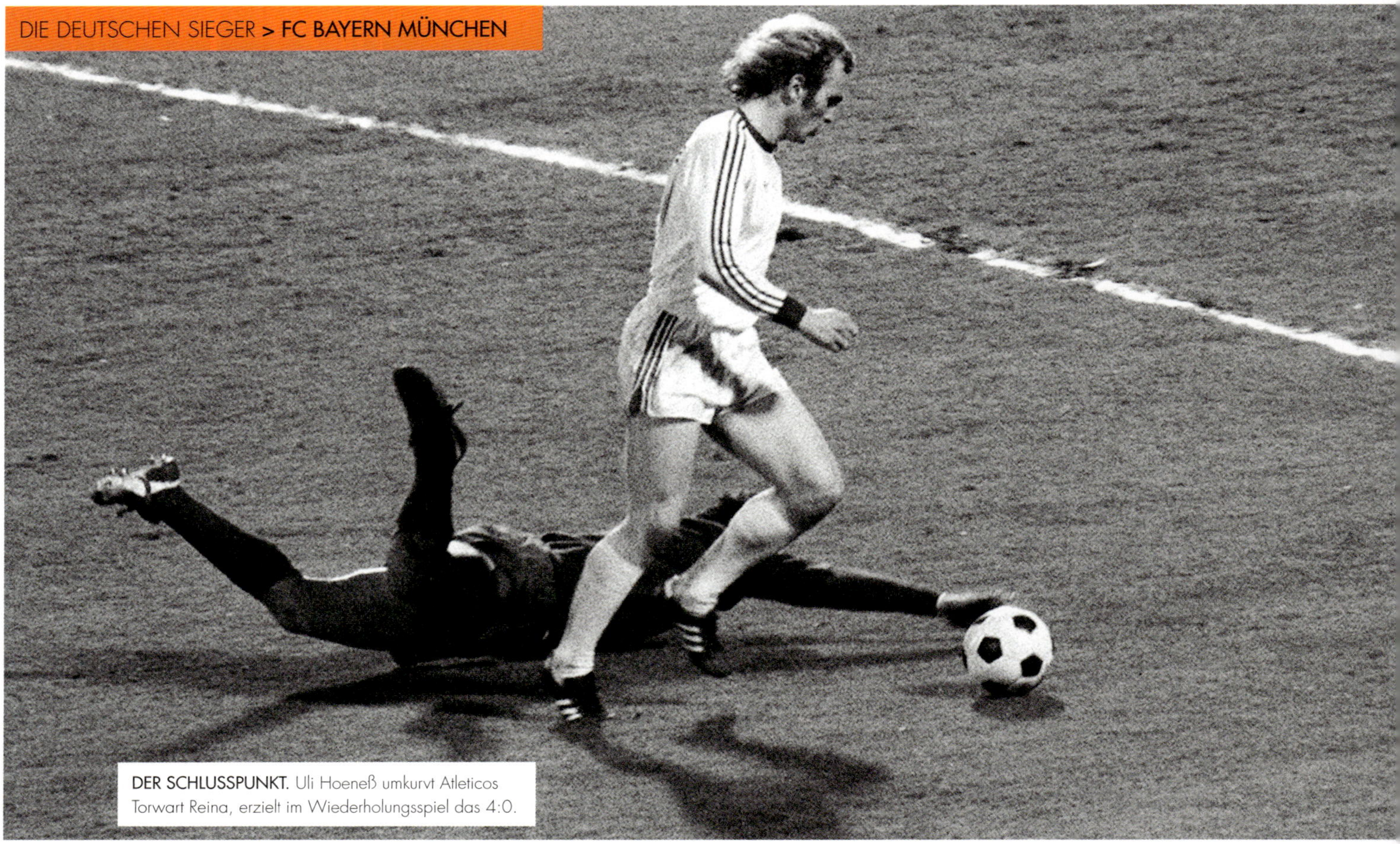

DER SCHLUSSPUNKT. Uli Hoeneß umkurvt Atleticos Torwart Reina, erzielt im Wiederholungsspiel das 4:0.

SCHWARZENBECK RETTET DAS WIEDERHOLUNGSSPIEL

1974 Genauso bieder wie sein Name war seine Spielweise. Er war der „Putzer vom Kaiser", der knallharte Abwehrmann, der die Drecksarbeit zu erledigen hatte. Als aber Hans-Georg, genannt „Katsche", Schwarzenbeck seine Karriere 1979 beendete, zieren Pokale seine Karriere, in denen nichts fehlt: Weltmeister, Europameister, Deutscher Meister, Pokalsieger, Europacup-Gewinner. Es ist Paul Breitner, der ihn in den Adelsstand erhob: „Ohne sein Tor wäre der FC Bayern niemals das geworden, was er heute ist." Mediendirektor Markus Hörwick geht sogar noch einen Schritt weiter: „Der Mythos, der sich um den FC Bayern rankt, hat seinen Ursprung in jenem Tor. Danke, Katsche."

Es sind die Maier – Müller – Beckenbauer, die eine Ära begründen. Sepp Maier, der spaßige Torhüter, der mit Reflexen auf der Linie ebenso glänzt wie durch imposante Strafraumbeherrschung. Gerd Müller, der „Bomber der Nation", der Tore am Fließband und aus jeder Lage erzielt. Franz Beckenbauer, der Kapitän, der den Libero erfunden hat und mit seiner lässigen Ausstrahlung polarisiert wie kein anderer. Und mittendrin der Schwarzenbeck-Katsche, der später den Schreibwarenladen seiner Tanten übernimmt und noch heute die Bayern-Geschäftsstelle mit Büromaterialien bestückt. Noch nie hat eine deutsche Mannschaft den Europapokal der Landesmeister gewonnen. Noch nie hat der FC Bayern in seiner Geschichte ein Endspiel verloren. Und doch sieht es danach aus, dass es in Brüssel passieren soll.

Denn es läuft in diesem unansehnlichen Finale, das Atlético durch seine destruktive Spielweise beherrscht, die 114. Minute. Luis Aragonés, Kapitän und später Trainer der spanischen Nationalmannschaft, die 2008 den Europameistertitel gewinnt, legt sich den Ball zum Freistoß zurecht und zirkelt den Ball über die Münchner Mauer. 1:0 für Atlético, Sepp Maier ist ohne Chance. Wütend reagieren die Münchner, werfen alles nach vorne, auch „Katsche" Schwarzenbeck. Miguel Reina, der Atlético-Schlussmann und Vater des späteren Münchner Torwarts Giuseppe Reina, hatte im Gefühl des sicheren Sieges seine Torwarthandschuhe bereits ausgezogen und einem spanischen Fotografen als Souvenir zugesagt. Die Uhr zeigte die letzte, die 120. Spielminute. Da kam Schwarzenbeck, der in jener Spielzeit bereits acht Saisontore erzielt hatte. Er nahm das Zuspiel von Becken-

15. MAI 1974 BRÜSSEL > **FC BAYERN MÜNCHEN – ATLÉTICO MADRID** **1:1**
Tore: 0:1 Luis Aragonés (114.), 1:1 Schwarzenbeck (120.)

17. MAI 1974 BRÜSSEL > **FC BAYERN MÜNCHEN – ATLÉTICO MADRID** **4:0**
Tore: 1:0 Hoeneß (28.), 2:0 Müller (57.), 3:0 Müller (70.), 4:0 Hoeneß (83.)

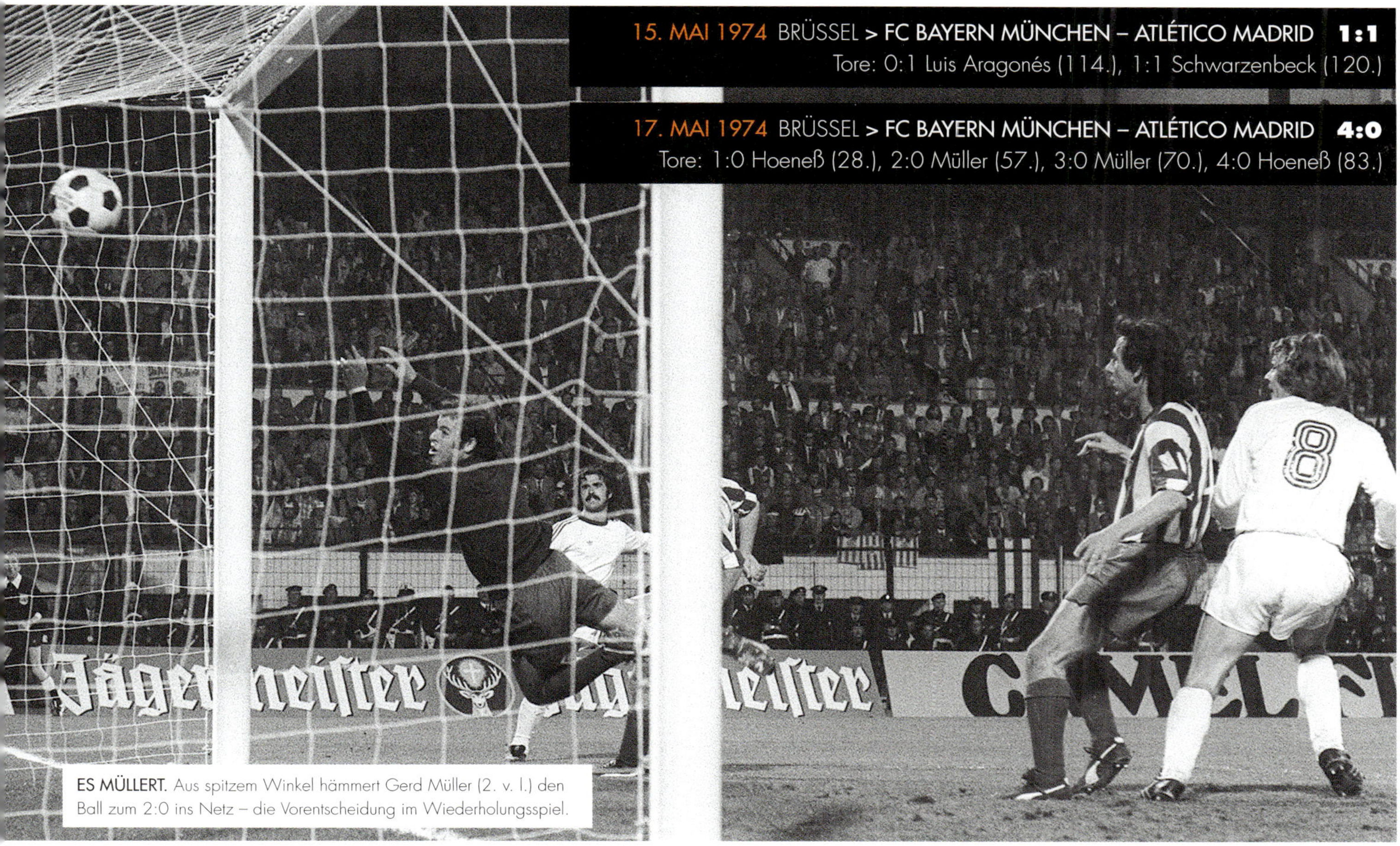

ES MÜLLERT. Aus spitzem Winkel hämmert Gerd Müller (2. v. l.) den Ball zum 2:0 ins Netz – die Vorentscheidung im Wiederholungsspiel.

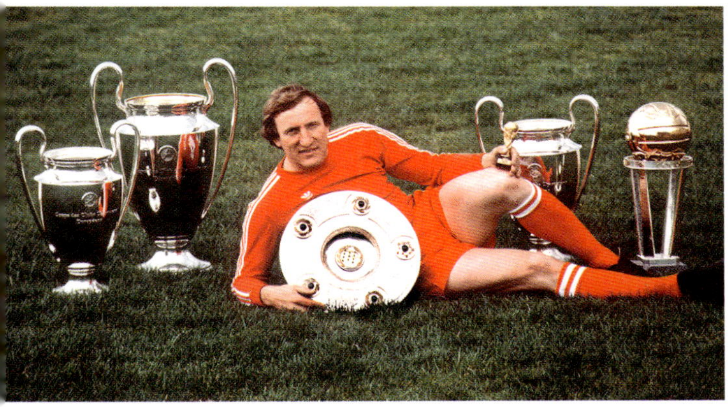

STOLZE SAMMLUNG. Zum Ende seiner Karriere zeigt Katsche Schwarzenbeck seine Trophäensammlung.

bauer, lief noch ein, zwei Schritte und hämmerte den Ball aus gut 25 Metern flach in die linke Torecke. „Warum ich geschossen habe, kann ich nicht erklären", sagte Schwarzenbeck Jahre später. „Auch im Nachhinein nicht. Das muss mit Instinkt zu tun gehabt haben, denn Überlegung war es nicht." Am Tag seines wichtigsten Tores wollte er am liebsten gar nichts sagen und seufzte angesichts der Reportermeute: „Mensch, warum hat denn net der Gerd (gemeint: Müller) das Tor geschossen? Warum denn ausgerechnet ich?"

Weil die Regeln damals kein Elfmeterschießen im Finale vorsahen, kam es zum einzigen Mal in der Europapokal-Geschichte zu einem Wiederholungsspiel. Bereits zwei Tage später wurde an gleicher Stelle das zweite Duell ausgetragen. Weil die Fans keine Woche Urlaub gebucht hatten, fanden nur noch 23 000 Zuschauer den Weg nach Heysel – und verpassten eine Bayern-Gala.

Uli Hoeneß erwischte einen Sahnetag und war nicht zu halten, nach einem Konter tunnelte er Miguel Reina und erzielte die Führung (28.). Gerd Müllers 2:0 (56.) wurde 24 Jahre später von Marco van Basten im EM-Finale 1988 kopiert, ein Volleyschuss aus unmöglichem Winkel. Mit einem Lupfer von der Strafraumgrenze schoss Müller ein weiteres für ihn untypisches Tor (69.), das Atlético den Rest gab. Hoeneß kam nach einem Konter, bei dem er auch noch Reina umspielte, zum 4:0 (82.). Dann fielen sich die Bayern jubelnd in die Arme. „Die Spanier waren der Stier und die Deutschen der Matador", schrieb eine spanische Zeitung.

Keine 24 Stunden später stand das letzte Bundesligaspiel auf dem Spielplan. Die Bayern, die kein Auge zugemacht hatten, fuhren die 180 Kilometer von Brüssel nach Mönchengladbach mit dem Bus und erlebten das schönste Debakel der Vereinsgeschichte. In der „Alkoholverdunstungsstunde" (so Trainer Udo Lattek) verloren sie mit 0:5 beim Erzrivalen, standen aber bereits als Meister fest. ■

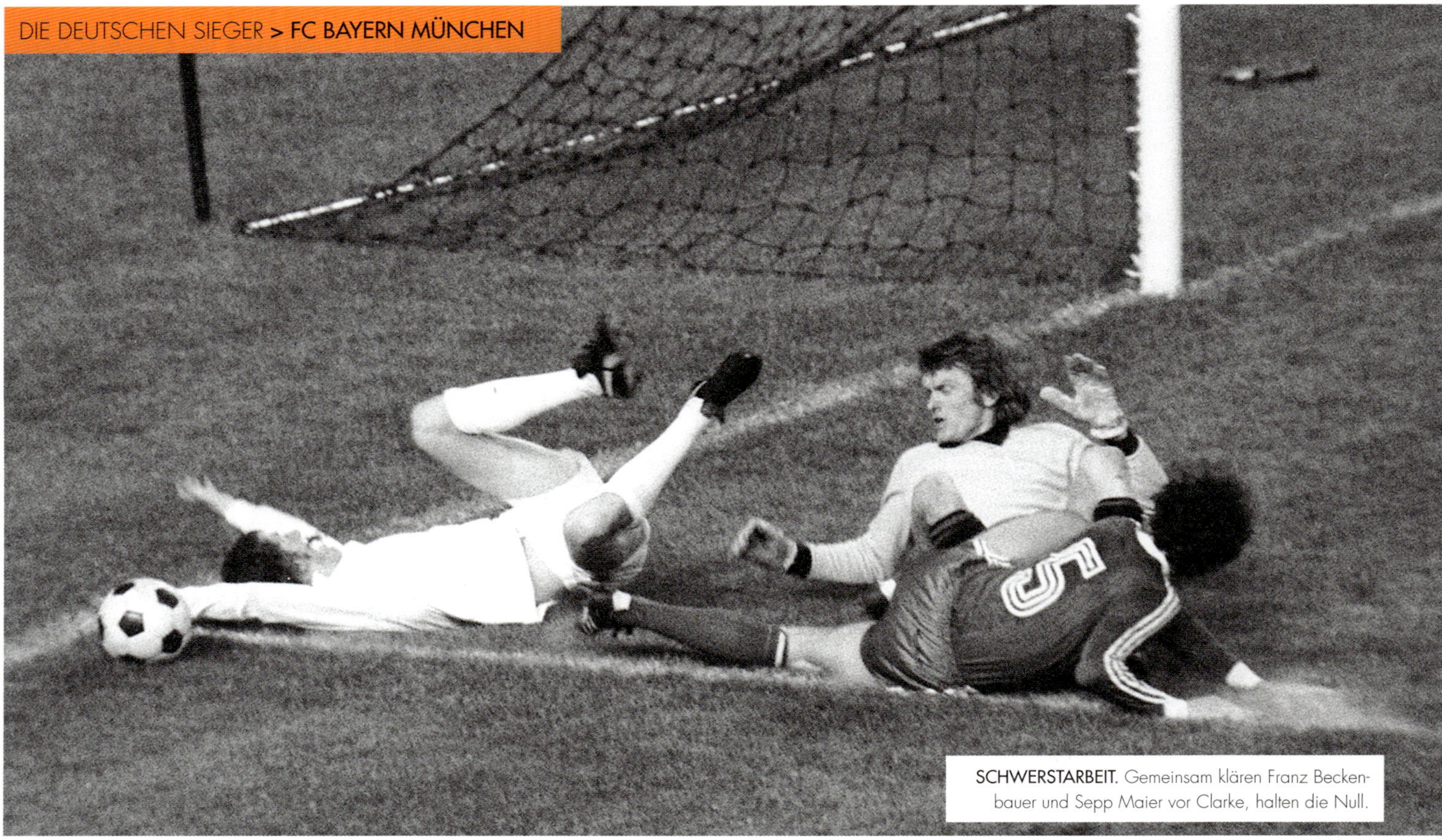

SCHWERSTARBEIT. Gemeinsam klären Franz Beckenbauer und Sepp Maier vor Clarke, halten die Null.

DIE BAYERN WERDEN ZU DUSEL-BAYERN

1975 Es war der Tag, als das Wort der „Dusel-Bayern" die Runde drehte. Die Titelverteidigung, dieses 2:0 gegen Leeds, hatte dennoch weitreichende Folgen.

Bereits nach vier Minuten bricht der Engländer Terry Yorath seinem Gegenspieler Björn Andersson das Schien- und Wadenbein. Dettmar Cramer muss wechseln, schickt den 22-jährigen Josef Weiß aufs Feld, der die Kreise von Leeds-Spielmacher Billy Bremner stören soll. Weiß später: „Gegen ihn zu spielen, war die Schlüsselaufgabe, ich habe ihn weitgehend an der Kette gehabt."

Noch vor der Pause muss auch Uli Hoeneß raus (42.). Ein brutaler Tritt von Frank Gray lässt den Außenmeniskus im rechten Knie reißen. Von dieser schweren Knieverletzung wird sich Uli Hoeneß nie mehr richtig erholen.

Doch selten fühlte sich eine Mannschaft in einem Landesmeistercup-Finale derart betrogen wie Leeds United. Die Bayern wurden eingeschnürt, schafften weder geregelten Spielaufbau noch verbreiteten sie irgendwelche Torgefahr. Nur Sepp Maier hatte einen guten Tag erwischt und hielt, was zu halten war. „Ein Grottenkick", kommentierte das sonst eher zurückhaltende Fachblatt „Kicker". Zudem wurde den Engländern nicht nur ein offensichtlicher Elfmeter verwehrt, sondern auch ein Tor wegen scheinbarer Abseitsstellung aberkannt. „Wir wurden vom Schiedsrichter einfach nur verarscht", schimpfte Leeds-Coach Jimmy Armfield nach dem Schlusspfiff.

Mit der ersten Torchance machte Franz „Bulle" Ruth in der 71. Minute das 1:0, Gerd Müller legte zwölf Minuten später das 2:0 nach. Aber selten hatte eine Mannschaft so viel Dusel in einem Endspiel wie die Bayern 1975.

Dass der Jubel nach dem Schlusspfiff eher verhalten ausfiel und die Bayern sogar auf die obligatorische Ehrenrunde verzichteten, lag weniger an der Leistung als an aufgebrachten englischen Fans. Sie wären am liebsten dem französischen Schiedsrichter Michel Katabdjian an den Kragen gegangen, rissen Sitze aus der Verankerung und benutzten sie als Wurfgeschosse auf den Rasen. Auch das hatte Folgen: Die UEFA schloss Leeds United für zwei Jahre von allen europäischen Wettbewerben aus.

Aber es waren nicht mehr die glanzvollen Bayern aus den Jahren zuvor. Paul Breitner war nach dem WM-Triumph 1974 zu Real Madrid abgewandert, Udo Lattek musste am 5. Januar 1975 nach Differenzen mit Präsident Wilhelm

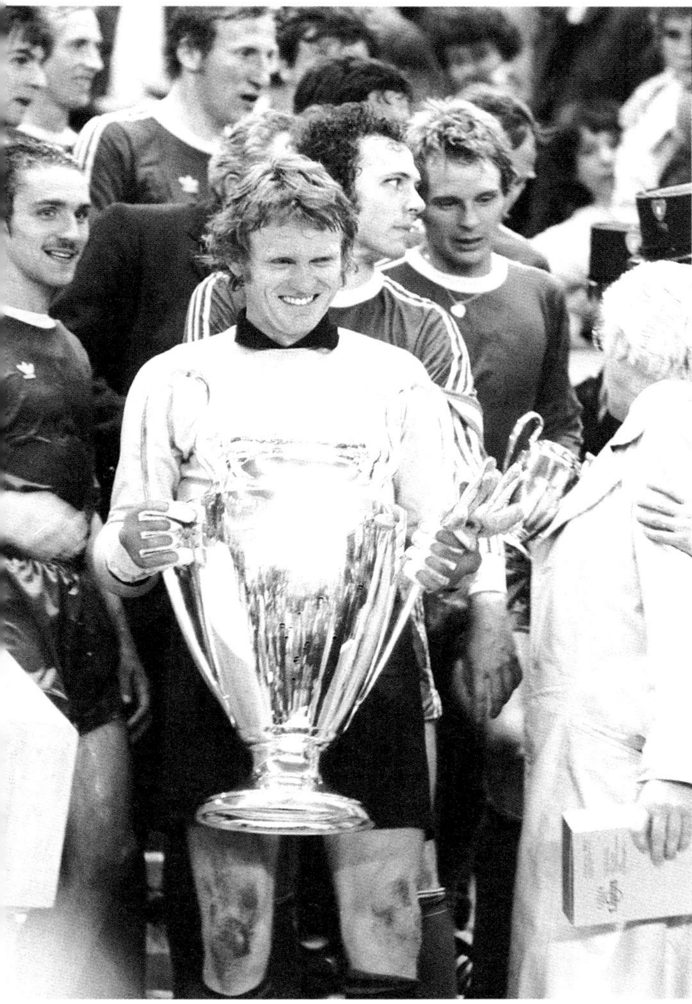

STRAHLENDER SIEGER. Sepp Maier hält den Europacup in den Händen, war in Paris unüberwindbar.

28. MAI 1975 PARIS > FC BAYERN MÜNCHEN – LEEDS UNITED 2:0
Tore: Franz Roth (71.), Gerd Müller (83.)

Neudecker gehen und war durch Dettmar Cramer ersetzt worden. Die imponierende Heimserie von 73 ungeschlagenen Spielen war auch gerissen. Im DFB-Pokal war bereits in der 3. Hauptrunde Schluss, als der MSV Duisburg im Münchner Olympiastadion mit 3:2 gewann. In die Bundesligasaison waren die Bayern mit einer 0:6-Klatsche bei Kickers Offenbach gestartet, schwebten zeitweise in Abstiegsgefahr und retteten sich bei 34:34 Punkten und mit einem negativen Torverhältnis auf Platz zehn.

Auch im Europapokal fehlten glanzvolle Auftritte. Nach einem Freilos in der ersten Runde kam es im Achtelfinale zum deutsch-deutschen Duell mit dem 1. FC Magdeburg. Nach 0:2-Rückstand siegten die Bayern in Magdeburg mit 3:2 und gewannen das Rückspiel mit 2:1. Im Viertelfinale reichte ein 2:0-Sieg im Hinspiel gegen Jerewan, das Rückspiel ging mit 0:1 verloren. Nur im Halbfinale stimmte die Leistung. Nach einem 0:0 in St. Etienne entzauberten die Bayern den französischen Vorzeigeklub jener Tage mit 2:0. Der Triumph von Dettmar Cramer im Europapokal kam da gerade recht und sicherte die Startberechtigung für den europäischen Wettbewerb auch für die nächste Saison. Nur durch diese Zusatzeinnahmen war es den Bayern möglich, die Topstars Maier – Müller – Beckenbauer weiter zu halten. ■

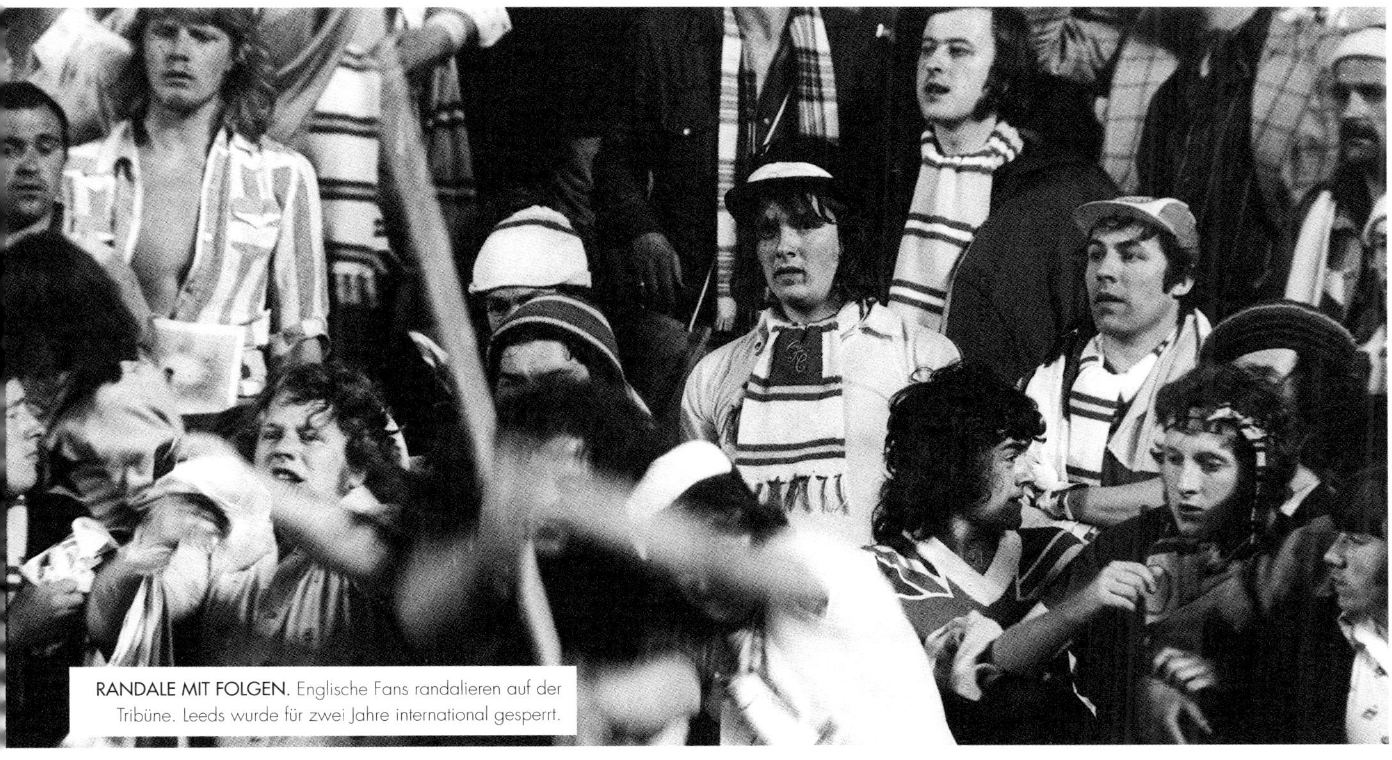

RANDALE MIT FOLGEN. Englische Fans randalieren auf der Tribüne. Leeds wurde für zwei Jahre international gesperrt.

HATTRICK! DIE BAYERN SCHREIBEN GESCHICHTE

1976

Natürlich waren die Bayern Favorit. Zum dritten Mal in Serie standen sie im Finale und zum dritten Mal in Serie wollten sie diesen verdammten Pott.

Aber Bayern spielte nicht nur gegen den AS St. Etienne, das sie ein Jahr zuvor im Halbfinale souverän ausgeschaltet hatten. Sie spielten gegen eine ganze Nation. Denn die „Grünen", wie Etienne genannt wurde, hatten sich in die Herzen der Franzosen gespielt.

Der Mythos St. Etienne entstand vor allem durch heldenhafte Aufholjagden im Europapokal. Die „Grünen" kamen trotz einer 1:4-Hinspielpleite bei Hajduk Split weiter. Dieses Spiel, das das Team aus Ostfrankreich 5:1 in der Verlängerung gewann, gilt als „Geburt der Legende". Oder aber der vorletzte Spieltag der französischen Meisterschaft

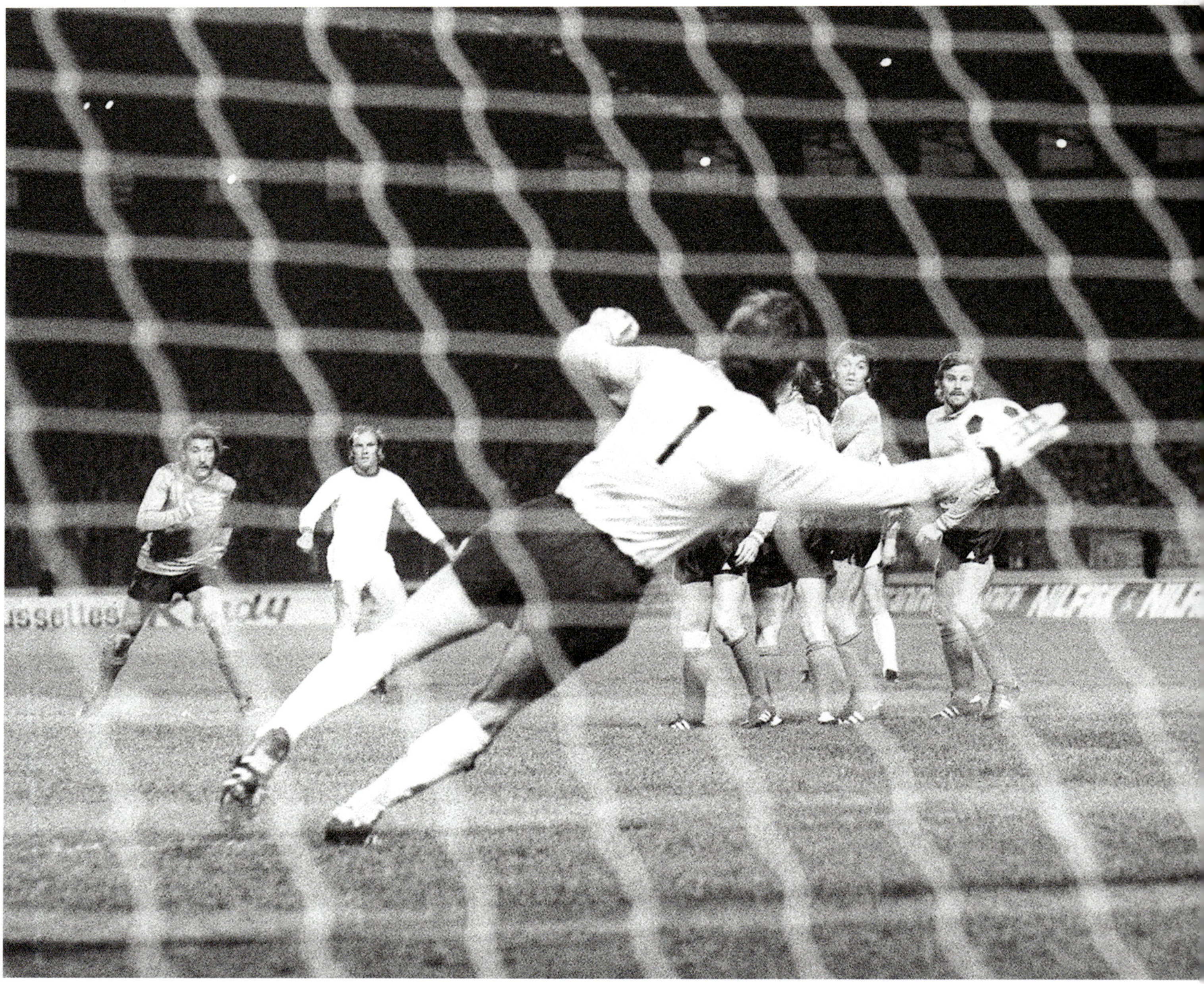

DIE ENTSCHEIDUNG. Franz „Bulle" Roth überwindet Etiennes Schlussmann mit einem hammerharten Freistoß.

1975: Mit einem Sieg konnte der Klub den Titel holen. Zum Anstoß ging ein Platzregen nieder. Bastia führte nach 70 Minuten 2:0, zehn Minuten später sorgte ein Gewitter für Stromausfall und eine halbstündige Pause. 60 Sekunden nach dem Wiederanpfiff verkürzte Synaeghel auf 1:2, in der 83. Minute glich Piazza zum 2:2 aus, ehe Repellini für den 3:2-Siegtreffer und den achten Titel des französischen Vereins sorgte. Trainer Robert Hebin, genannt die „Sphinx", revolutionierte den französischen Fußball und Etienne avancierte zur Lieblingsmannschaft einer ganzen Nation. Fußball war eine großartige Abwechslung in der von Zechenschließungen und hoher Arbeitslosigkeit gebeutelten Industriestadt. Spieler wie Santini, Oswaldo Piazza, Christian Lopez und allen voran der „grüne Engel" Dominique Rocheteau wurden zu den ersten echten Stars. Rocheteau, wegen seiner schulterlangen Locken und seinem ulkigen Laufstil ein Spieler mit hohem Wiedererkennungswert, hatte einen Status wie ein Pop-Star erreicht. Diese Mannschaft wollte sich nun in Glasgow krönen. ■

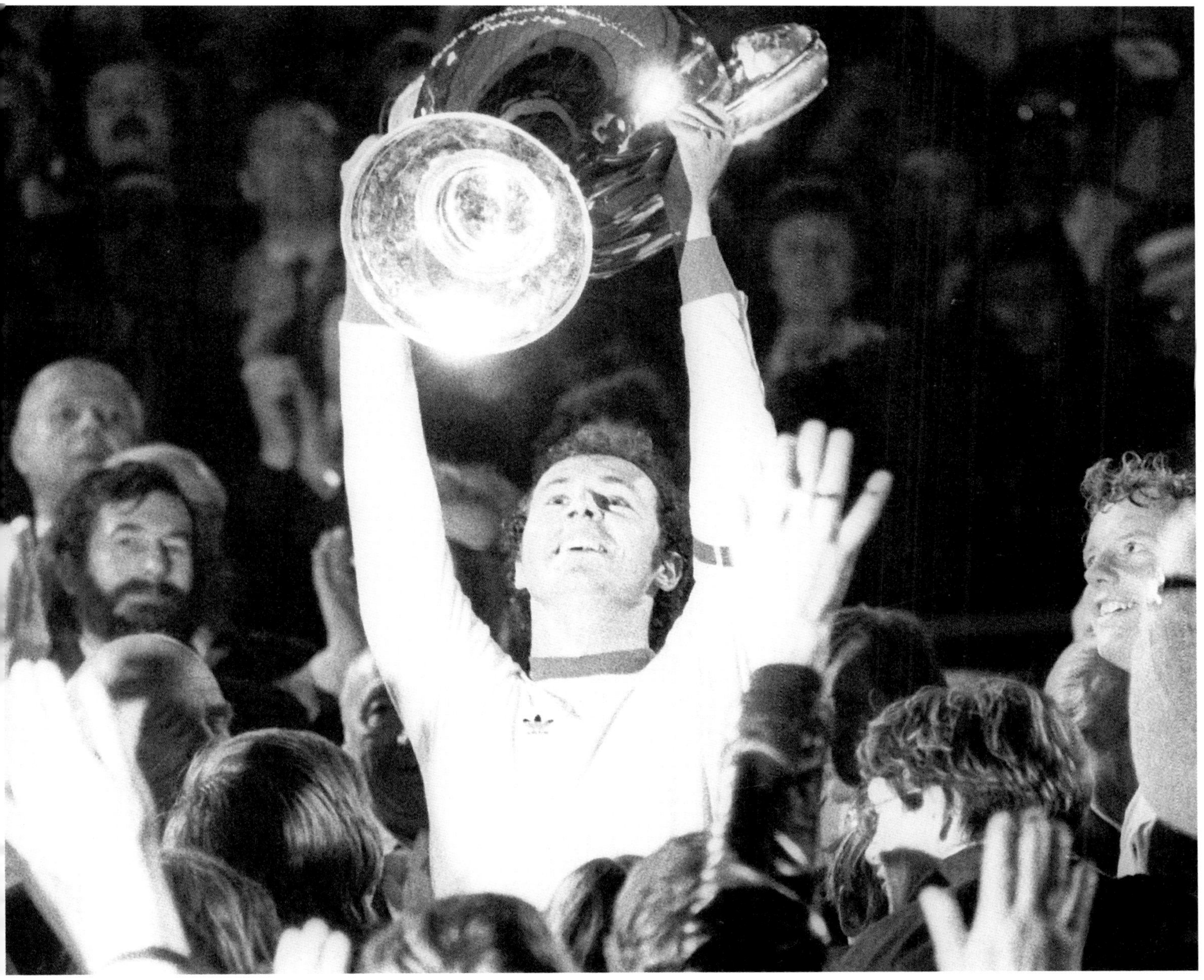

DER TRIUMPHATOR. Kapitän Franz Beckenbauer reckt zum dritten Mal in Folge den Henkelpott in die Höhe. Die Bayern-Ära erlebt ihren Höhepunkt.

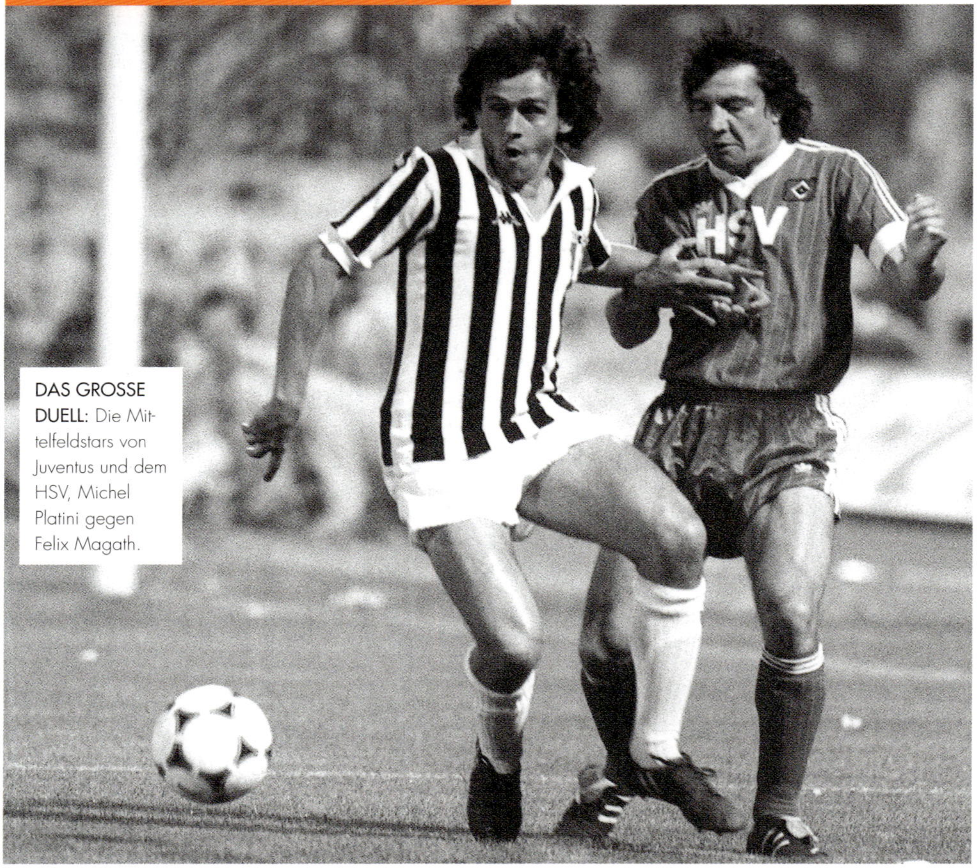

DAS GROSSE DUELL: Die Mittelfeldstars von Juventus und dem HSV, Michel Platini gegen Felix Magath.

MAGATH KRÖNT SICH ZUM KÖNIG VON ATHEN

1983 Günter Netzer war der vielleicht größte Glücksgriff des HSV. Als er 1977 seine aktive Karriere beendet hatte, bot er den Hamburgern an, die Stadionzeitschrift zu verlegen. Präsident Paul Benthien machte ihn daraufhin zum Manager.

Netzer stieg ohne Erfahrung und mit 34 Jahren im Jahr 1978 ein, als der HSV gerade mit Kevin Keegan den Europapokal der Pokalsieger gewonnen hatte. Er holte erst Branco Zebec, unter dem der HSV 1979 erstmals die Bundesliga-Meisterschaft gewann. Nach dessen Alkoholproblemen verpflichtete er den Österreicher Ernst Happel, der die Mannschaft kontinuierlich weiterentwickelte. Die Folge: Meister 1982, Meister 1983. Unter Happel, dem „Grantler", weil er nur ungern sprach und Journalisten schon mal mit den Worten abspeiste: „Schreiben S', was woll'n. Is' mir eh wurscht", erklomm der HSV Europas Spitze.

Der wortkarge Österreicher war ein Taktikfuchs. Während viele Mannschaften noch mit stumpfer Manndeckung agierten, verfeinerte er die von Zebec eingeführte Raumdeckung durch aggressives Pressing. Der HSV stürmte so durch die Bundesliga, erzielte in der Saison 1981/1982 95 Treffer und blieb zwischen Januar 1982 und Januar 1983 in 36 Partien ungeschlagen. Happel hatte eine perfekt funktionierende Mannschaft geformt. Sie war reif für den ganz großen Triumph.

Aber da waren die beiden verlorenen Finals, 1980 gegen Nottingham, 1982 im UEFA-Cup gegen Göteborg. Und da wartete im Finale 1983 ein schier übermächtiger Gegner. In der Mannschaft von Juventus Turin standen mit Dino Zoff, Gentile, Scirea, Cabrini, Tardelli und Rossi sechs Spieler, die ein Jahr zuvor gegen Deutschland Weltmeister geworden waren. Dazu kam das beste Mittelfeld jener Zeit mit dem Polen Zbigniew Boniek und dem Franzosen Michel Platini, damals der überragende Spieler in Europa. Aber Happel hatte einen Plan und wich dafür sogar von seiner klassischen Raumdeckung ab. Wolfgang Rolff wurde als Sonderbewacher für Platini abgestellt, zum Manndecker im Mittelfeld degradiert. Eine Maßnahme, die spielentscheidend war. „Ich wäre am liebsten nach einer Stunde rausgegangen", gab der frustrierte Platini anschließend zu Protokoll. Und Juve-Trainer Giovanni Trapattoni stöhnte: „Juve ist Platini, wir sind von ihm abhängig." Das Ende ist bekannt. Und nach dem Erfolg jubelte Happel, seine Elf habe dem Publikum einen Propagandafußball, wie ihn Deutschland schon lange nötig hatte, gezeigt: „Das war wohl meine größte Stunde als Trainer."

Der Abend von Athen ist jedem HSV-Fan bis heute unvergessen. Es war die Sternstunde des traditionsreichen Klubs. Und es war der Abend, als sich Felix Magath zum König von Athen krönte.

Es ist die achte Spielminute. Manni Kaltz treibt den Ball über die rechte Seite, stoppt ab, dreht sich in die Spielminute, läuft Jürgen Groh fast über den Haufen. Der Ball kommt zu Magath. 30 Meter sind es bis zum Tor. Auf halb links täuscht Magath einen Schuss an, lässt so Bettega ins Leere laufen, macht noch ein paar Schritte und zieht aus 18 Metern mit seinem starken linken Fuß ab. „Tor, Tor, ein herrlicher Treffer,

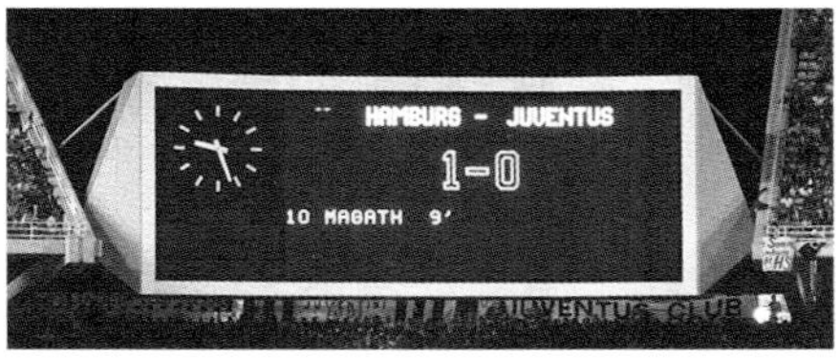

25. MAI 1983 ATHEN > HAMBURGER SV – JUVENTUS TURIN 1:0
Tor: Magath (8.)

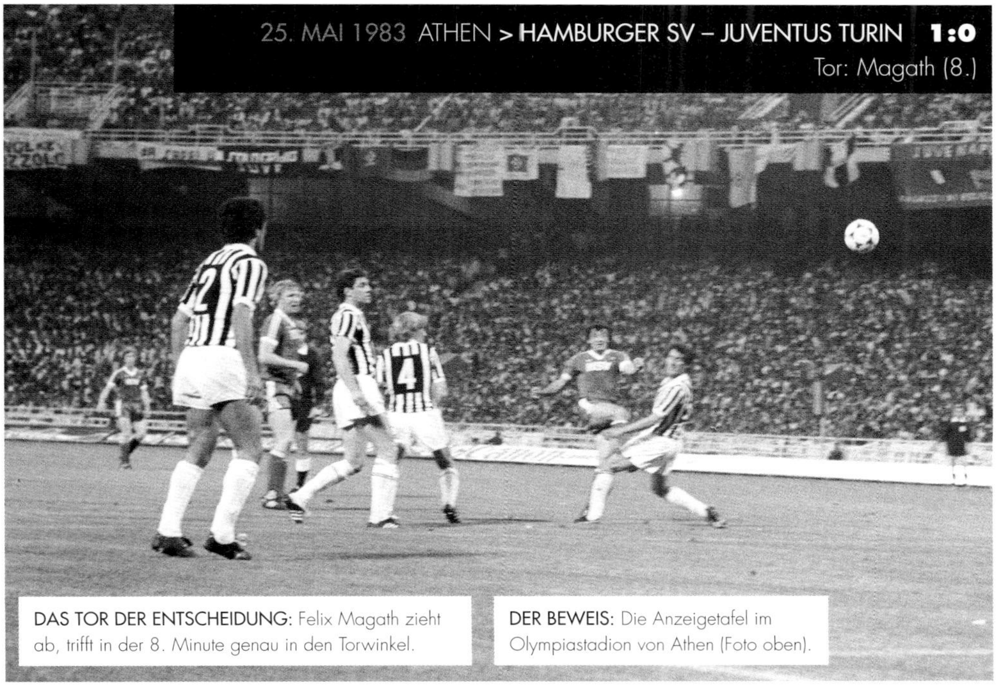

DAS TOR DER ENTSCHEIDUNG: Felix Magath zieht ab, trifft in der 8. Minute genau in den Torwinkel.

DER BEWEIS: Die Anzeigetafel im Olympiastadion von Athen (Foto oben).

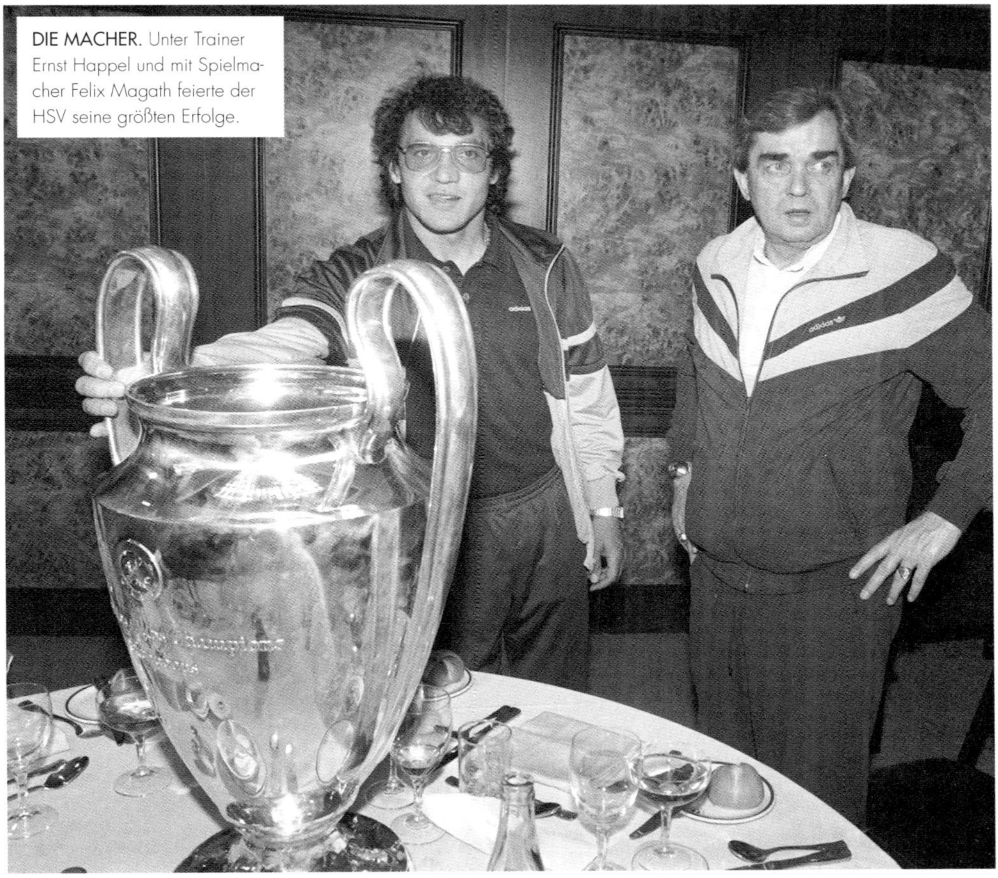

DIE MACHER. Unter Trainer Ernst Happel und mit Spielmacher Felix Magath feierte der HSV seine größten Erfolge.

ein wunderbarer Treffer, der HSV führt 1:0!", jubelt der sonst so zurückhaltende Kurt Emmerich ins Radiomikrofon. Regungslos verharrt Dino Zoff auf der Linie und kann nur nachschauen, wie der Ball im rechten Torwinkel einschlägt. Später wird er sagen: „Magath war der härteste Schlag meiner Karriere." Später soll Juve-Präsident Boniperti Magath in stiller Stunde und unter vier Augen seine eigene, ganz spezielle Sympathiebekundung überbracht haben: „Verflucht sei der Tag, an dem du geboren wurdest!" Uli Stein, dem es an Selbstvertrauen während seiner ganzen Karriere nicht mangelte, hatte sein Team auf die ihm eigene Weise eingestimmt. „Ihr müsst ein Tor schießen, den Rest mache ich." Diesmal hielt er Wort. Nach dem frühen Führungstor beherrschte der HSV das Spiel und den Gegner. Und die wenigen Möglichkeiten, die sich WM-Torschützenkönig Rossi und den anderen Juve-Stars boten, machte Uli Stein zunichte. Wolfgang Rolff als Platini-Bewacher wuchs ebenso über sich hinaus wie Jürgen Groh oder Bernd Wehmeyer. Selbst die italienische Presse feierte den deutschen Meister. Gazetta dello Sport: „Der HSV bestieg verdient Europas Fußball-Thron. Magath löschte die Weiß-Schwarzen wie billige Kerzen aus." Tutto Sport schrieb: „Die Zuschauer erlebten den Sonnenuntergang Platinis. Happel, der unsympathische Magier, ist der beste Trainer der Welt."

Nur Jimmy Hartwig saß daheim im Studio des ZDF mit Harry Valérien und zitterte mit 18,7 Millionen Zuschauern vor dem Fernsehschirm. Er war für das Finale gesperrt. Als die Hamburger tags darauf in Fuhlsbüttel landen, stürmte Hartwig als Erster die Gangway hinauf, um Horst Hrubesch und den silbernen Cup zu umarmen. 5 000 Fans bereiteten den Champions am Flugfeld einen unvergessenen Empfang. Nur drei Tage nach dem Sieg in Athen schlug der HSV in der Bundesliga Borussia Dortmund mit 5:0, eine Woche später wurde die Meisterschaft durch ein 2:1 bei Schalke 04 perfekt gemacht. Es ist bis heute der letzte Meistertitel der Hanseaten. ■

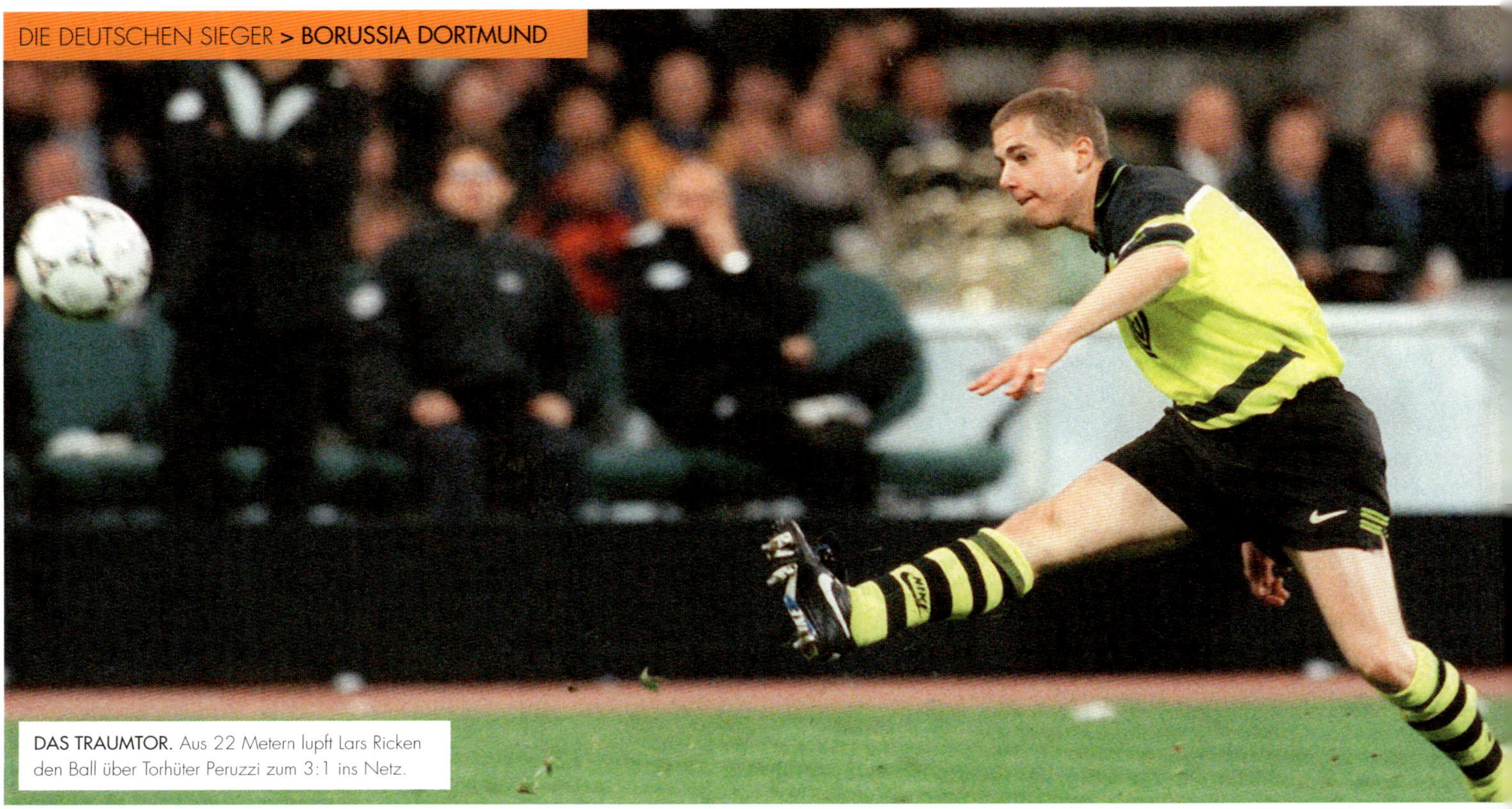

DAS TRAUMTOR. Aus 22 Metern lupft Lars Ricken den Ball über Torhüter Peruzzi zum 3:1 ins Netz.

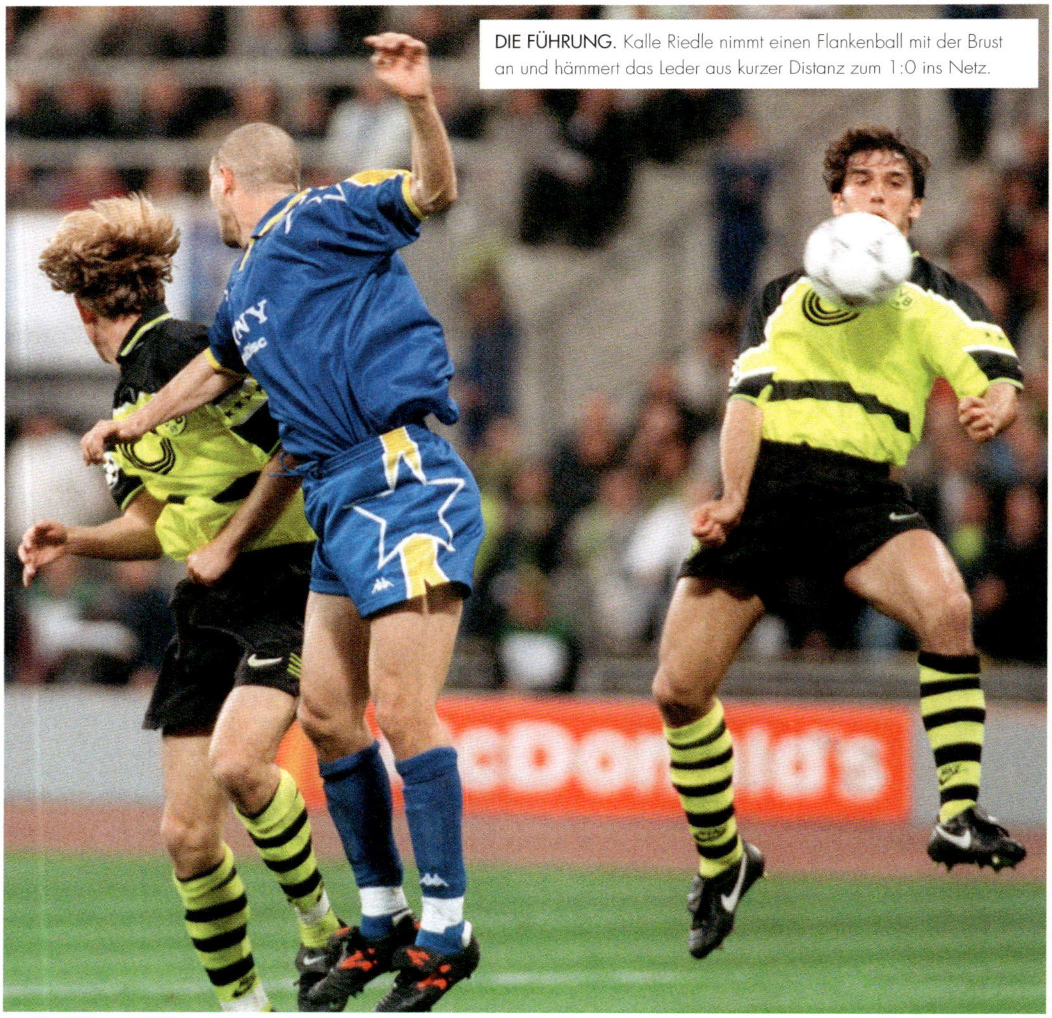

DIE FÜHRUNG. Kalle Riedle nimmt einen Flankenball mit der Brust an und hämmert das Leder aus kurzer Distanz zum 1:0 ins Netz.

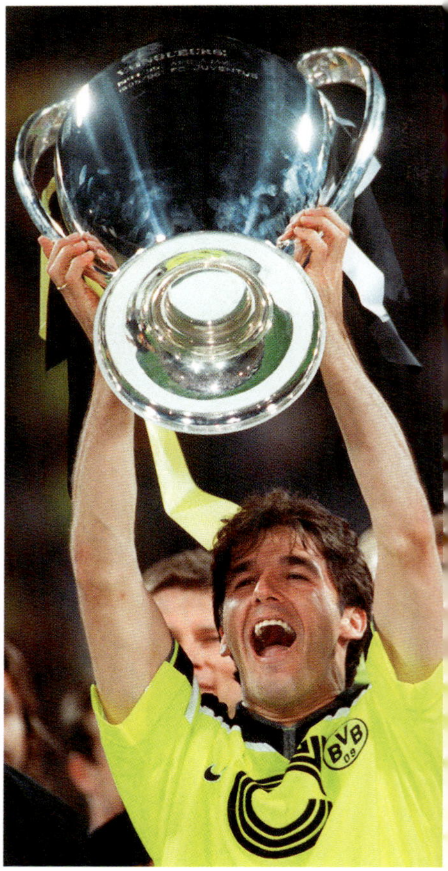

DER MATCHWINNER. Zwei Tore erzielte Riedle im Finale gegen Juventus, legte damit den Grundstein zum Sieg.

RICKEN SCHIESST EIN JAHRHUNDERTTOR

1997 Borussia Dortmund ging auf dem Zahnfleisch. Matthias Sammer, der Leitwolf, kam in jener Saison aufgrund zahlreicher Verletzungen nur noch auf 13 Einsätze. Der amtierende Fußballer Europas war damit Sinnbild jener Borussia, die überraschend das Finale der Champions League erreichte.

Die Glanzzeiten eines Stéphane Chapuisat waren nach einem Kreuzbandriss passé. Paulo Sousa, von Juventus gekommen, erwies sich als Störfaktor im Mannschaftsgefüge und ebenfalls angeschlagen. Die meisten der hochgelobten und noch höher bezahlten Stars verbrachten mehr Zeit auf Behandlungsliegen als auf Fußballplätzen. Auch deshalb war Dortmunds Reise über die europäischen Spielfelder in jener Saison keine triumphale Prozession, sondern glich einem entschlossenen Gewaltmarsch.

In der Liga verlor Borussia als amtierender Meister neun Spiele, allein sechs in der Rückrunde. Es war die schlechteste Bilanz der Hitzfeld-Ära. Und mit jeder Niederlage wurde die Atmosphäre eisiger. Nach einem Unentschieden gegen Karlsruhe polterte Präsident Gerd Niebaum, dass die teure Mannschaft auf bestem Wege sei, „zu einer Durchschnittstruppe zu werden".

Junge namenlose Spieler waren in die Bresche gesprungen. René Tretschok etwa, der gegen Manchester traf; Ibrahim Tanko, der gegen Auxerre erfolgreich war. Und ein Lars Ricken, der im Halbfinale in Manchester nach acht Minuten das 1:0 erzielt hatte. Diese Partie machte Jürgen Kohler zum „Fußball-Gott". Auf der Torlinie liegend, hatte er einen Schuss von Éric Cantona aus drei Metern Entfernung abgeblockt und so entscheidenden Anteil am überraschenden Finaleinzug. Statt vor Cantona musste sich das englische Publikum anschließend vor Kohler verneigen, der das Spiel seines Lebens absolviert hatte. In Manchester fehlten Sammer, Sousa, Júlio César Soares de Espíndola, Steffen Freund und der für mehr als vier Millionen Mark gekaufte Nationalspieler René Schneider. Stefan Reuter schließlich ging schon nach 24 Minuten verletzt vom Platz, während Kohler trotz einer Magen-Darm-Grippe durchhalten musste. Kein Wunder, dass das Spiel als große Abwehrschlacht in die BVB-Historie einging.

Sie hatten es trotzdem geschafft, auf der letzten Rille krochen sie in das Finale von München. Die Favoritenrolle war entsprechend klar verteilt: Juventus Turin war nicht nur Titelverteidiger, sondern erneut italienischer Meister, hatte in Zidane und Vieri Stars in seinen Reihen und mit del Piero ein 22-jähriges Supertalent, das zunächst auf der Bank Platz nehmen durfte.

Doch die Mannschaft, die, so BVB-Profi Stefan Reuter, „wie ein Zocker alles auf eine Karte gesetzt hatte" und ihren Bundesliga-Pflichten nur noch im Schongang nachgekommen war, hielt dem auf ihr lastenden Druck stand. Mit Sammer, mit César, mit Möller, Riedle und Chapuisat traten sie im Münchner Olympiastadion an, Ottmar Hitzfeld hatte die letzte Motivation und Konzentration aus seinen alternden Stars herausgekitzelt.

Der Außenseiter machte das 1:0. Kalle Riedle nahm den Flankenball herrlich mit der Brust an und hämmerte ihn aus kurzer Distanz ins Netz. „Air" Riedle, wegen seiner Kopfballstärke mit diesem Prädikat ausgestattet, verwandelte anschließend einen Möller-Eckball per Kopf. Dortmund lag nach 34 Minuten mit 2:0 vorne. Juve reagierte wütend. Zidane traf den Pfosten, Vieri die Latte. Immer erdrückender wurde die Turiner Übermacht. Als der eingewechselte del Piero in der 64. Minute mit der Hacke das 1:2 erzielte (64.), schien der Ausgleich nur noch eine Frage der Zeit. Aber Ottmar Hitzfeld bewies ein goldenes Händchen und brachte den 20-jährigen Lars Ricken. Mit seinem allerersten Ballkontakt und nur fünf Sekunden nach seiner Einwechslung sorgte das BVB-Eigengewächs für die Entscheidung. Er nahm einen Pass von Andy Möller auf, lief zwei, drei Schritte, blickte auf, sah den Turiner Schlussmann Peruzzi weit vor seinem Gehäuse und lupfte den Ball zum 3:1 ins Netz. Ein Jahrhunderttor, ein Tor für die Geschichtsbücher und das Tor, das dieses Finale 1997 entschied. TV-Kommentator Marcel Reif sagte: „Das muss man sich selber erst mal klarmachen: Borussia Dortmund Champions League-Sieger 1997. Gegen alle Widerstände von außen, sicherlich auch von innen."

Es war die Krönung einer Ära, die mit dem Namen Ottmar Hitzfeld eng verbunden ist. 1991 kam er als Schweizer Meister von den Grasshoppers aus Zürich, formte eine Mannschaft, die 1995 und 1996 die deutsche Meisterschaft gewann und sich mit dem europäischen Titel 1997 krönte. Ehe Hitzfeld auf den Posten des Sportdirektors wechselte und an Nevio Scala übergab, holte er auch noch den Weltpokal. ■

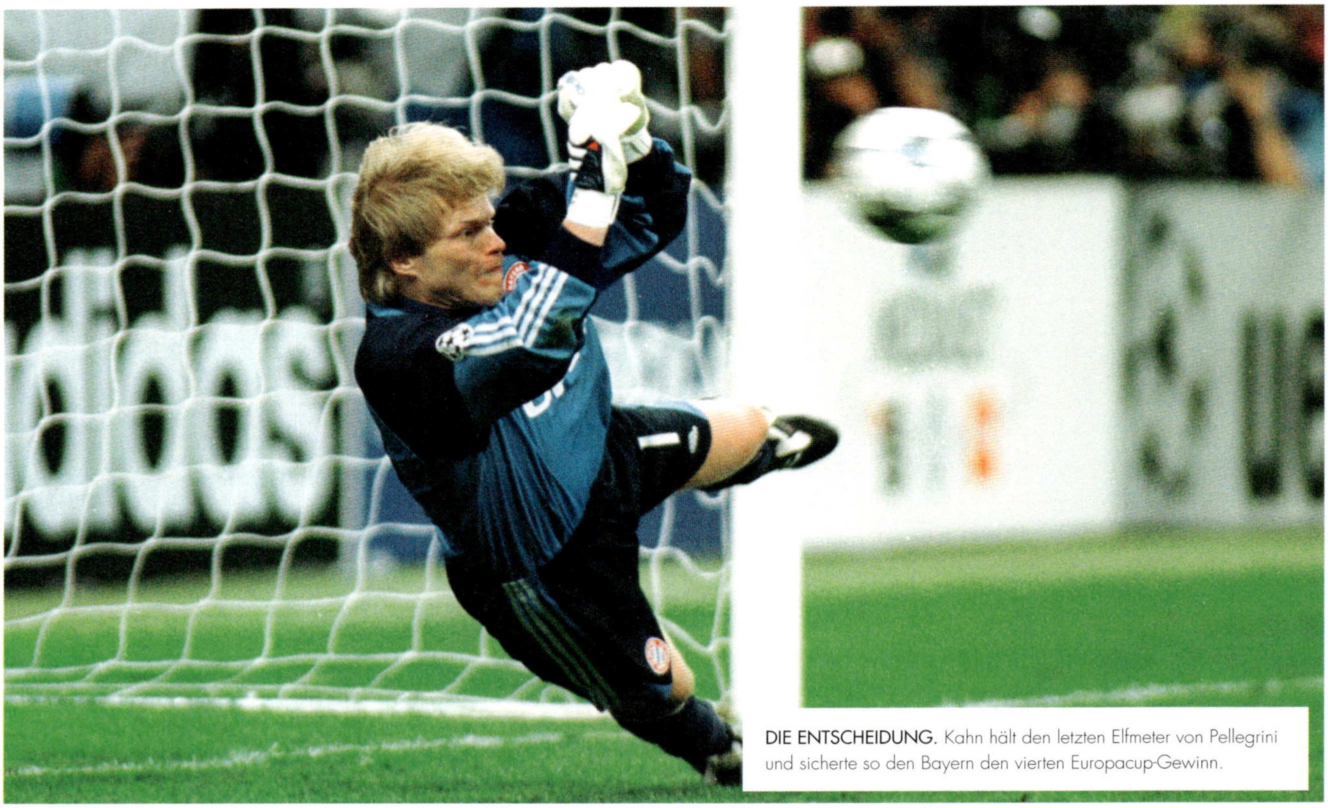

DIE ENTSCHEIDUNG. Kahn hält den letzten Elfmeter von Pellegrini und sicherte so den Bayern den vierten Europacup-Gewinn.

TAG DER ELFMETER UND KAHN WIRD ZUM TITAN

2001 Dieses Finale hatte eine bedeutende Vorgeschichte. Zwei Jahre zuvor hatte Hitzfelds FC Bayern gegen Manchester United in der Nachspielzeit verloren. Im Jahr danach hieß der Sieger Real Madrid – und hatte im Finale den FC Valencia 3:0 besiegt. Nun also standen sich die Verlierer von 1999 und 2000 gegenüber: Bayern gegen Valencia.

Die Choreografie der Bayern-Anhänger galt schon immer als einfallsreich. Diesmal prangte ein Spruchband in der Bayern-Kurve des Mailänder San-Siro-Stadions mit den Worten: „Heute ist der Tag, um Geschichte zu schreiben." An jenem 23. Mai 2001 wurde Geschichte geschrieben: Die Bayern gewannen zum vierten Mal Europas Königsklasse. Nach den drei verlorenen Finals von 1982, 1987 und 1999 kam der Henkelpott endlich wieder nach München. Es war der Tag der Elfmeter und der Tag, an dem Oliver Kahn zum Titan wurde.

Bereits nach drei Minuten eröffnete der niederländische Schiedsrichter Dick Jol das Elfmeter-Festival. Bayern-Verteidiger Patrik Andersson lag am Boden, wurde am Arm getroffen – und schon ertönte der erste Pfiff. Kapitän Mendieta verwandelte zum 1:0.

Nur vier Minuten später der nächste Pfiff, diesmal für Bayern. Stefan Effenberg hatte im Strafraum geschickt beim ungestümen Angloma eingefädelt. Mehmet Scholl trat an, scheiterte aber an Torwart Cañizares.

Aber Bayern bekam noch eine Elfmeterchance. In der 50. Minute sprang Carboni, arg bedrängt vom eingewechselten Carsten Jancker, den Ball an die Hand. Und auch diesmal zeigte Dick Jol auf den Punkt. Effenberg verwandelte sicher zum hochverdienten Ausgleich.

Es war ein zähes, hart umkämpftes Finale mit Vorteilen für die Bayern. Aber Zählbares sprang weder in den 90 Minuten noch in der Verlängerung heraus. Das Shoot-out aus elf Metern musste über den Sieg entscheiden.

Es folgte der große Auftritt von Oliver Kahn. Obwohl Paulo Sérgio Silvestre do Nascimento gleich den ersten Bayern-Elfmeter verschoss und über den Kasten zielte, machten die Bayern aus diesem Nachteil einen Vorteil. Denn Kahn hielt gleich drei Elfmeter. Erst lenkte Kahn ein Geschoss von

23. MAI 2001 MAILAND > **FC BAYERN MÜNCHEN – FC VALENCIA 5:4** n. E. (1:1, 1:1)
Tore: 0:1 Medieta (3., Hardelfmeter), 1:1 Effenberg (50., Handelfmeter)
Elfmeterschießen: Sergio verschießt, 0:1 Mendieta, 1:1 Salihamidžić, 1:2 Carew, 2:2 Zickler, Kahn hält gegen Zahovič, Cañizares hält gegen Andersson, Kahn hält gegen Carboni, 3:2 Stefan Effenberg, 3:3 Baraja, 4:3 Litarazu, 4:4 Gonzalez, 5:4 Linke, Kahn gegen Pellegrino.

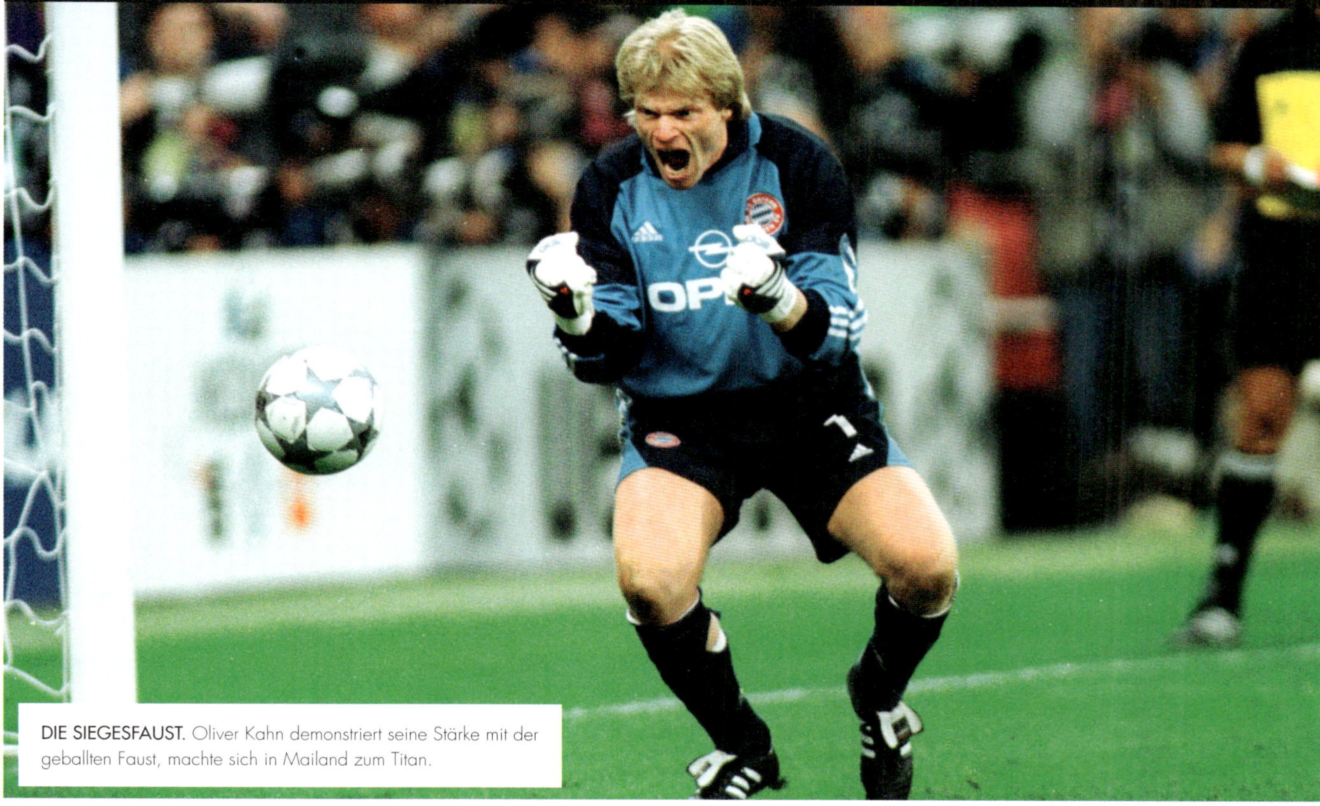

DIE SIEGESFAUST. Oliver Kahn demonstriert seine Stärke mit der geballten Faust, machte sich in Mailand zum Titan.

Zahovič an die Latte, dann parierte er auch gegen Carboni. Als Pellegrino zum 14. Elfmeter antrat, drehte Kahn den Ball um den Pfosten. Aus, vorbei, geschafft!

Wie ein Hüpfball tanzte Ottmar Hitzfeld vor der Trainerbank. Manager Uli Hoeneß hatte Tränen in den Augen. „Ich war zweimal der Ohnmacht nahe", erzählte Vizepräsident Kalle Rummenigge nachher, „und dann hat uns Olli Kahn gerettet." Dann fügte er voller Überzeugung hinzu: „Kahn ist der beste Torwart der Welt." Während Hitzfeld, der nach Dortmund 1997 nun auch die Bayern auf Europas Gipfel geführt hatte, bei Kahn vom „Mann des Spiels" sprach, ergänzte Präsident Beckenbauer: „Kahn hat eine überragend konstante Saison gespielt. Insofern hat er es verdient, dieses Spiel zu entscheiden."

Kahn, der Titan: Anschließend überschlugen sich die europäischen Medien in Superlativen. Der Torwart stand für Ehrgeiz, Willen, Kampfgeist und die Erkenntnis nach dem ManU-Debakel von 1999: Niemals aufgeben! So war es Olli Kahn, der an jenem Tag Geschichte schrieb und den Bayern endlich das holte, was seit 1976 nicht mehr gelungen war: Europas Krone. ■

DER MACHER. Die Spieler schultern ihren Trainer, feiern Ottmar Hitzfeld nach dessen zweitem Gewinn der Champions League.

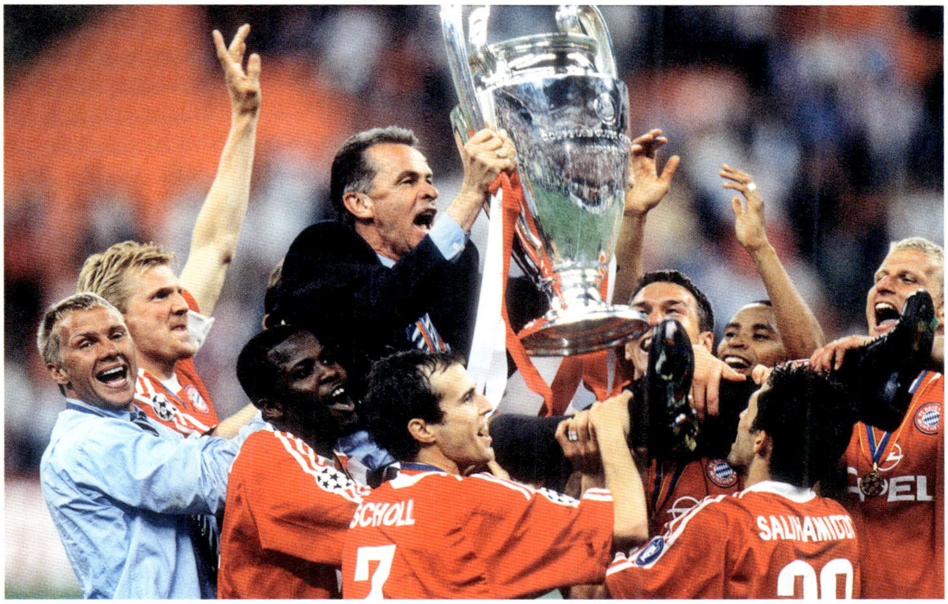

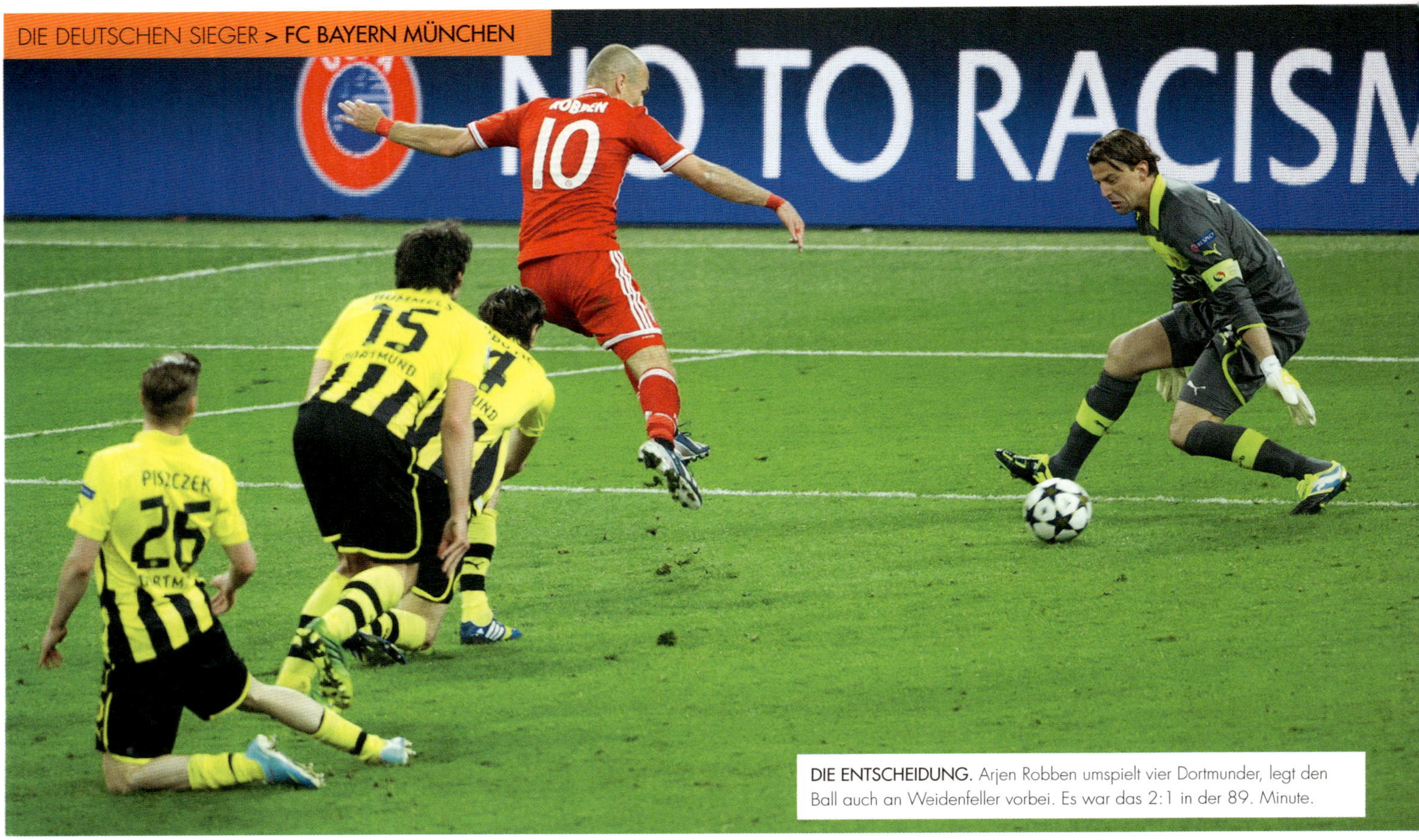

DIE ENTSCHEIDUNG. Arjen Robben umspielt vier Dortmunder, legt den Ball auch an Weidenfeller vorbei. Es war das 2:1 in der 89. Minute.

BUNDESLIGA-DEMONSTRATION IN WEMBLEY

2013 Ein rein deutsches Finale – das hatte es in der Geschichte der Champions League noch nie gegeben.

Es war beeindruckend, wie der FC Bayern in dieses Finale marschierte. Der italienische Meister Juventus Turin wurde mit 2:0 und 2:0 geschlagen, der Titelverteidiger FC Barcelona geradezu vorgeführt: 4:0 in München, 3:0 im Nou Camp. Obwohl Superstar Messi verletzt fehlte, verneigte sich ganz Fußball-Europa vor dieser Zaubervorstellung.

Nicht minder beeindruckend war der Weg von Borussia Dortmund. Bereits in den Gruppenspielen hatten sie Real Madrid hinter sich gelassen (2:1, 2:2), im Halbfinale dann Spaniens Vorzeigeklub aus dem Wettbewerb geschossen. Beim 4:1 in Dortmund schoss Torjäger Robert Lewandowski alle vier BVB-Tore – nie zuvor hatte ein Spieler in einem Halbfinale ein Viererpack geschnürt. Dass der Truppe von Jürgen Klopp im Viertelfinale erst in letzter Sekunde das 3:2 gegen Malaga gelang, war da schon Geschichte.

Bayern gegen Dortmund, Heynckes gegen Klopp – und all das im legendären Wembley-Stadion: Das Finale 2013 war ein Festival der Bundesliga und der große Showdown der beiden nationalen Rivalen im internationalen Fokus.

„Die ersten zwanzig Minuten haben wir Glück gehabt", erinnert sich Bayern-Kapitän Philipp Lahm an die Anfangseuphorie des BVB, die durch hohe Laufintensität und aggressives Pressing die Bayern überraschten. Wie eine „Bisonherde" (so der Spiegel) habe der BVB begonnen. Das Online-Portal „Spielverlagerung", das sich mit der hohen Fußballschule beschäftigt, analysierte die Begegnung so: „Wie es bei einem deutsch-deutschen Königsduell wohl sein muss, dominierten Pressing und Umschaltspiel auf allerhöchstem Niveau die Partie. Dass beide Mannschaften gut dosiertes Risiko gingen und sich nicht auf ein Zufallsprodukt verlassen wollten, machte aus der Defensivschlacht ein ereignisreiches Spiel mit vielen Torszenen, großer Dramatik und hohem Tempo. Rasenschach 2.0 könnte man sagen – eine deutsche Erfindung."

Das klingt nach einem großen Endspiel – und es war ein großes Finale voller Tempo und Torchancen. Nach zwanzig Minuten fingen sich die Bayern, wurden dominanter, hatten die besseren Möglichkeiten. Immer wieder piksten Robben und Ribéry die BVB-Abwehr, allein Robben vergab dreimal freistehend vor Weidenfeller, um anschließend doch zum Matchwinner zu werden. Erst bereitete der Niederländer den Führungstreffer von Mandžukić mustergültig vor (60.). Ribéry hatte ihn frei gespielt, seine Flanke von der Grundlinie überraschte Weidenfeller, Mandžukić musste nur noch einschieben. Aber mit schnellen Attacken blieb auch der BVB stets gefährlich. Als Dante den schnellen Reus zu Fall brachte, verwandelte Gündoğan den fälligen Elfmeter zum 1:1 (68.) – nur acht Minuten nach der Münchner Führung. Auf der Zielgeraden ging dem BVB „das Benzin aus" (Kicker), da musste der BVB ihrem intensiven Spiel Tribut zollen. Bis zur 89. Minute hielt Dortmund den Bayern stand, dann entschieden zwei Geistesblitze das große Finale: Ribéry mit der Hacke auf Robben, der gegen vier Abwehrspieler und Torwart Weidenfeller den Ball zum 2:1 ins Tor stocherte. Der deutsche Sieger hieß FC Bayern.

Ausgerechnet Robben, ein Jahr zuvor auch wegen eines verschossenen Elfmeters zum Sündenbock gestempelt, wurde zum König von Wembley. Mit Chelsea und mit Real Madrid konnte er die Königsklasse nicht gewinnen, nun aber gelang es ihm mit den Bayern.

Die internationale Presse überschlug sich in Superlativen. Sport in Spanien schrieb: „Bayern und Dortmund errichten dem Fußball ein Monument. Es ist nicht wichtig, wer der Sieger war. Gewonnen hat der Fußball. Gewonnen hat Deutschland. Alle Spieler, alle, hätten auf Schultern vom Platz getragen werden müssen." La Vanguardia (ebenfalls Spanien) ging sogar noch einen Schritt weiter: „Bayern und Dortmund haben bewiesen, dass sie heute Lichtjahre von ihren europäischen Rivalen entfernt sind."

Es war die Krönung einer Spielergeneration mit Lahm und Schweinsteiger, die sich als ewige Verlierer zu etablieren drohten. Ausgerechnet sie beendeten den Bayern-Fluch und holten sich den Henkelpott nur ein Jahr nach dem verlorenen „Finale dahoam". Nur zwölf Monate später wurden mit Lahm, Schweinsteiger, Neuer, Boateng, Kroos und Müller auch sechs Bayern-Stars Weltmeister in Brasilien.

Für Jupp Heynckes, dem eine Woche später durch den Pokalsieg gegen den VfB Stuttgart das Triple gelang, war es der krönende Abschluss einer bedeutenden Trainerkarriere. Als erst vierter Trainer hatte er nach Ernst Happel, José Mourinho und Ottmar Hitzfeld den Henkelpott mit zwei Vereinen gewonnen: 1998 mit Real Madrid und 2013 mit den Bayern. ■

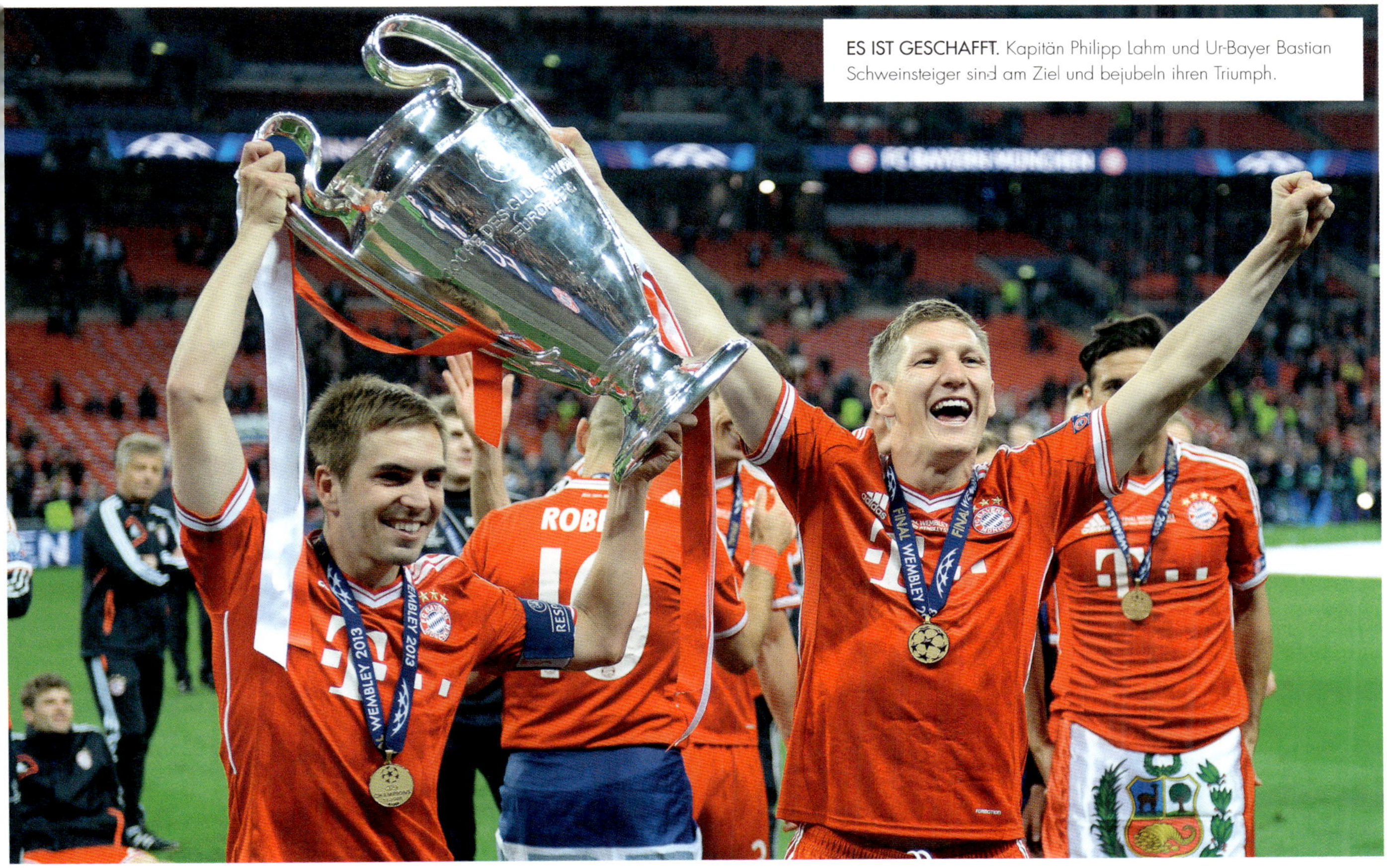

ES IST GESCHAFFT. Kapitän Philipp Lahm und Ur-Bayer Bastian Schweinsteiger sind am Ziel und bejubeln ihren Triumph.

„WAS WIR IST“ DAS ERBE

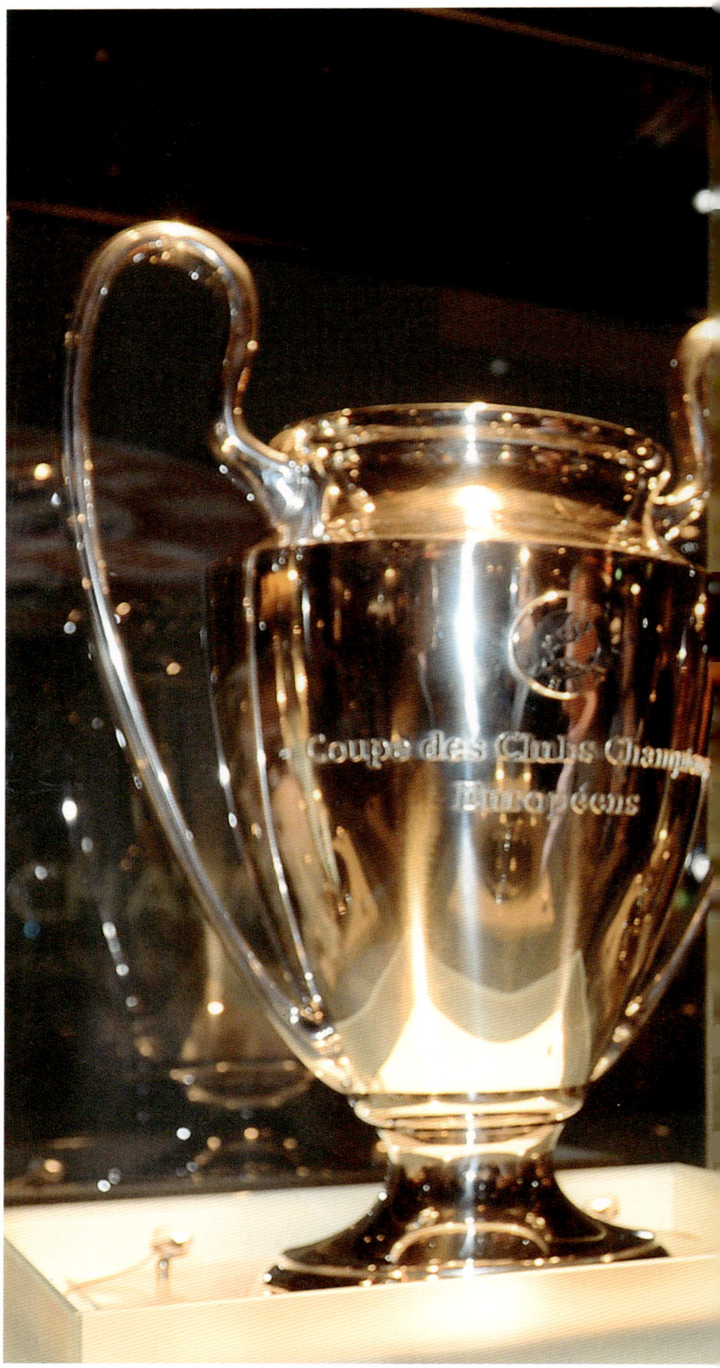

ER IST EINER DER WENIGEN TRAINER, DIE EUROPAS KÖNIGSKLASSE MIT ZWEI VEREINEN GEWONNEN HABEN. ER GEWANN DEN TITEL MIT DORTMUND UND DEN BAYERN. OTTMAR HITZFELD SAGT: „DIE CHAMPIONS LEAGUE IST DER PRESTIGETRÄCHTIGSTE WETTBEWERB DER WELT – NOCH HÖHER ZU BEWERTEN ALS EIN WM-GEWINN.“ DAS INTERVIEW.

Herr Hitzfeld, wann waren Sie das letzte Mal bei einem Champions League-Spiel live im Stadion?

OTTMAR HITZFELD (65) Das war bei Bayern gegen Porto, das Viertelfinale 2015. Seither genieße ich Fußball anders.

FRAGE: **Wo haben Sie das 60. Endspiel erlebt? Wo haben Sie Real gegen Atlético verfolgt?**

HITZFELD Ganz gemütlich zu Hause vor dem Fernseher. Bis zur WM 2014 stand ich selbst immer an der Seitenlinie. Da bist du nur in der Anspannung, überlegst sofort die Konsequenzen, das Gehirn arbeitet unermüdlich. Jetzt kann ich endlich mal den Fußball genießen.

FRAGE: **Sie vermissen nicht das Knistern, die Anspannung, die vollen Arenen, die Events?**

HITZFELD Als ich mich für den Trainerjob entschieden habe, gab es den Belgier Raymond Goethals. Seither hatte ich mir vorgenommen, nicht mehr als alter Knochen auf der Bank zu sitzen, mich mit den jungen Bengels rumzuärgern. Mein Ziel war immer, mit 65 in Rente zu gehen, wie jeder andere auch. Das habe ich konsequent durchgezogen und habe

HEUTE ERLEBEN, VON CRUYFF"

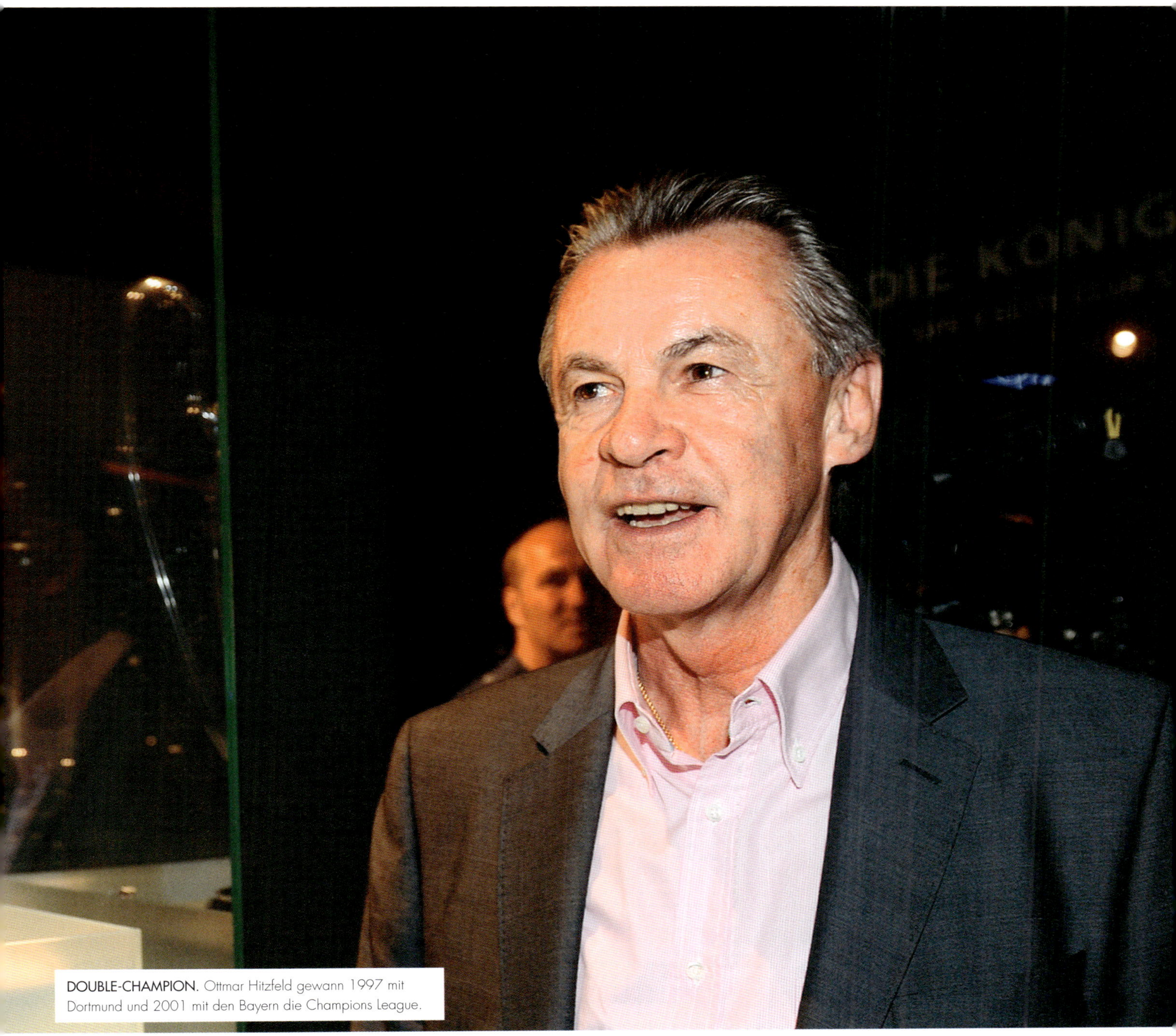

DOUBLE-CHAMPION. Ottmar Hitzfeld gewann 1997 mit Dortmund und 2001 mit den Bayern die Champions League.

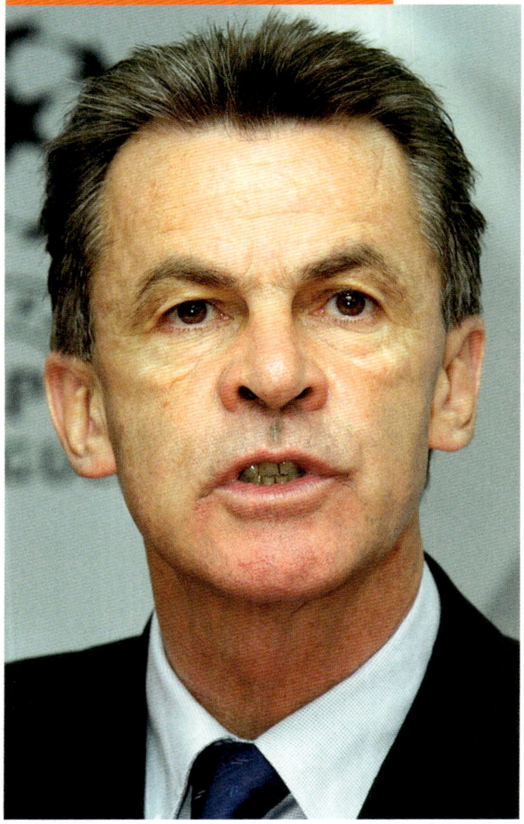

2001. Ottmar Hitzfeld als Bayern-Trainer vor dem Finale gegen Valencia.

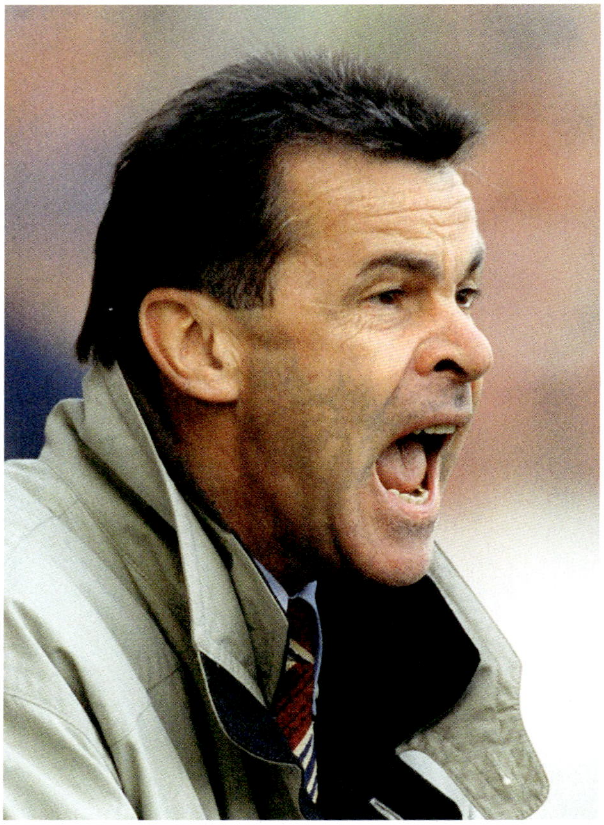

1997. Ottmar Hitzfeld feuert Borussia Dortmund an, gibt lautstarke Kommandos von der Bank.

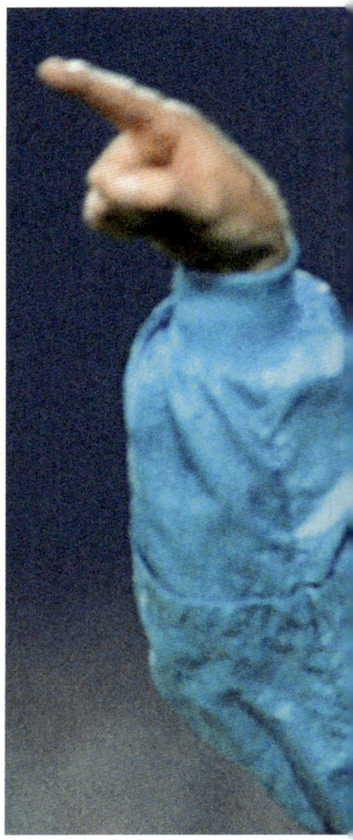

meinen Rücktritt keinen Tag bereut. Jetzt kann ich das Leben genießen und auch den Fußball. Wie ein normaler Fan.

FRAGE: **Die Erfolge, die Titel, die Meisterschaften konnten Sie als Trainer nicht genießen?**

HITZFELD Nach dem Spiel ist vor dem Spiel. Nein, da bleibt keine Zeit, sich mal zurückzulehnen und durchzuatmen. Das ist kein Genuss, das ist Anspannung, Druck, Verantwortung in jeder Sekunde.

FRAGE: **Sie sind also klassischer Fußball-Rentner und genießen ihr Leben in Lörrach?**

HITZFELD Dem Fußball werde ich immer verbunden bleiben, der Fußball ist mein Leben. Und natürlich gibt es noch Verpflichtungen. Bei der EM war ich für meine Partner elf Tage im Dauereinsatz. Dazu kommen Vorträge, Talksendungen und vieles mehr. Aber ich habe all das heruntergefahren, damit die jungen Spieler nicht vom „alten Sack" reden, der alles besser weiß.

FRAGE: **Lassen Sie uns dennoch auf die blicken, die heute im Fokus stehen. Mit Sevilla hat eine spanische Mannschaft zum dritten Mal in Folge die Europa-League gewonnen, mit Real und Atlético Madrid standen erneut zwei spanische Mannschaften im Finale der Champions League. Warum dominieren die Spanier dermaßen?**

HITZFELD Das ist sicher kein Zufall. Da ist das Bewegungstalent, die Geschicklichkeit, die ihnen mitgegeben ist. Dazu kamen stets gute Spieler aus Südamerika, die aufgrund ihrer Sprachgleichheit stets den Weg nach Spanien gesucht haben. Und da ist die Barcelona-Philosophie, die einst Johan Cruyff durch das 4-4-3-System und den Kombinations-Fußball eingeführt hat.

FRAGE: **Sie meinen: Das, was wir heute auf Europas Fußballbühne sind, ist das Erbe eines Johan Cruyff?**

HITZFELD Irgendwie ja. Die Champions League sieht die ganze Welt. Dazu hat die spanische Nationalelf 2008, 2010, 2012 den Weltfußball dominiert. Da schaut jeder hin, auch jeder Amateurfußballer. Jeder will heute aus der Abwehr heraus kombinieren. Lange Bälle und Flanken sind out. Das alles ist das spanische Vorbild, ist die Schule von Cruyff. Die Spanier haben das im Blut, andere imitieren das. Auch der deutsche Fußball imitiert den Stil – mit seinen Mitteln, mit mehr Zielstrebigkeit und großem Willen, halt mit unseren Stärken.

FRAGE: **Aber Bayern ist jetzt dreimal im Halbfinale gescheitert...**

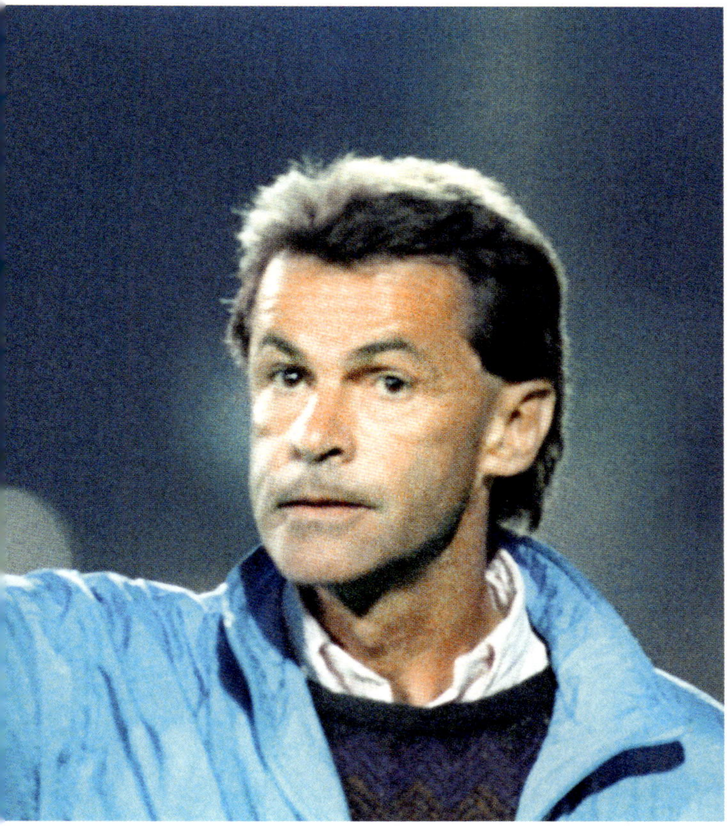

1989. Mit Grasshoppers Zürich holt Ottmar Hitzfeld seinen ersten Meistertitel.

DAS IST OTTMAR HITZFELD

Geb. 12. Januar 1949 in Lörrach

Vereine als Spieler	FC Basel (1971–75), VfB Stuttgart (1975–78), FC Lugano (1978–80), FC Luzern (1980–82)
Position	Mittelstürmer
Erfolge als Spieler	Olympia–Teilnehmer 1972, Aufstieg mit dem VfB Stuttgart 1977, 6 Tore beim 8:0 gegen Reutlingen
Vereine als Trainer	FC Zug (1983–84), FC Aarau (1984–88), Grasshoppers Zürich (1988–91), Borussia Dortmund (1991–98), Bayern München (1998–2004, 2007–08), Nationaltrainer Schweiz (2008–14)
Erfolge als Trainer	Champions League-Sieger 1997 und 2001, Weltpokalsieger 2001, Deutscher Meister 1995, 96, 99, 2000, 02, 04, 08. Schweizer Meister 1990, 91, Schweizer Pokalsieger 1985, 89, 90. DFB–Pokalsieger 2000, 03, 08
Ehrungen	Weltklubtrainer 1997, 2001 Trainer des Jahres der UEFA 2001

HITZFELD In einem Halbfinale kann man ausscheiden, aber nicht scheitern. Fünfmal in Serie in das Halbfinale einzuziehen, ist eine außerordentliche Leistung. Ab dann sind die Gegner gleichwertig. Da entscheidet die Tagesform, andere Kleinigkeiten, auch das Glück. Bayern hat gegen Atlético die beste Leistung der Saison gezeigt, eine spielerische Demonstration hingelegt. Da fehlte nur das Glück im Abschluss. Im Hinspiel in Madrid allerdings hatten sie keine gute Tagesform, wurden wohl auch überrascht. Den Bayern fehlte vielleicht auch das Gefühl von Erfolg. Das Aus im Halbfinale in den Jahren zuvor war mehr in den Köpfen als die Überzeugung vom Finaleinzug.

FRAGE: Sie haben 1997 mit Dortmund und 2001 mit den Bayern Europas Krone gewonnen und sind einer von nur wenigen Trainern, die mit zwei verschiedenen Vereinen dreimal das Finale erreicht. Wie war das 2001? Wäre der Titelgewinn ohne das Schockerlebnis zwei Jahre zuvor, als Bayern gegen Manchester United wie der sichere Sieger wirkte und in der Nachspielzeit verlor, nicht möglich gewesen?

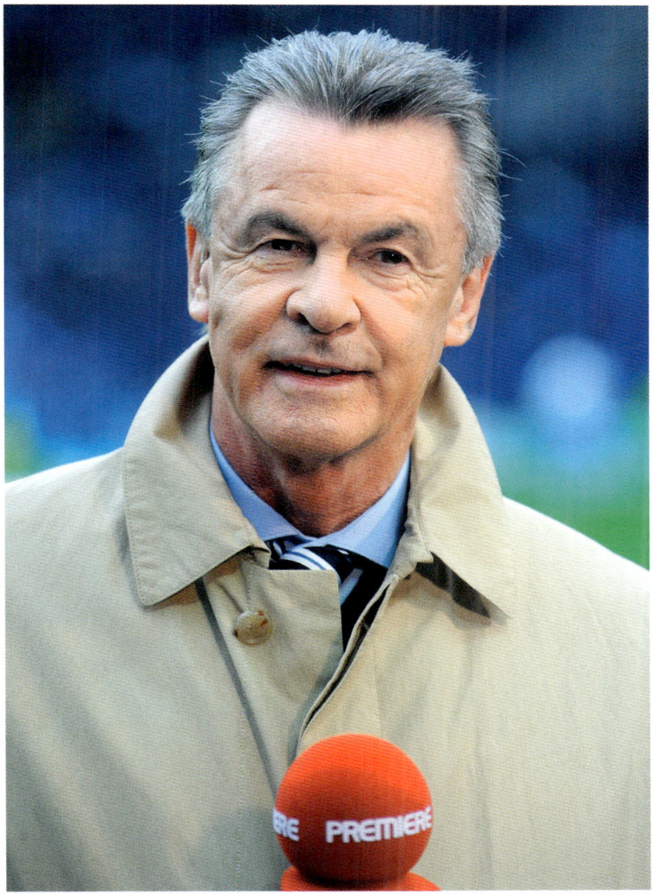

2009. Ottmar Hitzfeld kommentiert als Experte die Partie zwischen Porto und Manchester.

HITZFELD Am Tag nach dem verlorenen Finale 1999 habe ich die längste Teamsitzung abgehalten, die ich je gehalten habe. Es lag nahe, dass wir nun in Selbstmitleid zerfließen, uns bedauern lassen für die große Leistung und das unglaubliche Pech. Dem wollte ich entgegensteuern. Wir ha-

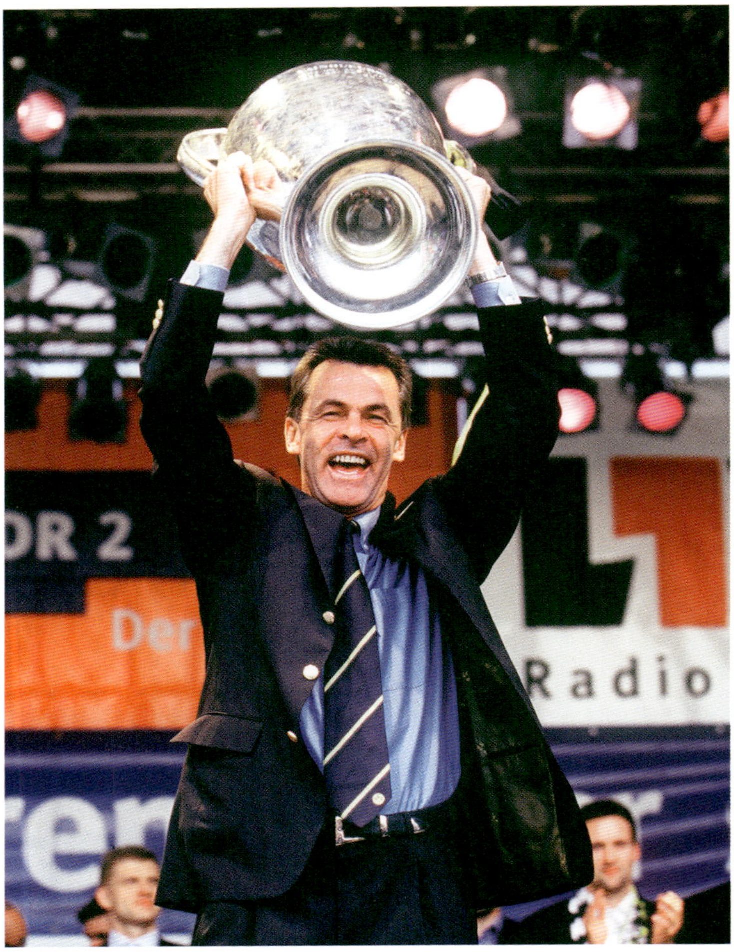

TRIUMPHATOR MIT DORTMUND. 1997 hält er erstmals den Henkelpott in der Hand nach dem 3:1-Sieg gegen Juventus Turin.

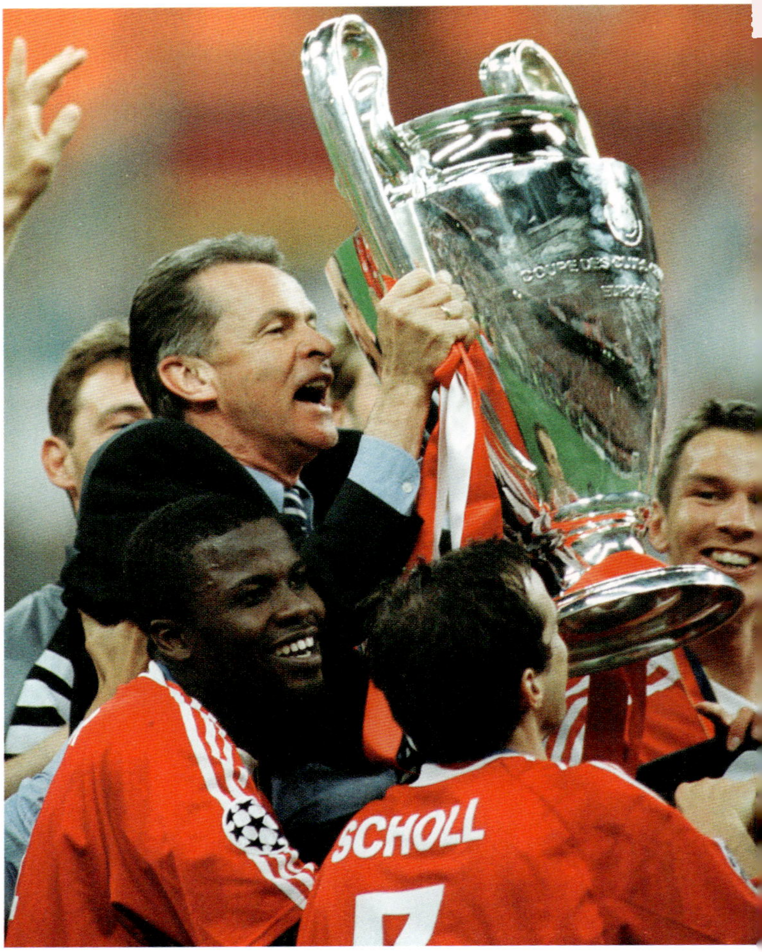

TRIUMPHATOR MIT BAYERN. 2001 wird er von Scholl und Kuffour nach dem Erfolg über den FC Valencia geschultert.

ben das selbst verbockt. Wir mussten hungrig bleiben bis zur letzten Sekunde, hart arbeiten, noch härter als zuvor.

FRAGE: **Wurde das Finale '99 durch Arroganz verloren? Waren sich die Bayern zu sicher?**

Hitzfeld. Nein, das ist Fußball. Plötzlich geht ein Querschläger rein. Das löst Schock auf der einen und Euphorie auf der anderen Seite aus. Es kommt der nächste Eckball. Die Fans spüren die Sensation. Und plötzlich geht auch der rein. Nein, das hatte mit Arroganz nichts zu, da fehlte uns das Glück.

FRAGE: **... das Glück, das 2001 erzwungen wurde – der Sieg im Elfmeterschießen gegen Valencia.**

HITZFELD Das ganze Jahr über haben wir uns immer wieder vorgenommen, bis zur letzten Sekunde alles zu geben. So haben wir wirklich daran geglaubt, haben in Hamburg die Meisterschaft in letzter Sekunde geholt und Valencia besiegt. Wir hatten die nötige Spannkraft, wir hatten das Nie-Aufgeben im Blut, bis zur letzten Sekunde. Wir waren mental darauf eingestellt.

FRAGE: **Welcher Sieg wiegt in Ihrer Erinnerung höher: der mit Dortmund 1997 oder der mit Bayern 2001?**

HITZFELD Die Champions League zu gewinnen, ist das Größte, was ein Spieler und ein Trainer gewinnen können. Das bewerte ich noch höher als einen EM- oder WM-Titel, denn die Champions League dauert eine ganze Saison, die EM und WM sind „nur" ein Turnier. Also lassen sich auch die Titel nicht vergleichen. Jeder für sich war ein Highlight auch meiner Karriere.

FRAGE: **Die Ausgangspositionen waren gänzlich anders. 1997 waren Sie mit dem BVB krasser Außenseiter, 2001 mit Bayern Favorit.**

HITZFELD Stimmt. Mit dem BVB trafen wir auf die damals weltbeste Mannschaft, die zwei Jahre kein Spiel verloren hatte. Selbst ManU im Halbfinale war besser als wir, reifer,

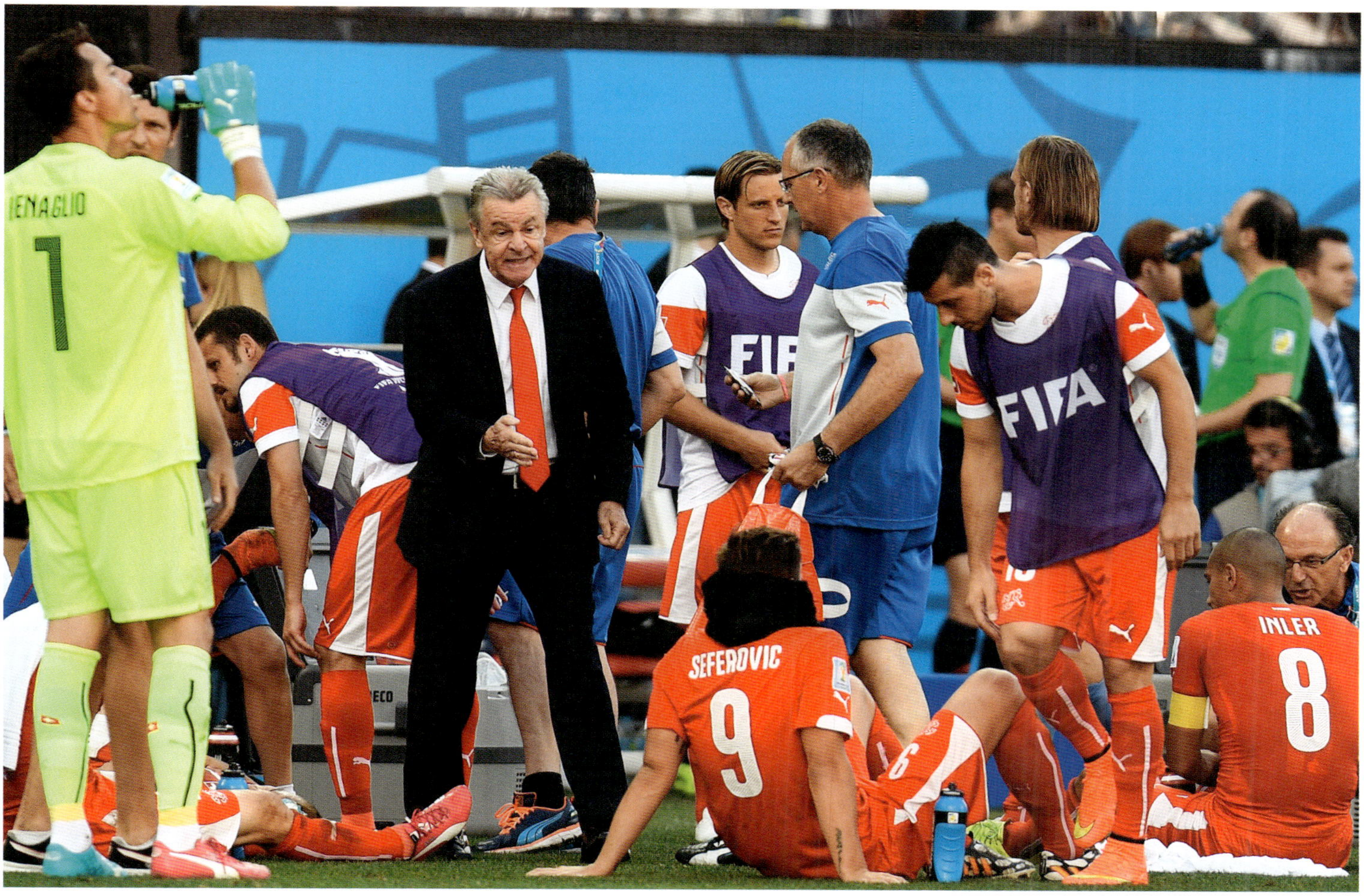

WM 2014 ALS ABSCHLUSS. In Brasilien coachte er die Schweizer Nationalmannschaft bis ins Achtelfinale gegen den späteren Finalisten Argentinien.

etablierter. Aber am Ende hatten wir das Glück zu triumphieren. Glück, weil die Tore im richtigen Moment fielen und wir so über uns hinauswachsen konnten.

FRAGE: Wie ist die Nacht vor so einem Finale für einen Trainer? Grübeln Sie die ganze Nacht?

HITZFELD Der Druck, der auf dir lastet, ist eine Mischung aus Freude und Verantwortung. Es ist auch die Chance deines Lebens. Die Anspannung ist also enorm. Da gilt es, kühlen Kopf zu bewahren. Du neigst dazu, das Überding zu machen, etwas Besonderes. Du musst dich mäßigen, auf das Bewährte zu setzen. Du musst für Entspannung und nicht für Anspannung sorgen. Also versuchst du, den Rhythmus wie vor einem normalen Bundesligaspiel beizubehalten, darfst nicht viel verändern.

Natürlich überlegst du, Ricken dazu zu bringen, der uns mit seinem Tor ins Finale geschossen hatte. Aber ich wollte kein Risiko gehen, wollte für Stabilität sorgen und habe auch an Riedle festgehalten, der eine Saison mit Licht und Schatten hinter sich hatte. Er zahlte mit seinen zwei Toren das Vertrauen zurück und sorgte dafür, dass das Spiel für uns lief. Es war wichtig, an ihm festzuhalten. Und Ricken machte dann als Joker den Deckel drauf …

FRAGE: Liegt Ihnen dieses Finale näher? Sie können ja noch heute jede Kleinigkeit erzählen …

HITZFELD Es war mein erstes großes Finale und Juve hatte damals wirklich eine Super-Mannschaft. Zidane, Deschamps, Bokšić, Vieri – dazu mit Marcello Lippi auch einen herausragenden Trainer.

FRAGE: Können Sie über Valencia genauso viel erzählen?

HITZFELD Natürlich kenne ich die Spieler noch. Carew, Aimar, Cañizares …

FRAGE: Was wiegt in Ihrem Rückblick schöner: Die Champions League-Titel oder die sieben Meisterschaften?

HITZFELD Die Champions League ist der prestigeträchtigste Wettbewerb der Welt. Kein Wettkampf ist anspruchsvoller. 1997 hatten wir sogar noch mehr Spiele, da wurde mit Zwischenrunden gespielt.

FRAGE: **Aber es ist nicht mehr der Meisterwettbewerb wie früher. Sind Sie für eine Rückkehr zum alten Modus?**

HITZFELD Wenn ich darüber nachdenke, muss ich sagen, dass es besser ist, wie es ist, spannender, hochwertiger. Die Engländer mit ManU, mit Arsenal, mit Chelsea oder Manchester City, Spanien mit Barcelona, Real, Atlético – das ist hochwertiger als ein reiner Meisterwettbewerb.

FRAGE: **Der Meistercup ist geprägt von Epochen. Erst war es Real Madrid, später Ajax Amsterdam, dann die Bayern, Milan, der FC Liverpool. Seit Einführung der Champions League aber konnte keine Mannschaft ihren Titel verteidigen. Gibt es diese Ausnahmemannschaften nicht mehr?**

HITZFELD Die Konkurrenz ist größer. Zudem ist jede Mannschaft wie eine Europa- oder Weltauswahl. Früher durften nur zwei Ausländer pro Mannschaft verpflichtet werden. Der Fußball wurde also von den heimischen Spielern geprägt, Real konnte sich mit Puskás verstärken, dem vielleicht besten Ausländer seiner Zeit. Das ist längst Vergangenheit. Aber diese Konkurrenz macht den Wettbewerb auch so attraktiv.

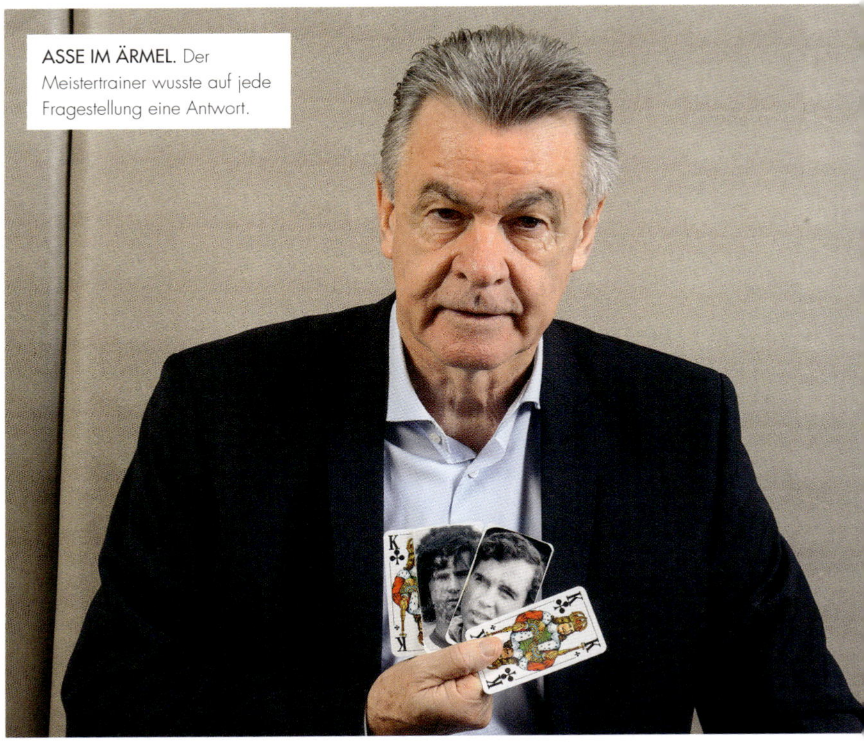

ASSE IM ÄRMEL. Der Meistertrainer wusste auf jede Fragestellung eine Antwort.

FRAGE: **Gerade wird wieder über eine Super-Liga diskutiert, in der sich dann nur die Besten der Besten tummeln …**

HITZFELD Die Champions League in seiner jetzigen Form hat sich etabliert. Der weltweite Werbeeffekt ist enorm. Warum soll ich verändern, was sich bewährt hat? Eine neue Liga müsste von null beginnen, auch in seiner Außenwirkung. Nein, ich finde es gut, wie es ist.

FRAGE: **Mit der Europa-League wurde der Unterbau verändert und der UEFA-Cup abgeschafft …**

HITZFELD Franz Beckenbauer hat mal vom „Cup der Verlierer" gesprochen. Wer weiß denn noch, welche Mannschaften gerade im Halbfinale standen? Es ist die europäische 2. Liga, nicht mehr und nicht weniger.

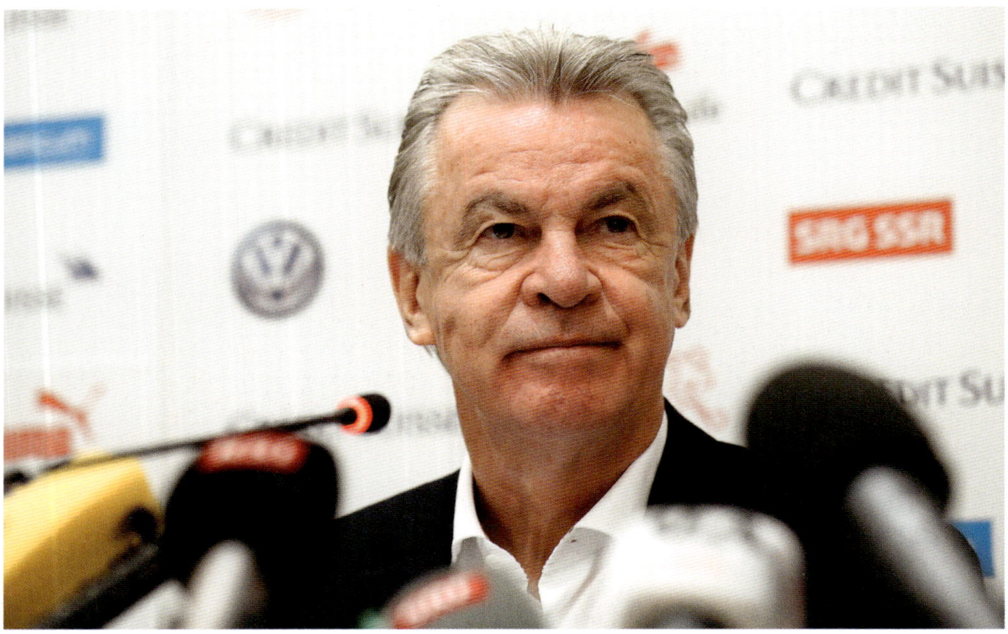

ABSCHIED. Nach dem WM 2014 beendete Ottmar Hitzfeld seine Trainer-Karriere – hier bei seiner letzten Pressekonferenz.

FRAGE: Sehen Sie auch einen internationalen Unterschied in der Qualität der Trainer? Sind Spanier auch da im Vorteil?

HITZFELD Nein, da gibt es wohl keinen Unterschied. Alle haben eine ähnliche Philosophie, die Ausbildung ist international angeglichen, auch durch die UEFA-Pro-Lizenz. Spanien hat sicher besser ausgebildete Spieler, auch deshalb, weil es dort schon ewig Leistungszentren gibt, die bei uns erst nach den Misserfolgen 2000 und 2004 eingeführt wurden, und wovon Jogi Löw heute profitiert. Aber bei den Trainern sehe ich diesen Unterschied nicht. Das liegt dann auch an den Persönlichkeiten, die sich herausbilden.

FRAGE: 2001 und 2013 – müssen wir wieder zwölf Jahre warten, bis ein deutscher Klub die Champions League gewinnt?

HITZFELD Dass der FC Bayern fünfmal in Folge das Halbfinale erreicht hat, spricht für herausragende Qualität. Auch wenn die Halbfinals 2014 und 2015 gegen Real Madrid und Barcelona deutlich verloren wurden, so hat die Partie gegen Atlético gezeigt, dass es keine Niveau-Frage mehr ist, sondern Kleinigkeiten entscheiden, ob der große Coup gelingen kann. Ich bin sicher, dass deutsche Klubs schnell wieder europäische Geschichte schreiben können. 2013 dachten wir ja schon, ab jetzt regiert die Bundesliga. Aber die Spanier sind uns da doch noch voraus.

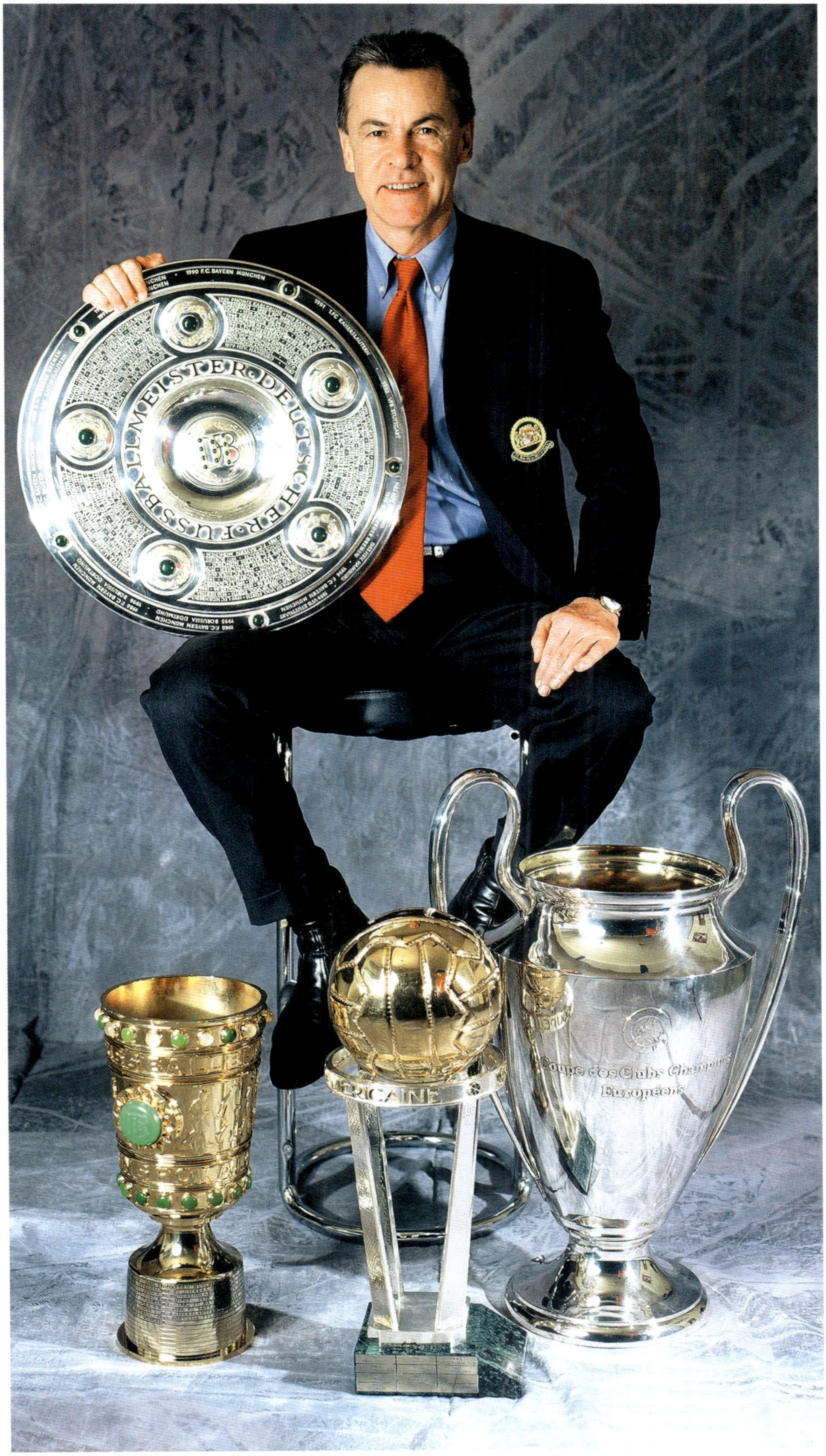

TROPHÄENSAMMLUNG. Ottmar Hitzfeld holte siebenmal die Meisterschale, zweimal die Champions League, den Weltpokal und beendete 2008 seine Bundesligakarriere mit dem Doublegewinn.

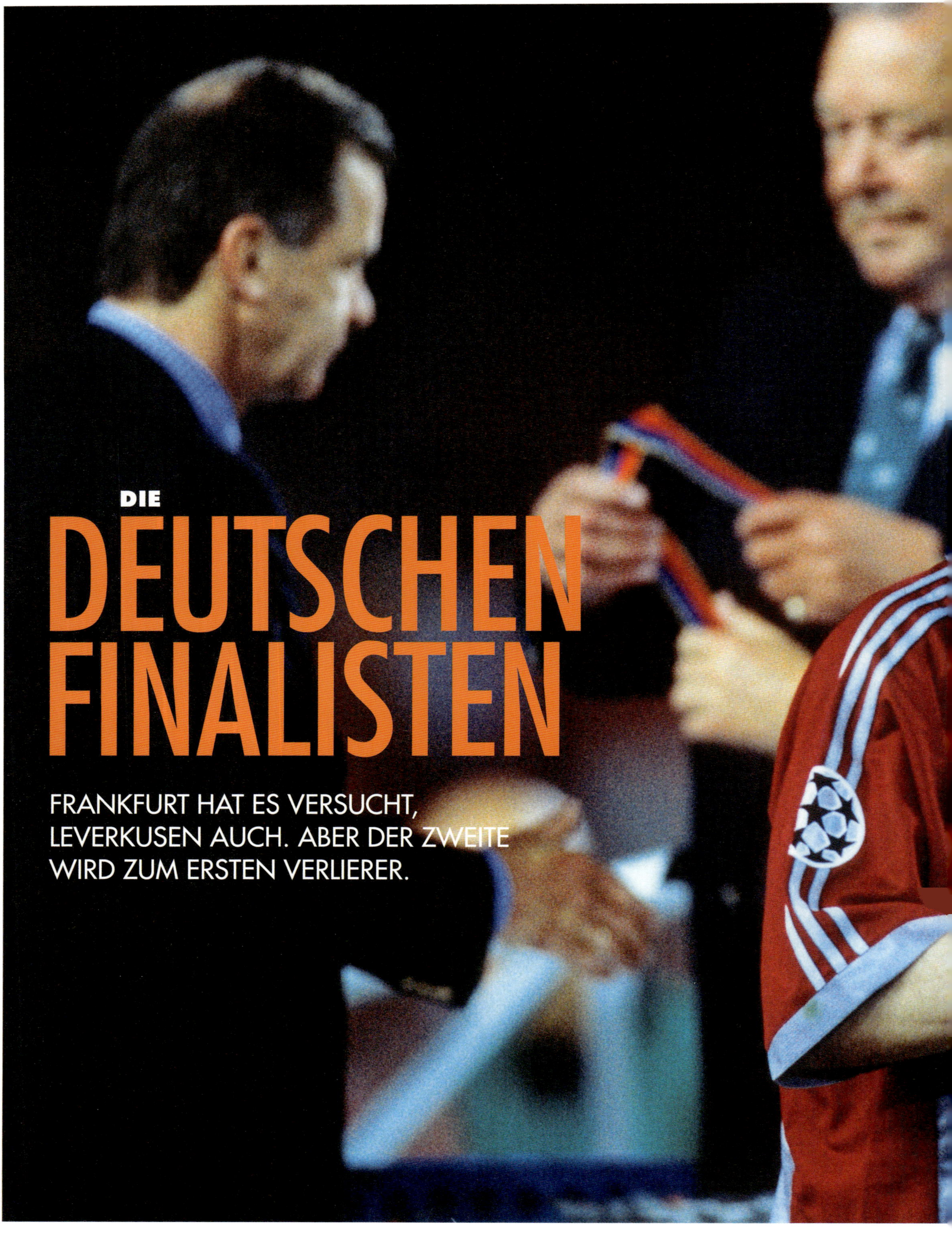

DIE
DEUTSCHEN FINALISTEN

FRANKFURT HAT ES VERSUCHT, LEVERKUSEN AUCH. ABER DER ZWEITE WIRD ZUM ERSTEN VERLIERER.

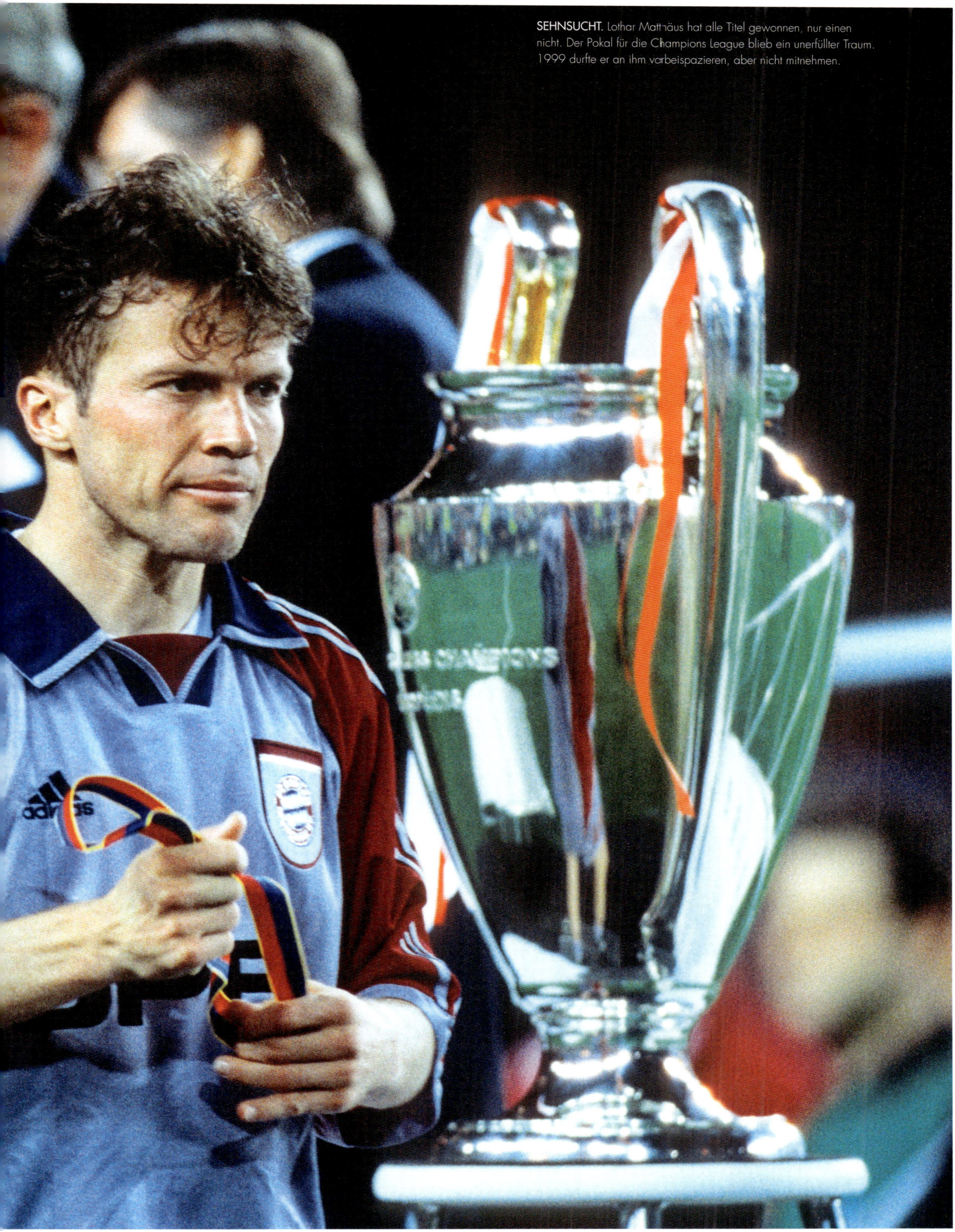

SEHNSUCHT. Lothar Matthäus hat alle Titel gewonnen, nur einen nicht. Der Pokal für die Champions League blieb ein unerfüllter Traum. 1999 durfte er an ihm vorbeispazieren, aber nicht mitnehmen.

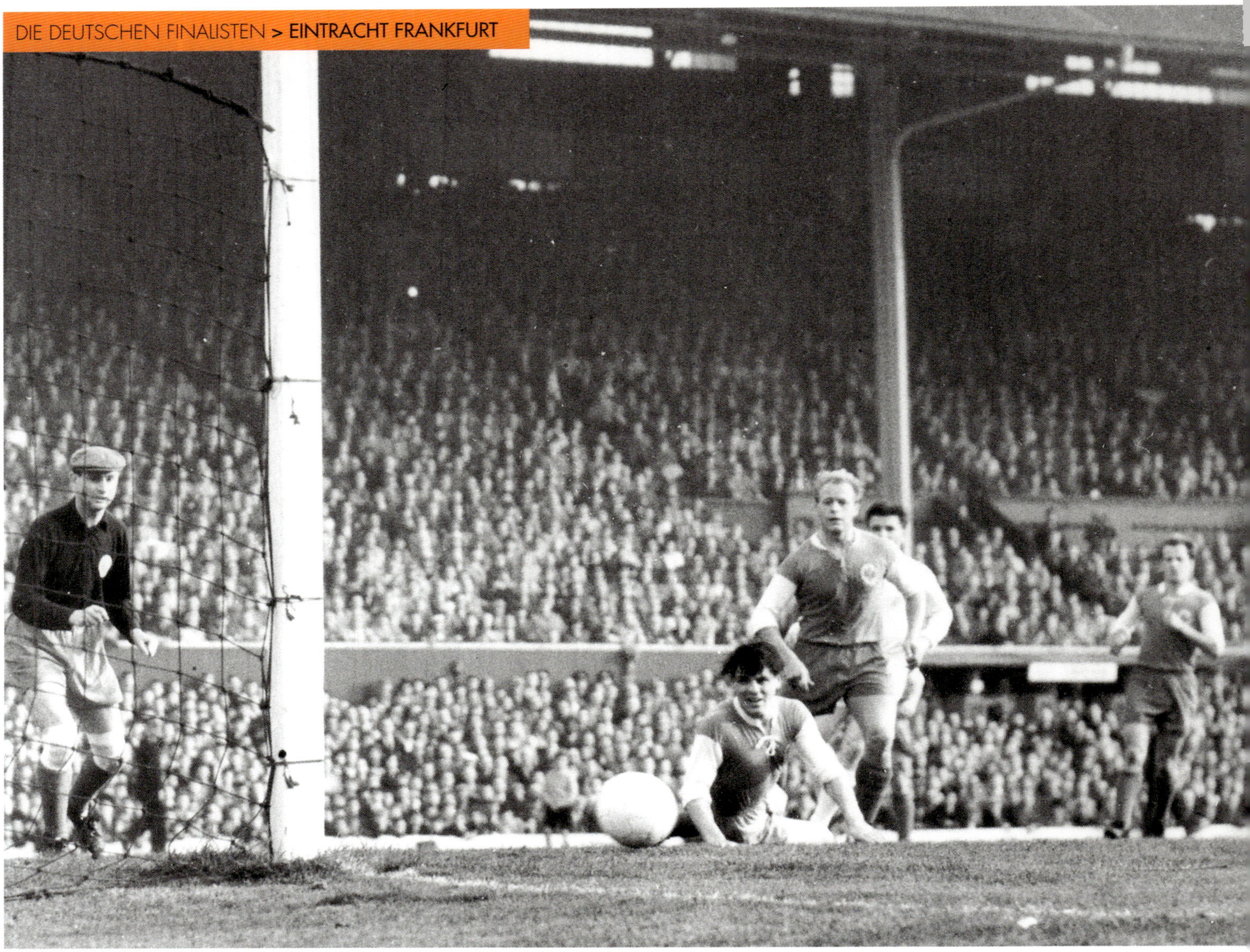

DER AUFTAKT. Alfredo Di Stéfano erzielt im Hampdon-Park das 1:1, seinen ersten von drei Treffern.

DIE GALA VON DI STEFANO UND PUSKÁS

1960 Es ist ein Spiel, von dem Experten noch heute schwärmen. Fachblätter wie „World Soccer" oder „FourFourTwo" setzen die Partie beharrlich auf Platz eins der ewigen Bestenliste. Die BBC wiederholt ihre TV-Aufzeichnung von 1960 jährlich zur Weihnachtszeit in voller Länge. Und Englands Fußball-Idol Bobby Charlton, damals live im Stadion, äußerte sich wie folgt: „Mein erster Gedanke war, dieses Spiel ist ein Schwindel, geschnitten, ein Film, weil diese Spieler Dinge taten, die nicht möglich sind, nicht real, nicht menschlich!"

Als erster deutscher Verein erreichte die Frankfurter Eintracht das Finale. Galt – natürlich – gegen die Galaktischen von Real Madrid, die viermal zuvor in Folge den Titel gewonnen hatten, als krasser Außenseiter. Die Weltauswahl aus Spanien gegen die Amateure vom Main – es war ein ungleicher Kampf. Aber die Frankfurter hatten den Sympathiebonus. Im Halbfinale hatten sie die Glasgow Rangers mit 6:1 und 6:3 ausgeschaltet und waren im Ibrox-Park mit Standing Ovations verabschiedet worden. Bus- und Taxifahrer, so ist überliefert, weigerten sich zwei Wochen später aus Anerkennung für die große Leistung, von deutschen Anhängern Fahrgeld zu kassieren. 134 000 Zuschauer strömten zum Finale ins Hampdon-Park und sorgten für eine Kulisse, die nie zuvor und nie danach bei einem europäischen Finale erreicht wurde. Und das Gros hielt zu Frankfurt, zum Außenseiter.

Was sie und die 40 000, die sich rund um den Hampdon-

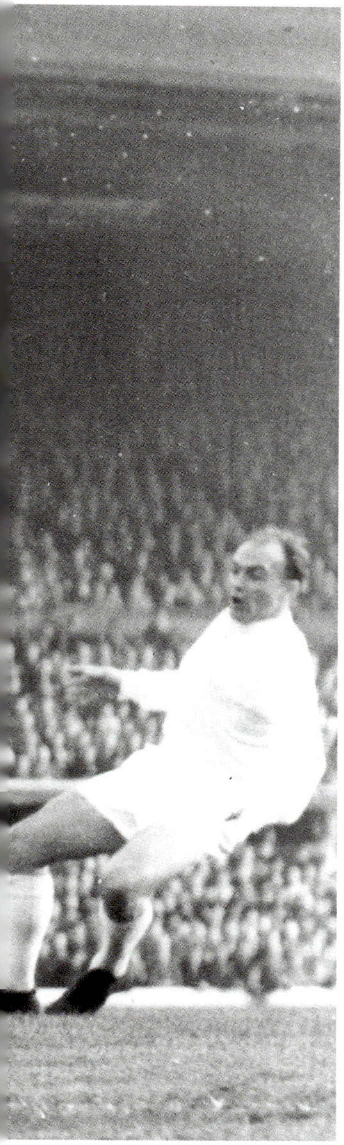

Park versammelt hatten, um die Live-Atmosphäre und den berühmten Hampdon-Roar mitzuerleben, anschließend zu sehen und zu hören bekamen, hat Fußball-Geschichte geschrieben. Es war ein Spiel zweier Mannschaften nahezu ohne Unterbrechungen, ohne Fouls, ohne Abseits, ohne Schnickschnack, das den Zuschauern den Atem nahm. Schnell, trickreich, beeindruckend von beiden Seiten.
Die Eintracht zauberte 20 Minuten, traf durch Mittelstürmer Ernst Meier bereits in der 1. Minute die Latte, führte 1:0 durch Richard Kress (18.) und lag dennoch bei Halbzeit 1:3 zurück. Es folgte die Realkür. Die Elf um Regisseur und Sturmführer Alfredo Di Stéfano und seinen kongenialen ungarischen Partner Ferenc Puskás, Flügelstürmer Francisco Gento und dem damls wohl weltbesten Mittelläufer José Emilio Santamaria aus Uruguay zelebrierte Fußball wie von einem anderen Stern. Di Stefano (3) und Puskás (4) erledigten die Eintracht im Alleingang. Dass die Frankfurter zu dieser Fußball-Gala ihren offensiven Beitrag leisteten, zeigten die weiteren Tore durch Erwin Stein zum 2:6 und 3:7. Vor der Siegerehrung standen die Eintracht-Spieler Spalier und applaudiertem dem Sieger, so wie sie zwei Wochen zuvor nach ihrer 6:3-Gala gegen die Rangers von den Schotten gefeiert worden waren.
Welche Dimension und Begeisterung dieser Auftritt auch in der Heimat ausgelöst hatte, zeigte sich erst am nächsten Tag. Trotz der 3:7-Packung wurde die Eintracht auf dem Frankfurter Rhein-Main-Flughafen von einer begeisterten Menschenmenge empfangen. Mehrere Hunderttausend Anhänger säumten den Weg bis zum Römerberg, um eine Mannschaft zu feiern, die zwar das Finale verloren hatte, ohne die aber eines der größten Spiele der Fußballgeschichte nicht möglich gewesen wäre. ■

SIMONSEN UND GLADBACH VERPASSEN DIE KRÖNUNG

1977

Es ist das Abschlusstraining in Rom am Tag vor dem Finale. Allan Simonsen kann plötzlich nicht mehr – Hexenschuss! Kapitän Berti Vogts ist am Boden zerstört. „Jetzt ist alles aus. Ohne Allan haben wir keine Chance."
Das sagt alles über den Stellenwert des kleinen Dänen, den sie in Gladbach gar nicht mehr haben wollten. Selten waren sich Günter Netzer und Hennes Weisweiler so einig, wie bei der Beurteilung des nur 168 cm kleinen und 57 Kilo leichten Stürmers. „Dürfen bei uns auch Schüler mittrainieren?", soll Günter Netzer gefragt haben, als er das Leichtgewicht erstmals im Training beobachten konnte. Auch Weisweiler, der den Stürmer bei einem Jugendturnier entdeckt und für eine Ablösesumme von 200.000 Mark von Vejle BK verpflichtet hatte, urteilte irgendwann vernichtend: „Das wird nie einer." Nur weil sich keiner fand, der die von der Borussia geforderte Ablösesumme zu zahlen bereit war, durfte Simonsen bleiben – und wurde zu einem der größten Fußballer, die je das Gladbacher Trikot tragen durften.
1977 spielte kein Netzer mehr in Gladbach. Der Trainer hieß auch nicht mehr Weisweiler, sondern Udo Lattek, als Allan Simonsen vor Kevin Keegan und Michel Platini zu Europas Fußballer des Jahres gewählt wurde. Er war erst der dritte Spieler aus der Bundesliga und bis heute der einzige Däne, dem diese Ehre zuteil wurde.
1977, ohne Netzer und Weisweiler, zieht Gladbach erstmals ins Europacup-Finale ein. Der Gegner heißt FC Liverpool und das direkte Duell Simonsen gegen Keegan. Trotz seiner Beschwerden beim Abschlusstraining läuft Simonsen auf, erzielt mit einem herrlichen Linksschuss in der 51. Minute das 1:1 und wird anschließend vom „Kicker" zum besten Gladbacher bestimmt. Aber der Gewinner heißt Keegan. Die „Mighty Mouse" holt den Elfmeter heraus, der zum 3:1-Endstand führt. Erstmals gewinnt Liverpool den Henkelpott, Simonsen und Gladbach bleibt die Krönung verwehrt, obwohl vier Tage zuvor durch ein 2:2 gegen Bayern München die fünfte Deutsche Meisterschaft perfekt wird.
Nie war Borussia so nah an Europas Krone, aber der heutige Vizepräsident Rainer Bonhof, der mit einem Pfostenschuss

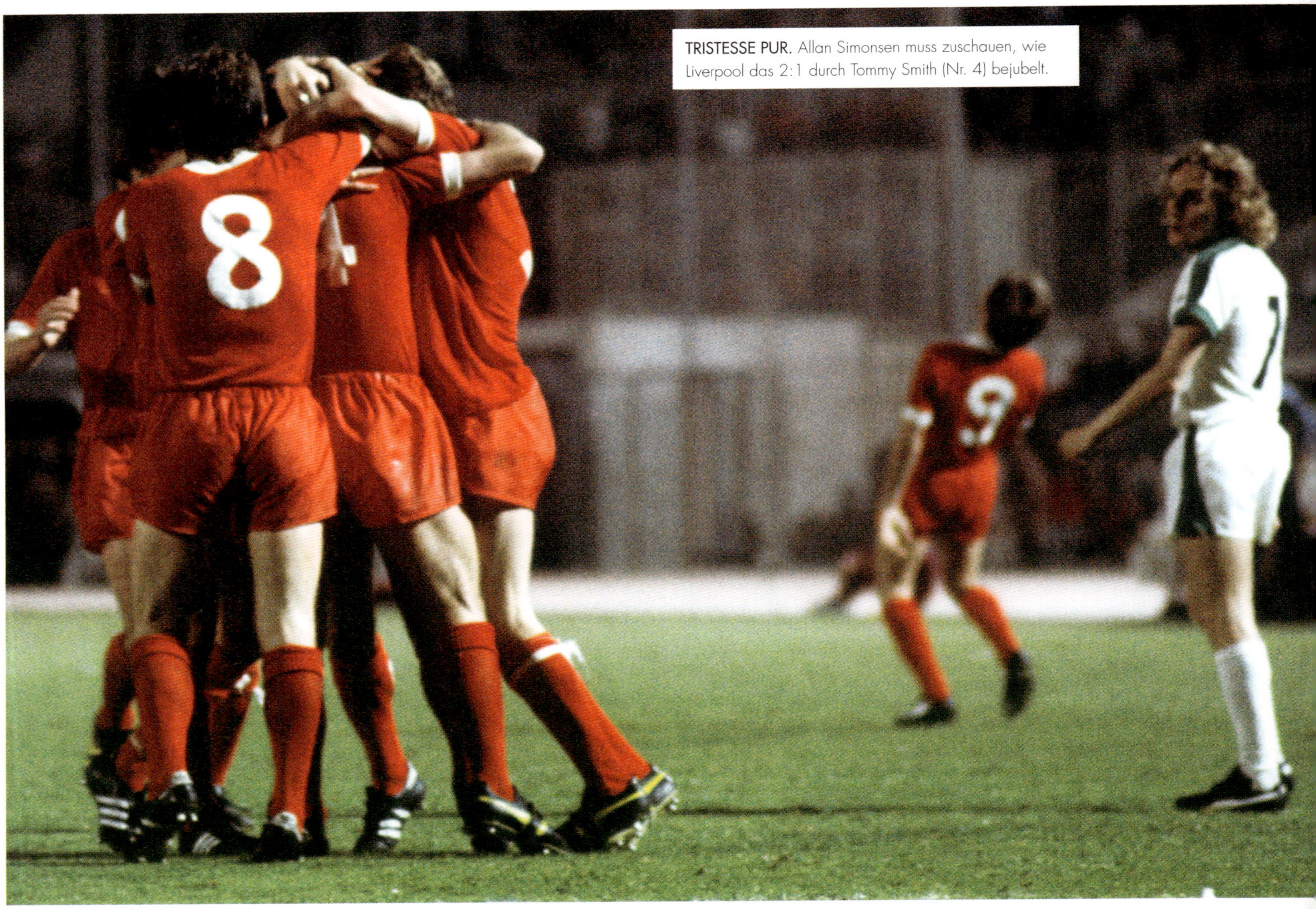

TRISTESSE PUR. Allan Simonsen muss zuschauen, wie Liverpool das 2:1 durch Tommy Smith (Nr. 4) bejubelt.

Pech hatte, sagt noch heute: „Man muss ehrlich sein: Liverpool war in diesem Finale die bessere Mannschaft." Sieht auch Simonsen so: „Wir hatten nicht unseren besten Tag, und Liverpool war in diesem Spiel einfach besser." Und weiter: „Die Champions League zu gewinnen, das wäre der absolute Höhepunkt gewesen. Denn in der WM oder EM waren wir Dänen damals noch nicht so weit."

Gladbach blieb in jenem Finale weit unter seinen Möglichkeiten, konnte sich gegen die robusten Engländer nicht entscheidend durchsetzen. So bleibt bis heute ein fader Nachgeschmack. Der 25. Mai 1977 gilt bis heute als Tag der verpassten Chance auf den größten Vereinstitel. ■

HSV TRÄUMT VON REAL UND VERGISST NOTTINGHAM

1980 Es gibt Endspiele zum Vergessen. In Hamburg haben sie das Finale 1979/80 aus ihrem Repertoire gestrichen. Dort erinnern sie sich noch heute nur an das Halbfinale, an die große Stunde gegen Real Madrid.

Es war eine Sternstunde im Europapokal, einer jeder unvergessenen Nächte. Mit 5:1 wurde Real verprügelt, gedemütigt, vorgeführt. 0:2 hatte der HSV in Madrid vor 102 000 Zuschauern durch zwei Tore von Santillana verloren. Keiner hatte einen Pfifferling auf den HSV gegeben. Aber Trainer Branco Zebec hatte den HSV so offensiv eingestellt, dass selbst neutrale Beobachter einen „Fußball vom anderen Stern" erlebten. Manager Günter Netzer war sprachlos:

„Das war das Tollste und Beste, was ich je vom HSV gesehen habe." Nach Spielende traf ein stolzes Glückwunschtelegramm ein: „Ihr treuer Anhänger, Helmut Schmidt, Bundeskanzler". Hamburg erlebte ein Fußballwunder, ein Spiel für Geschichtsbücher. Für viele Hamburger ist es bis heute das größte HSV-Spiel aller Zeiten.

1:0 Kaltz per Elfmeter, 2:0 Hrubesch per Kopf. Nach einem Patzer von Kargus schlenzt Cunningham das Leder zum 2:1 in Netz. Manni Kaltz erhöht mit einem 25-Meter-Hammer auf 3:1 und noch vor dem Seitenwechsel trifft Hrubesch zum 4:1. Real geht im Angriffswirbel unter. Nach der Pause lässt es der HSV ruhiger angehen, setzt aber nach einem Konter durch Caspar Memering den Schlusspunkt. Durch dieses 5:1 ist der HSV auch Favorit fürs Finale.

Aber dem Rausch folgt der Kater. Am vorletzten Spieltag gibt es ein 1:2 bei Aufsteiger Leverkusen, die erfolgreiche Titelverteidigung ist damit verspielt. Unmittelbar vor dem Europacup-Finale verkündet die HSV-Führung zudem die Verpflichtung von Franz Beckenbauer. Die Rückholaktion des 35-Jährigen aus New York sorgt mannschaftsintern für Unruhe und Kritik – keine idealen Voraussetzungen für ein erfolgreiches Endspiel. Und so kommt es, wie es kommen muss. Gegner Nottingham Forrest geht in der 19. Minute durch einen 18-Meter-Schuss von John Robertson in Führung und stellt in der Folge seine Offensivbemühungen ein. HSV-Ikone Uwe Seeler analysierte treffend: „Ich hatte den Eindruck, die wollten gar nicht Fußball spielen. Diese Forrest-Truppe hat hoffentlich keine Zukunft." Aber das Team von Trainer-Ikone Brian Clough holt sich zum zweiten Mal in Folge sensationell den Europapokal. Nottingham ist damit der einzige Verein, der nur einmal Meister, aber zweimal Europapokal-Sieger der Landesmeister ist. Und der HSV hat das letzte Spiel von Kevin Keegan aus seinen Annalen verbannt. Es ist eine bittere Niederlage, weil der HSV zwar dominiert, aber gegen die englische Abwehrmauer keine Mittel findet. Ein Spiel zum Vergessen. ■

DIE ENTSCHEIDUNG. John Robertson (Nr. 11) erzielt das 1:0 für Nottingham, Rudi Kargus ist machtlos.

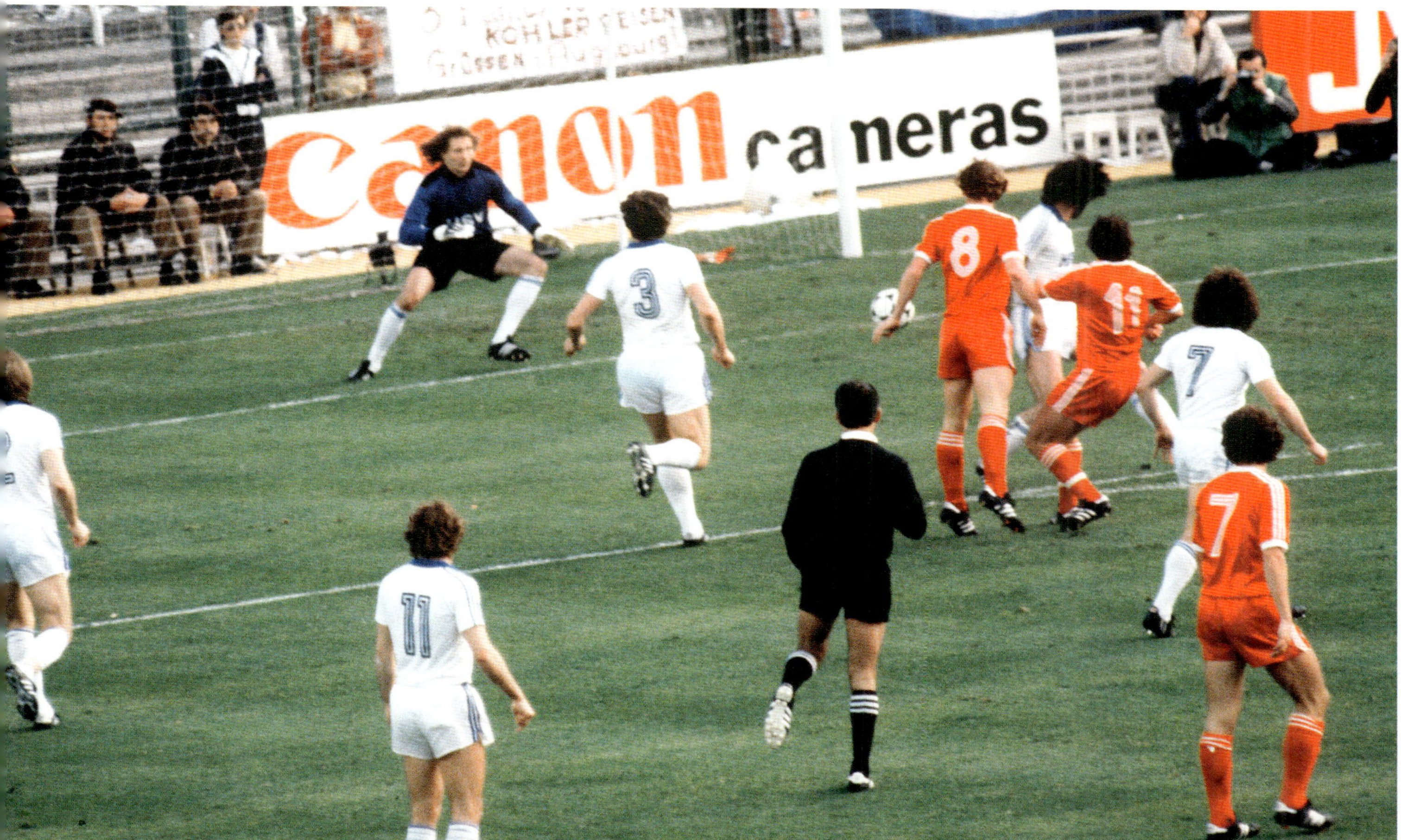

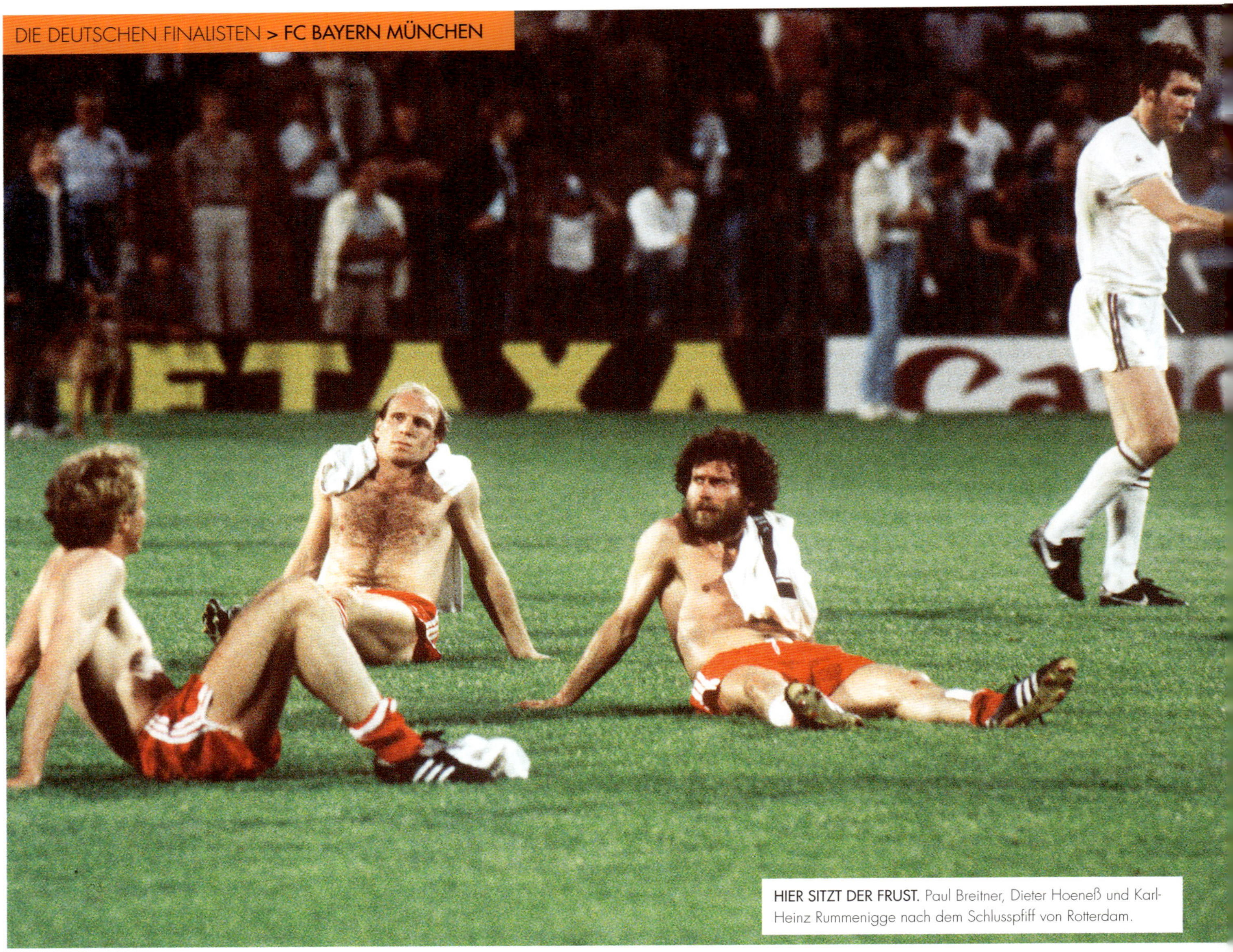

HIER SITZT DER FRUST. Paul Breitner, Dieter Hoeneß und Karl-Heinz Rummenigge nach dem Schlusspfiff von Rotterdam.

BAYERNS ERSTE FINAL-NIEDERLAGE

1982 Alles, aber auch alles sprach für die Bayern. Aber alles kam anders …

Nie zuvor hatten die Bayern ein Finale verloren. 13-mal waren sie angetreten, hatten 13 Titel geholt. Nun hatten sich Karl-Heinz Rummenigge und Paul Breitner vorgenommen, eine neue Bayern-Ära einzuleiten. Sechs Jahre nach dem letzten Titel, den die großen Bayern mit Maier – Müller – Beckenbauer herausgeschossen hatten, wollten sie ihre Bayern-Laufbahn krönen. 1980 und 1981 hatten sie nach langer Durststrecke wieder den Meistertitel nach München geholt und nun – endlich – wieder das europäische Finale erreicht. Der Gegner hieß Aston Villa, hatte nie zuvor im europäischen Meistercup gespielt und galt als krasser Außenseiter. Erstmals wurde das Finale in alle Kontinente übertragen, was den Bayern damals stolze 2,4 Millionen Mark Einnahmen bescherte. Die Rekordkasse war kein Trost für den leeren Platz in der Vereinsvitrine.

Dabei zeigte der FC „Breitnigge", wie die Bayern jener Zeit genannt wurde, eine große Leistung. Alle Zeichen standen auf Sieg, zumal bereits nach zehn Minuten Englands Stammkeeper Jimmy Rimmer verletzt raus musste. Für ihn ging Nigel Spink zwischen die Pfosten, der bis dahin nicht mal ein Spiel in der Premier League auf dem Buckel hatte. Und die Bayern stürmten und stürmten und …

Klaus Augenthaler: „Es ist einfach alles schiefgelaufen, wirklich alles. Wir waren eindeutig die bessere Mannschaft. Wir hatten fünf, sechs 100-prozentige Chancen – ich selber hatte davon zwei, eine klärt der Verteidiger gerade noch so auf der Linie!

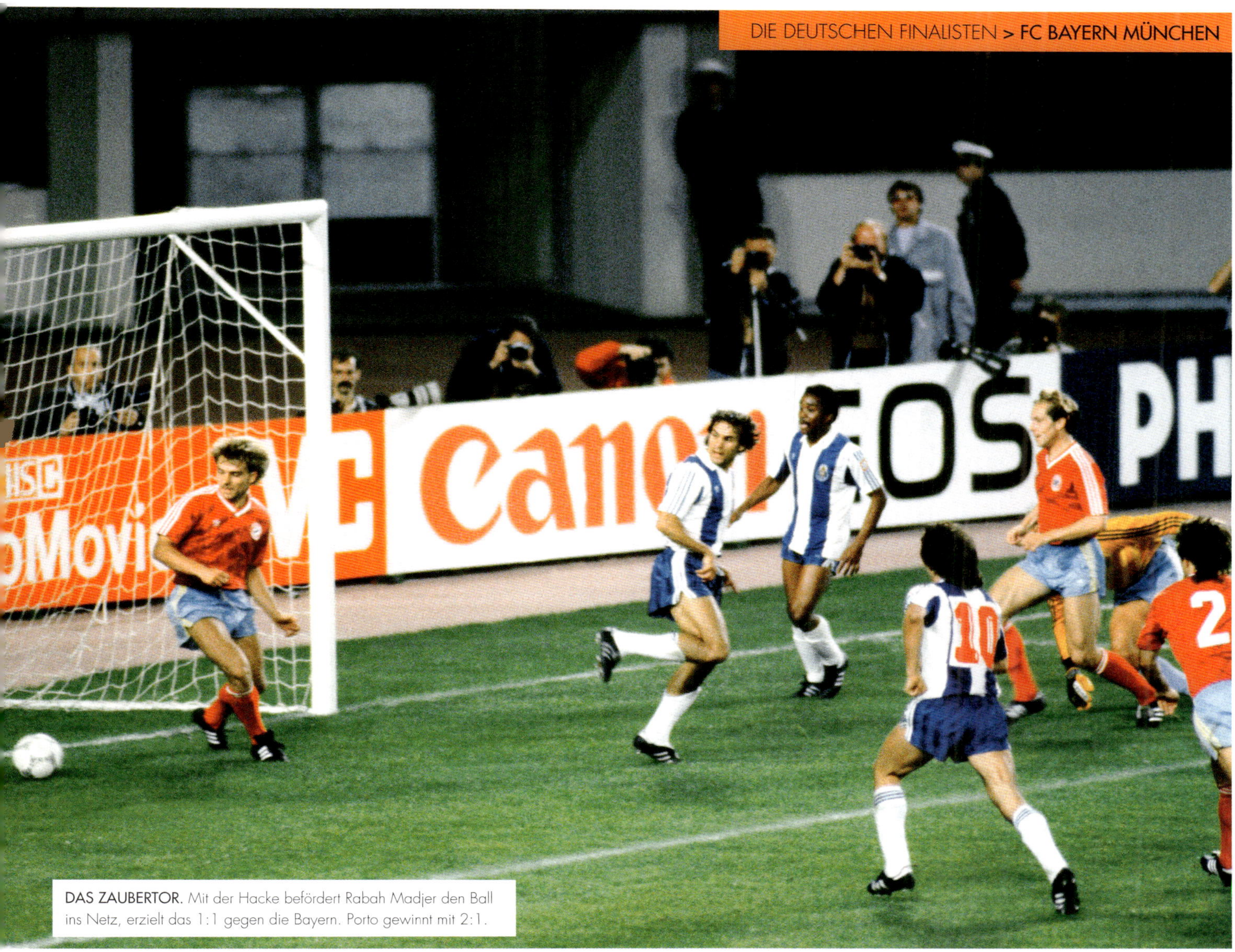

DAS ZAUBERTOR. Mit der Hacke befördert Rabah Madjer den Ball ins Netz, erzielt das 1:1 gegen die Bayern. Porto gewinnt mit 2:1.

Und die sind zwei Mal vors Tor gekommen, einmal hat es gescheppert. Wir sind angerannt, angerannt, angerannt. Da hätten wir zwei Stunden spielen können, nichts wär da reingegangen. So war es auch in diesem verflixten Finale." Es war die Umkehrung des Finals von Paris 1975. Damals dominierte mit Leeds United die englische Mannschaft, aber die Bayern gewannen. Nun triumphierten die Engländer, die ihre einzige große Chance durch Peter Withe (67.) eiskalt nutzten. Als Dieter Hoeneß, mit sieben Treffern der erfolgreichste europäische Torschütze jener Saison, drei Minuten vor Schluss endlich das Tor traf, entschied der französische Schiedsrichter auf Abseits. Hoeneß schwört bis heute, dass es eine Fehlentscheidung war. Half alles nichts: Erstmals gingen die Bayern in einem Finale als Verlierer vom Platz. Und Trainer Pál Csernai grollte: „Diese Saison hätte ein bösartiger Regisseur gegen uns nicht schlimmer gestalten können."

Karl-Heinz Rummenigge, 1980 mit Deutschland Europameister geworden und zu jener Zeit Europas bester Stürmer, musste die erste von vielen bitteren Finalniederlagen hinnehmen. Die nächste sollte bereits Wochen später folgen. 1982 erreichte Deutschland das WM-Finale gegen Italien – und verlor mit 1:3. ■

MADJERS HACKENTOR TRÜBT LATTEKS ABGANG

1987 Udo Lattek war auf dem Höhepunkt seiner Karriere. Zielgerecht steuert er seine Bayern auf den Titel-Hattrick zu. Nach 1972, 1973 und 1974, den zwei Meisterschaften mit Gladbach, steuert

ABSCHIED AUS MÜNCHEN. Für die Bayern-Fans gibt er 1987 sein letztes Hemd und verabschiedet sich mit seinem achten und letzten Meistertitel.

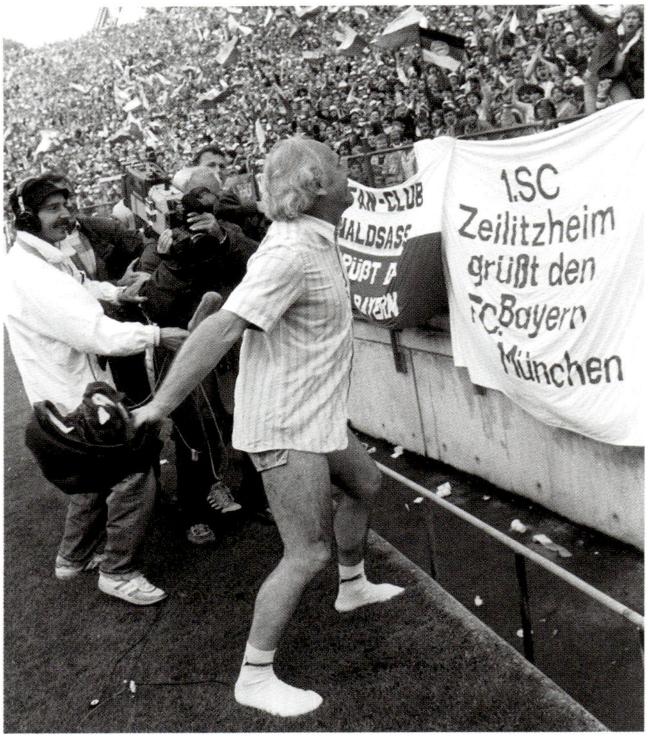

er mit den Bayern auf den Rekordmeistertitel zu. 1985 und 1986 hat er mit Augenthaler, Matthäus und Brehme schon in trockenen Tüchern. Nach dem 3:0 gegen Waldhof Ende Mai beträgt der Vorsprung auf den HSV sechs Punkte. Das Ziel, mit den Bayern die zehnte Meisterschaft zu gewinnen und damit Rekordmeister Nürnberg abzulösen, ist greifbar. Aber da gibt es noch mehr: Nach 1974 hat er die Chance, Bayern erneut auf Europas Thron zu führen. Das Halbfinale wurde dank der Schlacht von Madrid gewonnen. Nun wartete im Finale der FC Porto. Latteks Traum: Rücktritt als Trainer durch das ganz große Tor. Meister und Europacup-Sieger zum Abschluss der großen Karriere. Nachdem die Bayern ihm nur eine Vertragsverlängerung für ein Jahr angeboten hatten, hatte der Mann der großen Inszenierung seinen Wechsel als Sportdirektor zum 1. FC Köln bekannt gegeben.

Die Bayern galten als haushoher Favorit. Matthäus hatte die Rolle des Chefantreibers von Søren Lerby übernommen. Zwar fehlte Kapitän Klaus Augenthaler, weil er in Madrid die Rote Karte gesehen hatte, aber auch so lief alles wie geplant: 1:0 durch Wiggerl Kögl nach 25 Minuten. Ausgerechnet der kleine Flügelmann köpfte das Leder aus 16 Metern ins Netz. „Ich habe danach nie wieder so ein Kopfballtor gemacht", so Kögl. Aber anschließend wurde der Favorit immer passiver, zog sich zurück, überließ dem FC Porto das Feld. „Wir waren so übermütig, weil wir geglaubt haben, Madrid war das schwerste Spiel", erzählte der Belgier Jean-Marie Pfaff. Und Porto, das gibt er ehrlich zu, das habe man gar nicht so richtig einschätzen können. Ein klarer Fall von Übermut, von Selbstüberschätzung, von Überheblichkeit, das der Außenseiter gnadenlos ausnutzt.

Es ist ein Algerier, der an jenem Tag in Wien Geschichte schreibt. Sein Name: Rabah Madjer, später auch mal als Verstärkung beim FC Bayern im Gespräch. Mit der Hacke bezwingt er Jean-Marie Pfaff aus kurzer Entfernung, an Hansi Flick vorbei trudelt der Ball zum 1:1 ins Netz (78.). Nur zwei Minuten später legt Madjer für Juary das Tor zum 2:1 auf. Aus der Traum! Und ein Albtraum für Udo Lattek.

Jean-Marie Pfaff erzählte später: „Es war die schlimmste Niederlage meines Lebens." Keiner bei den Bayern hatte damit gerechnet, das Bankett mit 450 geladenen Gästen war gerichtet. Aber der Übermut und die Kreativität von Madjer verhinderten Latteks triumphalen Abgang.

Meister wurde er trotzdem und tanzte Wochen später nur in Unterhose über die Tartanbahn des Münchner Olympiastadions. Mit acht Titeln ist er bis heute der erfolgreichste Bundesliga-Trainer aller Zeiten. Aber den Europapokal konnte er an jenem Abend nur aus der Ferne betrachten. Der Champions 1987 hieß FC Porto. ■

BAYERNS SEKUNDENTOD GEGEN MANU

1999 Es gibt kaum Worte, die beschreiben können, was an jenem 26. Mai 1999 im Stadion von Barcelona passierte. Einige nennen es „die Mutter aller Niederlagen". Andere den ultimativen Albtraum oder das Tal der Tränen. Bernd Schuster sprach im spanischen Fernsehen vom „Schrecklichsten, was man erleben kann". Bayern hat es in jener Nacht erlebt.

Boris Becker war Augenzeuge, saß als Bayern-Fan auf der Tribüne, um das Finale gegen Manchester United live mitzuerleben. Mit Präsident Franz Beckenbauer und UEFA-Chef Lennart Johansson machte er sich kurz vor Schluss auf den

Weg zur Siegerehrung und erzählte es so: „„Als wir in den Aufzug stiegen, stand es 1:0 für Bayern. In der Aufzugskabine hörten wir Jubel. Wir dachten: Okay, der Abpfiff. Als wir kurze Zeit später durch die Katakomben in Richtung Rasen gingen, sahen wir die ManU-Spieler jubeln, die Bayern lagen am Boden. Ich dachte: Mist, doch der Ausgleich. Kurz darauf blinkte an der Anzeigetafel: 1:2!"

gewechselte Scholl den Pfosten getroffen hatte und alle von einem verdienten Bayern-Sieg gesprochen hätten.

31 Jahre hatte Manchester United, bereits Gruppengegner der Bayern in jener Saison (2:2, 1:1), auf diesen Erfolg warten müssen. Geradezu peinlich berührt stammelte Sir Alex Ferguson ein „Sorry" zu seinem Gegenüber Ottmar Hitzfeld. Während sich ManU das Triple sicherte, verlor

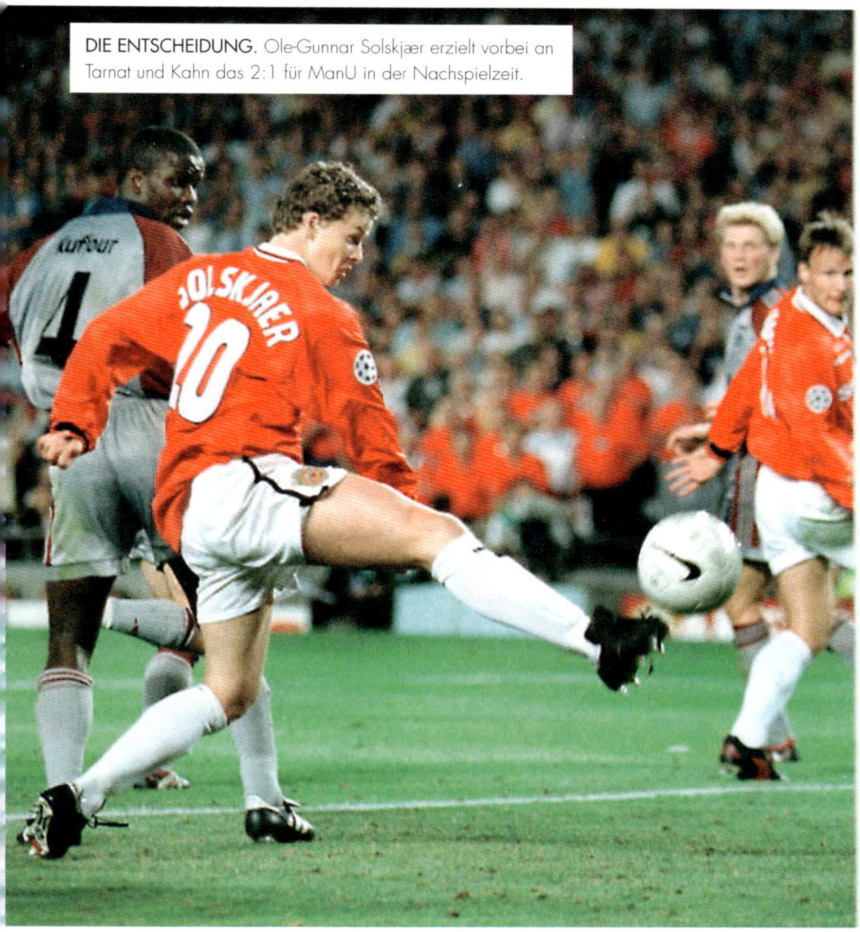

DIE ENTSCHEIDUNG. Ole-Gunnar Solskjær erzielt vorbei an Tarnat und Kahn das 2:1 für ManU in der Nachspielzeit.

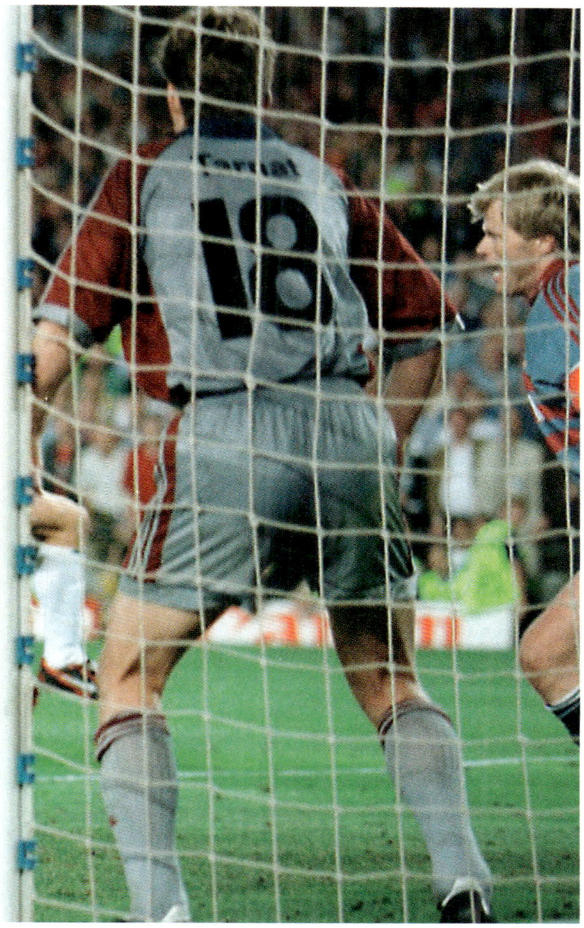

Mario Basler, der bereits nach sechs Minuten per Freistoß das 1:0 für die Bayern erzielt hatte, war in der 89. Minute ausgewechselt worden und hatte sich schon mit einem Cappy ausgestattet, das den Aufdruck „FC Bayern, Champions League-Sieger 1999" zeigte. Aber binnen 102 Sekunden war alles anders. Es lief bereits die Nachspielzeit: Eckball von links, von David Beckham getreten – der eingewechselte Sheringham stochert den Ball zum 1:1 ins Netz (90.+1). Wieder Eckball von links, wieder Beckham – der eingewechselte Solskjær verlängert zum 2:1 (90.+3). Ein sicher geglaubter Triumph war den Bayern entglitten. Und das, obwohl Jancker per Fallrückzieher noch die Latte, der ein-

Bayern anschließend auch noch das Pokalfinale gegen Bremen. Unfassbar tief saß der Frust nach einem Spiel, in dem Bayern 90 Minuten wie der sichere Sieger aussah, aber als Verlierer vom Platz ging.

Diese bitterste aller bitteren Niederlagen hatte Folgen. Stefan Effenberg, der gemeinsam mit Kapitän Oliver Kahn Leader dieser Mannschaft war, erzählt es so: „Ich musste zur Doping-Kontrolle und konnte nicht. Als ich nach zwei Stunden endlich raus durfte, lief David Beckham vor mir her mit dem Pokal in der Hand. Da habe ich mir geschworen: diesen Henkelpott hol ich mir." Zwei Jahre später hielt er wirklich den Pott in der Hand. ■

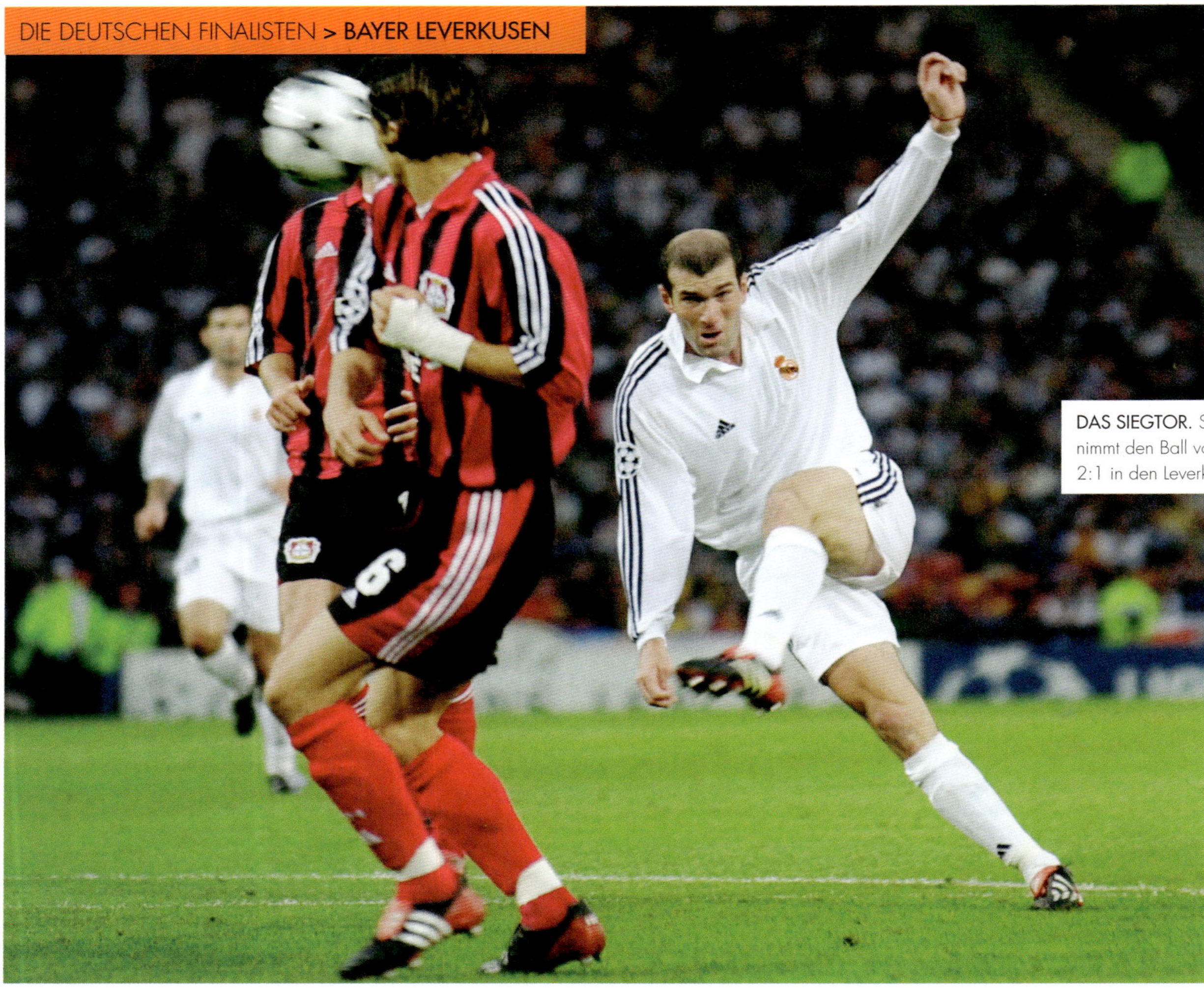

DAS SIEGTOR. Superstar Zinédine Zidane nimmt den Ball volley und hämmert ihn zum 2:1 in den Leverkusener Torwinkel.

BAYER WIRD ZU VIZEKUSEN

2002 In der Schlussphase war es ein Powerplay. Und es war ein Teufelskerl, der da zwischen den Pfosten stand. Iker Casillas, damals gerade 19 Jahre jung, hielt gegen Ballack (82.), gegen Berbatow (85). Es war die Geburtsstunde einer Torhüterlegende. Als in der Nachspielzeit sogar Torwart Jörg Butt nach vorne stürmte, hatte Casillas auch das nötige Glück. Der Kopfball strich Zentimeter am Gehäuse vorbei.

„Das ist der schlimmste Tag meiner Karriere", gab der frustrierte Trainer Klaus Toppmöller zu. „Wir haben eine Riesensaison gespielt, im Finale Real Madrid alles abverlangt und bis zum Schluss toll gefightet. Aber leider Gottes stehen wir am Ende ohne Titel da."

Es ist das Jahr, das Leverkusen zu „Vizekusen" machte. In der Bundesliga reichte es nur zu Platz zwei hinter Dortmund, am 11. Mai gab es die 2:4-Niederlage im Pokalfinale gegen Schalke. Und nun dieses 1:2 gegen Real Madrid. Dreimal Zweiter – es war die schaurig-beste Saison, die Bayer je gespielt hatte, aber am Ende gab es doch nur leere Hände. Die Elf von Klaus Toppmöller scheiterte an der fehlenden Cleverness, kassierte dumme Gegentore. Beim 0:1 schleuderte Roberto Carlos einen Einwurf von der Mittellinie in den Lauf von Raúl, der mit einem Schuss ins lange Eck Torwart Butt auf dem falschen Fuß erwischte. Nach dem 1:1 durch Lucio, der einen Freistoß von Bernd Schneider zum Ausgleich einköpfte, fiel das 1:2 wie aus dem Nichts. Eine Flanke von Roberto Carlos verwandelte der dreimalige Weltfußballer Zinédine Zidane mit einem herrlichen Drehschuss aus 15 Metern direkt in den rechten Torwinkel. Ein Traumtor eines Traumfußballers, der auch in diesem Finale den Unterschied machte. Das Endergebnis stand somit schon zur Pause fest.

Aber Bayerns Finaleinzug war kein Zufall. In der Vorrunde hatten sie Barcelona geschlagen, sich in der 2. Gruppenphase gegen Arsenal und Juventus durchgesetzt, im Viertelfinale Liverpool eliminiert und im Halbfinale Manchester United ausgeschaltet. Alles erste Adressen des europäischen Fußballs. Aber ohne Zé Roberto (Gelbsperre) und

Jens Nowotny (Kreuzbandriss) fehlte im Finale das nötige Glück, um den Titel der europäischen Königsklasse an den Rhein zu holen.

Real sicherte sich den Titel zum dritten Mal in vier Jahren und unterstrich zum zehnjährigen Jubiläum der Champions League seine Ausnahmestellung. ■

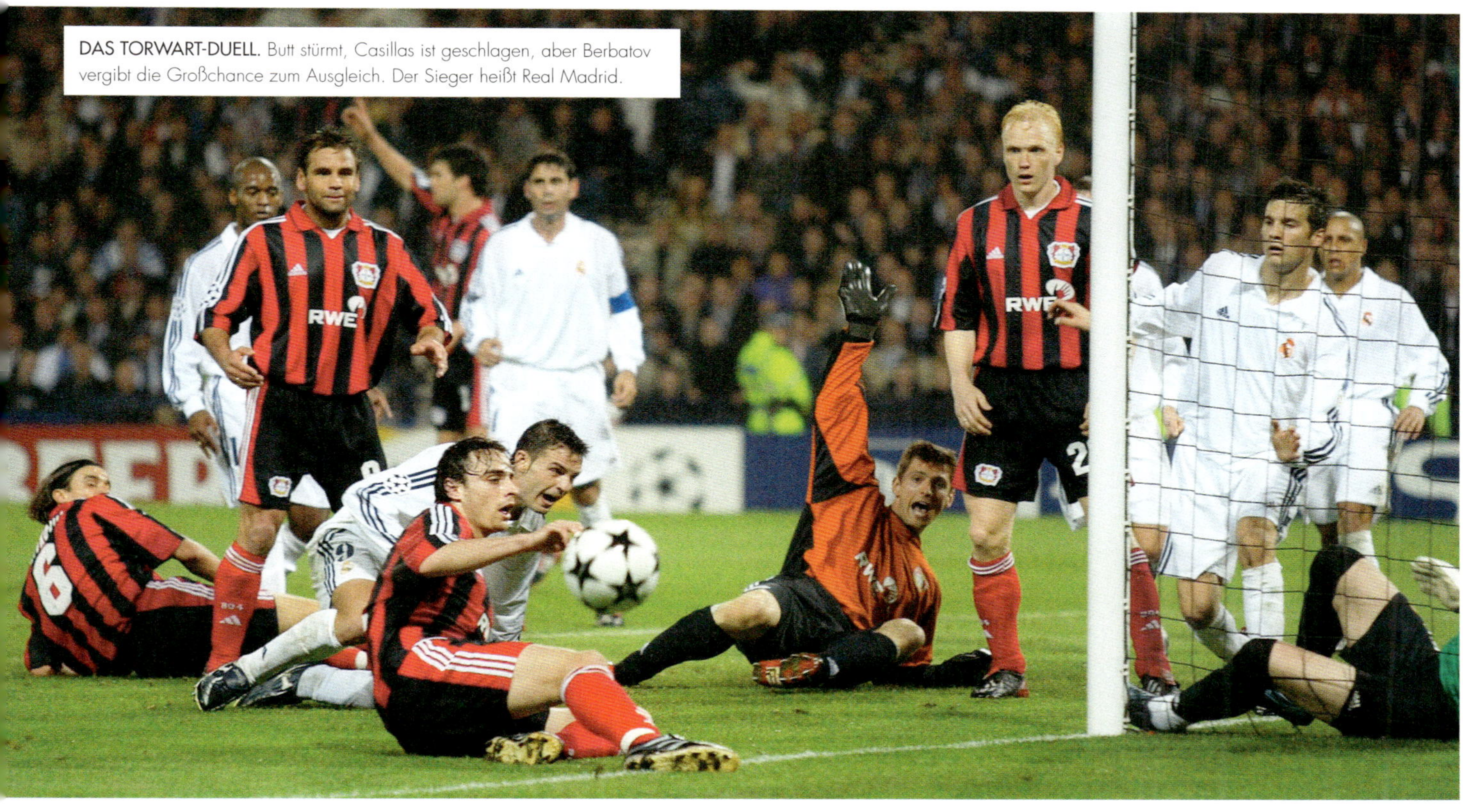

DAS TORWART-DUELL. Butt stürmt, Casillas ist geschlagen, aber Berbatov vergibt die Großchance zum Ausgleich. Der Sieger heißt Real Madrid.

MOURINHO VERMIEST DEN BAYERN DAS TRIPLE

2010 Es war das Duell zwischen Schüler und Meister. Denn als Louis van Gaal 1997 den FC Barcelona übernahm, holte er den Portugiesen José Maurinho in sein Trainerteam. Zunächst als Übersetzer, dann als Co-Trainer.

Das Finale 2010 gewann der Schüler. José Maurinho holte mit einem 2:0-Sieg für Inter Mailand den Champions League-Titel.

Van Gaal und der FC Bayern: Es war eine schwere Geburt. Denn der Niederländer, der mit Ajax Amsterdam 1995 die Champions League gewonnen hatte, brachte die Ajax-Schule nach München. Er machte die Nachwuchsspieler Thomas Müller und Holger Badstuber zu Stammspielern, setzte Bastian Schweinsteiger auf die Sechs und holte kurz vor Transferschluss seinen Landsmann Arjen Robben von Real Madrid nach München. Trotzdem war es ein Stotterstart, vor allem in der Champions League. Bereits in der Gruppenphase drohte das Aus. Das letzte Spiel bei Italiens Meister Juventus Turin musste gewonnen werden, um im Wettbewerb zu bleiben. Souverän mit 4:1 siegten die Bayern und retteten damit auch van Gaal den Job.

Nach diesem Schlüsselsieg starteten die Bayern einen Durchmarsch und durften sogar vom Triple träumen. Bereits vor dem Finale gegen Inter waren Meisterschaft und Pokalsieg eingefahren. Im Pokalfinale hatte Bremen keine Chance und verlor deutlich mit 0:4.

Nun also Madrid, das Endspiel, das Duell Schüler gegen Meister. Es gab keinen Favoriten an jenem 22. Mai 2010. Es wurde zum Duell zweier Spielphilosophien. Hier van Gaal und die Bayern, die auf Ballbesitz und dominanten Fußball setzten. Dort der Abwehrriegel von Maurinho und eiskalter Konterfußball. Hier Ästhetik, dort Kampf. Aber die Bayern scheiterten an der Cleverness der Italiener. Nach dem Führungstor durch Milito (35.), der einen Konter eiskalt

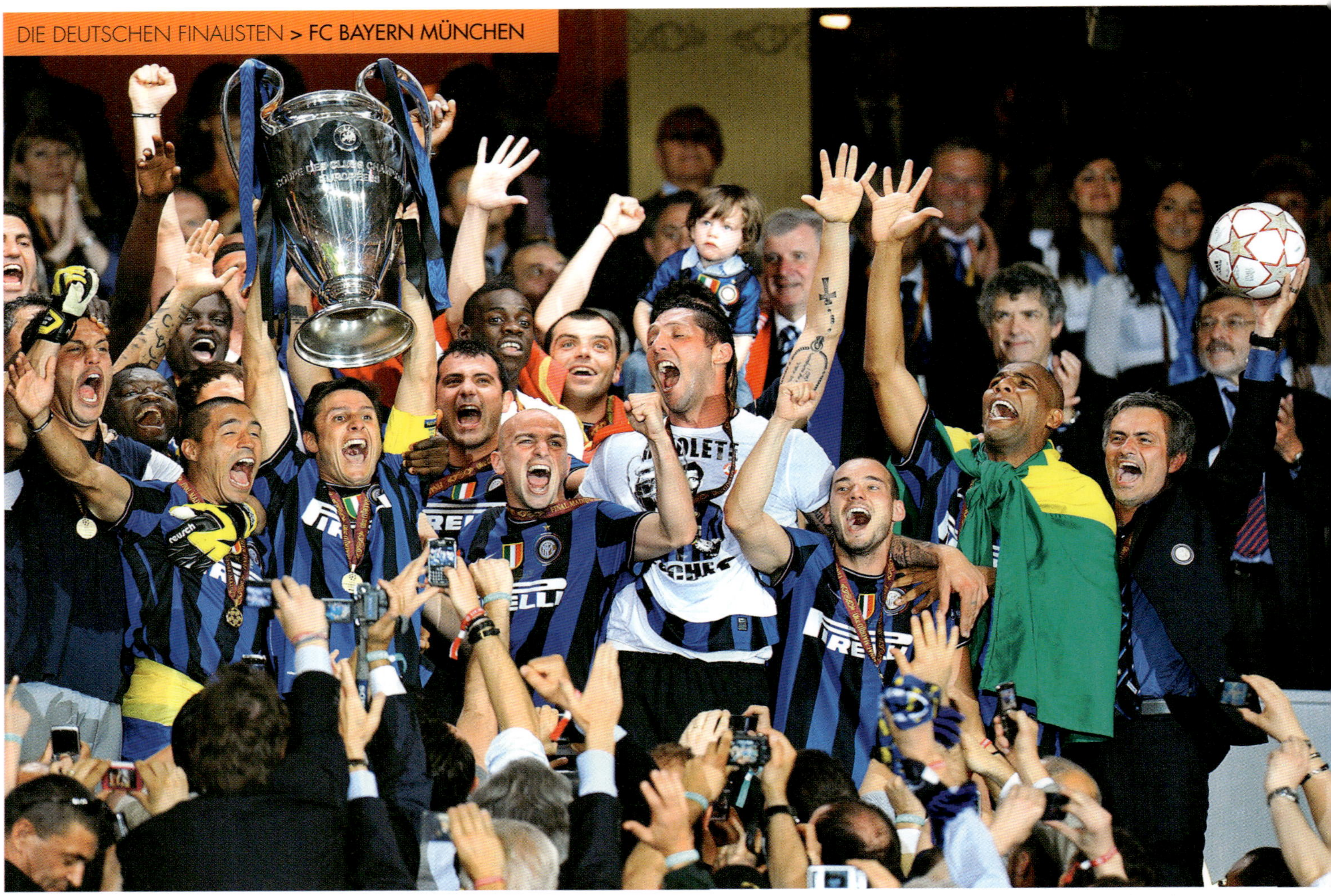

AND THE WINNER IS ... Inter Mailand feiert den Sieg unter Trainer José Maurinho (ganz rechts).

abschloss, waren die Karten so verteilt, wie sie Maurinho haben wollten. Die Bayern stürmten, vergaben durch Müller, Altintop und Robben auch beste Chancen und vermissten die Ideen des rot gesperrten Franck Ribéry. Die Italiener fuhren einen gefährlichen Konter nach dem anderen, sodass der Bayern-Abwehr um van Buyten und Demichelis Hören und Sehen verging. Nach der Pause erhöhten die Bayern den Druck. Klose kam für Altintop, dann noch Gomez für Olić. Aber wieder schlug Inter eiskalt zu. Erneut war es Milito, der van Buyten ausspielte und Butt keine Chance ließ. Nach 70 Minuten war dieses Finale entschieden.

„Wir haben eine überragende Saison gespielt. Es ist natürlich bitter, wenn man das dann nicht krönen kann", sagte Münchens Torhüter Hans-Jörg Butt traurig. Und selbst van Gaal musste eingestehen: „Inter hat verdient gewonnen. Milito hat den Unterschied gemacht. Wir waren nicht gut genug, um ein attraktives Spiel zu spielen."

So durfte sich José Maurinho über das Triple freuen. Er gewann in dieser Saison mit Inter Meisterschaft, Pokal und Champions League. Den Bayern blieb nur der Double-Trost. ■

DAS DRAMA IM „FINALE DAHOAM"

2012 Sie hatten einen Traum. Als die UEFA das Finale 2012 in die Münchner Allianz Arena verlegte, wollten sie als erster Verein den Titel im eigenen Stadion holen. Eine ganze Saison lang wurde dem „Finale dahaom" entgegengefiebert. Nach dem hart umkämpften Halbfinal-Krimi gegen Real Madrid, das Bayern im Elfmeterschießen gewann, war der Traum zum Greifen nahe. Aber das „Finale dahoam" wurde zum „Drama dahoam".

Selten war ein Finale so einseitig. Selten war eine Mannschaft so viel besser. Aber die Bayern vergaben gleich mehrere Matchbälle.

Matchball Nummer eins: Nach Robbens Pfostenschuss,

nach einem Abseitstor von Ribéry war es Thomas Müller, der endlich, endlich das erlösende 1:0 einköpfte. Es lief die 83. Minute und der Titel schien so greifbar nahe. 16:0 Ecken hatten die Bayern bis zur 88. Minute herausgeholt, aber mit dem ersten Eckball gelang Chelsea der Ausgleich. Didier Drogba köpfte das 1:1 und brachte sein Team in die Verlängerung.

Matchball Nummer 2: In der 95. Minute wird Franck Ribéry von Drogba von den Beinen geholt – Elfmeter! Arjen Robben läuft an, aber Petr Čech hält. Ausgerechnet Robben, der zuvor schon gegen Dortmund einen wichtigen Elfmeter verschossen hatte, versagen die Nerven. Er hat die Vorentscheidung auf dem Fuß, aber so geht es ins Elfmeterschießen.

Matchball Nummer 3: Gleich den ersten Elfmeter von Mata kann Manuel Neuer abwerten. Bayern liegt auch im Elfmeterschießen vorne, Lahm und Gomez haben das 2:0 herausgeholt.

Aber es kommt anders. Erst verschießt Olić – Gleichstand. Dann läuft Schweinsteiger an, der das Elfmeterschießen in Madrid souverän zu Bayern-Gunsten entschieden hatte. Aber Čech lenkt den Ball mit den Fingerspitzen an den Pfosten. Drogba verwandelt den letzten Elfmeter für Chelsea, die Engländer gewinnen mit 4:3.

„Wir waren 120 Minuten besser", versuchte Kapitän Philipp Lahm das Spiel zu analysieren, „dieses Ende ist sehr ungerecht." Während bei Schweinsteiger die Tränen der Enttäuschung kullerten, hockte Robben auf dem Rasen und musste mit ansehen, wie Chelsea-Kapitän Frank Lampard die Trophäe in den Münchner Abendhimmel reckte.

„Insgesamt ist das ein Albtraum, ein schlechter Film", sagte Sportdirektor Christian Nerlinger: „Nach dem 1:0 war das Spiel im Prinzip entschieden, und auch nach dem Ausgleichstor hatten wir mehrere Matchbälle."

Ausgerechnet Schweinsteiger passierte der entscheidende Fauxpas. Dieses „Finale dahoam" sollte auch für ihn das triumphale Ende einer chaotischen Saison werden. Zweimal war der 27-Jährige in dieser Spielzeit verletzt ausgefallen, hatte nie aufgegeben, sich für den Endspurt zurück in die Mannschaft gekämpft. Aber auch er konnte nicht verhindern, dass Bayern im ersten Heynckes-Jahr das Vize-Triple schafften: Zweiter in der Meisterschaft, im Pokal, in der Champions League. Selbst Chelsea-Trainer Roberto Di Matteo musste zugeben: „Fußball ist manchmal verrückt." Denn die Münchner hatten eine große Schlacht geschlagen, sie haben für den deutschen Fußball geworben, aber das „Finale dahoam" verloren. Manchmal hat der Fußball keine Logik. ■

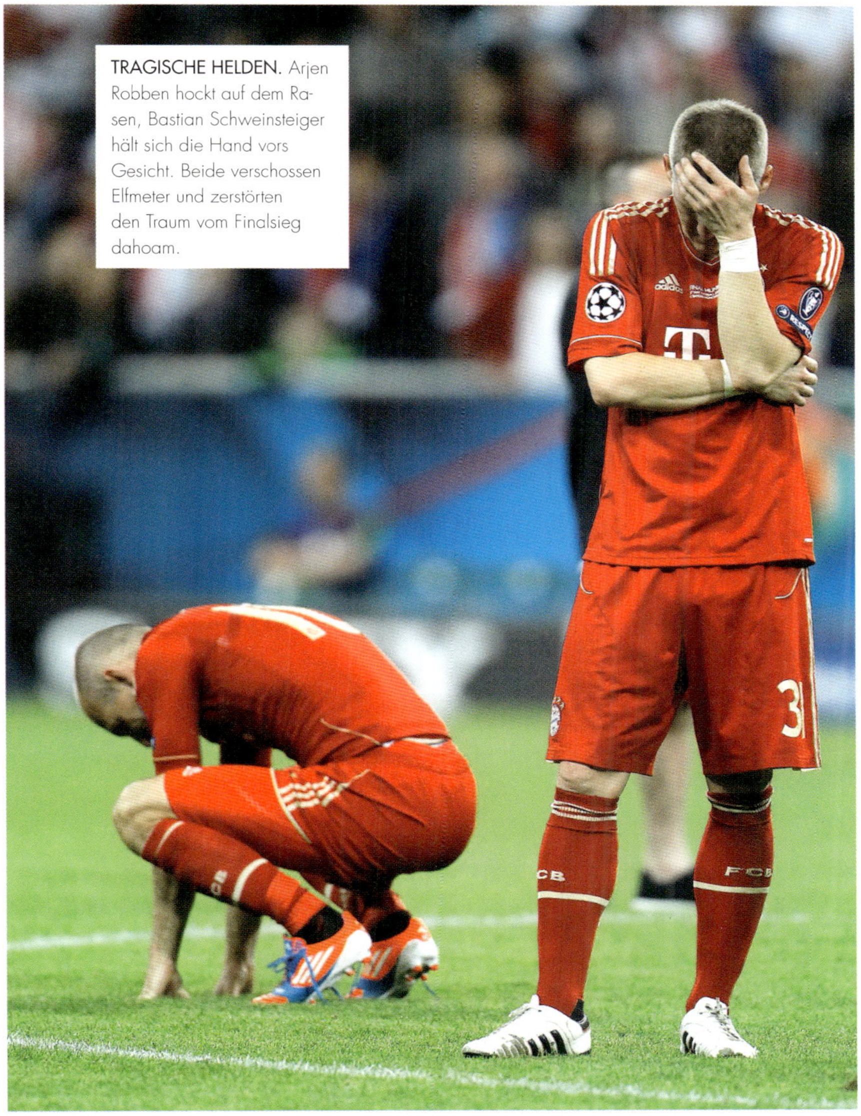

TRAGISCHE HELDEN. Arjen Robben hockt auf dem Rasen, Bastian Schweinsteiger hält sich die Hand vors Gesicht. Beide verschossen Elfmeter und zerstörten den Traum vom Finalsieg dahoam.

DIE **GROSSEN**

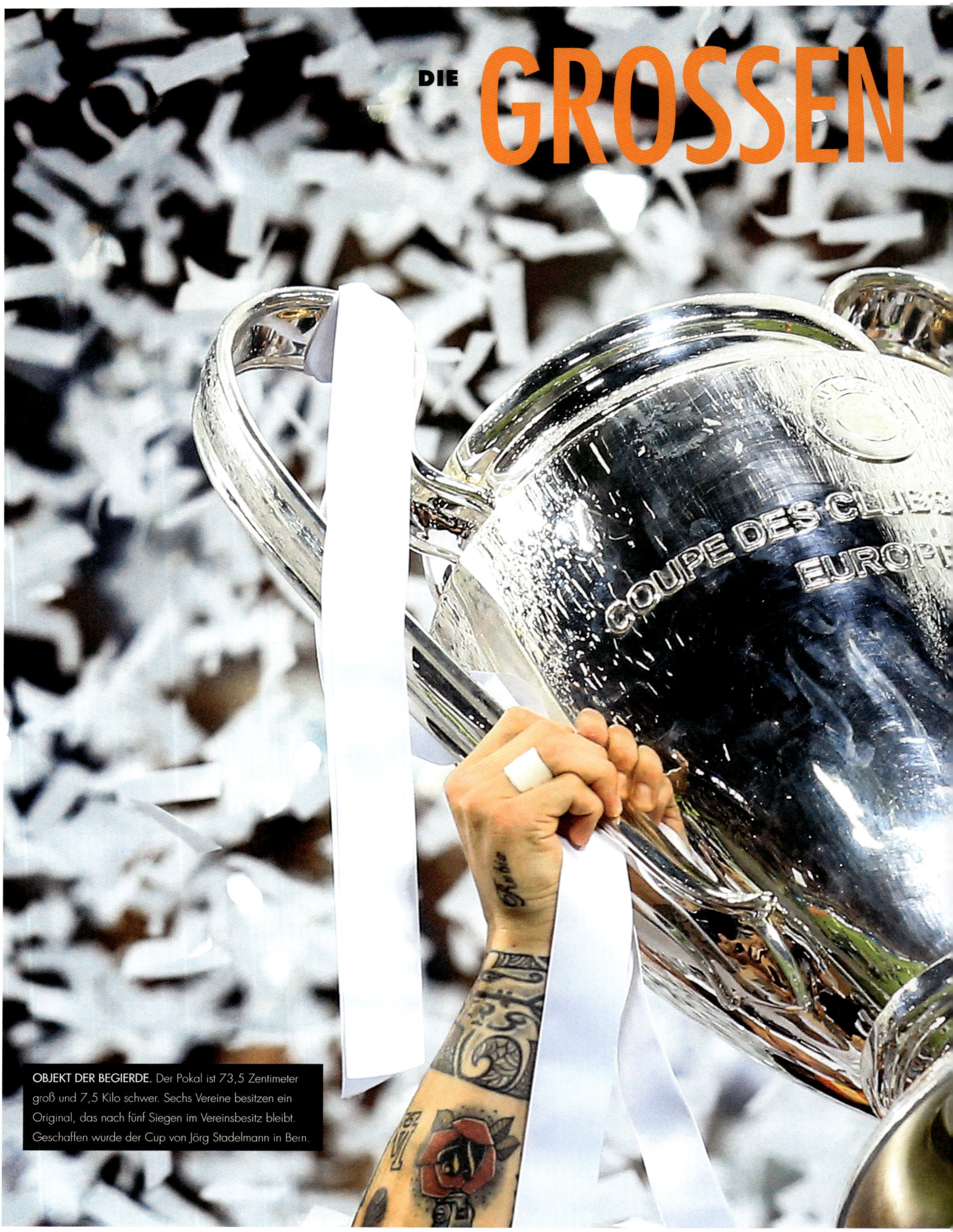

OBJEKT DER BEGIERDE. Der Pokal ist 73,5 Zentimeter groß und 7,5 Kilo schwer. Sechs Vereine besitzen ein Original, das nach fünf Siegen im Vereinsbesitz bleibt. Geschaffen wurde der Cup von Jörg Stadelmann in Bern.

MANNSCHAFTEN

WER SIND EUROPAS BESTE MANNSCHAFTEN?
HIER STELLEN WIR DIE TOP TEN VOR.

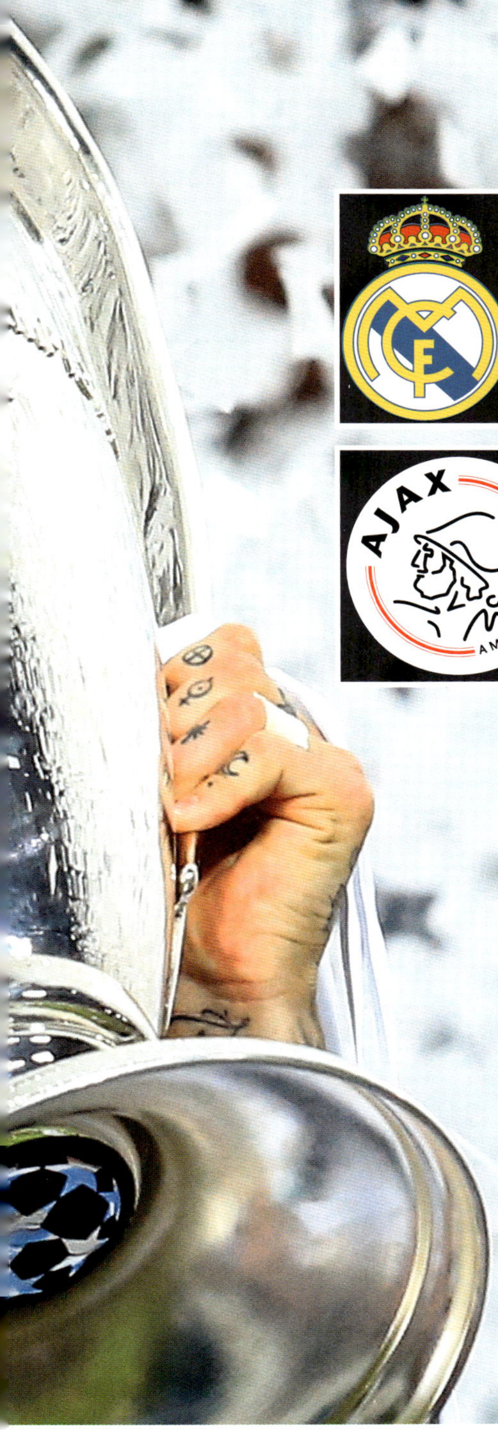

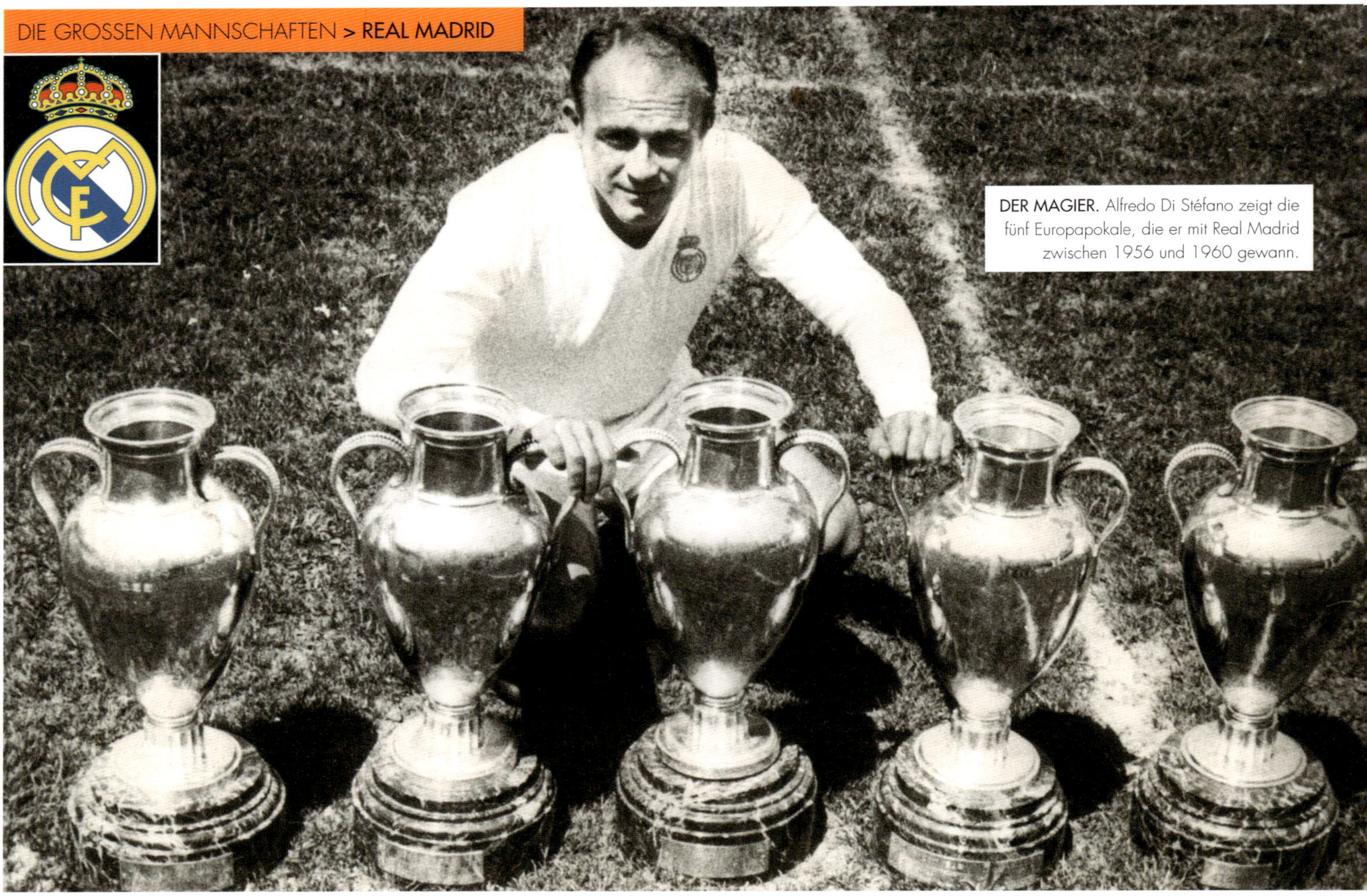

DER MAGIER. Alfredo Di Stéfano zeigt die fünf Europapokale, die er mit Real Madrid zwischen 1956 und 1960 gewann.

DER MAGISCHE ZAUBER DES WEISSEN BALLETTS

Real Madrid – das ist etwas ganz Besonderes im europäischen Fußball. Sie tragen das Real („König") schon in ihrem Titel und nennen sich „Die Königlichen". Sie imponieren durch ihren edlen Markenauftritt in schlichtem Weiß. Und sie sind der erfolgreichste Klub Europas. Keiner gewann so oft die Champions League wie Real Madrid, mit Trainer Zinédine Zidane holten sie sich im Jahr 2016 ihren elften Titel.

Den Grundstein für diese Aura, die bis heute anhält, legte ein einziger Mann: Santiago Benabéu. Der Rechtsanwalt, der selbst für Real gespielt hatte und dabei 69 Tore in 79 Spielen erzielte, prägte die Vereinsphilosophie. Als er 1943, mitten in den Kriegswirren, zum Präsidenten gewählt wurde, versprach er: „Ich baue das größte Stadion. Dadurch haben wir das meiste Geld, können die besten Spieler verpflichten und werden zum größten Verein der Welt."

Die Gleichung klingt einfach. Im Vorzeitalter von TV-Erlösen, Merchandising und Lizenzrechten sorgten ausschließlich die Zuschauereinnahmen für das nötige Vereinskapital. Bernabéu machte sich an die Arbeit, sammelte Spenden und hatte bereits 1944 so viele Anhänger überzeugt, dass mit dem Stadionbau begonnen werden konnte. Eines der vielen Real-Rätsel ist, woher der notwendige Zement kam, der in jener Nachkriegszeit äußerst knapp war. Am 14. Dezember 1947 wurde das Nuevo Estadio Chamartin mit seinen 75 000 Plätzen offiziell eröffnet, 1953 auf eine Kapazität von 125 000 Plätze erweitert.

Die Einnahmen investierte der gewiefte Anwalt in die gewagte Transferpolitik. Sein größter Coup war die Verpflichtung des Argentiniers Alfredo Di Stéfano.

Der Mittelstürmer stand zu jener Zeit bei SC Los Millonarios in Bogota unter Vertrag und beeindruckte 1952 bei einem

Freundschaftsspiel anlässlich des 50. Geburtstags von Real. Aber auch der FC Barcelona wollte Di Stéfano, zahlte an seinen Stammverein River Plate eine Transferentschädigung, sodass der spanische Verband entscheiden musste, für wen Di Stéfano spielen durfte. Das salomonische Urteil, nachdem Bernabéu alle Parteien mit insgesamt rund 298.000 Euro entschädigt hatte: erst zwei Jahre Real, danach zwei Jahre Barça. Als Di Stéfano dort ein lustloses Probetraining absolvierte, verzichtete Barcelona. Auch dieser Transfer-Hickhack unterfütterte die Dauerrivalität zwischen den beiden spanischen Großklubs, die bis heute anhält.

Di Stéfano erwies sich als Glücksgriff für Real. In seiner Person ist auch der Mythos begründet, den Real bis heute umgibt. Er war nicht nur Mittelstürmer, sondern Spielmacher und Torjäger in einer Person. Er prägte den neuen Stil durch seine Schnelligkeit, seine Spielkultur und sein Kurzpassspiel. Selbst, als Bernabéu Jahr für Jahr neue Stars holte. 1954 kamen auf Empfehlung von Di Stéfano der argentinische Stürmer Hector Rial sowie der spätere Kapitän Francisco Gento. 1956 folgte der Franzose Raymond Kopa, 1958 der Ungar Ferenc Puskás, der mit Di Stéfano zu einem kongenialen Duo zusammenwuchs.

Mit Di Stéfano kamen die Erfolge. Gleich in seiner ersten Saison führte er Real Madrid zum ersten Meistertitel seit 21 Jahren, wurde zudem mit 27 Treffern Torschützenkönig. Sieben Meistertitel folgten, viermal in Serie wurde er Torschützenkönig. Aber noch bedeutender waren die Auftritte im neu gegründeten Europapokal der Landesmeister. Real begeisterte mit ihrer spielerischen Dominanz ganz Fußball-Europa und wurde aufgrund der traditionell weißen Trikots und der technisch hochstehenden Spielweise, mit der die Stars regelrecht durch die gegnerischen Abwehrreihen tanzten, als das „Weiße Ballett" berühmt. Fünfmal in Serie wurde der höchste aller europäischer Titel gewonnen. Höhepunkt war das Finale 1960 gegen die Frankfurter Eintracht, als Alfredo Di Stéfano drei und Ferenc Puskás vier Tore zum spektakulären 7:3-Erfolg beisteuerten.

Ausgerechnet der Erzrivale aus Barcelona beendete die Siegesserie. In der 1. Runde 1960/61 trafen Barcelona als Meister und Real als Titelverteidiger aufeinander, Barça setzte sich mit einem 2:2 und 2:1 durch. Der Nymbus der Unbesiegbarkeit war damit gebrochen, der Mythos vom Weißen Ballett aber lebt bis heute.

Auch die Philosophie von Präsident Bernabéu, der im Juni 1978 verstarb, lebt weiter. Denn noch immer ist das Beste für Real gerade gut genug. Stars wie Breitner, Netzer, Stielike, Bonhof, Zidane, Figo, Beckham und viele andere folgten. Als der Portugiese Cristiano Ronaldo 2009 von Manchester United verpflichtet wurde, sprengte Real alle Dimensionen und legte 100 Millionen Euro an Ablösesumme auf den Tisch. Der Transfer des Walisers Gerath Bale bewegte sich in ähnlichen Dimensionen. Auch die Spielphilosophie ist – trotz zahlreicher Präsidentenwechsel, immer wieder neuen Trainern und Sportdirektoren – wie damals. Real pflegt bis heute schönen, offensiven, attraktiven Fußball. Auch wenn die „Königlichen" 32 Jahre warten mussten, ehe unter Trainer Jupp Heynckes 1997/98 der nächste Titel eingefahren wurde, blieben sie ihrer Linie treu. Die jüngsten Erfolge sprechen erneut für sich. 2000, 2002, 2014 und 2016 gewann Real die Champions League, zuletzt unter Trainer Zinédine Zidane und dem Rostocker Toni Kroos als Mittelfeldmotor.

Real ist das Maß aller Dinge in Europa und ein Legende. ■

DEUTSCHES DUO. Paul Breitner und Günter Netzer spielten zusammen für Real Madrid.

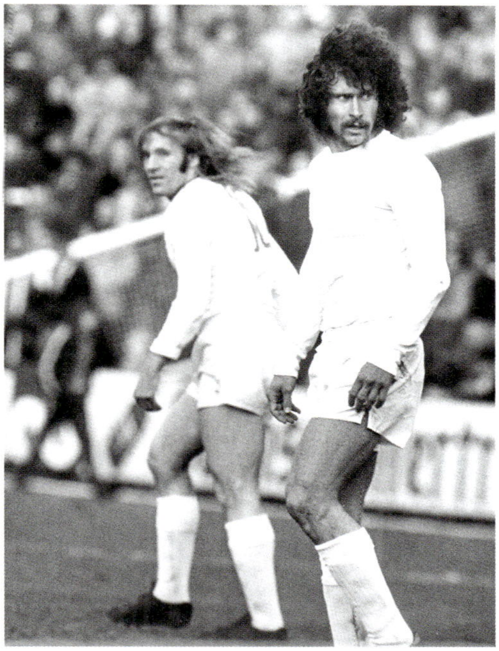

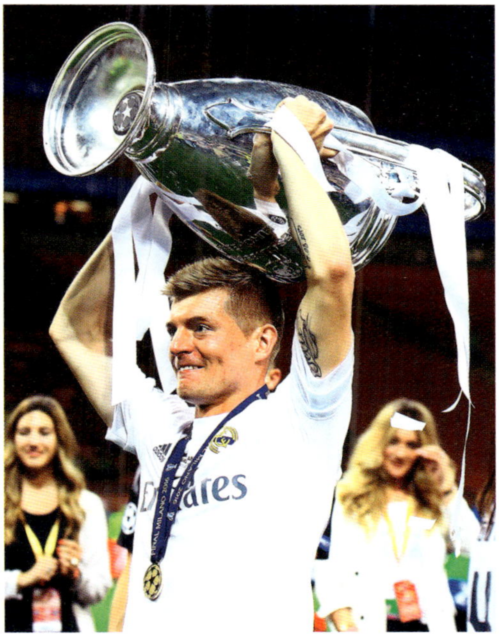

KÖNIGLICHER JUBEL. Toni Kroos gewinnt mit Real die Champions League 2016.

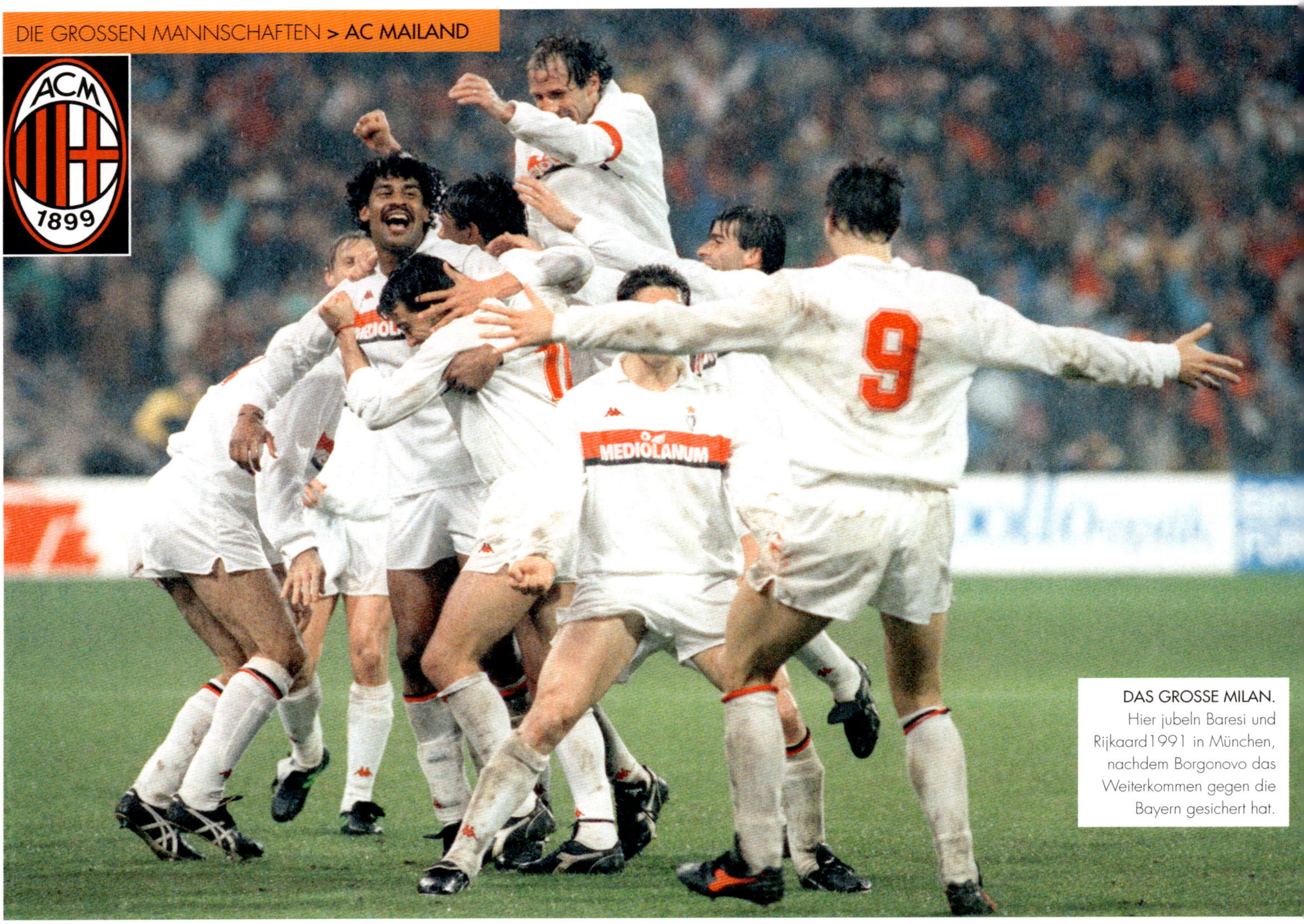

DAS GROSSE MILAN. Hier jubeln Baresi und Rijkaard 1991 in München, nachdem Borgonovo das Weiterkommen gegen die Bayern gesichert hat.

MIT SACCHI WURDE MILAN ZU „GLI IMMORTALI"

Die WM 1990 in Italien hatte eine beachtliche Sogwelle. Zu der Zeit spielten die besten Fußballer der Welt in der Serie A. Ob Maradona in Neapel, Völler in Rom oder Matthäus bei Inter. Aber ein Verein dominierte Europa: der AC Mailand mit den Holländern Gullit, van Basten und Rijkaard.

Die „Rossoneri" (Rot-Schwarzen) wurden zu „gli immortali", den Unsterblichen. 1989 gewannen sie den Cup der Landesmeister, den europäischen Supercup, den Weltpokal – und wiederholten den Dreifach-Triumph nur eine Saison später. Verantwortlich dafür war mit Arrigo Sacchi ein Trainer, den Präsident Silvio Berlusconi, der 1986 mit seiner fininvest die Aktienmehrheit übernommen hatte, beim unterklassigen Rimini entdeckte. Sacchi hatte es in der Saison 1986/87 mit seinem Rimini Calcio gewagt, den großen AC Milan aus dem Pokal zu werfen – und schickte sich nur eine Saison später an, seinen Offensivfußball auf den AC Mailand zu übertragen. Neben den Niederländern bildeten Libero Franco Baresi und Abwehr-As Paulo Maldini das Gerippe jener Mannschaft, die Europa beherrschte. Zwar übernahm Sacchi 1991 die italienische Nationalmannschaft, aber die Milan-Ära wurde von Fabio Capello fortgeführt und dauerte bis 1995. Da erreichten sie zum dritten Mal in Folge das Finale. Aber die nunmehr in die Jahre gekommenen Stars unterlagen Ajax Amsterdam mit 0:1, wobei der erst

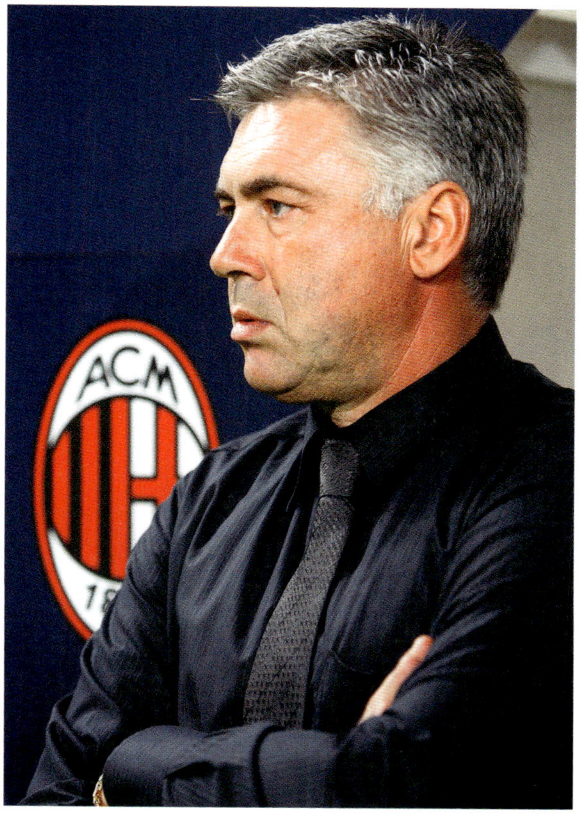

DIENSTÄLTESTER MILAN-TRAINER. Carlo Ancelotti war von 2001 bis 2009 sieben Jahre und 236 Tage im Amt.

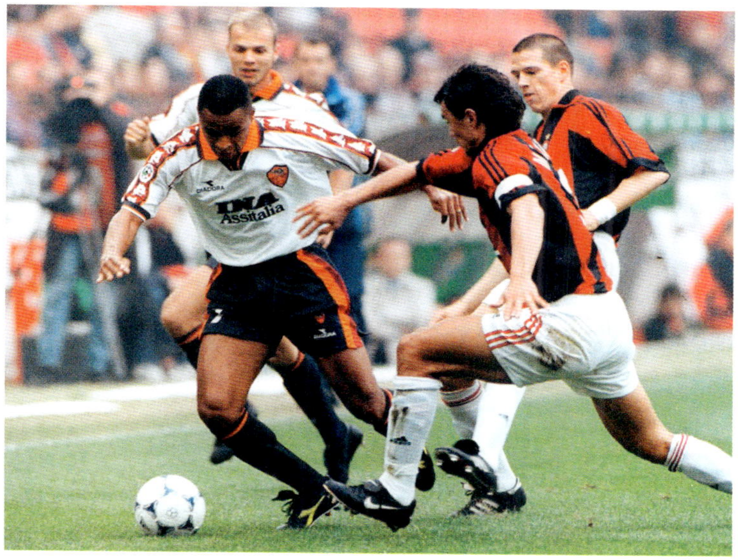

MILANS REKORDSPIELER. Paolo Maldini, hier mit Ziege gegen Roms Paulo Sergio, bestritt in 24 Jahren 902 Spiele für den AC Mailand.

18-jährige Patrick Kluivert das Siegtor erzielte. Mit dieser Niederlage ging in der europäischen Königsklasse eine 7-jährige Ära zu Ende. Die Dominanz des AC Mailand ist mit jener von Real Madrid in den 50er Jahren zu vergleichen. Die Italiener erreichten in dieser Zeit fünfmal das Finale und setzten sich dreimal Europas Fußballkrone auf. Milan ist kein „normaler" Verein. Sie wurden 18-mal italienischer Meister, fünfmal Pokalsieger, gewannen siebenmal die Champions League, holten fünfmal den UEFA-Supercup, viermal den Weltpokal und wurden zweimal Europokalsieger der Pokalsieger. Allein diese Zahlen belegen, dass Miland zur Hautevolee des europäischen Fußballs zählt. Aber Milan schwebte – ähnlich wie Schalke 04 – schon immer zwischen Traum und Trauma. Bereits in den 50er Jahren machte Milan durch Ge-No-Li Schlagzeilen, durch die Schweden Gunnar Gren, Gunnar Nordahl und Niels Liedholm und bestieg in den 60ern zweimal den Europa-Fußball-Thron: 1963 und 1969.

Aber Milan war auch immer skandalträchtig. Wegen Wettmanipulationen wurde Milan gemeinsam mit Lazio Rom 1980 in die Serie B verbannt. 1991 folgte eine Sperre für alle internationalen Wettbewerbe, als der Titelverteidiger im Viertelfinale gegen den französischen Meister Olympique Marseille einfach das Spielfeld verließ. 0:0 endete das Hinspiel in Mailand. Als beim Stand von 1:0 für die Franzosen kurz vor Schluss das Flutlicht ausfiel, gingen die Italiener in die Kabine und sorgten für einen Spielabbruch. Für dieses eigenmächtige Handeln verhängte die UEFA eine Ein-Jahres-Sperre.

2006 der nächste Skandal. Es ging um Spielmanipulationen und „maffiaähnliche Strukturen". Betroffen waren vor allem Milan und Juventus Turin. Zu der Zeit hieß der Trainer Carlo Ancelotti, der von 2001 bis 2009 bei Milan unter Vertrag stand und somit zum dienstältesten Trainer der Mailänder aufstieg. Erst wurde mit Milan mit einem Abzug von 44 Punkten bestraft, was in der Berufung auf 30 Punkte reduziert wurde. Das reichte noch zu Platz drei und zur Qualifikation für die Champions League. Und mit Ancelotti kamen auch die Erfolge zurück. Er holte Torjäger Filippo Inzaghi, den ukrainischen Weltklassestürmer Andriy Shevchenko, mit Rui Costa, Andrea Pirlo und Clarence Seedorf kreative Mittelfeldspieler und mit Alessandro Nesta einen Abwehrgarant. Bereits 2003 hatte diese Mannschaft die Champions League im Finale gegen Juventus Turin zum sechsten Mal gewonnen und feierte nach dem Punktabzug 2007 den siebten Titel. Anders als im Finale 2005, das Milan nach 3:0-Führung im Elfmeterschießen gegen den FC Liverpool verlor, wurden die „Reds" diesmal durch zwei Tore von Inzaghi 2:1-Sieger.

Auch Umwege führen manchmal zum Ziel. ■

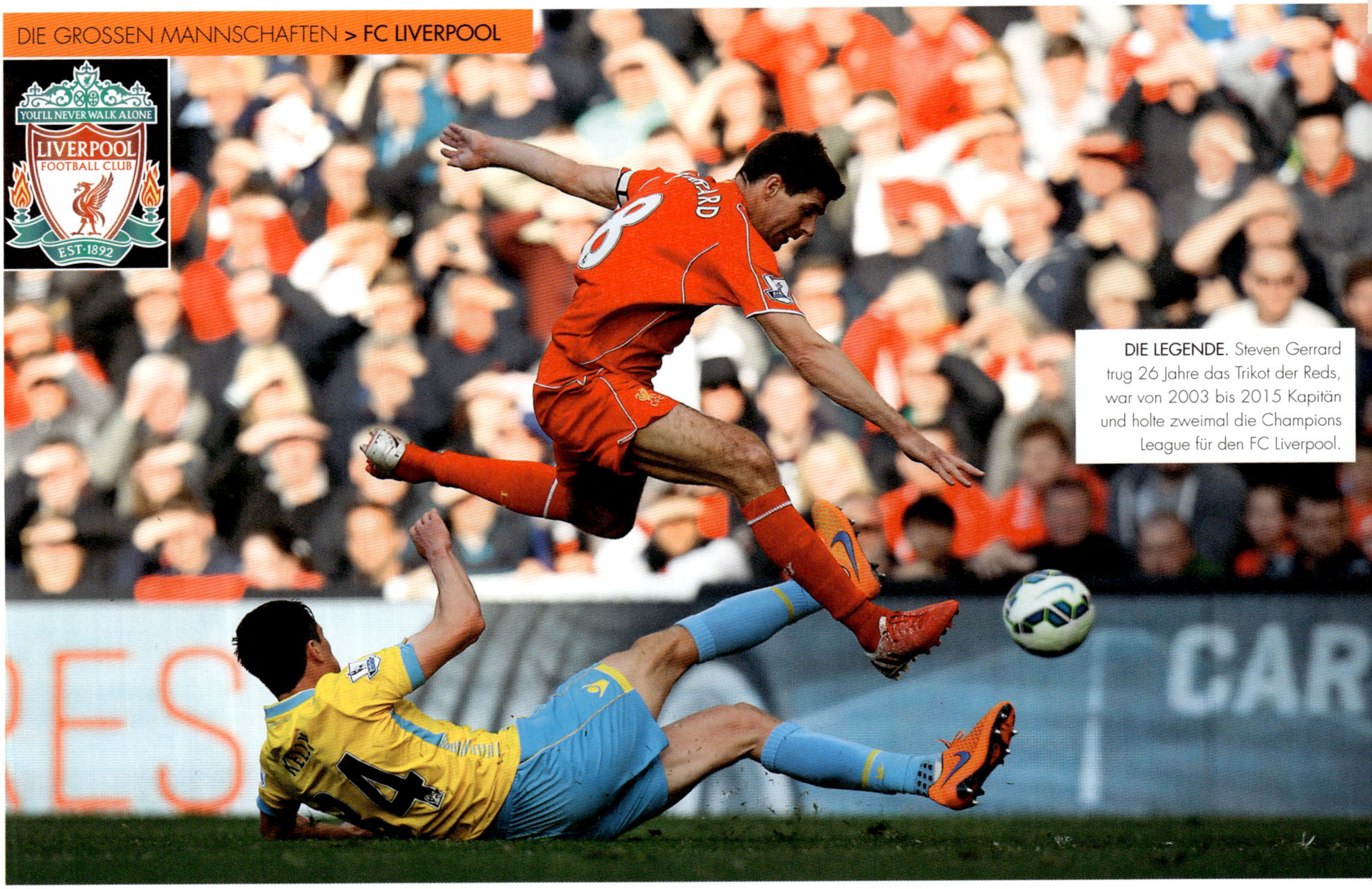

DIE LEGENDE. Steven Gerrard trug 26 Jahre das Trikot der Reds, war von 2003 bis 2015 Kapitän und holte zweimal die Champions League für den FC Liverpool.

DIE REDS VON DER ANFIELD ROAD

„Einige Leute halten Fußball für einen Kampf um Leben und Tod. Ich mag diese Einstellung nicht. Ich versichere Ihnen, dass es viel ernster ist!"

Die Sätze stammen von Bill Shankly. Der Manager zwischen 1959 und 1974 formte den FC Liverpool zu einer Marke, die mehr als andere Vereine von den Fans geprägt wurde. Im Vordergrund seiner Philosophie stand das Kollektiv, mit den Werten Disziplin, Kampfgeist und Identifikation mit dem Verein. Werte, für die der FC Liverpool bis heute steht.

Fünfmal gewannen die Reds, die Roten, die Champions League, allein viermal zwischen 1977 und 1984. Bob Paisley hatte das Werk und die Philosophie von Shankly übernommen und den Klub von der legendären Anfield Road zu internationalen Höhenflügen geführt. Und wer weiß, wie lange die Ära angedauert hätte, wenn da nicht der 29. Mai 1985 gewesen wäre, die Katastrophe von Heysel.

Liverpool-Anhänger verursachten eine Massenpanik, durch die 39 Juventus-Fans zu Tode kamen – der Verein wurde daraufhin für sieben Jahre für alle internationalen Spiele gesperrt und der sportliche Höhenflug jäh gestoppt. Eine weitere Katastrophe schockte 1989 ganz England. Da starben 96 Liverpool-Fans bei der Hillsborough-Katastrophe in Sheffield. Zwei Tragödien, die zum Mythos Liverpool dazugehören und der Hymne „You never walk alone" noch eine andere Dimension gaben. Noch heute kümmert sich eine Organisation um die Hinterbliebenen, eine Gedenktafel am Stadion erinnert an die Verstorbenen, Fackeln und Hymne wurden in das Vereinswappen mit aufgenommen.

Auch das macht den FC Liverpool zu einem besonderen Verein.

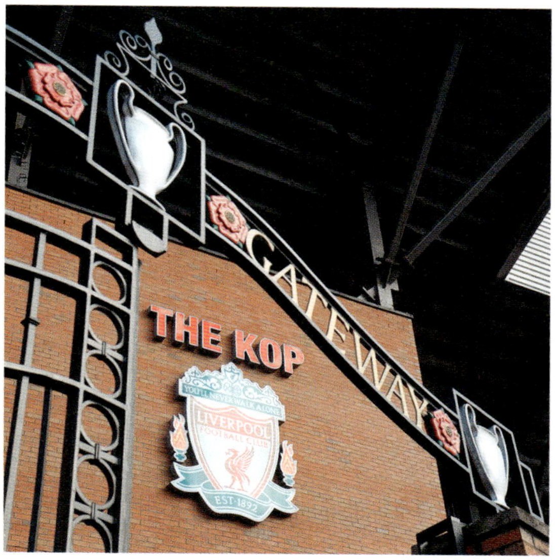

DIE HEIMAT. Berühmt ist die Tribüne „The Kop" im Stadion an der berühmten Anfield Road. Hier sind die Liverpool-Fans zu Hause.

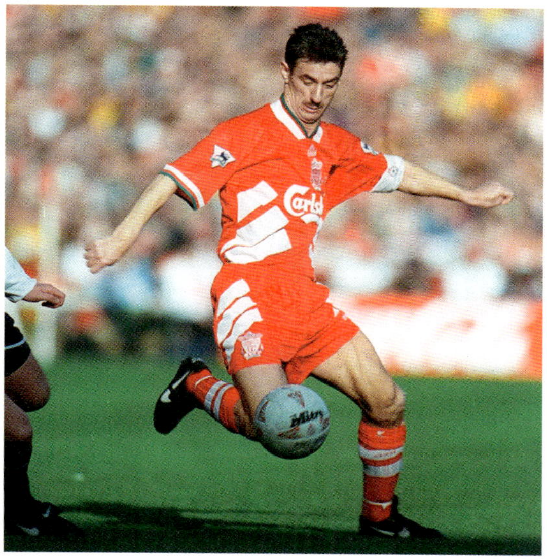

REKORDSCHÜTZE. Der Waliser Mittelstürmer Ian Rush erzielte 346 Tore für den FC Liverpool.

Geprägt wurde er durch große Trainer. Auf Shankly und Paisley folgten Kenny Dalglish (1985 bis 1991), Gérard Houllier (1998 bis 2004) und Rafael Benítez (2004 bis 2010). Seit 2015 regiert mit Jürgen Klopp der erste deutsche Trainer in der Premier League und bei den legendären Reds. Er soll an die große Vergangenheit anknüpfen. Denn der letzte der 18 Meistertitel wurde 1990 geholt, vor 26 Jahren. Im FA-Cup triumphierten die Reds zuletzt 2001, also auch schon vor 15 Jahren. Unter Rafael Benítez gelang 2005 der letzte Triumph in Europas Königsklasse. Es war ein legendärer. Mit 0:3 lagen die Reds (u. a. mit Dietmar Hamann) bei Halbzeit zurück, schafften ein 3:3 und gewannen im Elfmeterschießen – so eine Aufholjagd hatte es nie zuvor gegeben.

Die großen Zeiten sind mit großen Namen verbunden. Kevin Keegan, Europas Fußballer der Jahre 1978 und 1979, gewann mit Liverpool 1973 und 1976 den UEFA-Cup und 1977 erstmals die Königsklasse. Der walisische Stürmer Ian Rush kam 1980 und schaffte es bis 1996, mit 346 Treffern Liverpools Rekordtorschütze zu werden. Namen wie Roger Hunt, Ray Clemence, Bruce Grobbelaar, Michael Owen, Robbie Fowler, Rekordspieler Ian Callaghan (857 Einsätze) und zuletzt Steven Gerrard sind eng mit den „Reds" verbunden. Zuletzt stürmten Stars wie der Uruguayer Luis Suarez oder der Spanier Fernando Torres für Liverpool, ohne mit dem Verein Titel gewinnen zu können.

Beim Aufstieg in Europas Belletage kreuzten auch zwei deutsche Klubs die Liverpooler Wege. Zuerst war es der 1. FC Köln, der 1964 durch den legendären Münzwurf das Liverpooler Vordringen bis ins Halbfinale ermöglichte. Im UEFA-Cup-Finale 1973, dem ersten internationalen Titel der Reds, hieß der Gegner Borussia Mönchengladbach. Liverpool siegte an der Anfield Road mit 3:0, verlor das Rückspiel 0:2, aber gewann den UEFA-Cup. Im Finale 1977 hieß der Finalgegner in Rom erneut Borussia Mönchengladbach. Die Elf von Udo Lattek unterlag nach Toren von McDermott, Smith und Neal bei einem Gegentreffer von Simonsen mit 1:3. Und mittendrin die kleine „Mighty Mouse", Kevin Keegan, die anschließend zum Hamburger SV wechselte. Obwohl Liverpool diese beiden Duelle gewann und darauf seine internationale Erfolgsspur aufbaute, verbindet beide Vereine noch heute eine außerordentliche Fanfreundschaft.

Die goldenen Jahre folgten, das Stadion an der Anfield Road, das einst dem Lokalrivalen FC Everton gehörte, bekam seinen legendären Ruf. Nirgendwo waren die Fans so nah am Spielfeld, nirgendwo die Anfeuerung so eindrucksvoll. Auf den Finalsieg 1977 folgten weitere fünf Finalteilnahmen in den nächsten neun Jahren mitsamt vier Titelgewinnen.

Die Liverpool-Fans sehnen sich die guten alten Zeiten zurück. Jürgen Klopp soll es richten – und das Geld ausländischer Investoren. Im Februar 2007 wurde der Traditionsklub von den US-amerikanischen Geschäftsleuten George Gillett und Tom Hicks für 714 Millionen Euro gekauft. 2011 wechselte der Besitzer. Neuer Eigentümer ist das Unternehmen New England Sports Ventures (NESV), das auch den US-Baseball-Klub Boston Red Sox in seinem Besitz hat. Der Verkaufspreis war auf 300 Millionen Euro gesunken.

Der Anspruch der Reds orientiert sich an den Erfolgen der Vergangenheit. ■

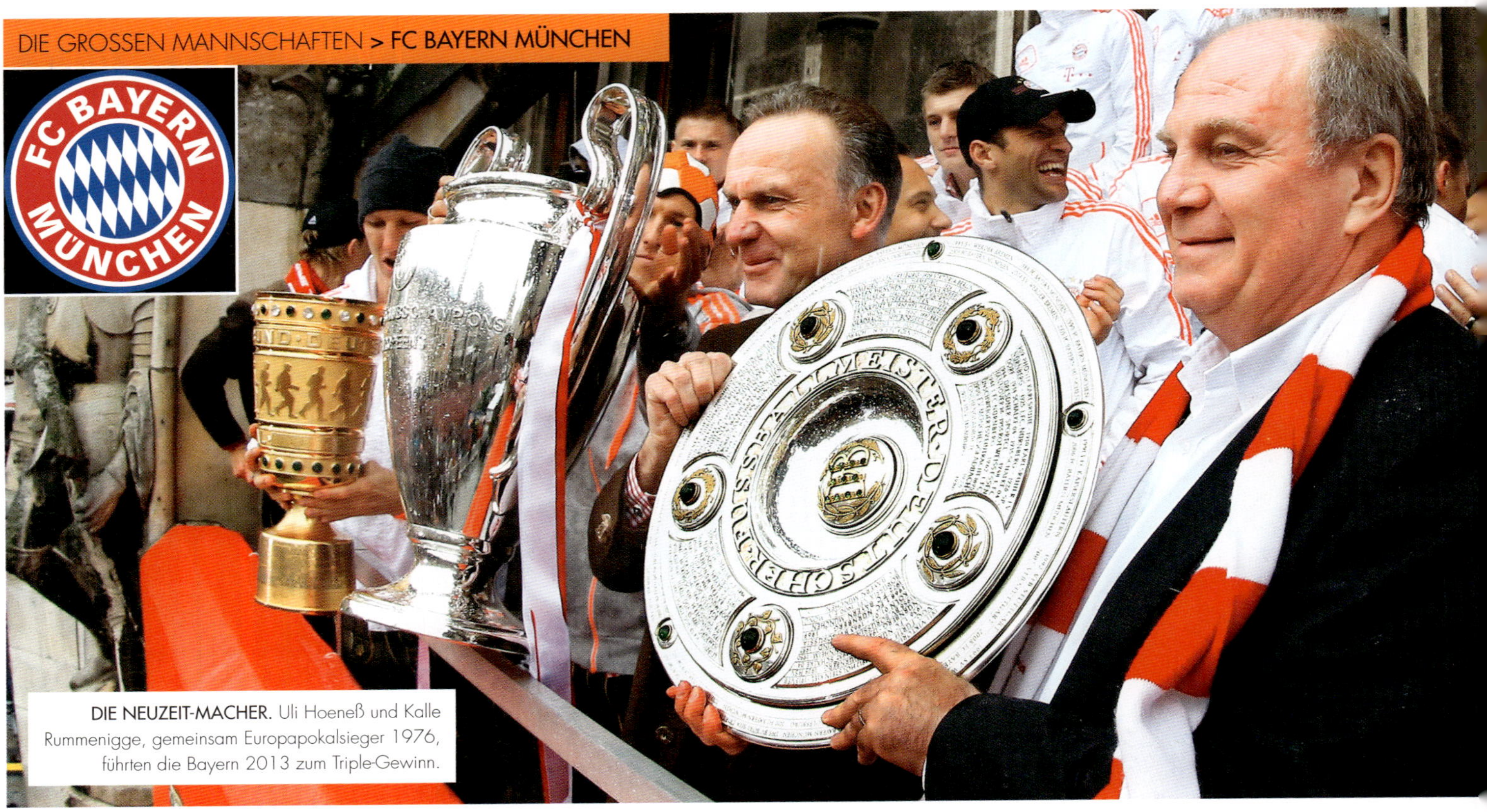

DIE NEUZEIT-MACHER. Uli Hoeneß und Kalle Rummenigge, gemeinsam Europapokalsieger 1976, führten die Bayern 2013 zum Triple-Gewinn.

WELTKLASSE REGIERT DEN DEUTSCHEN REKORDMEISTER

Keiner hat so viele Mitglieder wie der FC Bayern. 270 329 Mitglieder sind registriert, damit sind die Münchner der größte Sportverein der Welt. Hinzu kommen 4 030 Fanklubs mit weiteren 315 919 Mitgliedern. Beeindruckende Zahlen, die belegen, wie populär der deutsche Vorzeigeklub, Rekordmeister mit 26, Rekordpokalsieger mit 18 Titeln, inzwischen ist.

Der FC Bayern – das ist eine Erfolgsgeschichte in mehreren Etappen.

Es sind Menschen mit großer Ausstrahlung und Visionen, die diesen FC Bayern zu dem gemacht haben, was er heute ist. Unter Kurt Landauer gelang die erste Meisterschaft 1932, er baute die Bayern nach dem Krieg wieder auf. Wilhelm Neudecker, der Bauunternehmer, der den FC Bayern von 1962 bis 1978 führte wie ein Patriarch, legte den Grundstein für den modernen Klub mit Vorzeigecharakter. Er setzte mit Robert Schwan den ersten bezahlten Fußball-Manager in Deutschland ein, holte mit Trainer Tschik Čajkovski einen Meistertrainer in die Zweitklassigkeit und mit Beckenbauer, Maier, Müller, Roth die größten Talente aus bayerischer Umgebung. Unter Neudecker gelangen der Aufstieg in die Bundesliga, der Pokalsieg, der Gewinn des Europapokals der Pokalsieger, die ersten Meisterschaften und der dreimalige Gewinn des Europapokals.

Uli Hoeneß, 1979 im Alter von gerade einmal 27 Jahren zum jüngsten Manager der Bundesliga-Geschichte berufen, führte den Klub in die Neuzeit. Schon als Spieler besorgte er den ersten Trikotvertrag (mit Magirus-Deutz), ließ sich vom US-Profisport inspirieren, baute das Merchandising auf und sorgte später dafür, dass der sportlichen Leistungsfähigkeit eine AG zur Seite steht, die aus regional verwurzelten deutschen Konzernen besteht: adidas (im fränkischen Herzogenaurach beheimatet), Audi (Ingolstadt) und der Versicherungskonzern Allianz mit Firmensitz München halten je

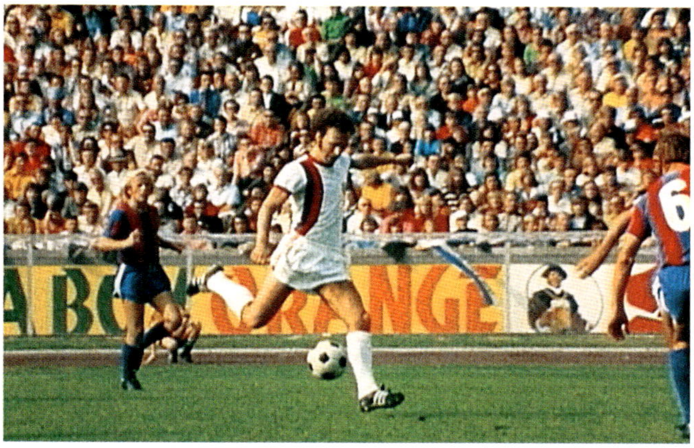

BECKENBAUER ALS SPIELER. Als Libero und Kapitän führte er den FC Bayern auf Europas Thron, gewann dreimal in Serie den Europapokal.

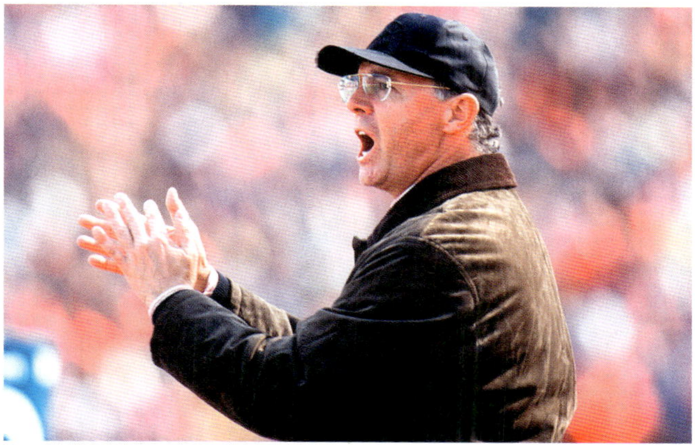

BECKENBAUER ALS TRAINER. Zweimal sprang er bei den Bayern ein, wurde Meister 1994 und UEFA-Cup-Sieger 1996.

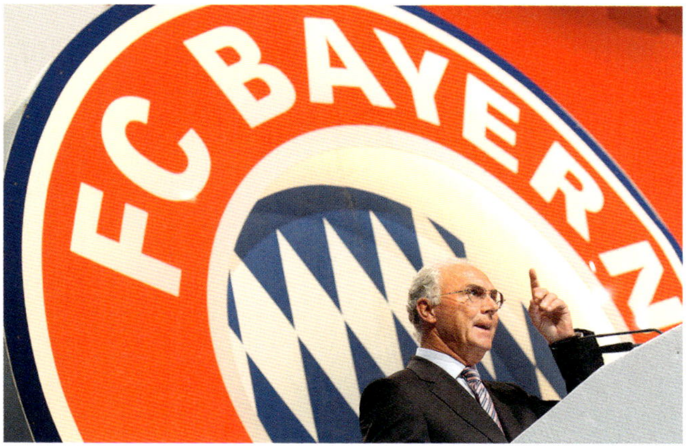

BECKENBAUER ALS PRÄSIDENT. Von 1994 bis 2009 führte er den FC Bayern und ist seither Ehrenpräsident seines Vereins.

8,33 Prozent der Anteile, über 75 Prozent aber blieben beim Verein, der somit das Sagen behält.

Eines der Erfolgsgeheimnisse der Neuzeit ist die Wahl der Führungsspitze. Weltklassespieler regieren den deutschen Rekordmeister. Franz Beckenbauer, als Spieler und Trainer Weltmeister, führte den FC Bayern als Präsident von 1994 bis 2009; Uli Hoeneß, Weltmeister als Spieler und dreifacher Europapokalsieger, übernahm 1979 das Management und führte den Verein in diversen Positionen bis 2014. Der Vorstandsvorsitzende seit 2002 heißt Karl-Heinz Rummenigge, ebenfalls ein Weltklasse-Stürmer, Europas Fußballer des Jahres und Europameister. Sie alle brachten nicht nur sportliches Denken, sondern totale Identifikation mit dem Verein ein.

Der FC Bayern wurde vor allem durch seine internationalen Erfolge zu einer nationalen Ikone. Die Basis wurde durch die Tore von Gerd Müller unter Kapitän Franz Beckenbauer mit dem Europapokal-Hattrick 1974, 1975 und 1976 gelegt. 25 Jahre dauerte es bis zum nächsten europäischen Triumph mit Kahn und Effenberg 2001. Bis 1982 hatten die Bayern kein einziges Endspiel verloren. Die Niederlagen im Finale 1982, 1987, 1999 brachten menschliche Sympathien. Auch 2010 und 2012 gab es bittere Niederlagen im Finale der Champions League, bis unter Trainer Jupp Heynckes im Jahr 2013 das Triple gelang: Meister, Pokalsieger und Champions League-Gewinner durch das 2:1 im ersten rein deutschen Finale gegen Borussia Dortmund.

War die Spielweise in der Ära Beckenbauer eher unspektakulär auf Effizienz ausgelegt, so hat sich das in den letzten Jahren grundsätzlich verändert. In der vereinseigenen Allianz-Arena wollen die 75 000 Zuschauer unterhalten werden. Auch dafür kamen Stars wie Robben oder Ribéry.

In der Vereinspolitik wurde die Zwei-Wege-Philosophie konsequent verfolgt: ausländische Stars gepaart mit heimischen Talenten. Kapitän Philipp Lahm kam mit zwölf Jahren zu den Bayern, Thomas Müller war elf, Heimkehrer Mats Hummels begann mit sieben Jahren seine Karriere beim FC Bayern.

Barcelona und Real Madrid haben mehr Titel gesammelt als die Bayern. Aber sie verfügen nicht über das Eigenkapital wie die Münchner, die sich auf dem immer hitziger werdenden Transfermarkt kühlen Kopf behielten. Der Rekordtransfer von 40 Millionen Euro für Javier Martínez zahlte sich gleich wieder aus. Mit ihm wurde 2013 das Triple gewonnen.

Der FC Bayern München ist einer von nur vier Vereinen, die alle Europapokale gewannen. Aber der Gewinn der Champions League ist für die Münchner das Maß aller Dinge. Trotz des neuen Rekords von vier Deutschen Meisterschaften in Folge bleibt der Wehrmutstropfen, dass es zuletzt nur bis ins Halbfinale reichte. ■

DAS TIKI-TAKA VON CRUYFF UND GUARDIOLA

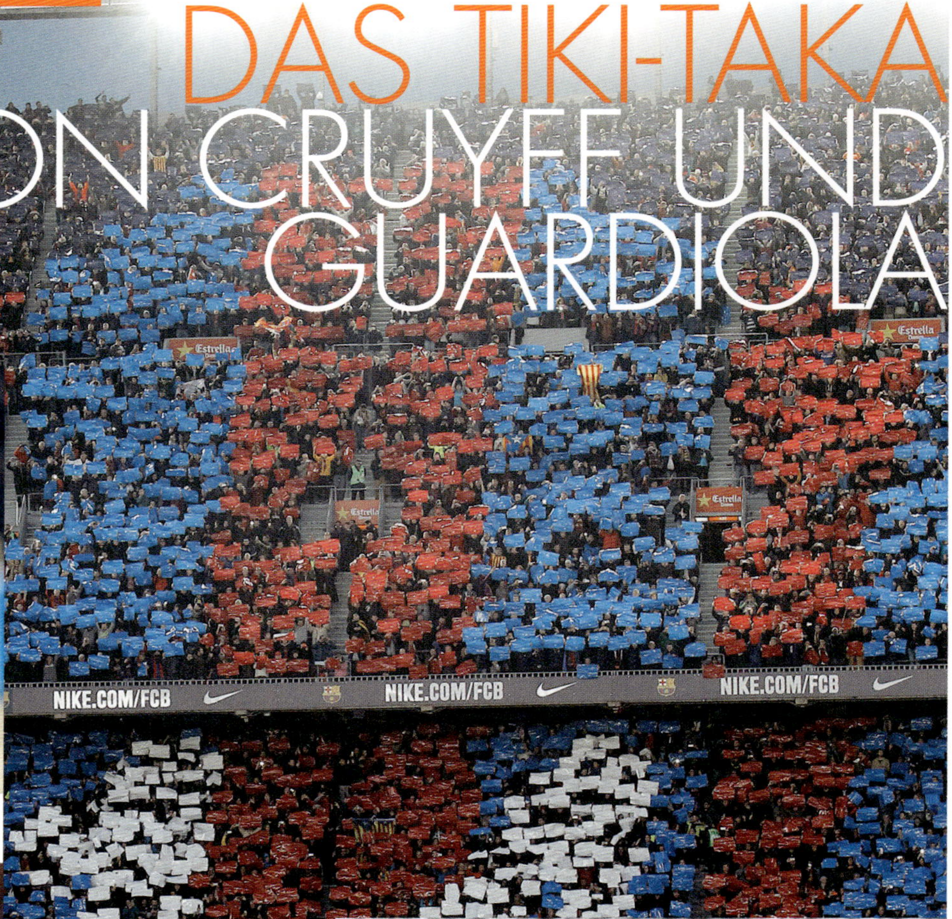

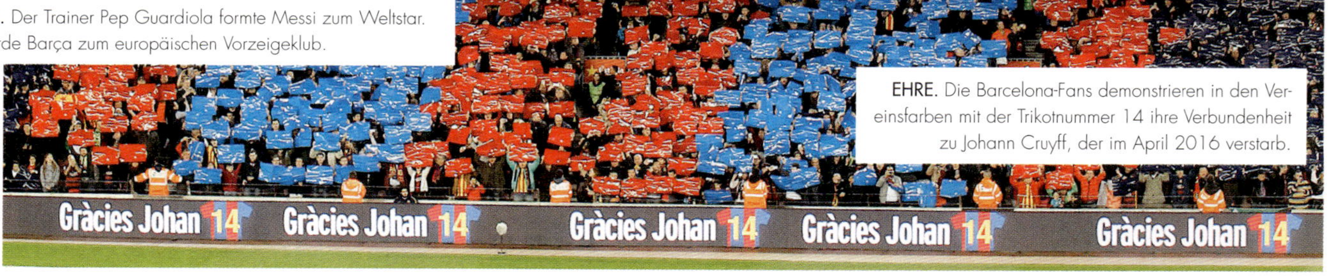

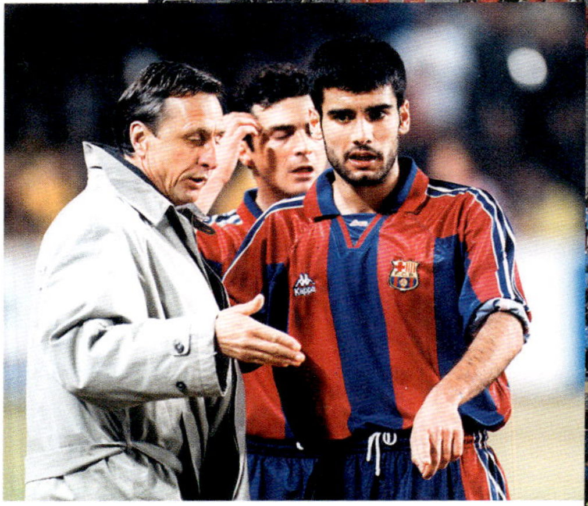

DER MAESTRO. Trainer Johann Cruyff mit seinem Spieler Pep Guardiola 1995.

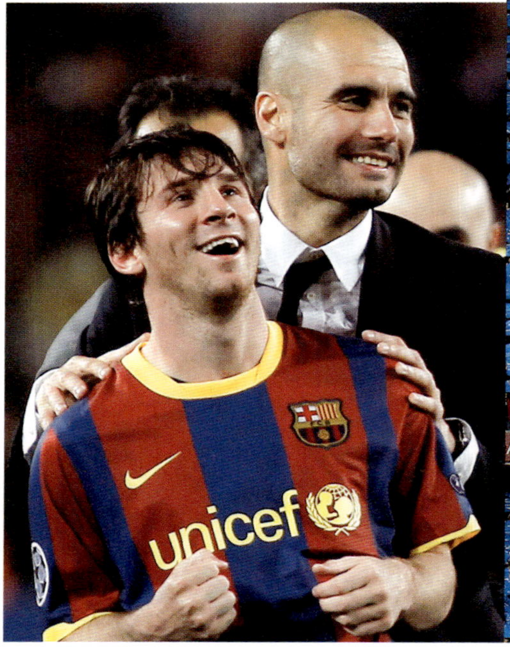

WELTKLASSE. Der Trainer Pep Guardiola formte Messi zum Weltstar. Unter ihm wurde Barça zum europäischen Vorzeigeklub.

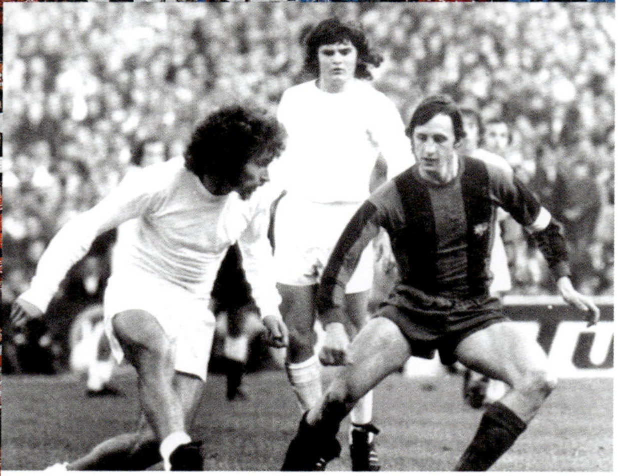

DAS SPIELGENIE. 1973 wechselte Johann Cruyff nach Barcelona, traf 1975 auch auf Paul Breitner (Real Madrid).

EHRE. Die Barcelona-Fans demonstrieren in den Vereinsfarben mit der Trikotnummer 14 ihre Verbundenheit zu Johann Cruyff, der im April 2016 verstarb.

Das äußere Zeichen war lange Zeit sichtbar. Als einziger Verein lief der FC Barcelona bis 2011 ohne Trikotwerbung auf. Weil er sich als „Katalanische Nationalmannschaft" versteht, wendete er für sich selbst die Regeln von Nationalmannschaften an, die keine Trikotwerbung vorsieht.

Das Vereinsmotto lautet „Mé que un club" (Mehr als ein Verein). Deshalb zahlte Barça fünf Jahre lang je 1,5 Millionen Euro an UNICEF und sah sich als Botschafter für Aidsinfizierte Kinder weltweit, während die Konkurrenten Millionensummen für die Trikotwerbung kassierten. Inzwischen zahlt Quatar-Airways 30 Millionen Euro im Jahr und damit weltweit das höchste Sponsoring-Salär, das je für Trikotwerbung ausgegeben wurde.

Dennoch ist Barcelona anders als andere. Schon der Gründer Joan Gamper, ein Schweizer, der sich 1930 erschoss, als er durch die Weltwirtschaftskrise sein gesamtes Vermögen verloren hatte, wollte anders sein als andere, den Klub internationalisieren, sich dabei aber als Symbol der kulturellen Identität Kataloniens verpflichten.

Barça ist kein Konstrukt, mit dem sich internationale Großinvestoren schmücken können, wird nicht bestimmt von Aktienkursen. Barça ist im Besitz seiner 153 000 Mitglieder. Barça hat auch Europas größtes Stadion. Das Camp Nou fasst 99 354 Zuschauer.

Barça ist etwas ganz Besonderes. Schon lange ein Zugpferd für Stars aus aller Welt, obwohl der internationale Durchbruch lange auf sich warten ließ. 24 Meistertitel und 28 Pokalsiege (das ist spanischer Rekord) sprechen für nationale Klasse, die inzwischen internationales Format besitzt.

1950 kam mit László Kubala, später zum besten Spieler der Klubgeschichte gewählt, der erste Weltstar. Weil 1951/1952 sämtliche Titel gewonnen wurden, die es zu gewinnen gab, blieb – auch im ständigen Wettstreit mit dem großen Rivalen aus der Hauptstadt – die offensive Transferpolitik Vereinsmaxime. 1954 kam Luis Suarez von La Coruna, der bis heute einzige Spanier, der je zu Europas Fußballer des Jahres gewählt wurde. Es folgten Koscis, Maradona, Schuster, Krankl, Ronaldinho, Ronaldo, Stoichkov, Ibrahimović, Namen mit Weltruf. Obwohl nicht alle ihre größten Erfolge in der spanischen Hafenstadt feierten, spiegelt es doch das Who is Who des Weltfußballs wider. Nicht minder die Liste prominenter Trainer, zu denen auch die Deutschen, Udo Lattek und Hennes Weisweiler, gehörten.

Einen bewundern die Katalanen noch heute: Johann Cruyff. Nachdem 1973 erstmals nicht spanischstämmige Spieler in der spanischen Liga spielen durften, kam der niederländische Superstar. Mit dem Angreifer verlor Barça 1973/1974 keines seiner 24 Ligaspiele. In dieser Spielzeit gelang auch der bis heute höchste Auswärtssieg gegen Real Madrid. Beim 5:0-Erfolg überragte Cruyff, war an vier Toren direkt beteiligt und wurde daraufhin als „El Salvador" gefeiert, der Erlöser. Trainer damals war mit Rinus Michels ebenfalls ein Mann der Ajax-Schule, der aber mit seiner Art als Disziplin-Fanatiker bei den Spaniern nicht durchdrang.

Erst als Cruyff 1988 das Amt des Cheftrainers übernahm (bis 1996), war Barça bereit für Europas Thron. 1992 wurde erstmals die Champions League gewonnen, der Triumph 1996 wiederholt. Bis dahin hatte es nur zu „zweitklassigen" Erfolgen gereicht: Der Europapokal der Pokalsieger wurde 1979 (im Endspiel gegen Düsseldorf), 1982, 1989 und 1997 gewonnen, der Messe- bzw. UEFA-Cup 1958, 1960 und 1966.

Die katalanisch-niederländische Verbindung, die bis heute hält, wurde von Cruyff ebenso geprägt wie die Art des Fußballspielens mit schnellen Außenstürmern und Ballbesitz. 1992 gelang Ronald Koeman das Siegtor in der 112. Minute, neben ihm spielte mit Witschge ein weiterer Holländer, zudem Michael Laudrup aus der Ajax-Schule. Mittendrin auch der Mann, unter dem Barça seine größten Erfolge feierte: Pep Guardiola

Als Guardiola 2006, zehn Jahre nach der Ära Cruyff, das Traineramt übernahm, perfektionierte er die Philosophie von Cruyff vom permanenten Ballbesitz, das in der Welt als Tiki-Taka berühmt wurde. Guardiola formte aus dem kleinen, schmächtigen, unterernährten Lionel Messi einen Weltstar mit Titelgarantie. Nicht nur, dass unter Guardiola das erste Triple Spaniens perfekt gemacht wurde – in 2007 holte er alle sechs möglichen Titel inclusive des Weltpokals. In seinen drei Jahren als Cheftrainer von Barcelona scheffelte er zehn Titel, darunter 2011 ein zweites Mal die Champions League.

Erst unter Pep Guardiola wurde der FC Barcelona zum europäischen Vorzeigeklub. Der Spielphilosophie von Barça wird nicht nur von Spaniens Nationalmannschaft kopiert und gekrönt (Europameister 2008 und 2012, Weltmeister 2010), sondern von nahezu allen europäischen Top-Klubs. ■

CRUYFF, MICHELS UND DIE AJAX-SCHULE

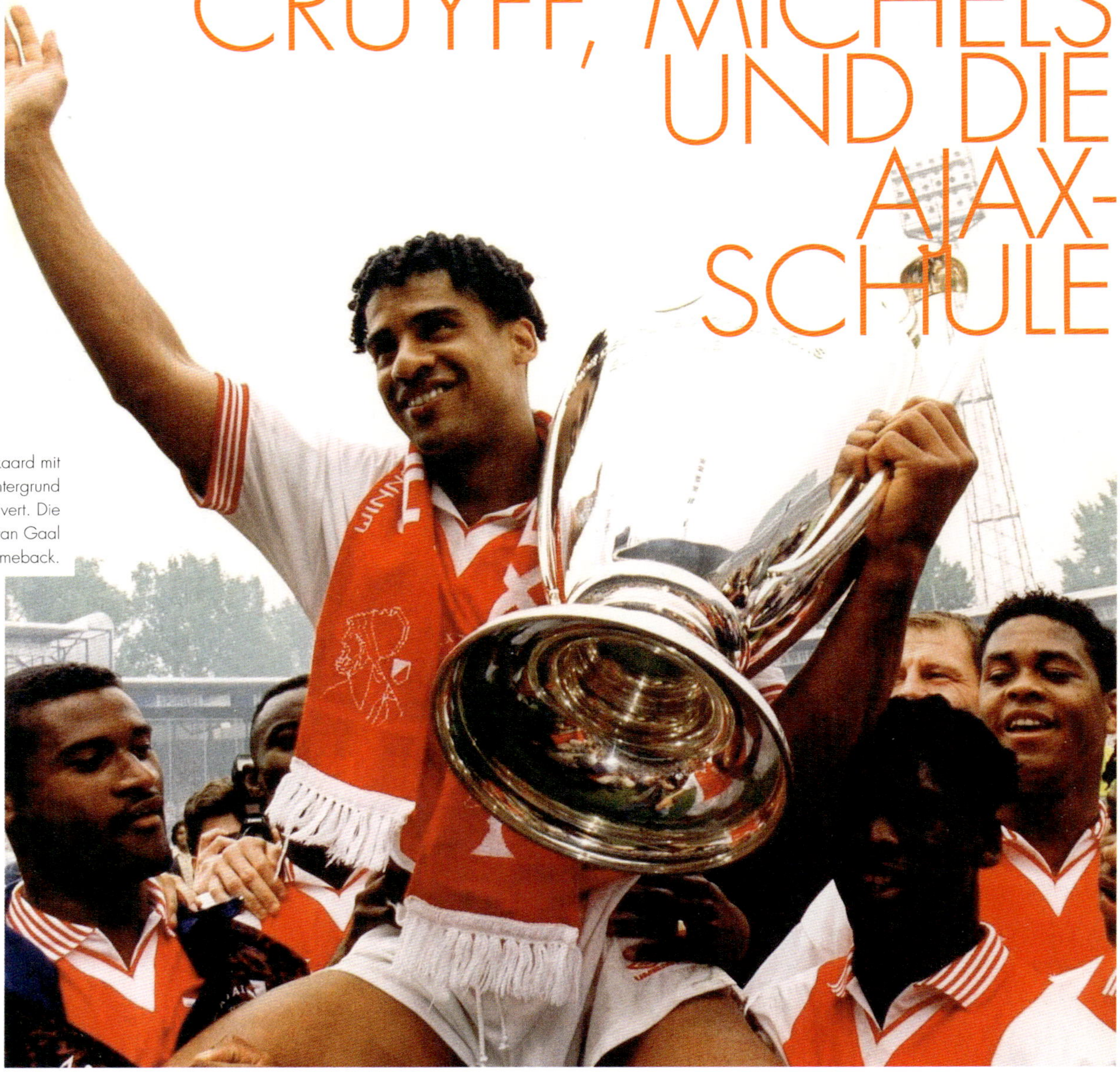

JUBEL 1995. Frank Rijkaard mit dem Henkelpott, im Hintergrund der junge Patrick Kluivert. Die Ajax-Schule feierte unter van Gaal ein europäisches Comeback.

Voetbal Totaal war etwas völlig Neues. Voetball Totaal war eine Erfindung von Rinus Michels – und Johann Cruyff der Mann, der die Philosophie auf dem Rasen umsetzte und den Fußball revolutionierte.

Rinus Michels übernahm 1965 das Traineramt bei Ajax Amsterdam. Und gab Ajax eine Philosophie, die Welterfolge feiern sollte. Da war nicht nur das 4-3-3-System, das bedeutete aggressives Pressing und ständige Formationswechsel. So war Cruyff nominell zwar Mittelstürmer, gleichzeitig aber Spielmacher, Torjäger und Flankengeber und überall auf dem Spielfeld zu finden.

Rinus Michels begründete so den Ajax-Mythos, holte von 1966 bis 1973 sechs Meistertitel und vier Pokalsiege und eroberte Europa. Cruyff, Johan Neeskens, Ruud Krol, Johnny Rep und Piet Keizer verloren 1969 noch das Finale gegen den AC Mailand mit 1:4, gewannen den Europapokal der Landesmeister aber 1971, 1972 und 1973 mit attraktivem, offensivem Geschwindigkeits-Fußball, wie ihn die Welt bis dahin noch nicht gesehen hatte.

Diese drei Titelgewinne in Folge, durch Finalsiege gegen Panathinaikos Athen, Inter Mailand und Juventus Turin erzielt, machten Ajax zur besten Vereinsmannschaft der Welt, gekrönt durch den Weltpokalsieg 1972.

Genauso berühmt wie die Ära Michels/Cruyff ist die „Ajax-Schule“, die inzwischen auf eine 50-jährige Erfolgsgeschichte zurückblickt. Das Trainingszentrum heißt „De Toekomst“, die Zukunft. Die Akademie hat einen Leitfaden entwickelt, der weit über den Fußball hinausgeht. Hier wer-

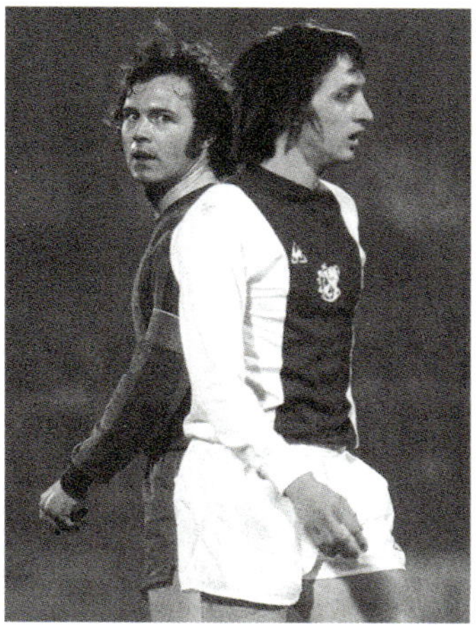

Duell der Besten: Johann Cruyff prägte Ajax mit „Voetball Totaal". Im Hintergrund Bayerns Kapitän Franz Beckenbauer.

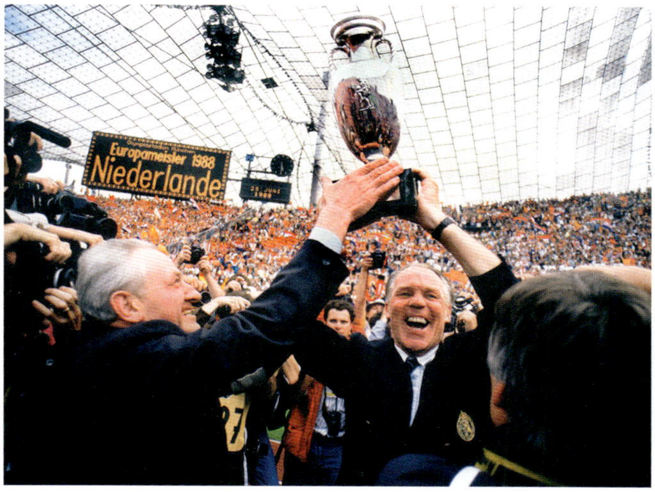

Der Erfinder der Ajax-Schule: Trainer Rinus Michels wurde mit den Niederlanden 1988 Europameister – sein größter internationaler Triumph.

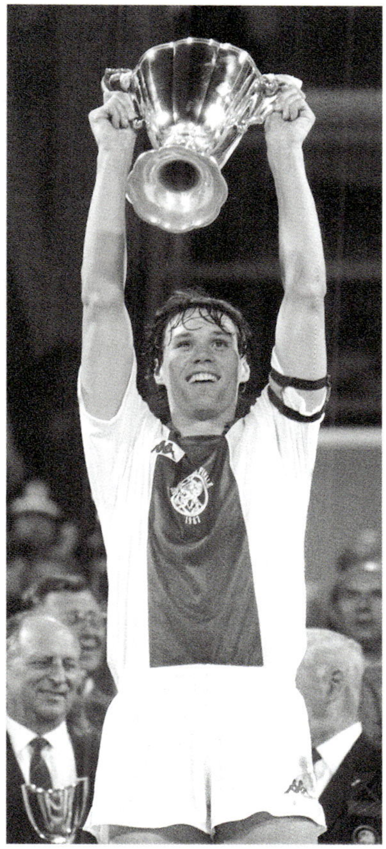

Stürmer-Star aus der Ajax-Schule: Marco van Basten, hier 1987 mit dem Europapokal, später sogar Nationaltrainer. Neben ihm Aaron Winter.

den Persönlichkeiten ausgebildet nach einem knallharten Leistungsprinzip. Ajax besitzt kein Internat, die Spieler leben in Gastfamilien. Mehr als 40 freiwillige Scouts sichten in einem Umkreis von 60 bis 80 Kilometer um Amsterdam Talente, Filialen gibt es in Cape Town/Südafrika und in den USA. Wer zu Ajax will, muss eine Prüfung bestehen. Die Aufnahmekriterien werden mit dem Wort TIPS abgekürzt: Technik, Intelligenz, Persönlichkeit und Schnelligkeit. Allein das Probetraining geht über sechs Wochen. Ziel der Ajax-Spielphilosophie ist es, einen schnellen, kreativen und technisch versierten Angriffsfußball zu spielen, bei dem die gesamte Breite des Spielfelds ausgenutzt wird, um schnellen Kombinationsfluss zu gewährleisten. Dazu zählt konsequentes Flügelspiel und ein mitspielender Torwart. Bewertet wird auch das schnelle Erkennen der Spielsituation. Jedes Jahr gibt es Prüfungen. Wer sie nicht besteht oder sich zurückentwickelt, wird aus der Akademie ausgeschlossen. In der Prüfungskommission sitzen auch ehemalige Profis, die Ajax leben und den Gedanken weitergeben. Gerald Vanenburg, der selbst die Ajax-Schule durchlebte: „Ajax muss seine Ressourcen darauf verwenden, junge Spieler bestmöglich auszubilden, um sie später gewinnbringend zu verkaufen. Nur so kann der Verein weiterleben."

Als Cruyff 1973 seinem Trainer Rinus Michels zum FC Barcelona folgte, war der europäische Siegeszug von Ajax zunächst beendet. Der Trainer Cruyff aber ließ ihn wieder aufleben. Mit jungen Spielern wie Marco van Basten, Gerald Vanenburg, Dennis Bergkamp und Frank Rijkaard gelang ihm 1987 der Gewinn des Europapokals der Pokalsieger – im Endspiel gegen Lok Leipzig. Auch 1988 wurde das Finale erreicht, ging aber gegen Mechelen verloren. Und wieder lockten zahlungskräftige Vereine die Ajax-Talente. Van Basten und Rijkaard wechselten nach Mailand, Cruyff selbst wechselte nach Barcelona und feierte dort auch als Trainer große Erfolge. Erst Louis van Gaal konnte an die großen Erfolge der Vergangenheit anknüpfen und prägte die zweiterfolgreichste Ära der Vereinsgeschichte. 1991 übernahm er Ajax, gewann in seiner ersten Saison gleich den UEFA-Cup. Ajax ist damit einer von nur vier Vereinen, der alle drei Europapokale gewann. Das gelang nur noch Juventus Turin, Bayern München und Chelsea London. Erneut bediente sich van Gaal der Ajax-Schule, baute auf Talente und holte zudem Rijkaard aus Saragossa zurück. So gewann Ajax 1995 erneut die Champions League. Im Halbfinale fegte Ajax mit van der Sar, Reiziger, Blind, Rijkaard, Litmanen, Seedorf und Kanu die Bayern mit 5:2 aus dem Wettbewerb, im Finale reichte ein 1:0 gegen den AC Mailand zum Triumph. Auch 1996 erreichte Ajax das Finale, unterlag aber Juventus Turin nach einem 1:1 im Elfmeterschießen. Auf dem Weg dorthin wurde Borussia Dortmund ausgeschaltet. Und Edwin van der Sar war der wohl erste Torwart, der in das Kombinationsspiel mit einbezogen wurde.

Die Ajax-Schule genießt nach wie vor Weltruf. Nur mit dem Unterschied, dass die jungen Talente von Großklubs aufgekauft werden, bevor Ajax selbst davon profitieren kann. ■

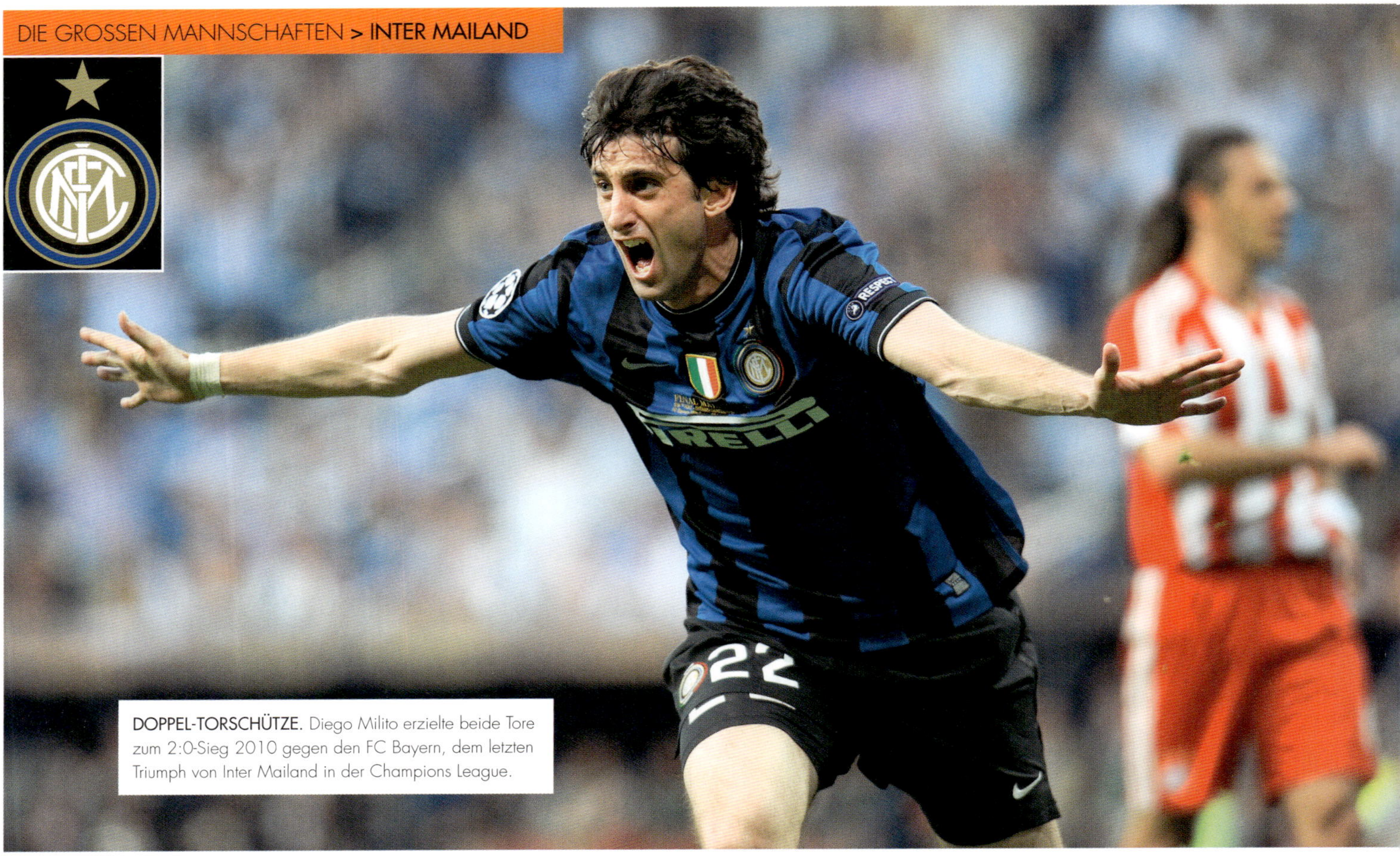

DOPPEL-TORSCHÜTZE. Diego Milito erzielte beide Tore zum 2:0-Sieg 2010 gegen den FC Bayern, dem letzten Triumph von Inter Mailand in der Champions League.

HERRERA FORMTE DAS „GRANDE INTER"

Sie sind der Dino der Serie A. Seit 1930 der Profifußball in Italien eingeführt wurde, ist der Football Club Internazionale Milano als einziger Verein immer in der höchsten Liga vertreten. Das galt bis zum Zwangsabstieg 2006 auch für Juventus Turin. Deshalb wird hoch heute das Duell zwischen Inter und Juve als „Derby d'Italia" bezeichnet. Das Stadtderby gegen Milan dagegen trägt den Namen „Derby della Madonnina", benannt nach der Madonnenstatute auf der zentralen Turmspitze des Mailänder Doms.

Mailand ist die einzige Stadt, die zwei Champions League-Sieger beheimatet – und Inter eigentlich nur der „kleine Bruder" von Milan. Denn 1908 spaltete sich eine Gruppe ab, weil bei Milan nur Italiener spielen durften. Deshalb auch der Name „Internazionale". Der erste Kapitän war ein Schweizer namens Hernst Manktl. Während Milan bis heute als Arbeiterklub gilt, vertritt Inter mehr die Bürgerschicht, Künstler und Intellektuelle.

Zu Weltruhm kam Inter in den 60er Jahren. Und das hatte zwei Gründe: Zum einen übernahm der Ölmagnat Angelo Moratti den Vorsitz und holte mit Helenio Herrera einen argentinischen Trainer. Herrera, in Buenos Aires geboren, in Casablanca aufgewachsen und deshalb mit einer argentinisch-französischen Doppel-Staatsbürgerschaft ausgestattet, kam vom FC Barcelona. Dort hatte er zwar große Erfolge gefeiert, aber sich mit den Stars um László Kubala überworfen. Er hatte sich den unrühmlichen Spitznamen „Sklaventreiber vom Rio de la Plata" erworben.

Bei Inter führte er ein neues Spielsystem ein und gilt seither als Erfinder des Catenaccio. Auf Kosten eines Mittelfeldspielers installierte er einen Ausputzer hinter der Abwehr. Seine Maxime: nicht mehr Tore schießen als der Gegner, sondern weniger Tore kassieren. Herrera, deshalb auch als „Totengräber des Fußballs" bezeichnet, sorgte mit ungewöhnlichen Methoden für Aufsehen. Er ließ in der Kabine

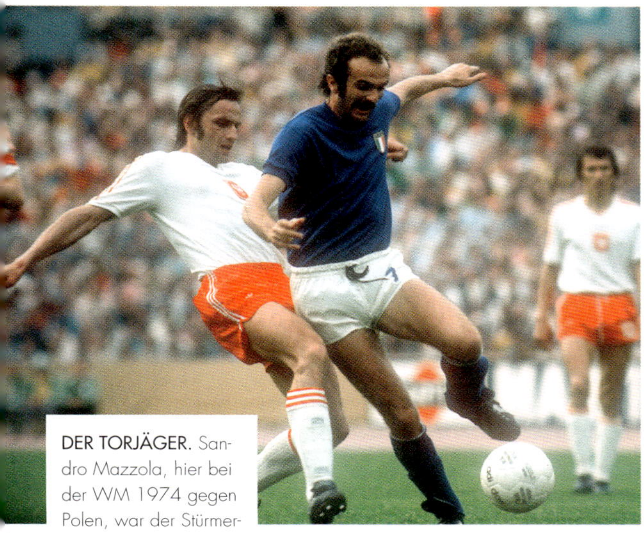

DER TORJÄGER. Sandro Mazzola, hier bei der WM 1974 gegen Polen, war der Stürmerstar von „Grande Inter" in den 60ern.

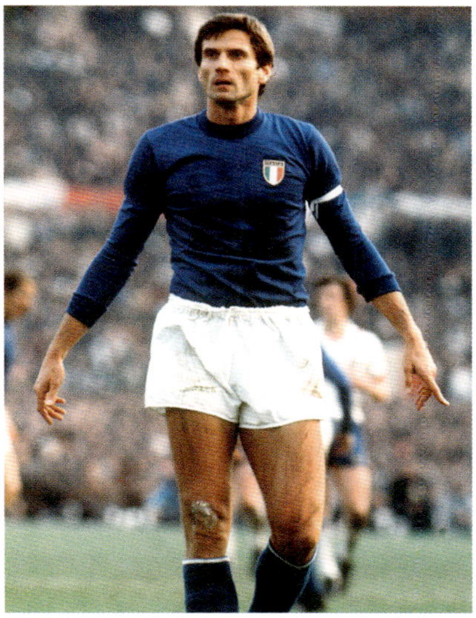

KULT-VERTEIDIGER. Giacinto Facchinetti, hier im Italien-Trikot, gehörte zum großen Inter-Team und übernahm später das Präsidentenamt.

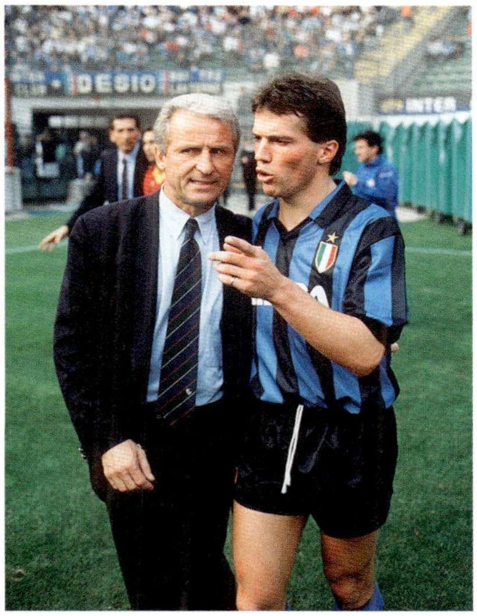

IL TEDESCI. Lothar Matthäus und Trainer Gionvani Trapattoni gewannen mit Inter den UEFA-Cup.

Kirchenlieder singen, um den Teamgeist zu stärken, hing in der Kabine ein Schild auf mit den Worten: „Klasse + Vorbereitung, Athletik + Intelligenz = Meisterschaft." In seine psychologischen Überlegungen spielten auch die Fans als Motivator eine große Rolle – in seinem Denken war Herrera ein Pionier.

Nach zwei Jahren Anlaufzeit mit Platz 3 und 2 stellte Moratti ein Ultimatum: Es sollten endlich Titel her. Herrera holte mit Luis Suarez einen seiner Lieblinge vom FC Barcelona, damals der teuerste Transfer aller Zeiten. So erfüllte er Morattis Wunsch. Die „Nerazzurri" (Schwarz-Blauen) wurden zu „Grande Inter", zum großen Inter. Binnen vier Jahren zog Inter mit Spielern wie Burgnich und Facchetti sowie dem Stürmerstar Sandro Mazzola dreimal in das Europapokal-Finale ein, beendete in sechs Jahren die nationale Meisterschaft nie schlechter als Platz 2. 1964 wurde Real Madrid im Finale von Wien mit 3:1 besiegt, im Jahr darauf feierte Inter als erste italienische Mannschaft das Triple aus Meisterschaft, Europapokal und Weltpokal. Erst wurde Benfica Lissabon mit 1:0 bezwungen, anschließend Independiente Buenos Aires besiegt. 1967 stand Inter erneut im Finale, verlor unglücklich mit 1:2 aufgrund einer strittigen Elfmeterentscheidung gegen Celtic Glasgow. Mit dem 10. Meistertitel und der Eroberung des Trikotsterns endete die Ära von Herrera, auch Moratti gab 1968 das Präsidentenamt ab.

Diese Epoche ist bis heute die erfolgreichste der Vereinsgeschichte. Giovanni Trapattoni, Trainer von 1986 bis 1991, leutete eine neue Ära ein. Mit den Deutschen, Lothar Matthäus und Andy Brehme, holte er 1989 58 von 68 möglichen Punkte und hatte mit Zenga, Bergomi, Berti, Serena und ab 1990 auch mit Jürgen Klinsmann eine Mannschaft geformt, die 1991 den UEFA-Cup gewinnen konnte.

Mit Matthäus und später Ronaldo stellt Inter auch zwei Spieler, die je zweimal Weltfußballer wurden. Rekordspieler ist Zanetti mit 838 Einsätzen vor Bergomi, Burgnich, Facchetti und Mazzola. Rekordschütze ist bis heute Giuseppe Meazza mit seinen 284 Toren zwischen 1927 und 1947. Er gilt als einer der besten italienischen Fußballer aller Zeiten. Weil er auch für Milan spielte, wurde nach ihm das Stadion im Stadtteil San Siro benannt, in dem beide Mailänder Klubs ihre Heimspiele austragen.

Die Champions League konnte Inter noch einmal gewinnen. Mit dem portugiesischen Startrainer José Mourinho gelang das 2010 durch einen 2:0-Finalsieg über Bayern München. Mourinho, der mit dem FC Porto und dem FC Chelsea bereits Europas Krone geholt hatte, wechselte anschließend zu Real Madrid und wurde zum bestbezahlten Trainer der Welt. Inter hatte er zweimal zur Meisterschaft geführt – und damit bis heute den letzten Titel gewonnen.

Die Familie Moratti, die durch Vater Angelo und Sohn Massimo seit 1955 die Mehrheitsanteile an Inter hielt und auch den Weg jahrzehntelang bestimmte, ist seit 2016 ausgestiegen. Nach chinesischen Investoren und einer indonesischen Investmentgruppe, die seit 2013 mit Erick Thahir auch den Präsidenten stellt, kaufte der chinesische Großkonzern Suning Holdings Group die letzten 28,5 Prozent der Moratti-Familie ab. Seither ist Inter das Aushängeschild asiatischer Investoren. ■

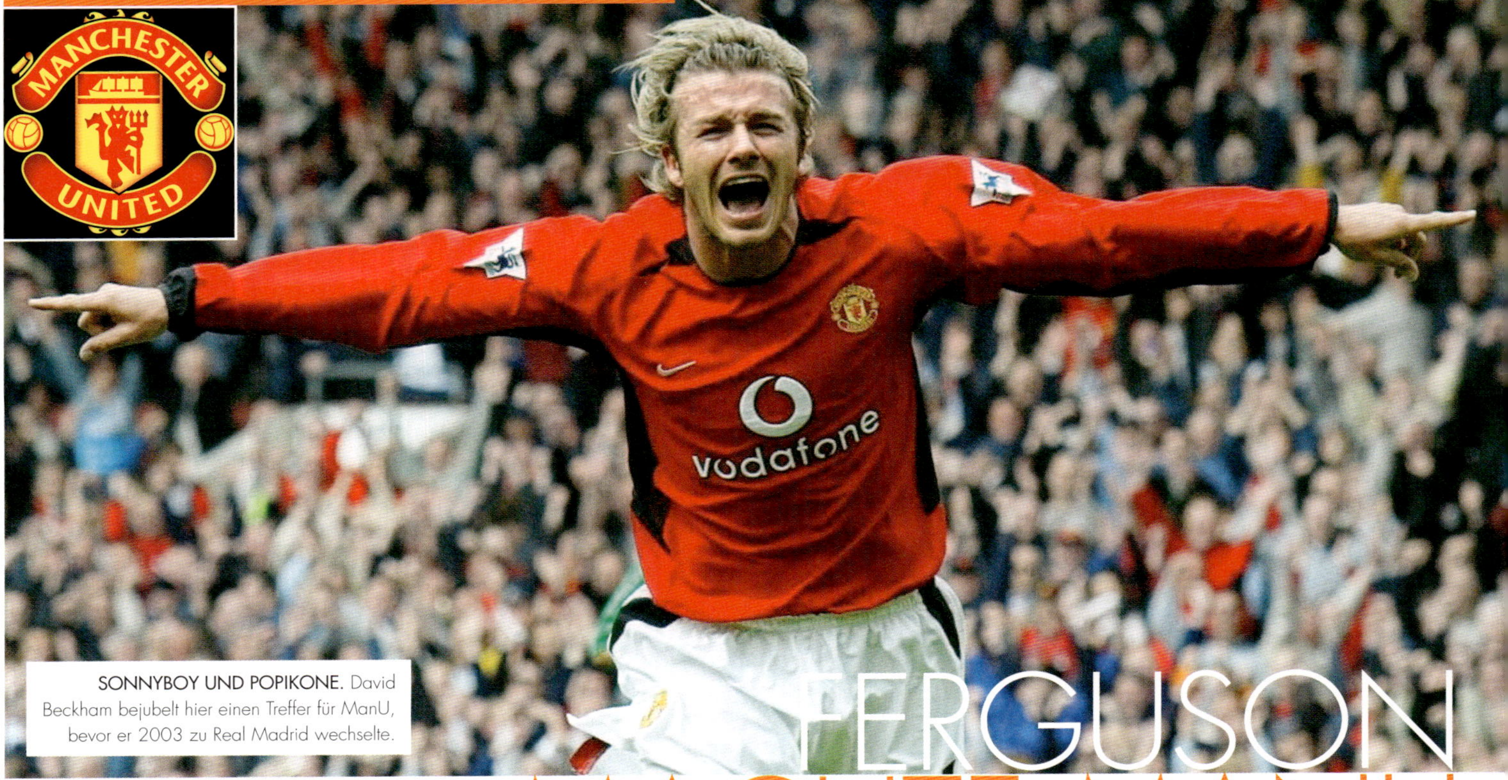

SONNYBOY UND POPIKONE. David Beckham bejubelt hier einen Treffer für ManU, bevor er 2003 zu Real Madrid wechselte.

FERGUSON MACHTE MANU ZUM REKORDMEISTER

Englands Rekordmeister Manchester United wird von zwei Personen geprägt. Der eine ist Matt Busby, Trainer von 1945 bis 1969. Der andere ist Alex Ferguson, Trainer von 1986 bis 2013 und 1999 zum „Sir" geadelt. Kein anderer Verein kann seine Geschichte auf nur zwei Namen reduzieren.

Beginnen wir bei dem Mann, dem ManU seine Tradition verdankt. Matt Busby, auch vom FC Liverpool umworben, trat 1945 seinen Job an unter der Bedingung, das Sagen über Training, Aufstellung und Transfers zu bekommen. Dank dieser Machtfülle war er der erste Teammanager und Vorreiter des englischen Trainer-Modells. Busby setzte vor allem auf eigene Nachwuchsspieler und wurde mit einer Elf 1956 Meister, die im Durchschnitt 22 Jahre jung war. Sie wurden die „Busby Babes" genannt und standen vor einer großen Zukunft. Am 6. Februar 1958 aber stürzte die Maschine auf dem Rückflug vom Europacup-Halbfinalspiel bei Roter Stern Belgrad in München ab. Acht Spieler kamen ums Leben, darunter mit Duncan Edwards das zu jener Zeit größte englische Talent. Busby selbst überlebte schwer verletzt, lag sechs Wochen in der Klinik und konnte erst ein Jahr später das Traineramt wieder ausüben. Auch Bobby Charlton, die spätere ManU-Ikone und Weltmeister 1966, hatte Glück im Unglück. Busby machte

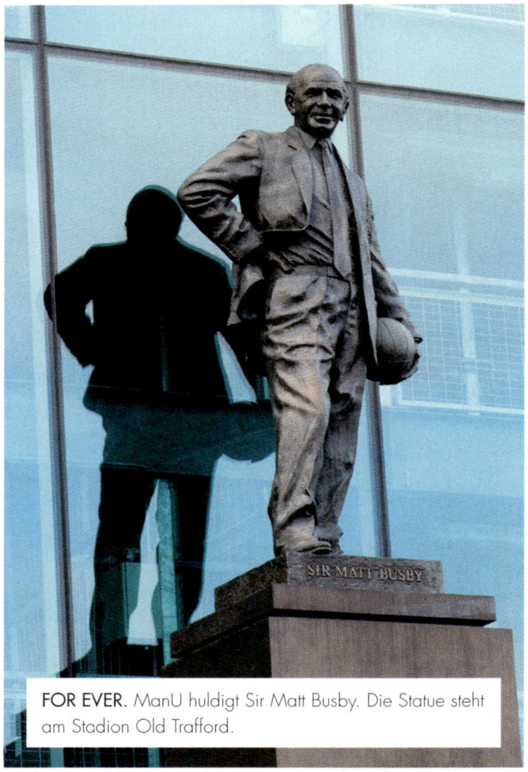

FOR EVER. ManU huldigt Sir Matt Busby. Die Statue steht am Stadion Old Trafford.

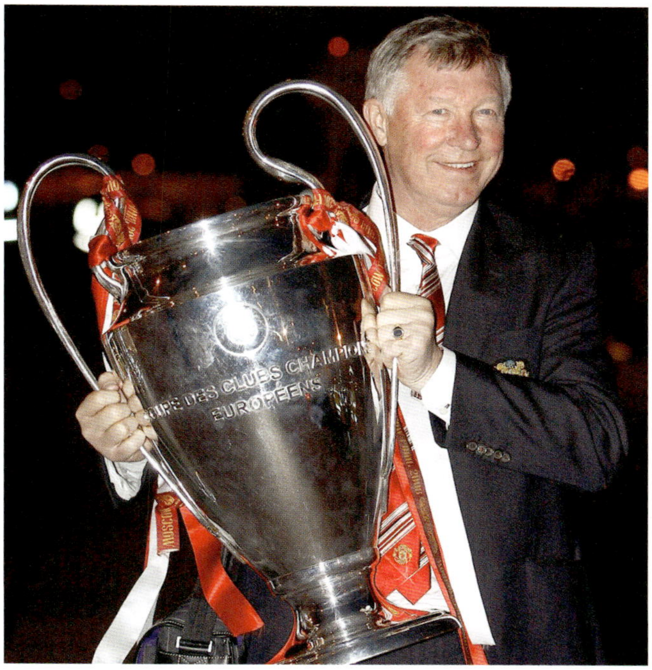

VIERMAL IM CHAMPIONS LEAGUE-FINALE. Sir Alex Ferguson machte ManU, mit Pokal 2008.

mit den FC Liverpool als Rekordmeister ab. Auch in der Champions League legte ManU nach. „The red devils" (Die roten Teufel) erreichten seit 2008 dreimal das Champions-League-Finale, holten aber nur einen weiteren Titel: 2008

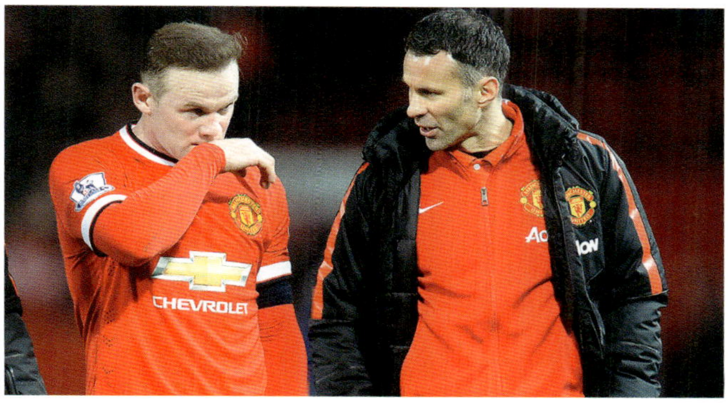

ZWEI MANU-IKONEN. Rekordspieler Ryan Giggs, jetzt Co-Trainer, mit Stürmerstar Wayne Rooney.

sich daran, ein neues ManU aufzubauen und krönte seine Leistung mit dem Europacup-Sieg 1968, dem 4:1 über Benfica Lissabon. 1969 trat er zurück, blieb aber bis zu seinem Tod 1994 der Übervater und als Präsident weiter verantwortlich.

Nach diversen Turbulenzen und einem Beinaheabstieg begann 1986 eine zweite Ära, die 27 Jahre dauerte und ManU zum umsatzstärksten Verein Englands, zu Englands Rekordmeister und zu einer weltweiten Marke machte. Es begann die Regentschaft von Alex Ferguson.

Auch Ferguson benötigte eine Anlaufzeit, um ManU wieder zu einer Nummer eins zu machen. 1991 gewann er den Europapokal der Pokalsieger und 1993 dank Eric Cantona seinen ersten Meistertitel. Der französische Stürmerstar, extrovertiert auf und außerhalb des Spielfelds, war einer der Garanten für eine Erfolgsserie. Bis 1997 holte Ferguson vier Titel in fünf Jahren und baute mit David Beckham, dem Waliser Ryan Giggy und Gerry Neville neue, junge Talente ein. Die Krönung gelang 1999 durch das 2:1 in letzter Sekunde gegen Bayern München, als Solskjær und Sheringham in der Nachspielzeit das Finale in Barcelona drehten. In dem Jahr holte ManU das Triple und Ferguson wurde anschließend für seine großen Verdienste zum Ritter geschlagen und als Sir geadelt.

Ferguson holte das portugiesische Supertalent Cristiano Ronaldo 2003 von Sporting Lissabon nach Old Trafford und hielt ManU konstant an der Spitze. Zwischen 2000 und 2013 holte Manchester acht Meistertitel und löste dagegen Chelsea. Ronaldo traf zum 1:0 per Kopf, wurde für 31 Ligatore als Torschützenkönig ausgezeichnet, erhielt den Goldenen Ball als Europas bester Torschütze und wurde erneut Europas Fußballer des Jahres. Zudem hatte er in jener Saison mit 42 Toren in 49 Spielen den Torrekord von Dennis Lew aus der Saison 1963/64 eingestellt. Allerdings gingen die Finals 2009 und 2011 jeweils gegen den FC Barcelona verloren (0:2, 1:3).

2011 wählten die Fans auf der vereinseigenen Homepage ihre besten Spieler aller Zeiten. Auf Platz eins kam Ryan Giggy, der Rekordspieler, vor Eric Cantona, Georg Best, Bobby Charlton, Cristiano Ronaldo, Scholes, Beckham, Keane, Schmeichel und Rooney – große Namen des englischen und internationalen Fußballs.

Mit dem 20. Meistertitel und den Worten „Es ist Zeit zu gehen" verabschiedete sich Ferguson 2013 in den Ruhestand. Seither wartet ManU auf weitere Titel. Im Sommer 2016 musste der Niederländer Louis van Gaal gehen. Die Besitzer entschieden sich für „the spezial one" und verpflichteten den zuvor bei Chelsea entlassenen dreimaligen Champions-League-Sieger José Mourinho.

Seit 1991 war ManU an der Börse. Die Aktien aber wurden nach und nach vom US-Milliardär Malcolm Glazer aufgekauft. So ist Manchester United seit 2005 im Besitz eines Privatunternehmers und nicht mehr an der Börse notiert. Glazer, der seine Söhne in der Vorstandsetage platzierte, wird nicht die Geduld haben, zu warten. Zwischen Busbys letztem und Fergusons erstem Titel lagen 26 Jahre … ■

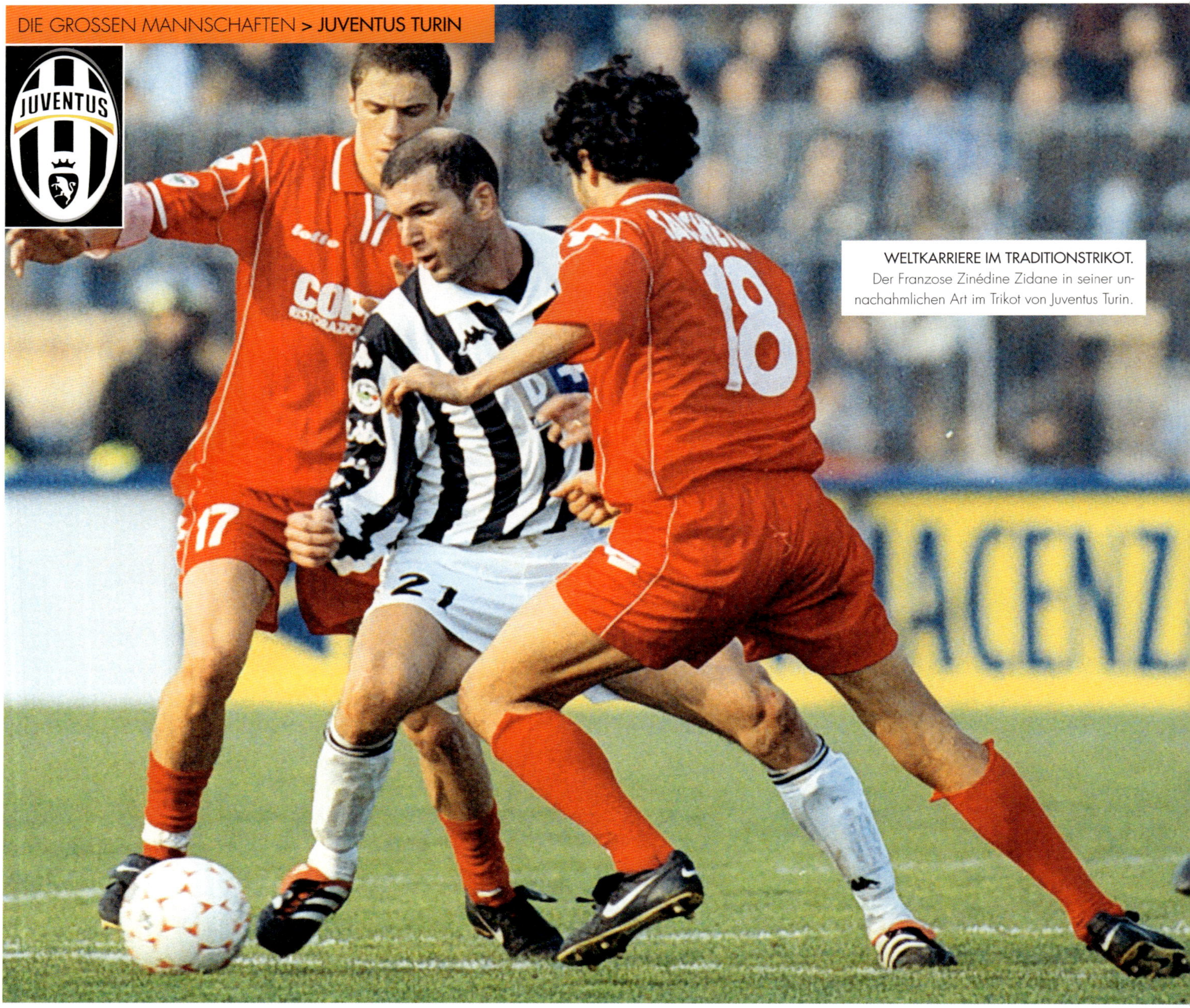

WELTKARRIERE IM TRADITIONSTRIKOT. Der Franzose Zinédine Zidane in seiner unnachahmlichen Art im Trikot von Juventus Turin.

FIAT, REKORDE UND DRAMEN

Es ist unbestritten: Juventus ist Italiens Nummer eins. Sie sind Rekordmeister mit 32 Scudetti – in 2016 holten sie gerade den fünften Meistertitel in Folge. Rund zwanzig Prozent aller Italiener sind Juve-Anhänger. Weltweit – so ergab eine Umfrage im Jahr 2012 – hat Juventus sogar mehr als 200 Millionen Anhänger. Nur in der eigenen Stadt kämpfen sie um die Vorherrschaft – hier regiert der AC Turin, der Stadtrivale. Auch international genießt Juve Hochachtung. Dass Juve in der Liste der zehn bedeutendsten europäischen Vereine gehört, liegt an der Historie des Vereins. Dramen inklusive. Nur zweimal gewann Juventus den „Henkelpott": 1985 im „Heysel-Drama", als das Endspiel gegen den FC Liverpool zur Farce verkam, weil zuvor 39 Menschen ihr Leben ließen. Da verwandelte Michel Platini einen Strafstoß zum Siegtreffer. Und 1996 waren sie ganz oben durch einen 4:2-Erfolg im Elfmeterschießen gegen Ajax Amsterdam.

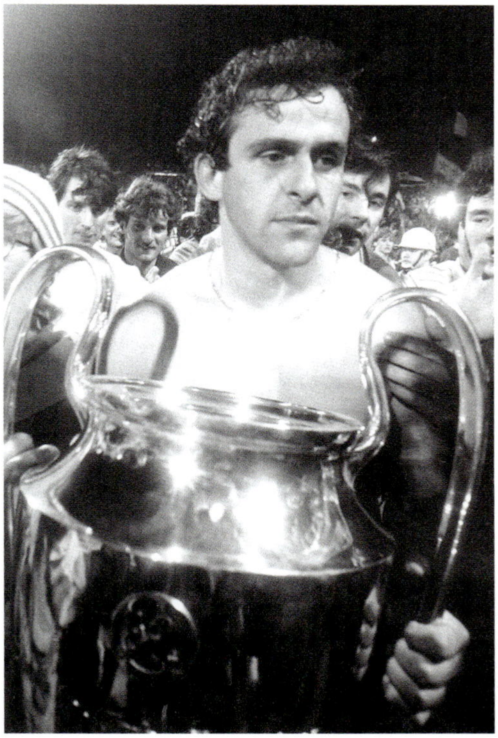

SIEGTORSCHÜTZE IN HEYSEL. Michel Platini mit dem Henkelpott.

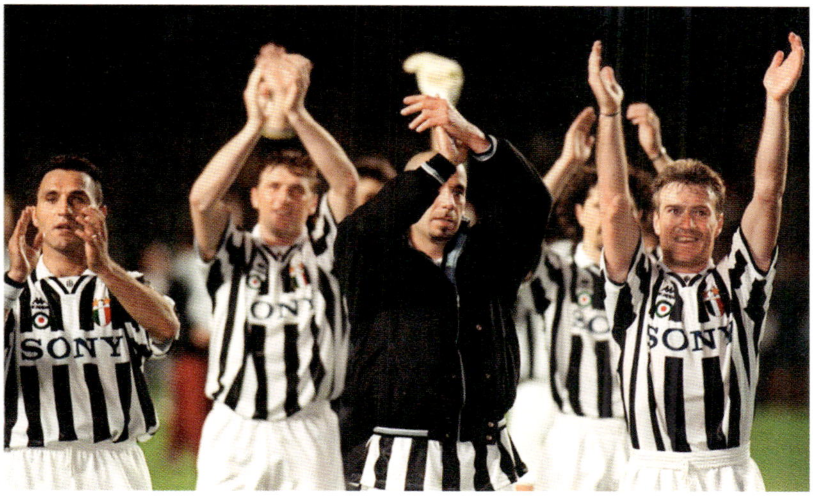

DIE CHAMPIONS 1996. V. l.: Di Livio, Antonio Conte Gianluca Vialli und Didier Deschamps.

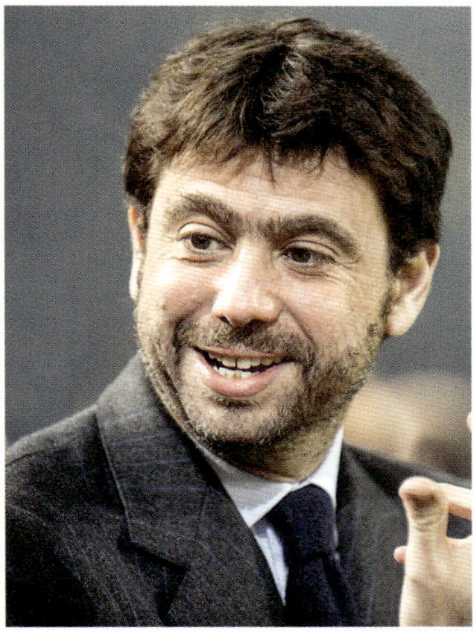

SEIT 2010 PRÄSIDENT. Andrea Agnelli, Familienmitglied der Fiat-Dynastie.

Dagegen aber stehen fünf bittere Finalniederlagen. So oft wie kein anderer:

1973 –> 0:1 gegen Roter Stern Belgrad
1983 –> 0:1 gegen den Hamburger SV
1997 –> 1:3 gegen Borussia Dortmund
1998 –> 0:1 gegen Real Madrid
2003 –> 2:3 nach Elfmeterschießen gegen den AC Mailand
2015 –> 1:3 gegen den FC Barcelona

Juventus (lateinisch für Jugend) tröstet sich mit Siegen im Europapokal der Pokalsieger 1984 sowie den UEFA-Cup-Gewinnen 1977, 90 und 93. Aber die Dramen überwiegen. Da ist nicht nur das Heysel-Drama aus dem Jahr 1985, in das Juve (unverschuldet) hineingezogen wurde. 2004 erschütterte eine Doping-Affäre um Rekordspieler Del Piero den ganzen Verein. Und 2006 musste der komplette Vorstand um Manager Luiggi Moggi nach einer Abhöraffäre zurücktreten. Grund war „strukturierter Sportbetrug", eine erwiesene Absprache von Spielen. Juve wurde daraufhin zum Zwangsabstieg verurteilt, startete in die Saison 2007/2008 unter Trainer Didier Deschamps mit minus sieben Punkten – und wurde trotzdem Meister der Serie B. Unter Trainer Conte fand Juve zu altem Glanz zurück. Immer mit dabei war Luigi Buffon, der Torwart-Gigant, der Juve sogar in der Zweitklassigkeit die Treue hielt und auch bei der UEFA EURO 2016 das italienische Tor hütete.

Gegründet wurde Juventus bereits 1897. Aber die Zeitrechnung beginnt eigentlich erst 1923. Da stieg am 24. Juli Edoardo Agnelli als Berater und Sponsor ein, und damit der Fiat-Konzern. Obwohl Juve 2001 an die Börse ging, ist die Familie Agnelli durch ihre Finanz-Holding namens Exor mit 60 Prozent noch immer Mehrheitsaktionär. Seit 2010 ist mit Andrea Agnelli auch wieder ein Familienmitglied Präsident.

Juventus – das verbindet jeder Fußballfan mit großen Namen. Da sind die Italiener Dino Zoff, Paolo Rossi, Roberto Bettega, Gaetano Scirea, Del Piero oder Luigi Buffon. Da sind aber auch Weltstars wie Michel Platini oder Zinédine Zidane, 1998 und 2000 zum Weltfußballer gewählt. Der Franzose Trezeguet liegt mit 171 Treffern auf Platz vier der ewigen Juve-Torschützen und ist deshalb auch fester Bestandteil der Vereinshistorie. Geprägt wurde die von vielen Trainern, vor allem aber von Giovanni Trapattoni. Zwischen 1976 und 1994 war er in zwei Perioden insgesamt 13 Jahre lang Juve-Trainer und ist mit 14 Titeln auch der erfolgreichste. ■

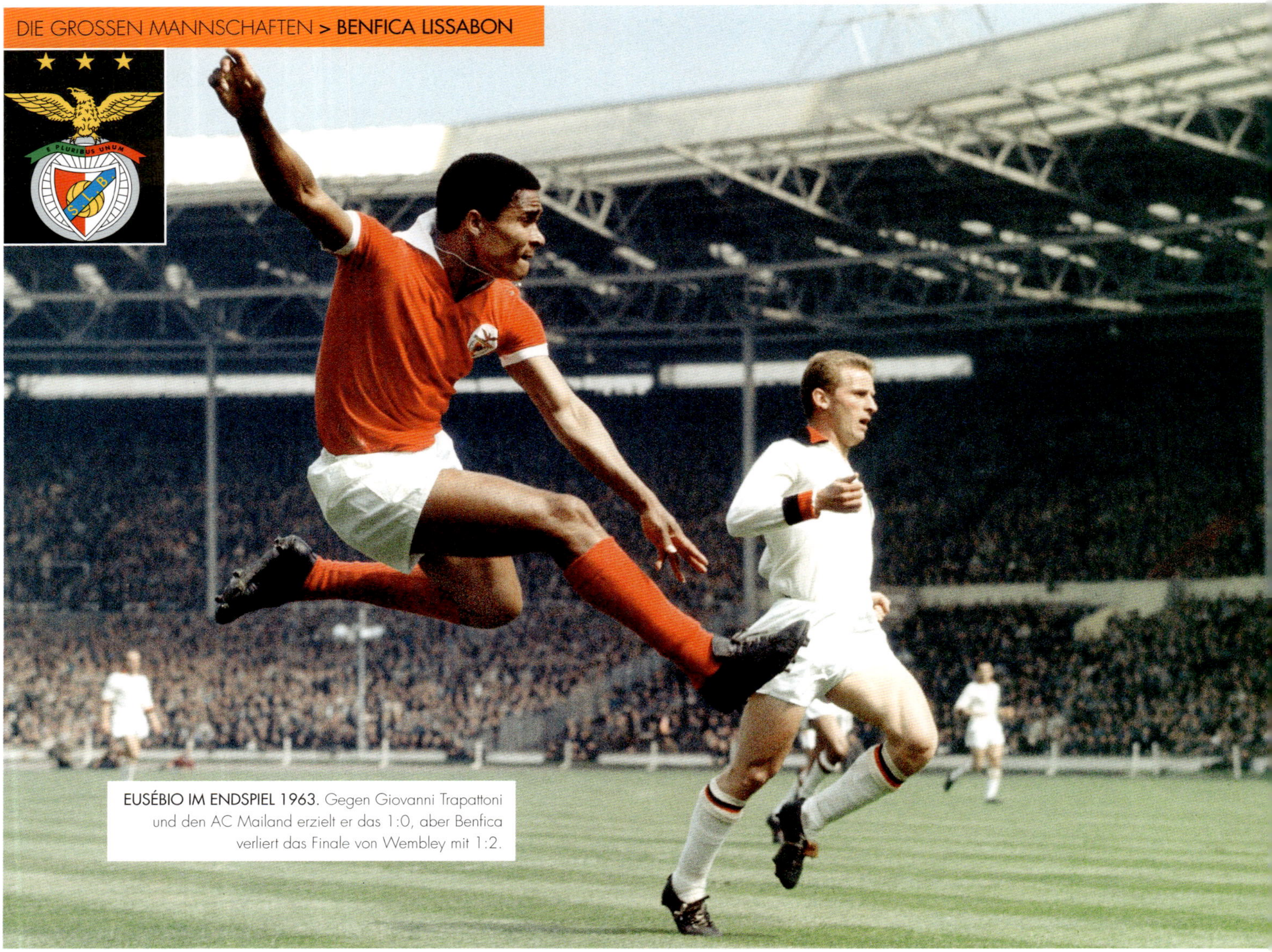

EUSÉBIO IM ENDSPIEL 1963. Gegen Giovanni Trapattoni und den AC Mailand erzielt er das 1:0, aber Benfica verliert das Finale von Wembley mit 1:2.

GOLDENE ZEITEN MIT EUSÉBIO UND GUTTMANN

Sie standen so oft im Finale wie sonst nur noch Juventus Turin. Allein im Landesmeister-Wettbewerb erreichten sie siebenmal das Endspiel. Dazu im UEFA-Cup (1983) und im Europa-League-Finale (2013 und 2014). Aber es gibt diesen Fluch, den Trainer Bela Guttmann 1962 aussprach. „Ihr sollt in 100 Jahren keinen Europapokal mehr gewinnen", hatte er erbost geflucht, als ihm Benfica eine Gehaltserhöhung verweigerte und sich der ungarische Trainer brüskiert von seinem Erfolgsverein abwandte. Der Fluch wirkt so schwer, dass sich sogar der große Eusébio einschaltete. Vor dem Endspiel 1990 gegen den AC Mailand besuchte Eusébio das Grab von Guttmann auf dem Wiener Zentralfriedhof und bat seinen Trainer, den Fluch zurückzunehmen. Vergebens.

Eusébio und Guttmann – es sind die beiden Namen, die Benfica Lissabon zu einer Marke im Weltfußball haben werden lassen. Weltenbummler Bela Guttmann, der zuvor in Brasilien wirkte, hatte den FC Porto zur Meisterschaft geführt, ehe er 1960 in Portugals Hauptstadt wechselte, in den Schmelztiegel zwischen brasilianischer Kunst und europäischer Disziplin. Er formte eine Mannschaft, die die Vorherr-

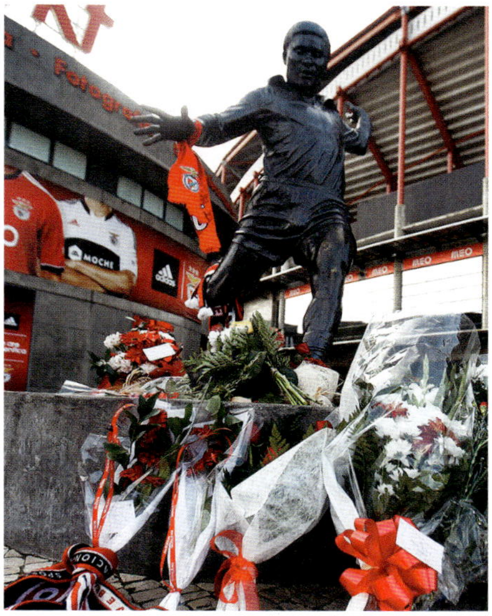

DIE EUSÉBIO-STATUE AM ESTADIO DA LUZ. Schon zu Lebzeiten wurde Eusébio als Legende verehrt, bei seinem Tod 2014 auch die Statue geschmückt.

schaft von Real Madrid stoppte. 1961 gewann Benfica das Endspiel gegen den FC Barcelona mit 3:2. José Aguas, mit elf Treffern auch bester Torschütze Europas, egalisierte die Führung von Kocsis, Ramallets (Eigentor) und Columna brachten Benfica 3:1 in Front, ehe Czibor vor 26 732 Zuschauern im Berner Wankdorf-Stadion den Endstand herstellte. Barça, das zuvor Real Madrid und den HSV ausgeschaltet hatte, wurde von dem Guttmann-Benfica beherrscht. Im Jahr darauf beendete Benfica die Real-Vorherrschaft persönlich. 2:0 und 3:2 führte Real und wurde anschließend überrollt. Matchwinner war ein erst 20-jähriger Stürmer namens Eusébio, der mit seinen beiden Treffern zum 4:3 und 5:3 innerhalb von drei Minuten das Finale entschied und Benfica zum würdigen Real-Nachfolger werden ließ.

Im Dezember 1960 war der kraftvolle Stürmer aus Mosambik gekommen, wurde erst im Frühjahr 1961 spielberechtigt, für internationale Spiele erst im Mai. So verpasste er das Finale 1961, debütierte erst bei einem Freundschaftsspiel gegen den FC Santos, als er beim Stande von 0:5 eingewechselt wurde und gegen den Pele-Klub drei Tore zum 3:6-Endstand erzielte. Mit 19 Jahren in einem der besten Endspiele der Europapokal-Geschichte wurde er zum Matchwinner gegen Real und landete bei der Wahl zu Europas Fußballer des Jahres gleich auf Platz zwei. Diese persönliche Auszeichnung holte er sich 1965, erreichte mit Portugal 1966 die WM-Endrunde und glänzte in England als herausragender Stürmer.

Während Guttmann Benfica mit seinem Fluch verließ, blieb Eusébio dem portugiesischen Rekordmeister ein Leben lang treu. 15 Jahre lang trug Eusébio das Benfica-Trikot, wurde zehnmal Meister, holte fünf Pokalsiege und gewann den Europapokal der Landesmeister. Mit seinen 474 Pflichtspieltreffern ist er bis heute Rekordtorjäger.

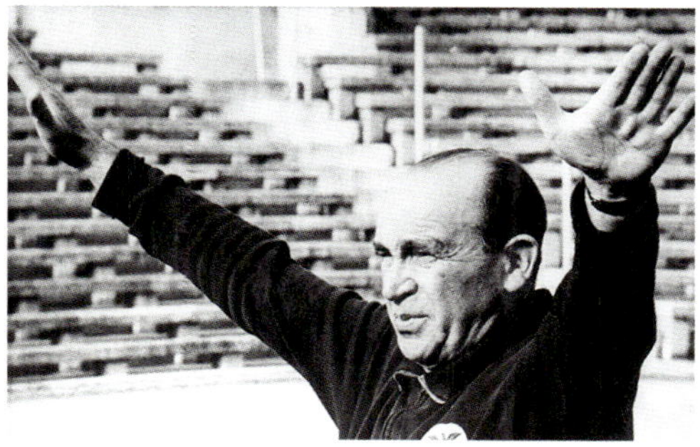

DER MEISTERTRAINER. Bela Gutmann formte Benfica zu einem Weltverein.

Welchen Stellenwert Eusébio für Benfica und für Portugals Fußball besaß, zeigte sich nach seinem Tod am 5. Januar 2014. Die Regierung rief eine dreitägige Staatstrauer aus, 10 000 Menschen strömten ins Estadio da Luz, um Eusébio die letzte Ehre zu erweisen. Eusébio war es, der Benfica zu Weltruhm geführt hatte.

In der Saison 67/68 stand Benfica zum fünften Mal binnen der letzten acht Jahre im Europapokal-Finale, das aber gegen Manchester United nach Verlängerung verloren wurde. Eusébio aber holte sich mit 42 Toren den „Goldenen Schuh" als Europas bester Torschütze.

Benfica hat viele Schlagzeilen geschrieben. 270 000 Mitglieder zählt der Verein und ist damit die Weltnummer zwei hinter Bayern München. Gar 47 Prozent aller Portugiesen geben an, mit Benfica zu sympathisieren – auf so eine Unterstützung kann kein anderer Verein zählen. Nationale Erfolge ziehen sich durch die Klubhistorie: 1973 war Benfica der erste Meister ohne Saisonniederlage, erzielte dabei über 100 Tore – auch dank Eusébio, der erneut Europas bester Torschütze war.

Benfica, in Portugal die Nummer eins und mit 35 Titeln auch Rekordmeister, kann im Konzert der großen europäischen Klubs nicht mehr mithalten. Obwohl 2013 und 2014 der Einzug ins Finale der Europa-League gelang, glänzt Benfica vielmehr als Ausbildungsklubs für Europas Hautevolee. So wechselte der Argentinier Ángel Di María 2010 für 36 Millionen Euro und Fábio Coentrão für30 Millionen Euro zu Real, David Luiz 2010 für 25 Millionen Euro zu Chelsea und 2012 Axel Witsel für 40 Millionen Euro zu Zenit St. Petersburg. Stars werden entwickelt, aber nicht mehr gehalten. Sogar das größte Talent wurde Benfica in jugendlichen Jahren weggekauft: Renato Sanches, gerade 18 Jahre jung und Europameister, wurde vom FC Bayern für 36 Millionen Euro verpflichtet. Geld, das Benfica benötigt, um neue Talente zu suchen und zu fördern. Die Rolle als Ausbildungsklub hat Benfica längst akzeptiert. ■

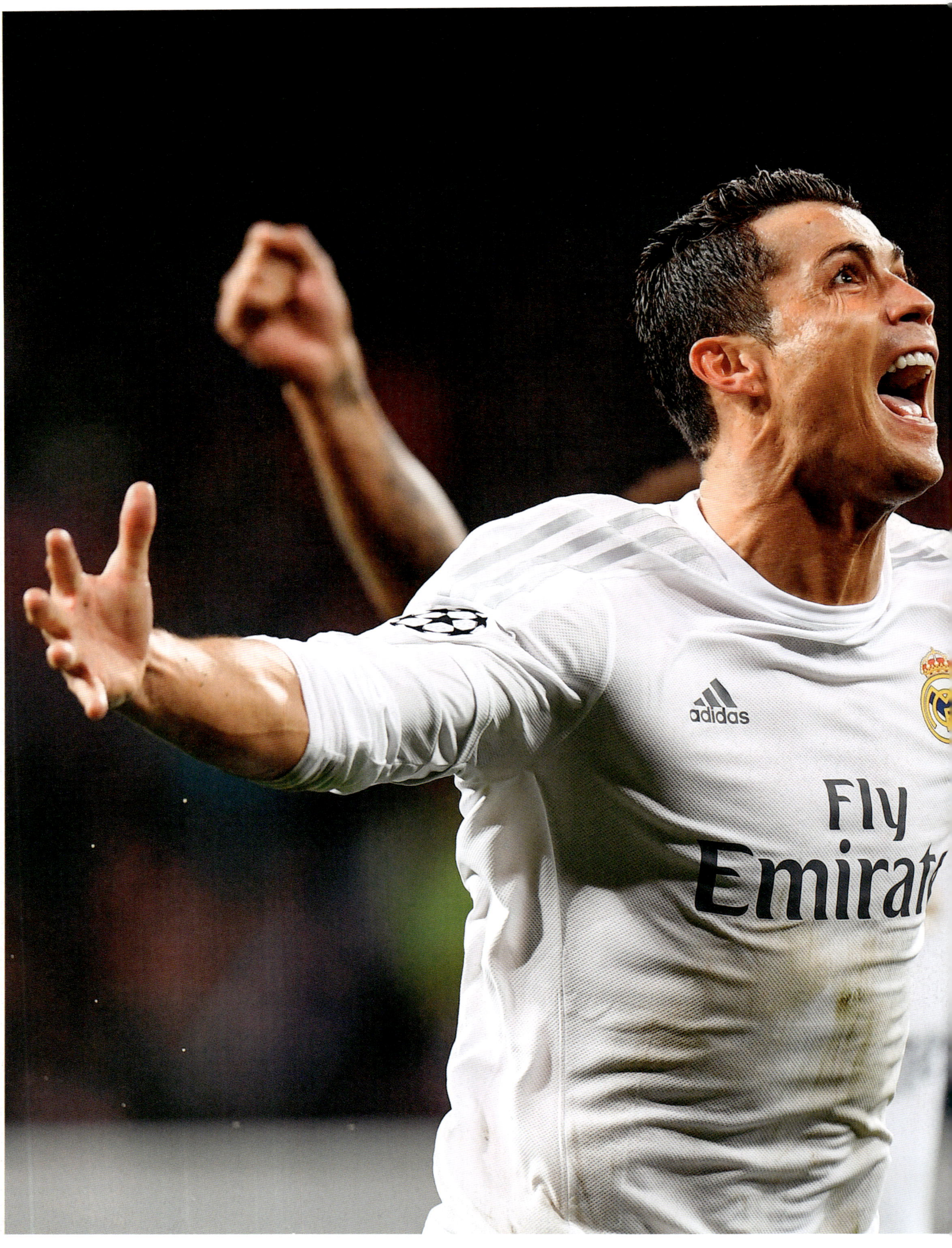
adidas
Fly
Emirat

DIE GROSSEN STARS

VON ALFREDO DI STÉFANO ÜBER JOHAN CRUYFF BIS HIN ZU LIONAL MESSI: SPIELER, DIE EUROPA DOMINIERTEN.

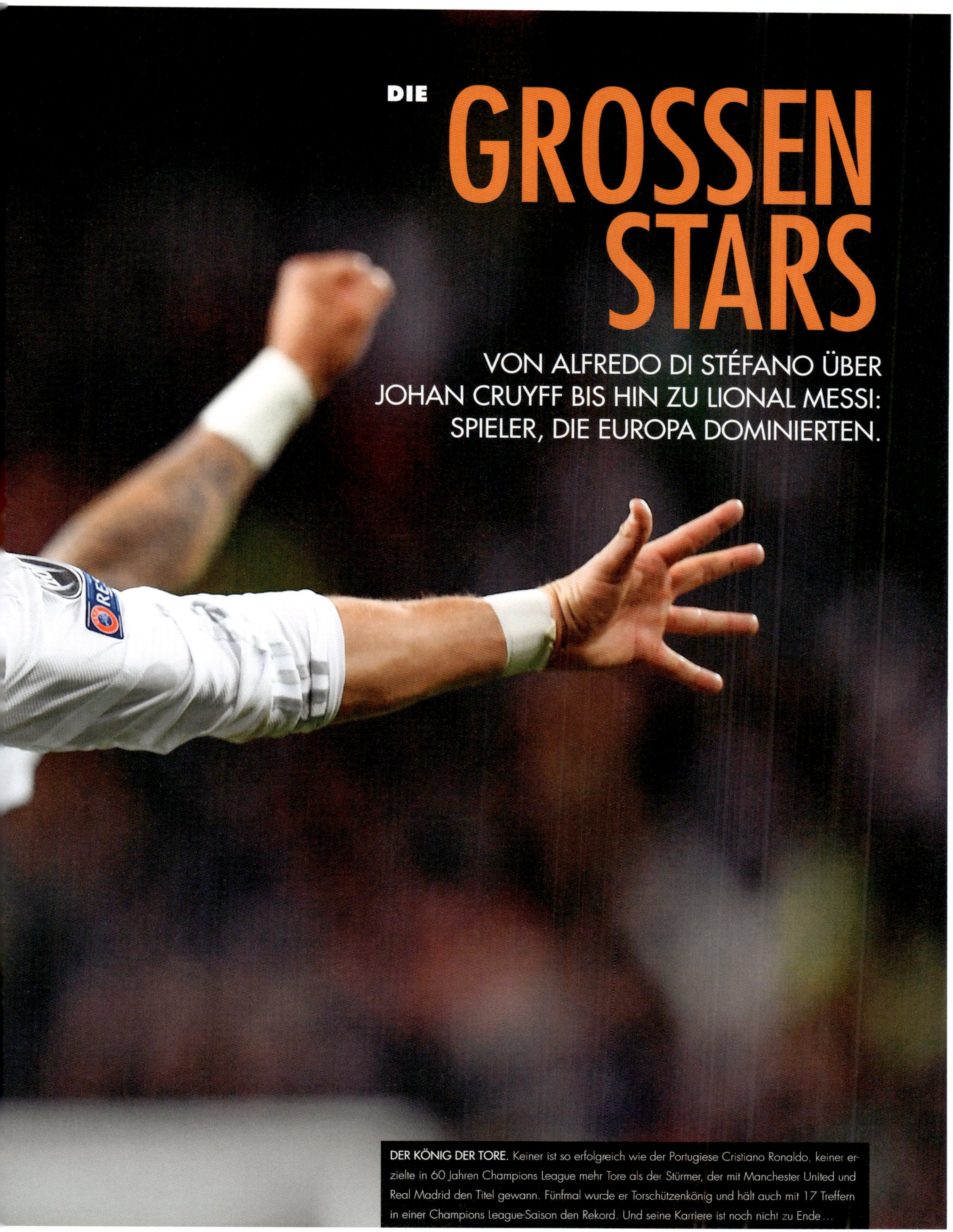

DER KÖNIG DER TORE. Keiner ist so erfolgreich wie der Portugiese Cristiano Ronaldo, keiner erzielte in 60 Jahren Champions League mehr Tore als der Stürmer, der mit Manchester United und Real Madrid den Titel gewann. Fünfmal wurde er Torschützenkönig und hält auch mit 17 Treffern in einer Champions League-Saison den Rekord. Und seine Karriere ist noch nicht zu Ende…

CARLO ANCELOTTI

Geb. > 10. JUNI 1959 in Reggiolo/Italien | Position > MITTELFELD/TRAINER
Vereine > AC MAILAND/REAL MADRID | Titel > 1989, 1990, 2003, 2007/2014

FÜNF TRIUMPHE IN DER KÖNIGSKLASSE

Als Spieler glänzte er nur in der Serie A, spielte für Parma, Roma, Milan. Er war ein „Achter", eine Arbeitsbiene im Mittelfeld, aber mit Führungsqualitäten. Bei der Roma, für die er acht Jahre spielte, war er Kapitän. Und bei Milan

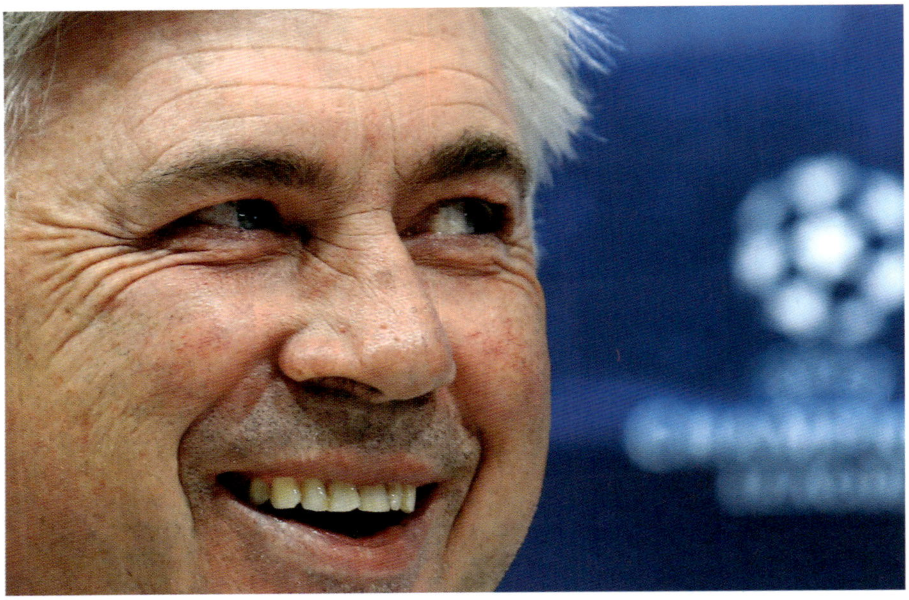

DER STRAHLENDE CHAMPION. Carlo Ancelotti gewann fünf Titel in der Champions League, zwei als Spieler, drei als Trainer.

(1987 bis 1992) gehörte er zu der großen Mannschaft um Baresi, Maldini, Rijkaard, van Basten und Gullit, die rund um die WM 1990 Europa beherrschte, 1989 und 1990 die Champions League gewann.

Als Trainer eroberte er Europa – und sammelte weiter Titel um Titel. Mit Reggiana, seiner ersten Station als Cheftrainer, stieg er in die Serie A auf. Milan baute er zu einer europäischen Spitzenmannschaft auf, die binnen acht Jahren zweimal die Champions League gewann und ein drittes Mal das Endspiel erreichte. Mit Chelsea gewann er das Double, in Paris bat er nach gewonnener Meisterschaft um Vertragsauflösung, um nach Madrid wechseln zu können. Mit Real holte er 2014 „La Decima", den zehnten Europacup-Sieg für Madrid und machte sich damit unsterblich: Insgesamt triumphierte er fünfmal in der Champions League. Er ist der zweite Trainer nach dem Liverpooler Bob Paisley, der dreimal die Champions League gewann. Was für eine Erfolgsliste!

Gleich nach seiner aktiven Karriere, die er 1992 bei Milan beendete, holte ihn sein Vereinstrainer Arrigo Sacchi als Assistent zur Nationalmannschaft. Es war ein Zeichen besonderer Wertschätzung und bestätigte, was viele ahnten, Ancelotti aber nie zur Show stellte: Er war der verlängerte Arm des Trainers schon auf dem Spielfeld. Parallel zu seiner Assistenten-Zeit erwarb er den Trainerschein. Seine Abschlussarbeit trug den Titel: „Die Zukunft des Fußballs: mehr Dynamik".

Sein Trainerstil ist umstritten. Er ist kein Visionär wie Guardiola, kein Showman wie Mourinho, kein Mann für Powerfußball wie Klopp. Ancelotti, von Ronaldo als Menschenkenner bezeichnet, hat die Fähigkeit, mit Stars umgehen zu können und gilt als Verwalter. Bei Milan begann er seine Trainertätigkeit, indem er die Defensive stärkte, ehe er Berlusconis Kritik beherzigte und um Inzaghi und Shevchenko, Kaká und Pirlo offensive Elemente implantierte. Dabei legte er Wert auf Dominanz im Zentrum unter Vernachlässigung der offensiven Außenbahnen. Bei seinen weiteren Stationen glänzte er ausschließlich durch Titelgewinne. Ein Zeichen, dass er die vorhandenen Strukturen optimal ausnutzen und gewinnbringend einsetzen konnte.

Seit 2016 trainiert er den FC Bayern München als Nachfolger von Pep Guardiola. Bisher glänzte er in jedem seiner vier Länder – Italien, England, Frankreich und Spanien –, zumindest mit nationalen Titelgewinnen. Die fünfte Meisterschaft in Folge scheint in München Pflicht. Sein sechster Erfolg in der Champions League allerdings ist das, wonach sie sich bei den Bayern sehnen. Ancelottis Vertrag läuft drei Jahre. ■

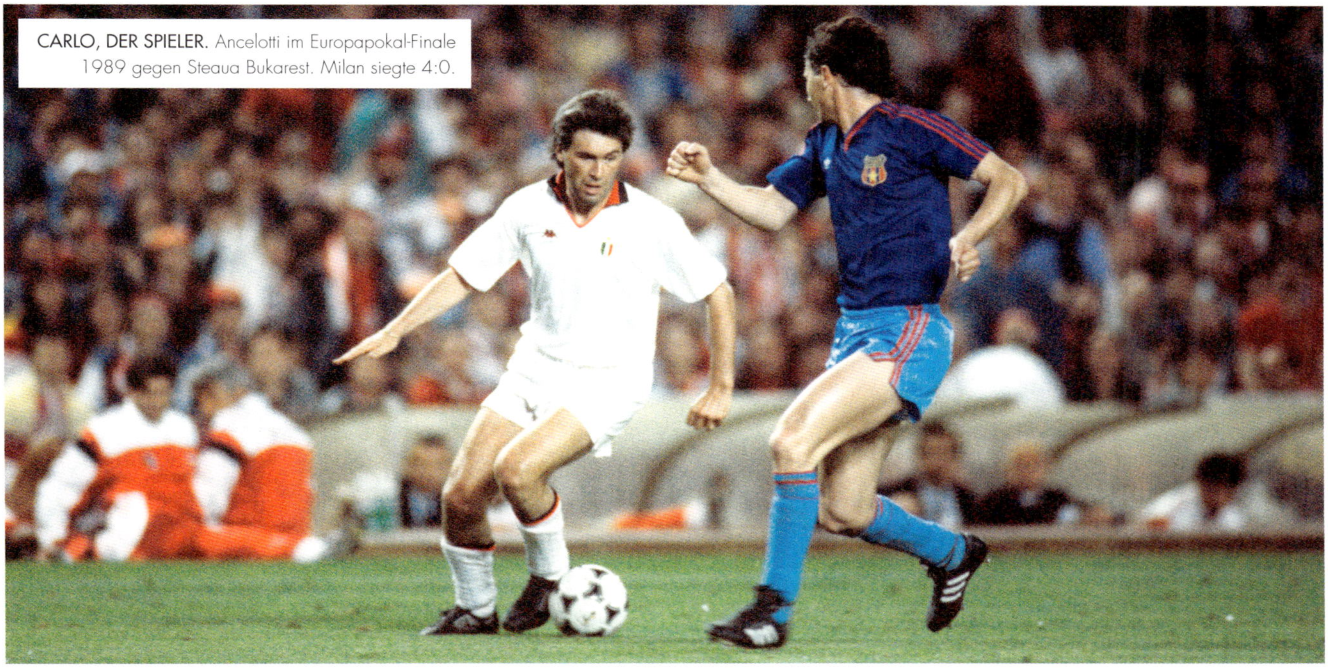

CARLO, DER SPIELER. Ancelotti im Europapokal-Finale 1989 gegen Steaua Bukarest. Milan siegte 4:0.

FRANCO BARESI

Geb. > 8. MAI 1960 in Travagliato/Italien | Position > LIBERO
Verein > AC MAILAND | Titel > 1989, 1990, 1994

DER ITALIENISCHE BECKENBAUER

Die Milan-Fans haben ihn immer noch im Herzen. In der Curva Sud in San Siro hängt nach wie vor ein riesiges Spruchband mit der Aufschrift „Baresi 6". Seit er 1997 seine Karriere beendete, hat der AC Mailand das Trikot mit der Nummer 6 nicht mehr vergeben – aus Respekt vor einem Mann, den sie liebevoll „Franz" nannten.

Franco Baresi, von Trainer Nils Liedholm bereits im zarten Alter von 17 Jahren zum Libero ernannt, gilt als der italienische Beckenbauer. Wie der „Kaiser" organisierte er vorbildlich die Abwehr, hatte eine glänzende Übersicht und spielte Pässe aus dem Fußgelenk. Mit ihm als Kapitän, bereits mit 20 Jahren, erhielt er die Binde, feierten die Rossoneri ihre größten Erfolge. Er war der verlängerte Arm von Trainer Arrigo Sacchi und damit auch Herr der besten Abseitsfalle aller Zeiten. Die Abwehr mit Costacurta, Tassotti und Maldini galt als nahezu unbezwingbar. 1991/92 blieb Milan ungeschlagen, kassierte ein Jahr später nur 15 Gegentore und gewann den dritten Scudetto in Folge. Baresi wurde sechsmal Meister, bestritt zwischen 1978 und 1997 532 Spiele und gilt auch deshalb als größte Milan-Ikone aller Zeiten.

Höhepunkte aber waren die fünf Endspiele und drei Titel in der Champions League. Auch wenn Baresi 1994 beim legendären 4:0-Sieg über den FC Barcelona wegen einer Gelbsperre nur auf der Tribüne saß, so blieb er doch der Kopf dieser Ausnahmemannschaft, die Europa beherrschte wie zuvor nur Real Madrid in den 50ern. Fünfmal in sechs Jahren ins Finale einzuziehen, ist eine außergewöhnliche Leistung. 1989 wurde in Barcelona Steaua Bukarest mit 4:0 besiegt, 1990 gab es in Wien ein 1:0 gegen Benfica Lissabon, 1994 das legendäre 4:0 gegen Barcelona. Dazu kommt das 0:1 1993 in München gegen Marseille, sowie das 0:1 1995 gegen Ajax in Wien.

Dass Franco Baresi überhaupt den Weg zu Milan fand, hat er sich Lokalrivale Inter zuzuschreiben. Gemeinsam mit seinem älteren Bruder Giuseppe, ebenfalls später Nationalspieler, kam Franco eines Tages zum Probetraining. Giuseppe wurde genommen, machte 559 Spiele für Inter. Franco aber, der Erfolgreichere, wurde körperlich für zu schwach gehalten und abgelehnt ... ■

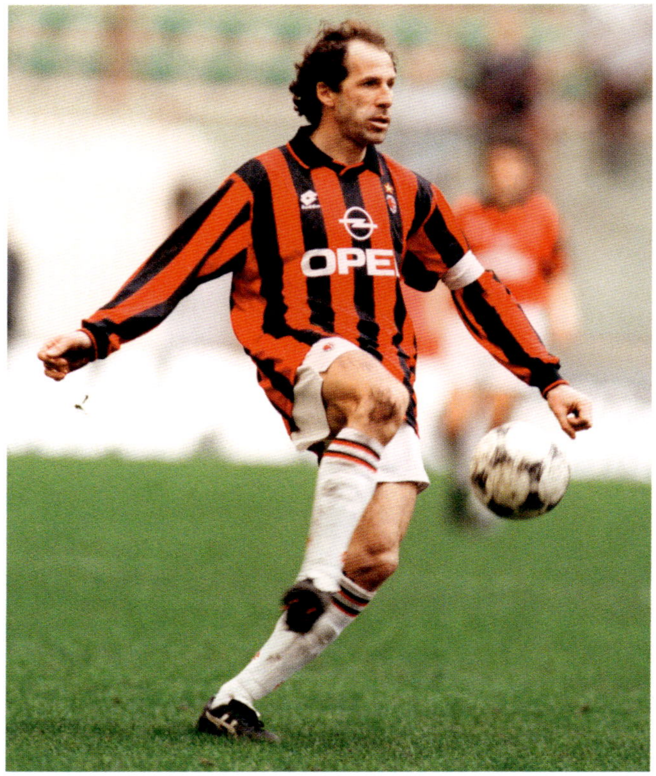

ELEGANT. Libero Franco Baresi bestimmte mit eleganter Ballführung und Übersicht die beste Ära des AC Mailand.

FRANZ BECKENBAUER

Geb. > 11. SEPTEMBER 1945 in München | Position > LIBERO
Verein > FC BAYERN MÜNCHEN | Titel > 1974, 1975, 1976

DEUTSCHLANDS FUSSBALL-KAISER

Was auch immer Franz Beckenbauer anfasst, wird zum Erfolg. Aber wer ihn als „Glückskind des Fußballs" bezeichnet, wird ihm nicht gerecht. Natürlich war er als Fußballer mit herausragendem Talent gesegnet. Es sah alles so leicht aus, wenn er die Pässe aus dem Fußgelenk auf Gerd Müller spielte oder wenn er aufrecht über das Feld spazierte, dirigierte, imponierte. Franz Beckenbauer hat schon als Spieler alles gewonnen, was es zu gewinnen gab. Aber er ist der einzige Sportler weltweit, der mit seinem Verein als Spieler, Trainer und Präsident Titel gewann. Was ihm als Spieler noch fehlte, holte er als Trainer nach – 1996 wurde er auch noch UEFA-Cup-Sieger. Dazu führte er die deutsche Nationalmannschaft als Teamchef zum WM-Titel 1990 und holte als OK-Chef auch noch das WM-Turnier 2006 nach Deutschland, das er zum Sommermärchen machte. Der FC Bayern und der deutsche Fußball wären ohne ihn nicht das, was sie heute sind.

Die Erfolge des deutschen Fußballs in den 70er Jahren trugen seinen Namen. Er war Kapitän der Mannschaft, die 1972 Europa- und 1974 Weltmeister wurde. Er holte insgesamt 19 Titel. Und er war der Chef und Libero jener Bayern-Mannschaft, der 1974, 1975 und 1976 der Hattrick gelang und die dreimal in Folge den Europapokal der Landesmeister gewann. Zu Europas Fußballer des Jahres wurde er 1972 und 1976 gewählt. Und als die Wahl zum Weltfußballer des 20. Jahrhunderts anstand, belegte er Platz drei. Denn er interpretierte den Abwehrchef wie keiner zuvor. Er war ein Spielmacher hinter der Abwehr, spielte sich aus schwierigen Situationen, war eleganter Antreiber und Torvorbereiter. Auch deshalb gilt er als Erfinder des Libero.

Franz Beckenbauer, Vater Postbeamter, Mutter Hausfrau, ist gesegnet mit dem Talent der Lernbereitschaft und der Weiterentwicklung. Ein Leader in jeder Lebenslage, dabei charmant und verlässlich, ein Freund und knallharter Geschäftsmann gleichermaßen, der sich für den Erfolg mit den Besten umgibt. Er war der erste deutsche Fußballer mit eigenem Manager. Als er 1977 zu Cosmos New York wechselte, kam Robert Schwan mit ihm und verließ den FC Bayern. Damit hatte er in seinem eigenen Umfeld professionelle Strukturen eingezogen, die er auch in jeder Lebenslage einforderte. Er hat Sport und Kultur und Wirtschaft und Sport miteinander verbunden und damit große Erfolge vorbereitet. Das alles hat mit seiner Persönlichkeit, aber auch mit Geschick und Können zu tun. Beckenbauer ist weltweit Deutschlands bester Fußball-Botschafter. ■

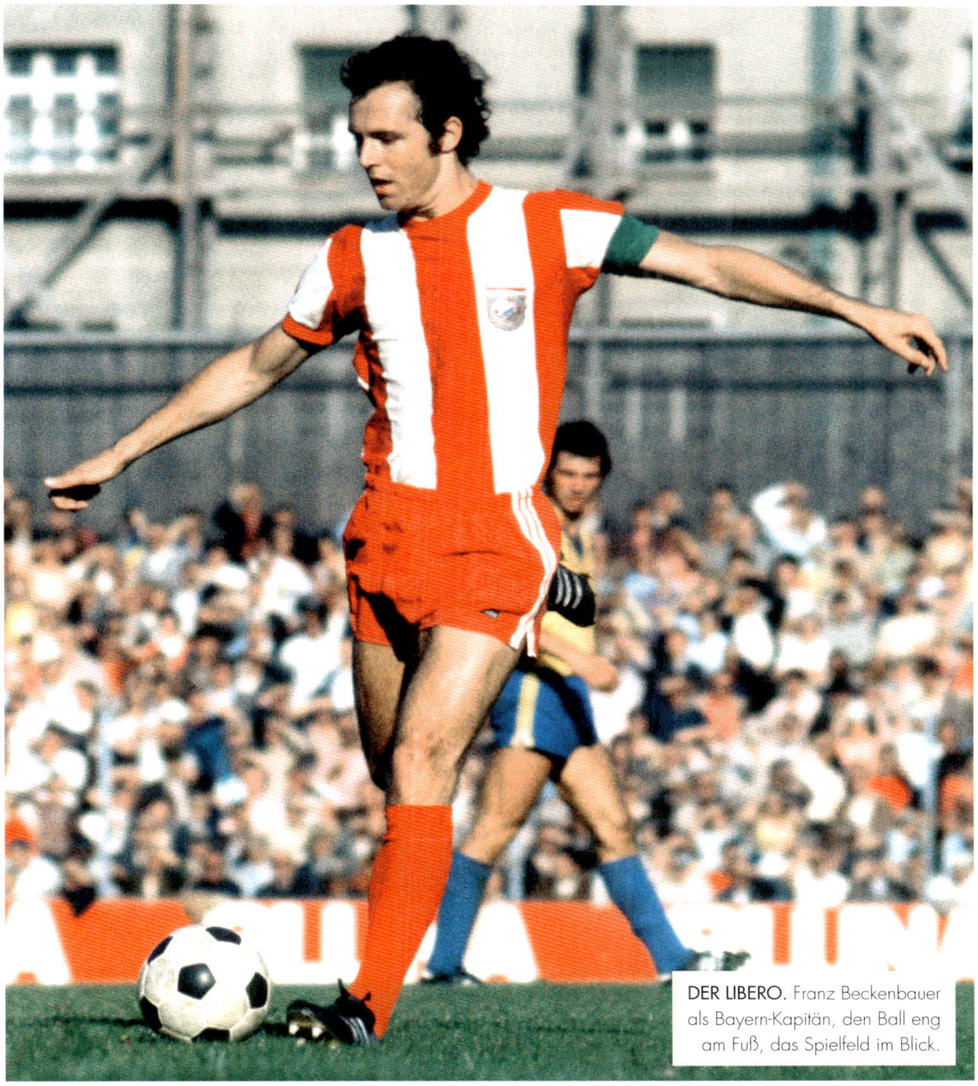

DER LIBERO. Franz Beckenbauer als Bayern-Kapitän, den Ball eng am Fuß, das Spielfeld im Blick.

DAVID BECKHAM

Geb. > 2. MAI 1975 in Leytonstone/England | Position > MITTELFELD
Verein > MANCHESTER UNITED | Titel > 1999

DIE WERBEIKONE AUS GREAT BRITAIN

David Beckham ist eine der schillerndsten Figuren des Weltfußballs. Und das liegt nicht (nur) an seinen spielerischen Qualitäten.

Beckham ist mit Posh Spice verheiratet, die mit der Popgruppe „Spice-Girls" Welterfolge feierte. So wird auch Victorias Ehemann bis heute wie ein Pop-Star vermarktet und gilt als internationale Werbeikone.

Obwohl in London geboren, schlug sein Herz für ManU. Seine Eltern Ted und Sandra waren ManU-Fans, besuchten die Spiele im Old-Trafford und nahmen Klein-David mit. Daher seine Liebe zu dem Klub, mit dem er sechsmal eng-

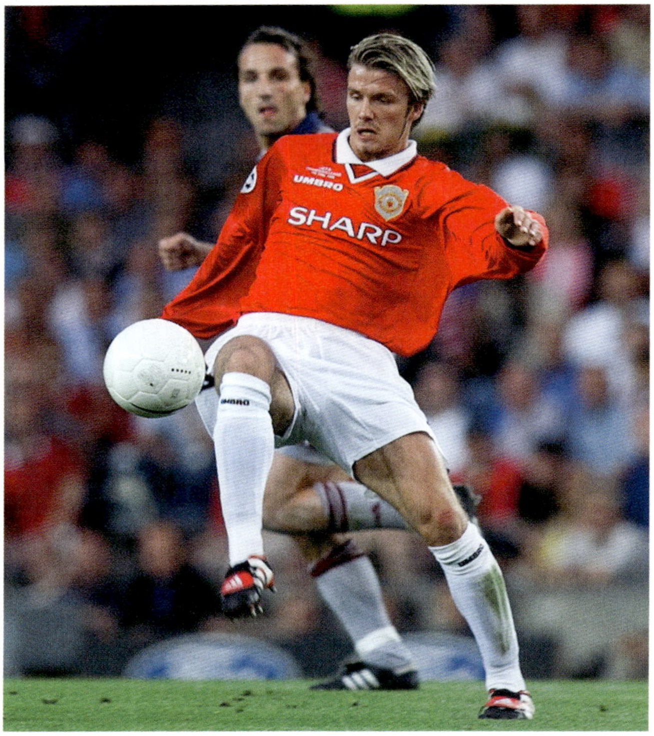

KAPITÄN UND LEADER. David Beckham führte ManU 1999 zum Titelgewinn im Finale gegen die Bayern. Im Hintergrund: Jens Jeremies.

lischer Meister wurde und 1999 die Champions League gewann. David Beckham war Spielmacher und Kapitän der Mannschaft, die Bayern München im legendären Finale von Nou Camp mit 2:1 besiegte – durch die zwei Tore von Sheringham und Solskjær in der Nachspielzeit. Beide Tore hatte Beckham durch Eckbälle vorbereitet. Der ruhende Ball gehörte zu seinen Stärken, Freistoßtore waren seine Spezialität.

1999 führte er ManU zum Triple und hatte in Alex Ferguson einen Mentor, der ihm – trotz aller Kritik, hervorgerufen durch diverse Platzverweise und auch Misserfolge, vor allem mit der Nationalmannschaft – stets das Vertrauen schenkte. So wechselte er trotz zahlreicher Angebote in den Jahren zuvor 2003 zu Real – gegen den Willen von ManU, das ihn zum FC Barcelona transferieren wollte. Binnen eines Tages waren die Trikots mit der von ihm gewählten Nummer 23 ausverkauft und 624.000 Euro in der Real-Kasse. Real, stets auf weltweite Werbeeffekte fokussiert, hatte die richtige Wahl getroffen.

Die ganz großen Erfolge aber blieben auch mit (oder trotz) Beckham aus. 2007 wurde er Meister, nur einmal in fünf Jahren. Zum Abschied schenkte er den Fans noch zwei Torvorlagen zum 3:2-Sieg gegen den FC Bayern im Champions League-Achtelfinale, beim Ausscheiden von Real stand er bereits in Diensten der Los Angeles Galaxy, wo er einen Fünfjahresvertrag unterschrieben hatte. Erst 2013 beendete er seine Karriere, spielte noch ein halbes Jahr in Frankreich für Paris St. Germain und verabschiedete sich mit der französischen Meisterschaft von der Fußballbühne.

Der Triumph mit ManU 1999 blieb in 103 Einsätzen sein einziger Titel in der Champions League. ■

IKER CASILLAS

Geb. > 20. MAI 1981 in Mostoles/Spanien | Position > TORWART
Verein > REAL MADRID | Titel > 2000, 2002, 2014

REKORDSPIELER MIT DREI TITELN

15. Mai 2002, Hampdon-Park in Glasgow. Es läuft die 68. Minute. Real Madrid führt durch Tore von Raúl (8.) und Zidane (45.) mit 2:1. Lúcio hatte für Leverkusen ausgeglichen (14.). Da verletzt sich Real-Torwart César Sánchez. Trainer Vincente del Bosque muss wechseln, bringt Iker Casillas. Und das Real-Eigengewächs wird zum Teufelskerl. Er hält alles, was zu halten ist. Leverkusen stürmt, drückt, hat Großchancen en masse, aber Casillas hält den 9. Titel für Real fest.

Es ist die Stunde, als Casillas endgültig zur Nummer eins bei Real aufstieg. Die Champions League ist seins. Seit 1989 spielte er für Real, gab 1999 sein Profidebüt, als er für den verletzten Bodo Illgner einsprang. Immer wieder wurde an seiner Strafraumbeherrschung gezweifelt, seine Reaktionsfähigkeit und die Intuition in den Eins-zu-eins-Situationen ignoriert. Bis zu diesem Spiel in Glasgow. Seither ist seine Karriere mit Titeln gepflastert. Fünf Jahre hintereinander (2008 bis 2012) wird er zum Welttorhüter gewählt, fünfmal Meister, zweimal Pokalsieger, gewinnt den Weltpokal (2002) und die Klub-WM (2014) mit Real, wird Europa- (2008 und 2012) sowie Weltmeister mit Spanien. Dazu gewinnt er dreimal die Champions League. Beim dritten Titel 2014 mit Trainer Carlo Ancelotti hat er seinen Stammplatz im Real-Tor bereits verloren. Im Pokal und in der Champions League aber ist er die Nummer eins und gewinnt beide Titel. 2015 wechselt er nach 725 Spielen und 16 Jahren zum FC Porto, um hier seine Karriere abzurunden. Denn in Portugal wurde er zum Rekordspieler der Champions League und löste mit seinem 152. Einsatz seinen Landsmann Xavi ab. ■

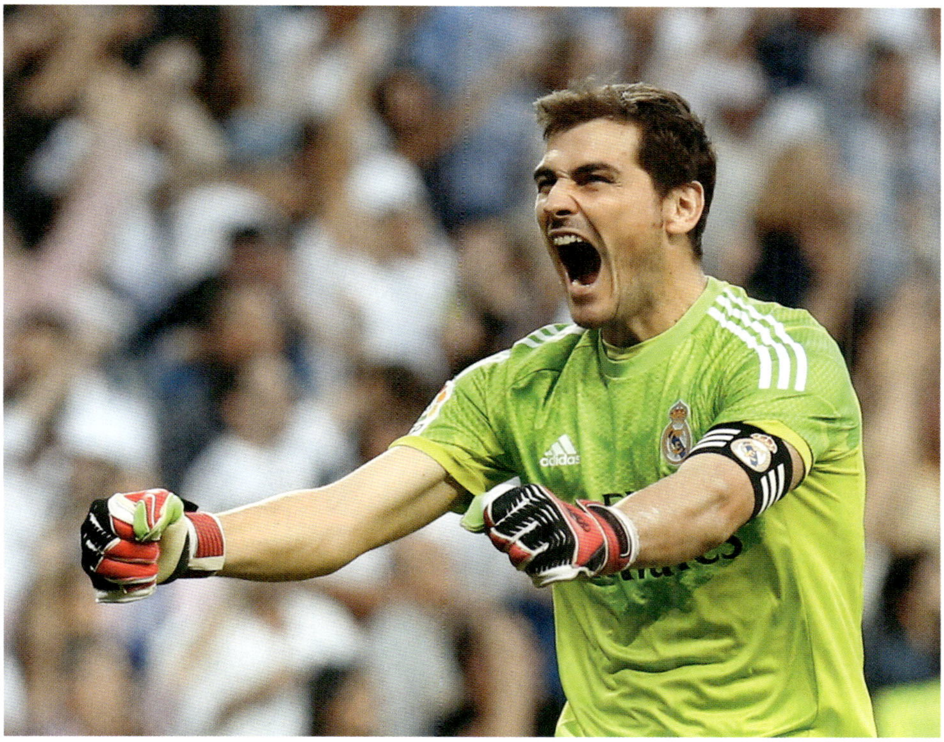

EIN JUBELNDER TORWART. Iker Casillas wurde zur Real-Ikone, gewann dreimal die Champions League und ist Rekordspieler der Königsklasse.

JOHAN CRUYFF

Geb. > 25. APRIL 1947 in Amsterdam/Niederlande | Gest. > 24. MÄRZ 2016 in Barcelona/Spanien
Position > ANGRIFF | Vereine > AJAX AMSTERDAM/FC BARCELONA | Titel > 1971, 72, 73 (als Spieler), 1992 (als Trainer)

„KÖNIG JOHAN" ALS STRATEGE UND VORDENKER

Als die Wahl zu Europas Fußballer des Jahrhunderts anstand, setzte sich ein Niederländer auf den Ewigkeitsthron: Johan Cruyff, dieser elegante, leichtfüßige Alleskönner, nominell Mittelstürmer, aber gleichzeitig Spielmacher, Stratege, Passgeber und Torjäger. Mehr noch als sein spielerisches Können imponierte sein fußballerisches Denken.

Cruyff verkörperte zunächst den von Rinus Michels vorgegebenen „Voetball totaal", die neue Art des Offensivspiels, mit dem Ajax Amsterdam Europa eroberte. Es war ein 4-3-3-System, in dem Cruyff die Schlüsselrolle zukam. Dabei hatte Michels zunächst mit Widerständen zu kämpfen, auf den schlacksigen Stürmer zu setzen. Cruyff war leicht (60 Kilo), Kettenraucher dazu (bis zu 80 Zigaretten pro Tag), schaffte es erst im Alter von 15 Jahren, einen Eckball vors Tor zu schlagen. Michels verordnete ihm Krafttraining, Waldläufe und Muskelaufbau und behielt recht. Der Stürmer, der die Rückennummer 14 zur Legende machte, wurde dreimal zu Europas Fußballer des Jahres gewählt, mit und dank ihm holte Ajax 1971, 1972 und 1973 den Europapokal der Landesmeister. Seit Real Madrid in den 50er Jahren hatte keine Mannschaft Europas Fußball so dominiert wie Amsterdam unter „König Johan".

Als Spaniens Fußball-Grenzen fielen und die Verpflichtung von Ausländern 1973 genehmigt wurde, holte Rinus Michels seinen Musterschüler trotz größter Widerstände in die katalanische Hauptstadt. Cruyffs Schwiegervater Cor Costa verhandelte mit dem Verband. Erst nach einer zarten Erpres-

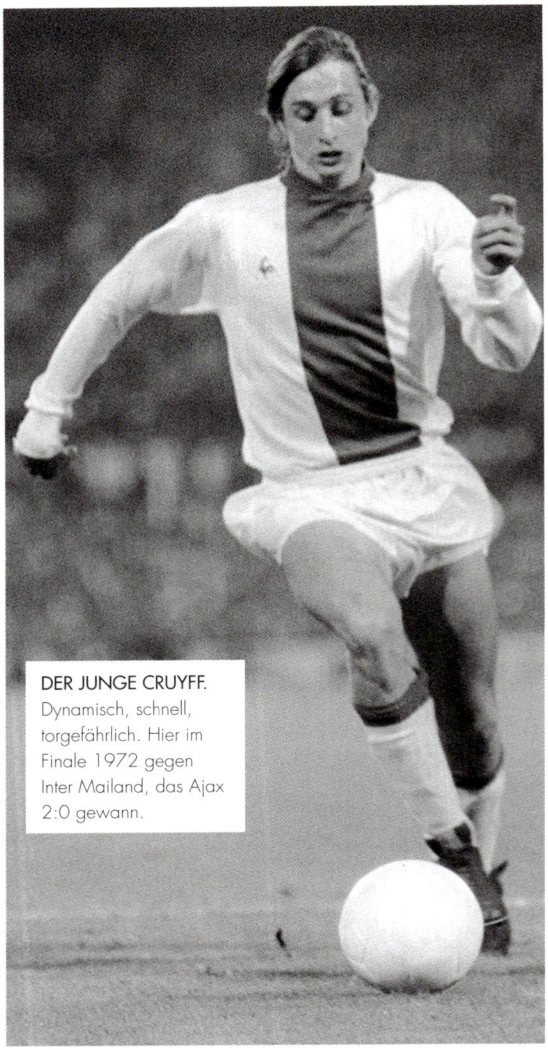

DER JUNGE CRUYFF. Dynamisch, schnell, torgefährlich. Hier im Finale 1972 gegen Inter Mailand, das Ajax 2:0 gewann.

sung („Er spielt nie wieder für die Niederlande") gab der Verband nach – und Ajax kassierte die damals astronomische Ablösesumme von 3,7 Millionen Mark. Aber Barcelona bekam einen „König", der auch in Katalonien eine „cruyffomania" auslöste. Nach einem 5:0-Sieg in Madrid, dem höchsten aller Zeiten, feierten sie ihn als El Salvador (Erlöser) und mit ihm den ersten Meistertitel nach 14 Jahren.

Nach Abschluss seiner aktiven Karriere, die er 1984 bei Feyenoord Rotterdam beendete, beerbte er 1985 Rinus Michels und übernahm Ajax als „Technischer Direktor". Nun schickte er sich an, den „Voetbal Totaal" von Michels zu perfektionieren. Er entwickelte das Ajax-System, das Offensivspiel mit pfeilschnellen Außenstürmern und Pässen in die Schnittstellen, mit aggressivem Pressing und Ballbesitz. Dazu zählte auch, die Ajax-Schule weiterzuentwickeln und junge Spieler in den Profikader zu integrieren. So formte er Talente wie Marco von Basten, Frank Rijkaard oder Dennis Bergkamp zu Weltklassespielern.

Dieses System übertrug er ab 1988 auf den FC Barcelona und begann dort mit der Umstrukturierung der Sportschule „La Massia", die bis heute von seiner Philosophie profitiert. Zudem baute er eine Mannschaft nach seinen Vorstellungen auf mit Spielern wie Hristo Stoitchkov, Andoni Zubizarreta und Michael Laudrup. Von 1991 bis 1994 wurde Barça viermal in Folge Meister und gewann 1992 erstmals in seiner Geschichte den Europapokal der Landesmeister (1:0 gegen Sampdoria Genua). Ganz Europa schwärmte von diesem „Dream team".

Cruyff gilt somit als Vordenker des modernen Fußballs, ließ sich dabei nie verbiegen. Auch nicht von Barça-Präsident Núñez, der nach dem 0:4 im Finale von 1994 gegen Milan die Transferpolitik bestimmen wollte. Von heute auf morgen legte Cruyff sein Traineramt nieder und verdingte sich seither als Berater und TV-Kommentator. Cruyff starb im März 2016 an Lungenkrebs. ■

ALFREDO DI STÉFANO

Geb. > 4. JULI 1926 in Buenos Aires/Argentinien | Gest. > 7. JULI 2014 in Madrid/Spanien
Position > ANGRIFF | Verein > REAL MADRID | Titel > 1956, 1957, 1958, 1959, 1960

DER CHEF VOM „WEISSEN BALLETT"

Alfredo Di Stéfano war zu seiner Zeit wie ein Fußballer von einem anderen Stern. Nominell war er ein Mittelstürmer. Aber er war Stratege, Spielmacher, Führungspersönlichkeit und Torjäger in einer Person. Er bestach durch seine Schnelligkeit, seine Tempo-Dribblings, sein Kurzpassspiel, sein Auge und seine Kaltschnäuzigkeit vor dem Tor. In seiner Heimat tauften sie ihn wegen seiner blonden Haare und seiner unglaublichen Schnelligkeit La Saeta Rubia, der blonde Pfeil, in Madrid nannten sie ihn „Die Lanzenspitze". Alfredo Di Stéfano war Anführer des „Weißen Balletts", wie Real Madrid respektvoll genannt wurde. Mit ihm gewann Real fünfmal in Serie den Europapokal der Landesmeister und bestimmte den Weltfußball wie keine Mannschaft zuvor und keine danach.

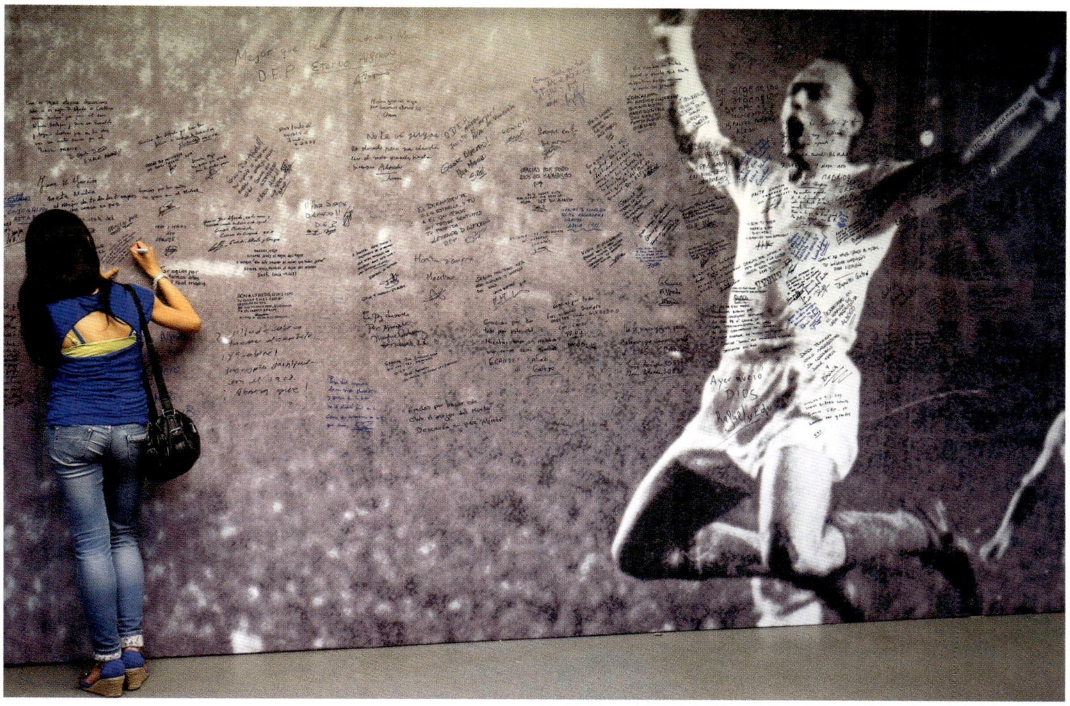

GESTERN UND HEUTE. Eine Kondolenzwand mit seinem überdimensionalen Jubelsprung wurde im Stadion Bernabéu anlässlich seines Todes aufgebaut. Fans kondolierten mit ihrer Unterschrift einen der größten Fußballer aller Zeiten.

Di Stéfano war ein Kosmopolit. Als Sohn italienischer Einwanderer wurde er in Buenos Aires geboren. 1948 wechselte er in die neu gegründete Profiliga nach Kolumbien, weil der argentinische Ligabetrieb durch Spielerstreiks gefährdet schien. Natürlich wurde er mit den „Millonarios" Meister – und natürlich war er der Torschützenkönig.

Sein Wechsel zu Real Madrid ist eine besondere Geschichte. Die „Millonarios" machten auf einer Europatournee Halt in Madrid, wo Real sein 50-jähriges Bestehen feierte. Di Stéfano spielte beim 4:2 über Real erneut großartig und begeisterte den Real-Vorstand. Aber Barcelona wollte ihn auch. Da die Transferrechte immer noch River Plate hatte, zahlte Barça 215.000 Euro nach Buenos Aires. Real überwies 81.000 Euro nach Kolumbien, wo Di Stéfano noch unter Vertrag stand. Zwei Ablösesummen für einen Spieler an zwei Vereine – nun musste der spanische Verband entscheiden und fällte am 15. September 1953 ein salomonisches Urteil: Zwei Jahre sollte Di Stéfano für Real, zwei für Barcelona spielen. Di Stéfano selbst wollte zu Real, zeigte sich entsprechend lustlos in Freundschaftsspielen, die er für Barça zu absolvieren hatte. Daraufhin verzichtete Barcelona gegen eine erneute Ablösesumme. 5,5 Millionen Peseten zahlte Real insgesamt, rund 298.000 Euro. Für damalige Verhältnisse eine Rekordsumme.

Di Stéfano antwortete auf seine Art. In seinem ersten „Clasico" mit Real gegen Barcelona steuerte er vier Tore zum 5:0-Sieg bei und befeuerte mit dieser Geschichte erneut die unendliche Rivalität der beiden großen spanischen Klubs. In seiner ersten Saison wurde er mit 27 Treffern nicht nur Torschützenkönig, sondern führte Real nach 21 langen Jahren auch zu seiner dritten Meisterschaft. Es war der Anfang einer Erfolgsstory, wie sie die Fußballwelt noch nie gesehen hatte.

Mit ihm feierte Real acht Meisterschaften und einen Pokalsieg (1962), vor allem aber fünf Triumphe im Europapokal der Landesmeister. Obwohl Jahr für Jahr weitere Ausnahmespieler verpflichtet wurden – Francisco Gento, Raymond Kopa, Ferenc Puskás und José Santamaría kamen – blieb Di Stéfano stets der unumstrittene Kopf der „Königlichen". Er gewann in seiner Karriere 14 Meisterschaften, wurde zehnmal Torschützenkönig in diversen Ligen und verordnete Real einen Spielstil, der an eine Ballettaufführung erinnerte – mit Di Stéfano als Dirigenten und Taktgeber.

Die richtige Bühne dafür waren Europas Stadien im neu geschaffenen Europapokal. 1956 gab es ein 4:3 gegen Stade Reims (mit Just Fontaine, dem WM-Torschützenkönig von 1958), 1957 ein 2:0 gegen den AC Florenz, 1958 ein 3:2 n. V. gegen den AC Mailand, 1959 ein 2:0 erneut gegen Stade Reims und die Krönung zum Schluss, das 7:3 gegen die Frankfurter Eintracht 1960. Di Stéfano hatte in jedem Endspiel getroffen, gegen Frankfurt sogar dreimal. 1964 endete seine einmalige Karriere bei Real Madrid, wo er zum Ehrenspielführer ernannt wurde.

Di Stéfano starb am 7. Juli 2014 im Alter von 88 Jahren an den Folgen eines Herzinfarktes. ■

SAMUEL ETO'O

Geb. > 10. MÄRZ 1981 in Douala/Kamerun | Position > STÜRMER
Vereine > FC BARCELONA, INTER MAILAND | Titel > 2006, 2009, 2010

DER TRIPLE-STÜRMER AUS KAMERUN

Zweimal gewann er das Triple – und das binnen zwei Jahren und mit zwei verschiedenen Klubs. Samuel Eto'o, der Wunderstürmer aus Kamerun, hat allein deshalb Champions League-Geschichte geschrieben.

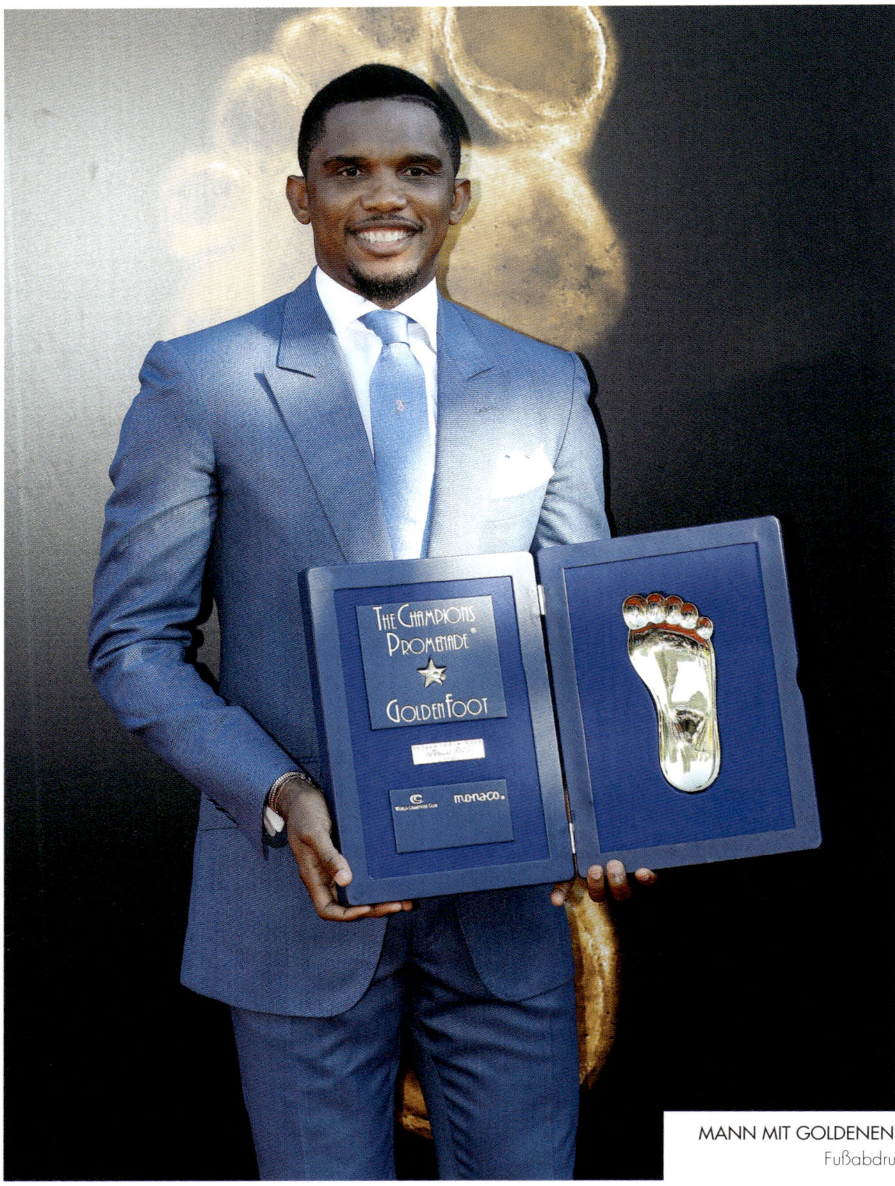

MANN MIT GOLDENEN FÜSSEN. Samuel Eto'o zeigt seinen goldenen Fußabdruck, der seit 2015 in Monaco ausgestellt wird.

Sein Talent war nicht zu übersehen. Der geschmeidige, pfeilschnelle Stürmer spielte schon mit 13 bei einem Zweitligisten in Kamerun. Mit 14 wurde er Nationalspieler, mit 15 nahm ihn Real Madrid unter Vertrag. Aber erst mit 23 Jahren gelang ihm der Durchbruch in Europa. Nach 54 Toren in 133 Spielen für RCD Mallorca holte ihn der FC Barcelona. Weil Real nach wie vor 50 Prozent der Transferrechte gehörten, musste Barça 27 Millionen Euro auf den Tisch legen. Eine Investition, die sich lohnte. Denn in seinen fünf Jahren für Barça erzielte er 130 Tore in 200 Pflichtspielen und ist damit der vierterfolgreichste Barça-Torjäger aller Zeiten.

Zweimal gewann der vierfache Fußballer des Jahres von Afrika mit Barça die Champions League und glänzte als zweifacher Torschütze. Im Finale 2006 gelang ihm das 1:1 gegen Arsenal, im Finale 2009 erzielte er das 1:0 gegen Manchester United.

2009 verabschiedete er sich nach dem Triple-Gewinn aus Barcelona, wurde Opfer der Transferpolitik der Katalanen und gegen Zlatan Ibrahimović (zzgl. 46 Mio. Euro) an Inter Mailand abgegeben. Das machte Eto'o zum Bestverdiener der Serie A. Mit Inter wiederholte er den Triple-Triumph. Unter Trainer José Mourinho gewann Inter das Champions League-Finale 2010 gegen Bayern München, wurde italienischer Meister und Pokalsieger. Auch der Supercoppa ging an Inter, wobei Eto'o beim 3:1-Sieg gegen den AS Rom mit einem Doppelpack glänzte. Auch Werder Bremen hat bittere Erinnerungen an Eto'o, erzielte er doch in der Champions League-Vorrunde gleich drei Tore gegen Werder. Sein Doppel-Triple ist einmalig in Europas Fußball-Historie. ■

EUSÉBIO

Geb. > 25. JANUAR 1942 in Marques/Mosambik | Gest. > 5. JANUAR 2014 in Lissabon/Portugal
Position > MITTELSTÜRMER | Vereine > BENFICA LISSABON | Titel > 1962

DER SCHWARZE PANTHER AUS MOSAMBIK

Er ist Portugals größtes Sportidol. Sie nannten ihn „Pantera Negra", den schwarzen Panther. 15 Jahre lang spielte er für Benfica, wurde zehnmal Meister, fünfmal Pokalsieger, und ist mit 474 Toren bis heute Benficas Rekordschütze. Der Ruhm, den Benfica einheimste, ist eng mit seinem Namen verbunden.

Eusébio stammt aus Mosambik. Sein Vater starb, als er acht Jahre alt war. Mutter Elisa musste die neun Kinder alleine großziehen. Sie lebten in den Slams von Maputa, der Hauptstadt Portugiesisch-Ostafrikas. Der Fußball bot ihm die Möglichkeit des sozialen Aufstiegs.

Die 36 Tore, die er mit 18 für Sporting Clube de Lourenço Marques erzielte und den Verein zum Meister machten, sprachen sich bis nach Lissabon herum. Obwohl Sporting einen Kooperationsvertrag mit dem Klub besaß, überwies Benfica rund 25.000 Euro und sicherte sich somit das größte Talent des afrikanischen Fußballs. Das war im Herbst 1960. Weil die Spielgenehmigung erst im Sommer 1961 erteilt wurde, verpasste Eusébio das Finale 1961 und den ersten Triumph bei den Landesmeistern.

Seinen ersten Auftritt für Benfica hatte er in einem Freundschaftsspiel gegen den FC Santos, den Klub des großen Pele. Santos führte 5:0, als Eusébio eingewechselt wurde. Lissabon erzielte noch drei Tore – und alle von Eusébio.

Im Mai 1962 gelang ihm der internationale Durchbruch durch zwei Tore, die heute noch jeder Benfica-Fan kennt. Im Endspiel gegen Real Madrid erzielte er die Treffer zum 4:3 und 5:3. Vor lauter Freude und Hysterie erlitt der 19-Jährige in der Kabine einen Nervenzusammenbruch. Es war der Start zu einer überragenden Karriere. Bei der Wahl zu Europas Fußballer des Jahres wurde er auf Anhieb Zweiter. Es war ein kometenhafter Aufstieg für den Jungen aus der afrikanischen Provinz zum europäischen Fußball-Star.

Eusébio, der die 100 Meter in elf Sekunden lief und mit einem explosiven Schuss Tornetze zerfetzen konnte, krönte seine Leistung bei der WM 1966, wo er Portugal bis auf Platz drei schoss und selbst mit neun Treffern Torschützenkönig wurde. Zu Europas Fußballer des Jahres wurde er 1965 gewählt und zweimal erhielt er den „Goldenen Schuh" als bester Torschütze Europas: 1968 mit 42 Treffern und 1973 noch einmal mit 40 Treffern.

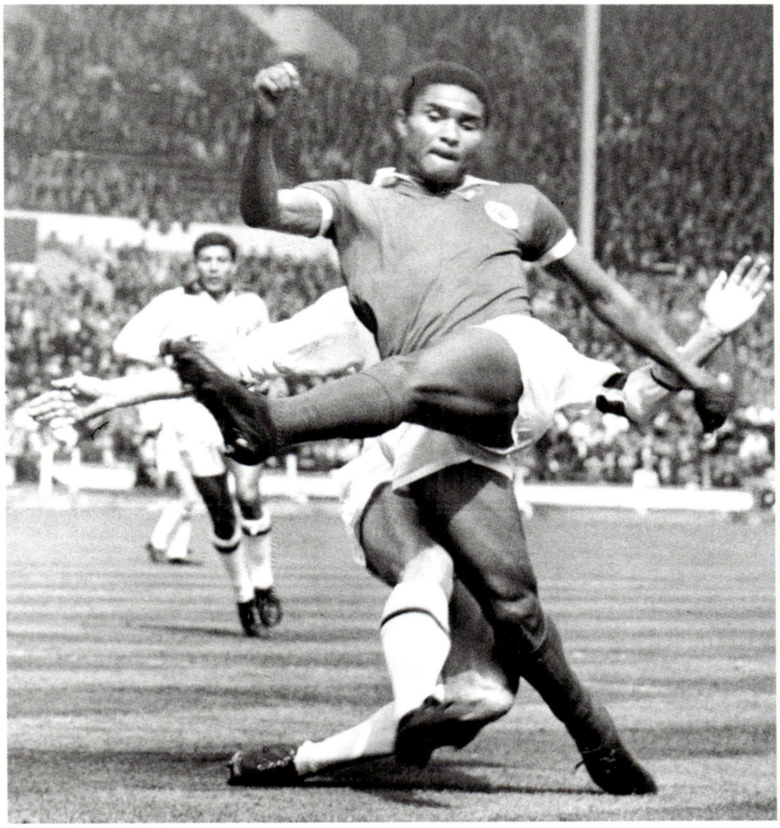

TYPISCH EUSEBIO. Kraftvoll setzt er sich hier gegen Maldini durch. Eine Szene aus dem Finale 1963 zwischen Benfica und Milan im Londoner Wembley-Stadion.

Europas Krone aber blieb ihm verwehrt. Noch drei weitere Male erreichte Benfica das Endspiel im Europapokal der Landesmeister, verlor jedoch alle drei Partien: 1963 1:2 gegen den AC Mailand, 1965 0:1 gegen Inter Mailand, 1968 1:4 gegen Manchester United.

Auch durch seine Vereinstreue wurde er zu einem Symbol für Stolz und Loyalität, wovon er auch später profitierte, als er den portugiesischen Verband repräsentierte.

Als er am 5. Januar 2014 nach einem Herzstillstand verstarb, wurde in Portugal eine dreitägige Staatstrauer verhängt. Es war die Wertschätzung einer ganzen Nation für ein Idol, das aus der afrikanischen Provinz heraus den Traditionsklub Benfica zu einem Namen mit Weltruf verholfen hatte. Eine Statue am Estadio da Luz erinnert noch heute an den größten Fußballer Portugals. ■

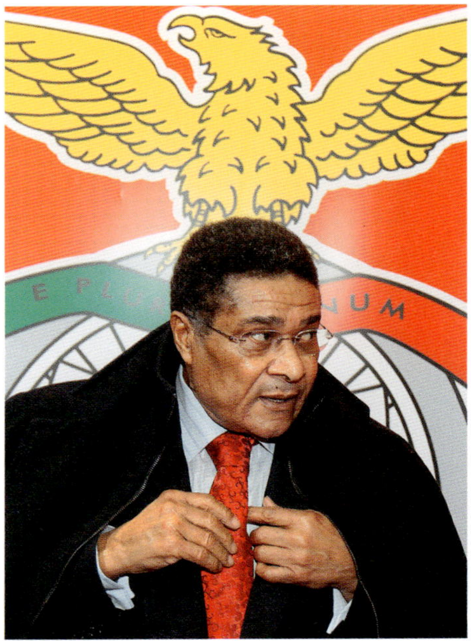

BENFICA-IDOL. Eusébio bei seinem 70. Geburtstag im Jahr 2012 vor dem Wappen von Benfica.

HELENIO HERRERA

Geb. > 10. APRIL 1910 in Buenos Aires/Argentinien | Gest. > 9. 11. 1997 in Venedig/Italien
Position > TRAINER | Verein > INTER MAILAND | Titel > 1964, 1965

DER ERFINDER DES CATENACCIO

Schöner Fußball? Attraktiv und offensiv? „Nichts als Geschwätz", pflegte Helenio Herrera zu sagen. Er gilt als Erfinder des Catenaccio und erwarb sich den Beinamen „Totengräber des Fußballs".

Er hat Spuren hinterlassen im Weltfußball, bis heute. Der populärste Fußballtrainer der Welt (Spiegel) ist ein Mann mit vier Staatsbürgerschaften. Er besaß Pässe aus Argentinien, Frankreich, Spanien und Italien. Als Sohn Exil-Spanier wurde er in Buenos Aires geboren, kam im Alter von vier Jahren nach Casablanca, glänzte als Fußballer in Frankreich, wurde mit Atlético Madrid spanischer Meister und hatte seine erfolgreichste Zeit in Italien. „Ich sehe mich weder als Argentinier noch als Franzose, ich bin Weltbürger", so sein Motto. Und noch eine weitere Episode ist wichtig, um diesen außergewöhnlichen Trainerfuchs zu begreifen: In Casablanca erkrankte er an Diphterie. Er musste kämpfen, um zu überleben, und er lernte zu kämpfen, um herauszuragen.

Herrera, auch „der Magier" genannt, erfand den Trainerberuf neu. Er war PR-Mann, Motivator, Psychologe und Taktikfuchs in einer Person. So soll er mit Bällen nach seinen Spielern geworfen und gebrüllt haben: „Warum werden wir gewinnen?" Und die Untergebenen mussten antworten: „Wir gewinnen, weil wir gewinnen wollen." Motivationszettel klebte er an die Kabinentür, gilt als Erfinder der Trainingslager und kontrollierte auch das Privatleben. „Vorher", so Herrera, „hatte man Spieler, die Whisky getrunken haben und Huren hatten, obwohl sie verheiratet waren." Seine Methoden waren umstritten, aber dennoch wegweisend. Verteidiger Alfonso Aparicio: „Er war ein Monster. Er quälte uns mit bis zu drei Stunden Training täglich, doch am Sonntag vernaschten wir jeden Gegner." Aus diesen Worten klang Anerkennung.

Denn der Erfolg gab Herrera recht. Obwohl er immer wieder Probleme mit Stars hatte – in Barcelona kündigte er nach einem Disput mit Kubala – formte er das „Grande Inter", die erfolgreichste Zeit von Internazionale Mailand. Zwischen 1960 und 1968 feierte er drei Meisterschaften, gewann 1964 und 1965 den Europapokal der Landesmeister und den Weltpokal. 1967 stand Herrera mit Inter ein drittes Mal im Finale, unterlag jedoch Celtic Glasgow mit 1:2. Er prägte einen Spielstil, der bis heute als „Catenaccio" (Riegel) beschrieben wird und den auch Italiens Nationalmannschaft übernahm.

Nach der WM 1962 und dem Ultimatum von Präsident Moratti nahm er eine Taktik-Änderung vor: Er opferte einen Mittelfeldspieler und führte mit Armando Picchi einen Ausputzer ein, der hinter der Viererkette die Abwehr dicht hielt. Dazu ließ er die bis dahin unbekannte Manndeckung spielen. Er schaffte das Dribbling ab, „weil der Ball ohne Spieler schneller unterwegs ist". Linksverteidiger Facchetti war seine Geheimwaffe, weil er die komplette Außenbahn bearbeiten durfte, als Abwehrspieler auch gleichzeitig Linksaußen spielte. Mazzola und der von ihm aus Barcelona geholte Suárez perfektionierten das Spiel der Nerazzurri in der Offensive und sorgten für die nötige Effektivität. Mit diesem unattraktiven Spielstil gewann er das Finale 1964 mit 3:1 gegen Real Madrid und 1965 gegen Benfica Lissabon mit 1:0. Herrera gilt als Vorreiter in vielen Bereichen. Umstritten aber war er auch damals wegen seiner Strenge oder seiner medienwirksamen Auftritte, die längst nicht überall Zustimmung erfuhren. Ein autoritärer Disziplinfanatiker und ab 1968 beim AS Rom der bestbezahlte Trainer der Welt. 15 Titel gewann er in seiner Karriere, den letzten 1981 mit dem FC Barcelona. Ein Comeback bei Inter scheiterte 1973/74, weil Herrera einen Herzinfarkt erlitt. Er starb 1997 in Venedig. ■

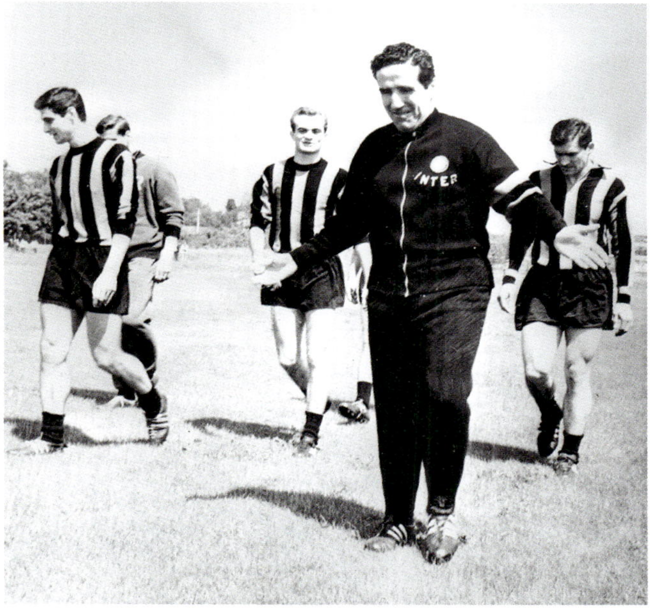

DER MAGIER BEI INTER. Helenio Herrera im Kreis von Inter Mailand. Im Hintergrund Sandro Mazzola.

JUPP HEYNCKES

Geb. > 9. MAI 1945 in Mönchengladbach | Position > TRAINER
Vereine > REAL MADRID, FC BAYERN MÜNCHEN | Titel > 1998, 2013

ZWEIMAL GESIEGT, ZWEIMAL GEFEUERT

34 Jahre Trainer, 13 Stationen, dabei nur drei Jahre in der Champions League, aber dreimal im Finale: Das sind die Zahlen, die eine außergewöhnliche Trainerkarriere belegen. Es sind die Zahlen von Jupp Heynckes.

Eine ungewöhnliche Karriere für einen Mann, der als Fußballer Welt- und Europameister, UEFA-Pokal-Gewinner und viermal Deutscher Meister wurde. Der mit 220 Toren Platz drei hinter Gerd Müller und Klaus Fischer in der ewigen Bundesliga-Torschützenliste belegt, in 64 Europapokal-Spielen 51 Tore erzielt hatte. Als Spieler war ihm nicht vergönnt, was ihm als Trainer zweimal gelang: Im Europapokal-Finale der Landesmeister verlor er 1977 in Rom gegen den FC Liverpool 1:3. Den Titel als Europas Champion holte er dafür als Trainer – und das gleich zweimal.

Heynckes ist einer von nur wenigen Trainern, die die Champions League mit zwei verschiedenen Vereinen gewinnen konnten. 1998 mit Real Madrid, 2013 mit dem FC Bayern.

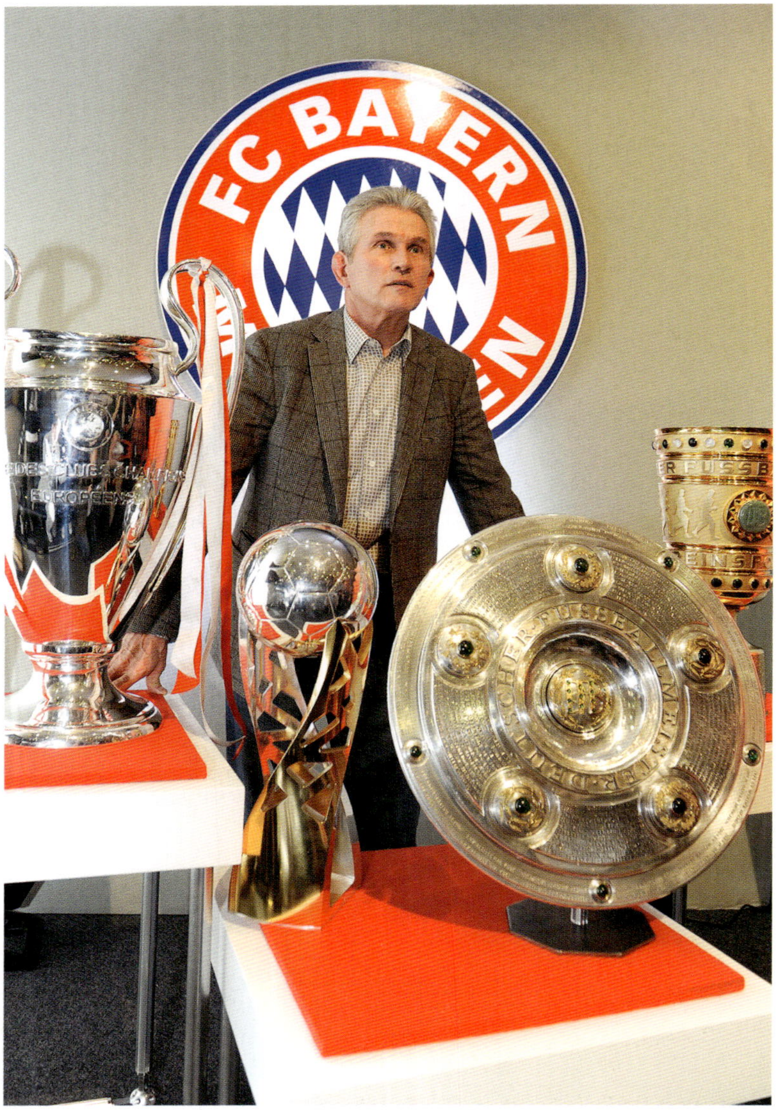

DIE KRÖNUNG ZUM ABSCHLUSS. Mit dem FC Bayern gewann Jupp Heynckes 2013 das Triple, Meisterschaft, Pokal und Champions League.

Und es klingt geradezu paradox: Zweimal musste der Champion gehen!

32 Jahre hatte Real auf seinen 7. Titel in Europas Königsklasse warten müssen. Und auch im Finale 1998 gegen Juventus war Real, das in der Primera Division nur Platz vier belegte, krasser Außenseiter. Aber Heynckes schaffte das, was ihm und Real keiner zugetraut hatte. Er holte „La Septima", die siebte Krone, durch den 1:0-Siegtreffer von Predrag Mijatović (66.). Acht Tage später wurde er entlassen. „Ich kann nicht zulassen, dass ein Spiel und ein Tor die Zukunft von Real Madrid verändern", sagte Präsident Sanz. „Wenn wir den Titel nicht gewonnen hätten, wäre das eine der schlechtesten Saisons in der Geschichte gewesen." Ein vernichtendes Urteil für einen Trainer, der dem Verein nach 32 Jahren den größten seiner Wünsche erfüllt hatte. „Wenn ich dem Präsidenten in der Vorbereitung gesagt hätte, dass wir die Champions League gewinnen, hätte er meinen Vertrag um fünf Jahre verlängert", konterte Heynckes. Der „Tagesspiegel" nannte es die kurioseste Trainerentlassung der europäischen Fußballgeschichte.

So war es auch 2013. Für Bayern holte er erstmals in der Vereinsgeschichte das Triple. Gewann Meisterschaft, Pokal und im Finale von London gegen Dortmund auch die Champions League. Aber weil Bayern die Chance witterte, mit Pep Guardiola einen der weltbesten Trainer verpflichten zu können, wurde kommuniziert, Heynckes wolle seinen auslaufenden Vertrag nicht verlängern. Wollte er eigentlich doch. Guardiola kam, Heynckes musste gehen. Und verabschiedete sich als Welttrainer des Jahres 2013 in den Fußball-Ruhestand. ■

OTTMAR HITZFELD

Geb. > 12. JANUAR 1949 in Lörrach | Position > TRAINER
Verein > BORUSSIA DORTMUND, FC BAYERN MÜNCHEN | Titel > 1997, 2011

GENERAL UND GENTLEMAN

Manche nennen ihn General, andere bezeichnen ihn als Gentleman. General war auch deshalb sein Spitzname, weil er Neffe des Generals Otto Hitzfeld war. Als er sich nach dem Triumph mit Dortmund in entsprechender Montur, mit Pickelhaube und Zigarre, ablichten ließ, war der Spitzname wie in Stein gemeißelt. Als Gentleman galt er auch deshalb, weil er sich stets zu artikulieren

wusste, seine Spieler äußerst korrekt behandelte und somit in Auftreten und Outfit einem Ehrenmann entsprach.
Trainer wurde er mehr durch Zufall. Er hatte Sport und Mathematik studiert und das Staatsexamen für das Lehramt abgelegt. Als er nach seiner erfolgreichen Karriere als Spieler – allein für den FC Basel erzielte der Mittelstürmer 66 Tore, seine sechs Treffer für Stuttgart gegen Reutlingen bedeuten bis heute Zweitliga-Rekord – sich für das Referendariat an der Realschule bewarb, verlangte das Schulamt eine zusätzliche Nachprüfung. Zu lang sei das Studium her. Hitzfeld, total verärgert, entschied sich für die Trainerkarriere.
Die Zahlen geben dem Mathematiklehrer recht: Er holte 23 Titel, ist nach Udo Lattek mit sieben Meisterschaften der erfolgreichste deutsche Vereinstrainer und hält einen einmaligen Rekord: Als einziger Trainer gewann er mit zwei Mannschaften aus ein- und demselben Land die Champions League. 1997 bezwang er mit Dortmund das favorisierte Juventus Turin, 2001 mit dem FC Bayern den FC Valencia. Dazu stand er mit Dortmund im UEFA-Cup-Finale (1993, 0:3 gegen Juventus) und mit den Bayern ein weiteres Mal im Finale der Champions League, das er 1999 gegen Alex Fergusen und Manchester United mit 1:2 verlor. ■

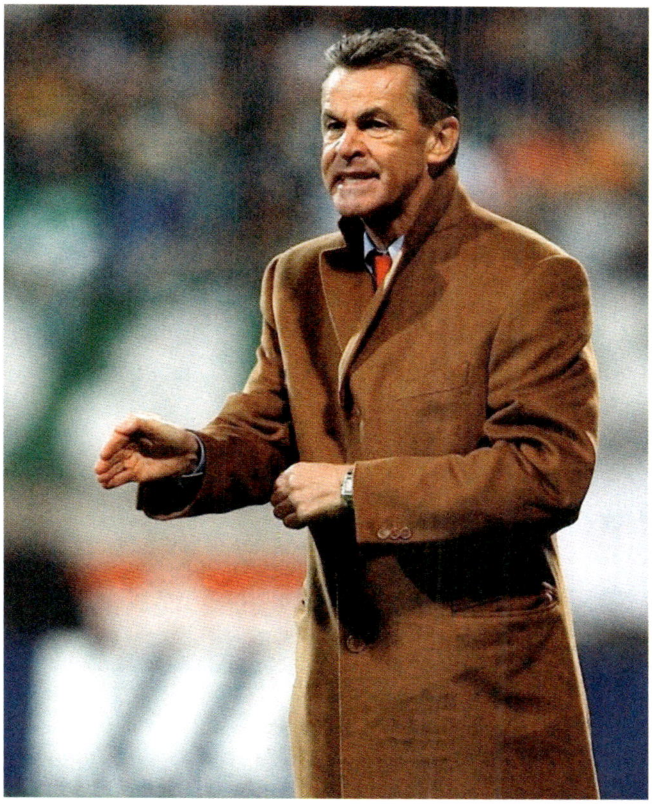

DER MANN MIT DEM MANTEL. Ob Trenchcoat oder Cashmere-Tuch – Ottmar Hitzfeld machte auch am Spielfeldrand eine gute Figur.

OLIVER KAHN

Geb. > 15. JUNI 1969 in Karlsruhe | Position > TORWART
Verein > FC BAYERN MÜNCHEN | Titel > 2001

DAS FINALE MACHTE IHN ZUM TITAN

Es war sein Spiel. Er wollte den Pott wie kein anderer. Und er bekam ihn an jenem 23. Mai 2001 im Mailänder Giuseppe-Meazza-Stadion.
Es war der Tag, als Oliver Kahn zum „Titan" wurde.
Champions League-Finale, Bayern gegen Valencia, 1:1 nach 90 Minuten, 1:1 nach 120 Minuten. Das Elfmeterschießen muss entscheiden, wer im Jahr 2001 die beste Mannschaft Europas ist.
Zwei Jahre zuvor hatte er mit den Bayern gegen ManU einen sicher geglaubten Sieg hergeschenkt, in den letzten zwei Minuten alles verloren. „Weiter, immer weiter." Diese Kahn-Weisheit war die Folge des Finals von 1999. Nun also gab es die zweite Chance für die Elf von Trainer Ottmar Hitzfeld, für Effenberg, Elber, Lizarazu – und für Kahn. Nun kam es auf ihn an.
„In solchen Momenten", so Kahn später, „bist du voll von Adrenalin, was in manchen Momenten auf dem Rasen dazu führt, dass man nicht mehr ganz zurechnungsfähig ist." Hier war er fokussiert und konzentriert. Er taucht nach rechts, hält gegen Zahović. Er lenkt den Schuss von Carboni, hoch in die Mitte gezielt, mit einer Hand an die Latte. Und nun kommt der 14. Strafstoß. Wenn Kahn hält, ist das Spiel aus, dann hat Bayern den Pott. Das Duell Torwart

gegen Schütze, Pellegrino gegen Kahn. Die Stadionuhr zeigt 23.30 Uhr. Pellegrino zielt nach links unten – doch da ist Kahns Hand und dreht den Ball um den Pfosten.
Uli Hoeneß rinnen die Tränen über die Wangen. Nach 25 Jahren hat Bayern endlich wieder den Europapokal gewonnen. Hitzfeld adelt Kahn als „Mann des Spiels" und Kalle Rummenigge strahlt: „Wir haben den besten Torwart der Welt."
Stimmt, die Wahl wird bestätigt. Kahn wird dreimal zum Welttorhüter ernannt, nach 1999 auch 2001 und nach der WM 2002 noch einmal. Acht Meistertitel und sechs Pokalsiege schmücken seine Vita, 2000 und 2001 wird er zu Deutschlands Fußballer des Jahres gewählt. Aber dieser Titel krönt seine einmalige Laufbahn.
An den Titan erinnert ihn seit 2012 nur noch seine Hüfte. Der Tribut einer langen Karriere endete in einem künstlichen Hüftgelenk aus Titan. ■

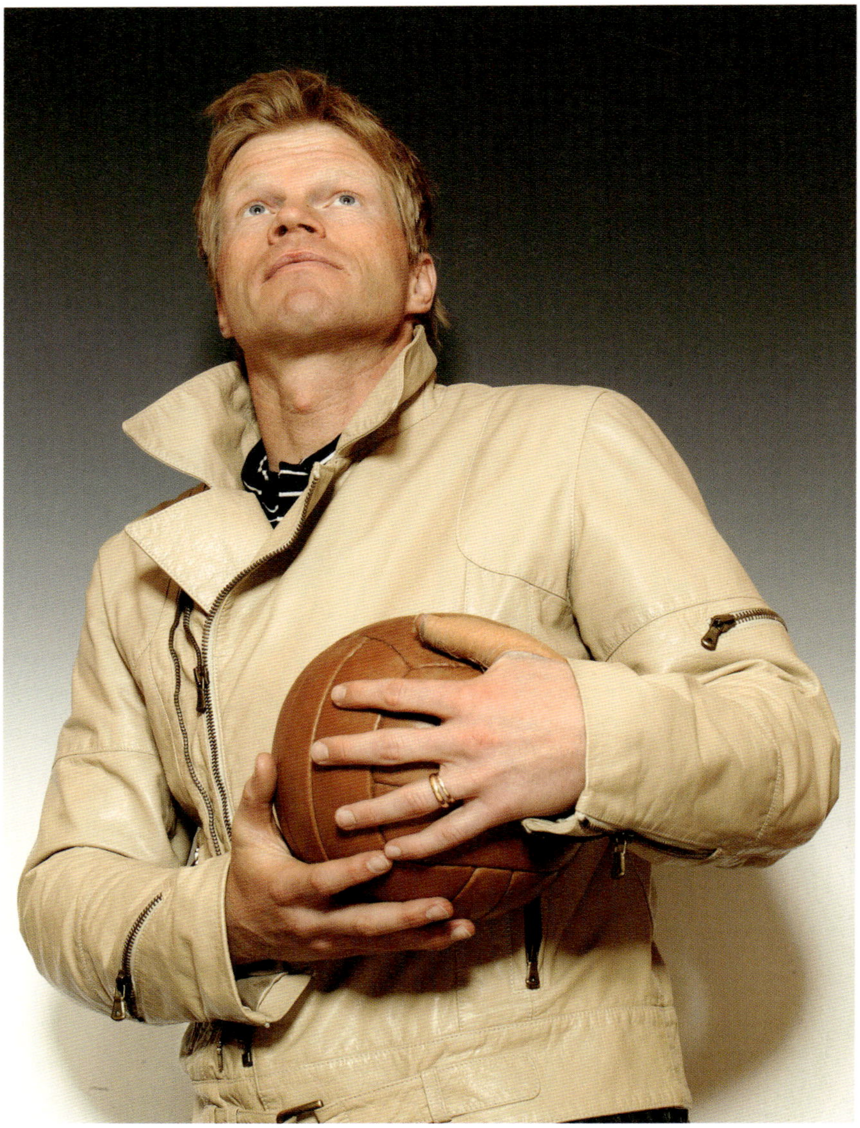

TORWART MIT VISIONEN. Oliver Kahn, hier im Jahr 2005, verkörperte den Erfolgswillen wie kein anderer.

TONI KROOS

Geb. > 4. JANUAR 1990 in Greifswald | Position > MITTELFELD
Verein > FC BAYERN MÜNCHEN/REAL MADRID | Titel > 2013, 2016

STRATEGE OHNE AUFSEHEN

Er sieht aus wie Schwiegermutters Liebling. Immer ein freundliches Lächeln auf den Lippen, dazu die gut sitzende Frisur mit dem braven Seitenscheitel. Da auch die Körpersprache wenig emotional ist, wird er oft als Milchbubi verkannt. Aber Toni Kroos hat Geschichte geschrieben. Er ist der erste und einzige Fußball-Weltmeister, der in der DDR geboren ist. Dazu ist er der erste und einzige deutsche Fußballer, der mit zwei Vereinen die Champions League gewann: 2013 mit dem FC Bayern, 2016 mit Real Madrid.

Toni Kroos galt schon immer als das größte deutsche Talent. 2007 führte er die deutsche Mannschaft als Kapitän bei der U-17-WM in Südkorea aufs Feld und wurde anschließend zum besten Spieler des Turniers gewählt. Bei der WM 2010 war er der jüngste Spieler im deutschen Kader und kam zu vier Einsätzen. Das Talent liegt in den Genen. Sein Vater, selbst aktiver Fußballer, war beim Greifswalder SC sein erster Trainer. Seine Mutter glänzte als zehnfache DDR-Meisterin im Badminton. Bereits 2006, mit jungen 16 Jahren, wechselte Kroos von der Ostseeküste zum großen FC Bayern. Toni Kroos ist kein Lautsprecher. Er dirigiert das Spiel mit den Füßen. Kein Spieler weltweit ist so passsicher wie er. Dazu beherrscht er den langen Diagonalpass wie kaum ein zweiter. Er hat den Blick für die Räume und ist fähig, die Bälle punktgenau dahin zu platzieren, wo sie hinkommen sollen. Das gilt auch für Standards, für Freistöße, Eckbälle. Er ist ein Stratege, kann das Spiel langsam oder schnell machen. Joachim Löw nennt ihn „Verbindungsspieler zwischen Angriff und Abwehr". Weder bei Löw noch bei den Bayern hat er die Wertschätzung gespürt, die er sich verdiente. Deshalb hat er seinen Vertrag in München nicht verlängert und spielt seit 2014 für Real Madrid, das für den Mittelfeldspieler 30 Millionen Euro auf den Ablösetisch legte.

Da hatte er seinen ersten Champions League-Titel schon in der Tasche, war Weltmeister dazu. Mit Bayern gewann er 2013 und ist somit Teil des „Triple"-Teams, obwohl er im Finale verletzt fehlte und auch beim 2:1-Sieg gegen Dortmund nicht auf dem Wembley-Rasen stand. Am 2. April 2013 erlitt Kroos im Viertelfinale gegen Juventus Turin einen doppelten Muskelbündelriss und musste bis Saisonende passen. Am 28. Mai 2016 gehörte er zur Startelf von Real Madrid, die sich im Elfmeterschießen den Titel gegen den Stadtrivalen Atlético sicherte. Da allerdings war er bereits draußen. Seitdem er gegen Iker Casillas aus elf Metern verschossen hatte, konnte er sich lange um den Schuss aus elf Metern drücken. So war es auch 2012 in seinem ersten Endspiel, das die Bayern im „Finale dahoam" gegen Chelsea verloren. Auch das ist es, was seine Kritiker bemängeln: Wer über so eine Schusskraft wie er verfügt, sollte sie häufiger einsetzen – notfalls auch aus elf Metern. ■

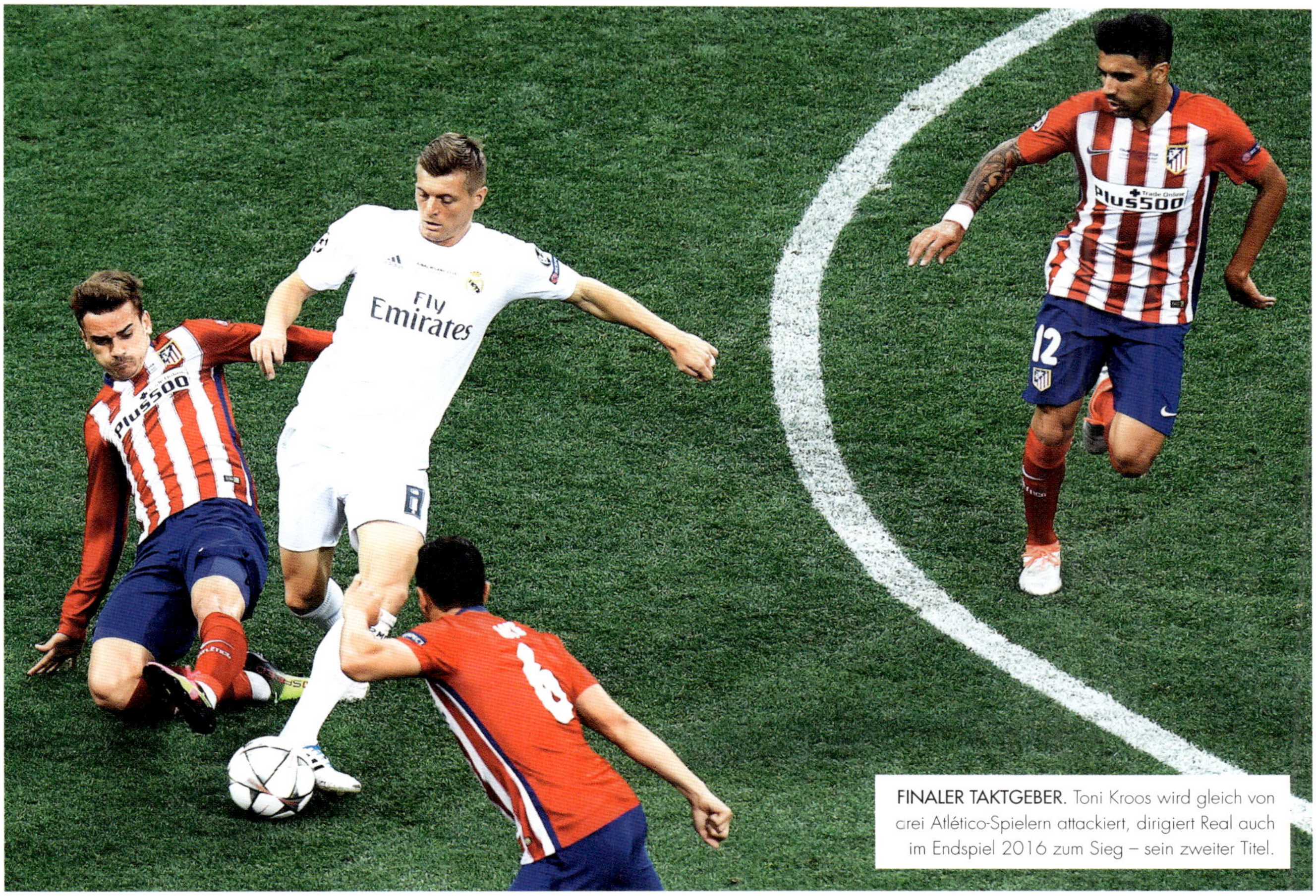

FINALER TAKTGEBER. Toni Kroos wird gleich von drei Atlético-Spielern attackiert, dirigiert Real auch im Endspiel 2016 zum Sieg – sein zweiter Titel.

LIONEL MESSI

Geb. > 24. JUNI 1987 in Rosario/Argentinien | Position > ANGRIFF
Vereine > FC BARCELONA | Titel > 2006, 2009, 2011, 2015

DER KLEINE FLOH AUS ARGENTINIEN

Arsène Wenger, der Franzose in Diensten von Arsenal London, gilt als erwiesener Fußballfachmann. Deshalb haben seine Worte ein besonderes Gewicht. „Er spielt wie auf der PlayStation. Er ist unaufhaltbar und sicher der beste Spieler der Welt."

PlayStation? Das klingt nach Perfektion, nach Unberechenbarkeit und nach Erfolg. Das klingt nach Lionel Messi, diesem kleinen Genie, weder Angreifer noch Spielmacher, sondern beides in einer Person. Mit seinen Tempo-Dribblings, Finten, Körpertäuschungen, seiner Schnelligkeit und seiner Torgefährlichkeit wurde er gleich fünfmal zum besten Fußballer der Welt gewählt: 2009, 2010, 2011,2012 und 2015. Fünfmal wurde er Torschützenkönig der Champions League, erzielte 2012 in 69 Spielen 91 Tore. Seine Rekorde aufzuzählen, würde den Rahmen sprengen. Nur zwei seien erwähnt: Am 6. April 2010 erzielte Messi beim 4:1-Sieg gegen den FC Arsenal alle vier Treffer, darunter einen Hattrick in der ersten Halbzeit. Das hatte keiner zuvor in der Champions League geschafft. Am 7. März 2012 schoss er beim 7:1 im Achtelfinale gegen Bayer 04 Leverkusen als erster Spieler fünf Tore in einem Spiel der Champions League.

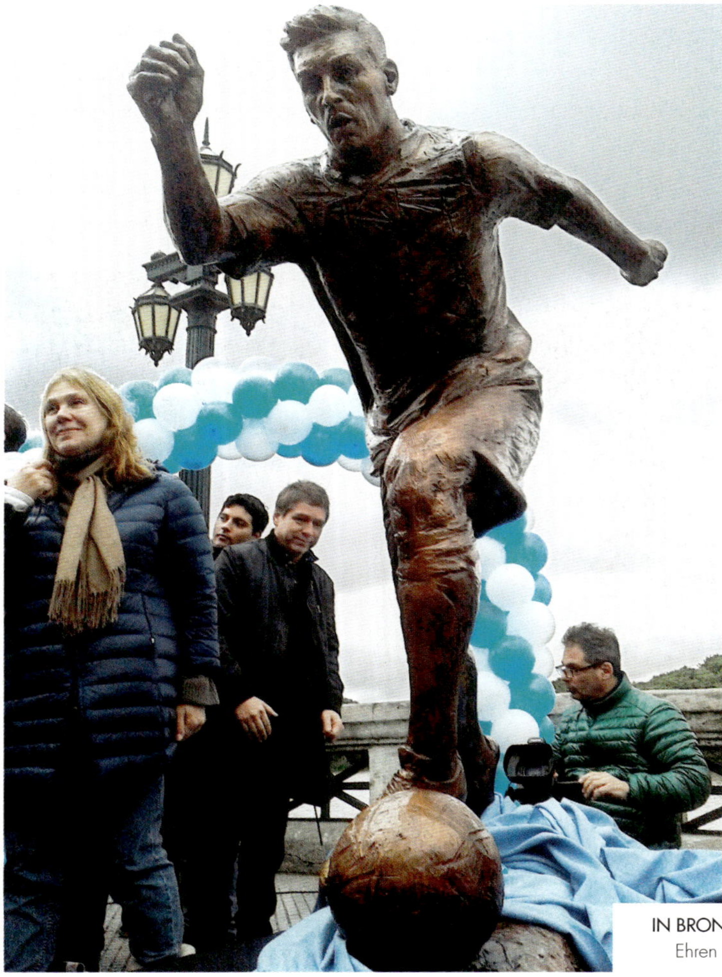

IN BRONZE GEGOSSEN. In Buenos Aires haben sie ihm zu Ehren auf dem Paseo de la Gloria eine Statue aufgestellt.

Er kommt aus einfachen Verhältnissen. Vater Jorge Fabrikarbeiter, Mutter Celia Putzfrau. Und Klein-Leo, den sie wegen seiner geringen Körpergröße und seiner Schnelligkeit La Pulga nannten, den Floh, bestach schon damals in allem, was er mit dem Ball anstellte. Aber er wollte nicht wachsen. Als er 13 war, brachte er nicht einmal 1,40 m unter die Messlatte. Eine kostspielige Hormonbehandlung, mit 900 Dollar pro Monat beziffert, sollte gegen die Wachstumsstörungen helfen. Zu viel für die Familie. Argentinische Klubs wollten nicht helfen. Sie bezweifelten nicht das Talent, aber seine körperliche Durchsetzungsfähigkeit.

Vater Jorge hatte sich Fabian Soldini anvertraut, einem Spielerberater. Der nahm Josep Maria Minguella mit ins Boot, der zwanzig Jahre zuvor Diego Maradona vermittelt hatte. Der hatte Barcelonas Technischem Direktor Charly Rexach versprochen: „Ich habe einen Jungen, der ist wie Maradona." Er durfte zum Probetraining, unter anderem mit Cesc Fàbregas und Gerad Piqué. In der Kabine konnten sie nicht fassen, wie klein er war; auf dem Spielfeld konnten sie nicht glauben, wie gut er war. Rexach war so begeistert, dass er auf einer Serviette einen Vertrag aufsetzte und unterschrieben ließ: 600 Euro Lohn, dazu die Übernahme sämtlicher

Behandlungskosten. Und – natürlich – einen Job für Vater Jorge, der mitsamt seiner Familie nach Barcelona auswanderte. Vielleicht die beste Investition, die der FC Barcelona je getätigt hat. Dank der Therapie wuchs der Floh auf stolze 169 Zentimeter – und wurde vorsichtig aufgebaut. In der Saison 2004/2005 debütierte Messi in der Primera Divsion, kam in der Meistersaison auf sieben Einsätze. 2006 wurde er erneut Meister, kam aber – auch wegen einer Verletzung – auf nur sechs Einsätze. Sein herausragendes Können fand weltweites Echo, als er im April 2007 innerhalb von zwölf Sekunden über das halbe Spielfeld sprintete, vier Gegenspieler und den Torwart umkurvte und so gegen Getrafe das 2:0 erzielte. Es war das erste Mal, dass er mit Maradona verglichen wurde und jenem Tor, das der Argentinier bei der WM 1986 gegen England erzielt hatte. Auch die „Hand Gottes" half Messi Monate später beim 2:2 gegen Espanyol Barcelona. Im Gegensatz zu Maradona aber verzichtete Messi auf mythische Kommentare.

So ist er: Er lässt seine Füße sprechen. Große Worte oder große Gesten sind ihm – auch im Gegensatz zu seinem ärgsten Widersacher aus Madrid – absolut fremd. Messi ist zurückhaltend, fast schüchtern. Seine Show findet auf dem Rasen statt.

Wie im Finale der Champions League 2009, als Messi persönlich das 2:0 gegen ManU erzielte, per Kopf. Mit 12 Toren wurde er Torschützenkönig der Champions League. Daraufhin bot Manchester City sagenhafte 150 Millionen Euro, um den damals 22-jährigen auf die britische Insel zu locken. Aber es gibt wohl kein Argument, das Messi zum Wechsel bewegen kann, zumal ihm Barcelona seit 2005 auch die spanische Staatsbürgerschaft besorgte und seine Verträge jeweils „dem Markt" angepasst hat. Ohne Werbeeinnahmen wird sein Jahressalär inzwischen auf 36 Millionen Euro geschätzt.

Messi, der meist den rechten Flügel besetzt und von dort aus zu seinen Slalomläufen startet, machte unter Trainer Pep Guardiola noch einmal einen Leistungssprung. Guardiola machte ihn zur „falschen Neun", zum Mittelstürmer in einem Spielsystem, das aus ständigen Positionswechseln besteht. Mit dieser Taktik holte er als erster spanischer Verein das Triple – und Messi wurde dreimal in Serie Torschützenkönig der Champions League, was zuvor nur Jean-Pierre Papin und Gerd Müller geschafft hatten.

Nur mit der argentinischen Nationalmannschaft wollte ihm der große Titel nicht gelingen: 2014 verlor er das WM-Finale gegen Deutschland, 2012 und 2016 das Finale der Coppa America gegen Chile. Danach trat der Kapitän zurück, im Alter von nur 29 Jahren.

Messi – ein Idol der Neuzeit. Wie beliebt er ist, zeigt seine Facebook-Seite mit nicht weniger als 83 Millionen Likes. ■

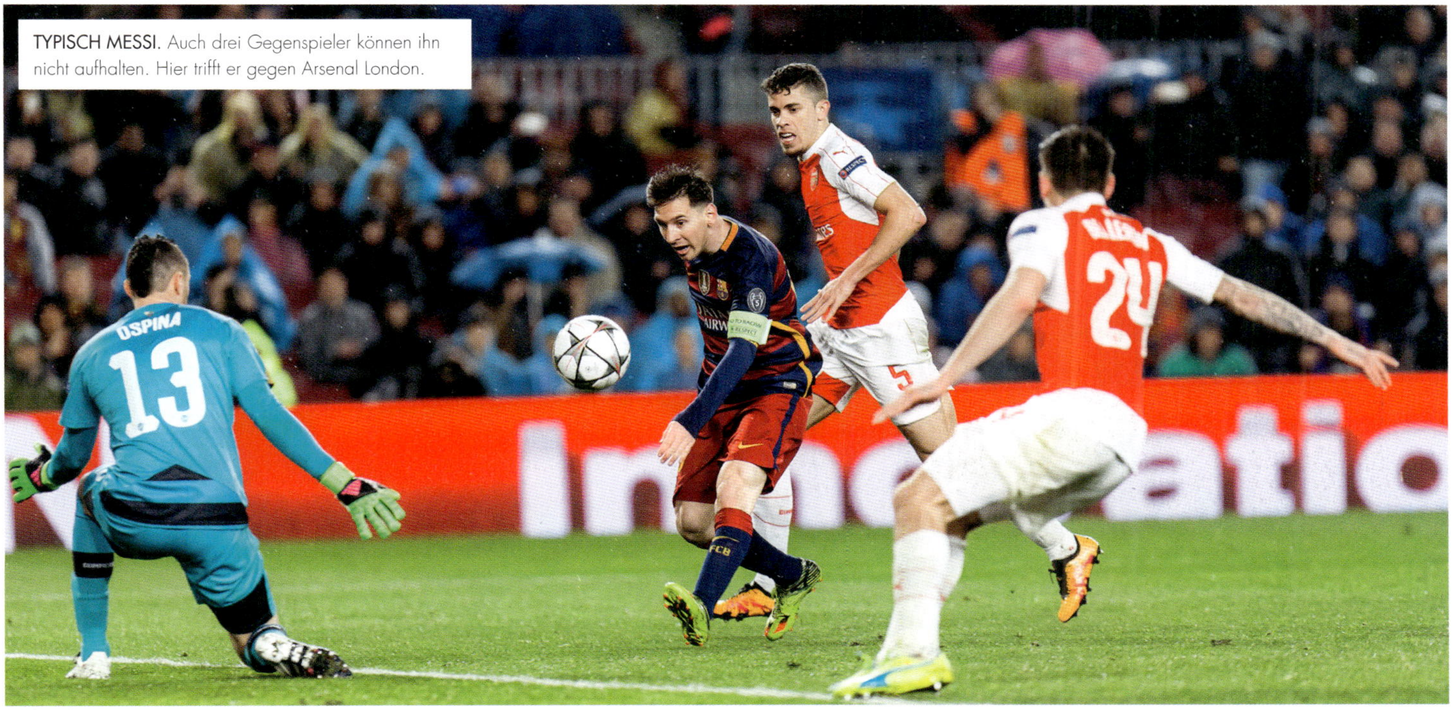

TYPISCH MESSI. Auch drei Gegenspieler können ihn nicht aufhalten. Hier trifft er gegen Arsenal London.

JOSÉ MOURINHO

Geb. > 26. JANUAR 1963 in Setubal/Portugal | Position > TRAINER
Vereine > FC PORTO, INTER MAILAND | Titel > 2004, 2010

THE SPECIAL ONE

„Please don't call me arrogant, but I'm European champion and I think I'm a special one."

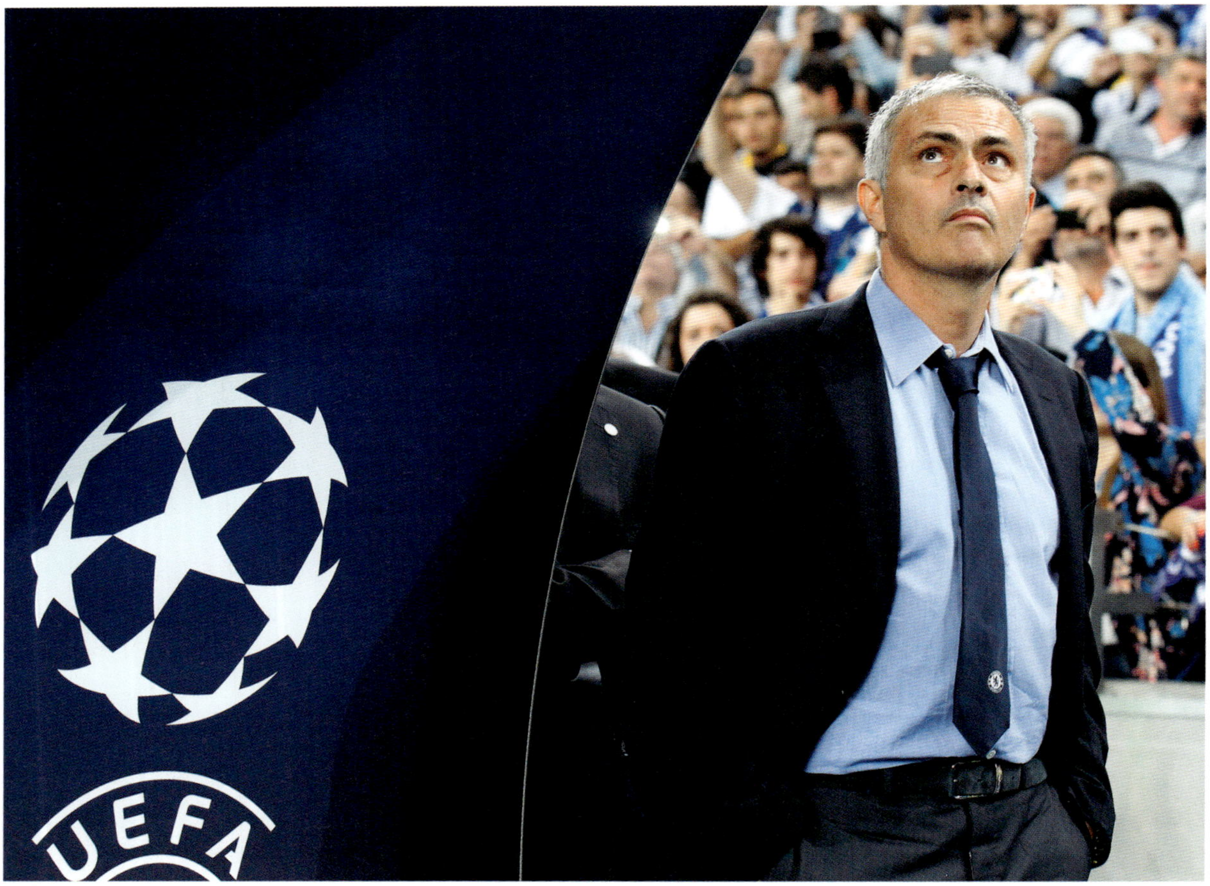

STARTRAINER MIT ALLÜREN: Jose Mourinho gewann mit Porto und Inter die Champions League.

Mit diesen Worten stellte sich José Mourinho im Sommer 2004 in London vor, als ihn der FC Chelsea verpflichtet hatte. „Bitte nennen Sie mich nicht arrogant, aber ich bin Champions League-Sieger und jemand Besonderes."

Seither heißt der Portugiese „The special one". Und besonders ist er, die streitbare Seele aus Setubal, der gerne provoziert, sich oftmals menschenverachtend verhält und von DFB-Schiedsrichter-Obmann Volker Roth sogar als „Feind des Fußballs" bezeichnet wurde.

Besonders ist er als Trainer. Er ist der einzige Trainer, dem sowohl das kleine als auch das große europäische Triple gelungen ist. Er ist der Einzige, der gleich vier Einträge im Guinness-Buch der Rekorde für sich beanspruchen kann: Premier-League-Trainer mit den meisten Punkten (95, FC Chelsea in 2004/5), mit den wenigsten Gegentoren (15, FC Chelsea in 2004/5); längste Heimserie eines Premier-League-Trainers ohne Niederlage (77 Spiele); jüngster Trainer mit 100 Spielen in der UEFA Champions League (49 Jahre, 12 Tage). Er wurde Meister in Portugal (2003, 2004), Meister in England (05, 06, 15), Meister in Italien (09, 10) und Meister in Spanien (2012). Mit diversen Vereinen blieb er in 150 Ligaheimspielen in Serie ohne Niederlage (vom 23. 2.02 bis 2.4.11). Und er ist einer von nur sechs Trainern, die mit zwei Vereinen die Champions League gewannen: 2004 sensationell mit dem Außenseiter FC Porto, 2010 mit Inter Mailand.

Die sportliche Ausnahmestellung ist unbestritten. Mourinho ist einer der erfolgreichsten Trainer der Welt. 22 Titel waren es bis 2016, weitere nicht ausgeschlossen.

Auch sein Fachwissen ist anerkannt. Er ist einer, der den Trainerberuf von der Pike auf gelernt hat. Schon als kleiner Knirps machte er für seinen Vater, Trainer in Setubal, gegnerische Spielbeobachtung. Als er spürte, dass es für eine eigene Profikarriere nicht reichte (von 1980 bis 1987 spielte er in unterklassigen Vereinen), studierte er Sportwissenschaften an der Technischen Universität in Lissabon, die er mit Auszeichnung bestand. Er besuchte Trainerlehrgänge in England und wurde 1993 Assistent von Roy Robsen bei Sporting Lissabon, als der englische Sir einen Übersetzer suchte. Robson nahm ihn mit nach Porto und 1996 auch zum FC Barcelona. Mourinho blieb, als Robson ging, weil der neue Cheftrainer Louis van Gaal es so wollte. Van Gaal erkannte das Trainertalent und förderte Mourinho kontinuierlich. Der Holländer machte ihn zum Chef der zweiten Mannschaft, zudem durfte Mourinho die Erste im Jahr 2000 in der Copa Catalunya coachen, die Barça gewann. Zwei Meistertitel und zwei Pokalsiege feierte das Trainer-Duo binnen drei Jahren – schon da hatte Mourinho Erfolg!

Sein erster Verein als Cheftrainer war Benfica Lissabon, wo er 2000 die Nachfolge von Jupp Heynckes antrat. Mourinho war 37. Hier wagte er gleich seinen ersten Machtkampf, forderte nach vier Monaten vom neu gewählten Präsidenten eine Vertragsverlängerung. Als die ausblieb, wertete er das als Vertrauensbruch – und trat im Dezember zurück. Eine Episode, die typisch ist für seinen Charakter: Mourinho scheute nie den Konflikt, forderte alle Macht für sich und verfolgte seine Ziele ohne Kompromisse.

Im Januar 2002 heuerte er beim FC Porto an, gewann im ersten Jahr den UEFA-Cup und triumphierte 2004 in der Champions League. In der Arena AufSchalke siegte sein FC Porto mit 3:0 gegen das von Didier Deschamps trainierte AS Monaco. Dieser Titel mit dem kleinen FC Porto war sein Türöffner zu den europäischen Topklubs.

Es folgten Chelsea, für das er mit einer Rekordpunktzahl den ersten Titel nach 50 Jahren holte und sechs Titel in drei Jahren gewann. Nach einem Krach mit Eigentümer Roman Abramowicz wurde der Vertrag aufgelöst. Als er zu Inter Mailand wechselte, verblüffte er mit perfektem Italienisch und der Aussage: „Das habe ich in drei Wochen gelernt." Auch hier hatte er unmittelbar Erfolg, wurde Meister und spazierte durch die Champions League. Im Halbfinale gewann Inter gegen Barcelona, im Finale traf er auf seinen Lehrherrn Louis van Gaal und bezwang dessen FC Bayern mit 2:0. Danach ging es zu Real Madrid, wo er nach 18 Jahren erstmals den Copa del Rey gewann und 2012 mit diversen Vereinsrekorden den Meistertitel holte. Aber er provozierte den Abgang von Sportdirektor Valdano und demontierte die Vereinsikone Iker Casillas. Die Konfrontationen mit Spielern, Fans und Medien sorgten schließlich für eine vorzeitige Vertragsauflösung und die Rückkehr zum FC Chelsea. Zwar führte er den Londoner Klub zur erneuten Meisterschaft, stürzte aber im Jahr darauf auf Abstiegsplatz 16 ab und musste gehen. Manchester United heißt nun seine nächste Station, wo er seinen Lehrmeister van Gaal beerbt. Im Gegensatz zu van Gaal, der sich als Lehrer und seine Spieler als Schüler sieht, versucht sich Mourinho als Spieler-Kumpel, damit sie für ihn durchs Feuer gehen. In seiner Art der psychologischen Kriegsführung ist ihm jedes Mittel recht. Auch das ist speziell, sehr speziell sogar.

Arsene Wenger bezeichnete er als „Voyeur", attackiert Gegner verbal (Ancelotti, Guardiola) und auch körperlich (Villanova), sorgte für das Karriereende von Schiedsrichter Anders Frisk (Schweden), dem er Bestechlichkeit vorwarf, weil der nach einer Unterredung mit Rijkaard seinen Spieler Drogba des Feldes verwiesen hatte. Italienischen Medien warf er „intellektuelle Prostitution" vor, Milan-Trainer Ancelotti prophezeite er „zero titoli" (keinen Titel), was anschließend zum Schlachtruf der Inter-Fans wurde. Nach einem 0:2 gegen Barcelona sprach er von einer wüsten Verschwörungstheorie von UEFA, UNICEF und Schiedsrichter Wolfgang Stark, dem er Parteilichkeit unterstelle. Und auch die Rivalität zwischen Barcelona und Real ließ er in einen Disput mit Pep Guardiola ausarten. Negativer Höhepunkt war das Champions League-Halbfinale im April 2011. Guardiola hatte mit Barça kurz zuvor das Pokalfinale gegen Real verloren, Guardiola sich erdreistet, ein nicht gegebenes Abseitstor von Villa zu erwähnen. Das wertete Mourinho als fehlenden Respekt und kritisierte Guardiola, er würde die Schuld für Niederlagen stets bei anderen suchen. Guardiola, sonst besonnen und kontrolliert, entfuhr daraufhin ein „el puto jefe!" (Scheiss Chef!).

Mourinho hat unzählige Sperren abgesessen und horrende Strafen bezahlt. Die Provokationen und unflätigen Attacken sind einerseits seiner Impulsivität geschuldet, andererseits aber auch Strategie, um Gegner aus der Balance zu bringen und seine Spieler zu schützen. So ist er, der „special one": erfolgreich auf der einen, umstritten auf der anderen Seite. ■

MICHEL PLATINI

Geb. > 21. JUNI 1955 in Jœuf/Frankreich | Position > MITTELFELD
Vereine > JUVENTUS TURIN | Titel > 1985

STRATEGE, TORSCHÜTZE, ALLESKÖNNER

„Michel Platini war oftmals Torschützenkönig, aber nie Mittelstürmer. Er war Titelsammler und doch nur einmal Gewinner im Europapokal der Landesmeister. Michel Platini war – und das ist unstrittig – ein Ausnahmekönner. Ein Mittelfeldspieler, der gleichzeitig die Fäden ziehen konnte, und auch Spiele entscheiden. Er war der Beste seiner Zeit. Gleich dreimal wurde er zu Europas Fußballer des Jahres gewählt: 1983, 1984 und 1985. In Frankreich genießt er auch deshalb einen Heldenstatus, weil er die „grande nation" aus einem Tal der Fußball-Tränen führen konnte. Erstmals seit 1966 qualifizierte sich Frankreich mit Platini 1978 wieder für eine WM-Endrunde und wurde 1984 sogar Europameister.

Er war schmächtig und staksig mit seinen langen dünnen Beinen. Als der FC Metz den jungen Platini verpflichten wollte, fiel er durch die medizinische Kontrolle. Das vernichtende Urteil: nicht geeignet für den Profisport, zu dünn die Knochen, zu schmal die Schultern. Das mit den Knochen mag stimmen. In seiner Karriere brach er sich fünfmal das Bein und zweimal den Arm. Aber fehlendes Durchsetzungsvermögen konnte wahrlich nicht ausgemacht werden.

Sein Vater war sportlicher Direktor beim AS Nancy. Hier heuerte auch der kleine Michel an und machte schon mit 17 in der Reservemannschaft auf sich aufmerksam, durch seine Finesse und seine Torgefährlichkeit. Eine seiner herausragenden Fähigkeiten waren die Freistöße. Immer und immer wieder hatte er im Training Zusatzschichten eingelegt, geübt, geübt, geübt. Mit zwei direkt verwandelten Freistößen schoss er den amtierenden Meister AS St. Etienne aus dem Wettbewerb – und sich erstmals in die Schlagzeilen. Platini war da ganze 19 Jahre alt. Nancy führte er 1977 mit 25 Saisontoren auf Platz vier – die beste Vereinsplatzierung aller Zeiten. Im Pokalfinale 1978 erzielte er gegen Nizza den entscheidenden Siegtreffer und bescherte so seinem Heimatverein den einzigen Titel der Vereinsgeschichte.

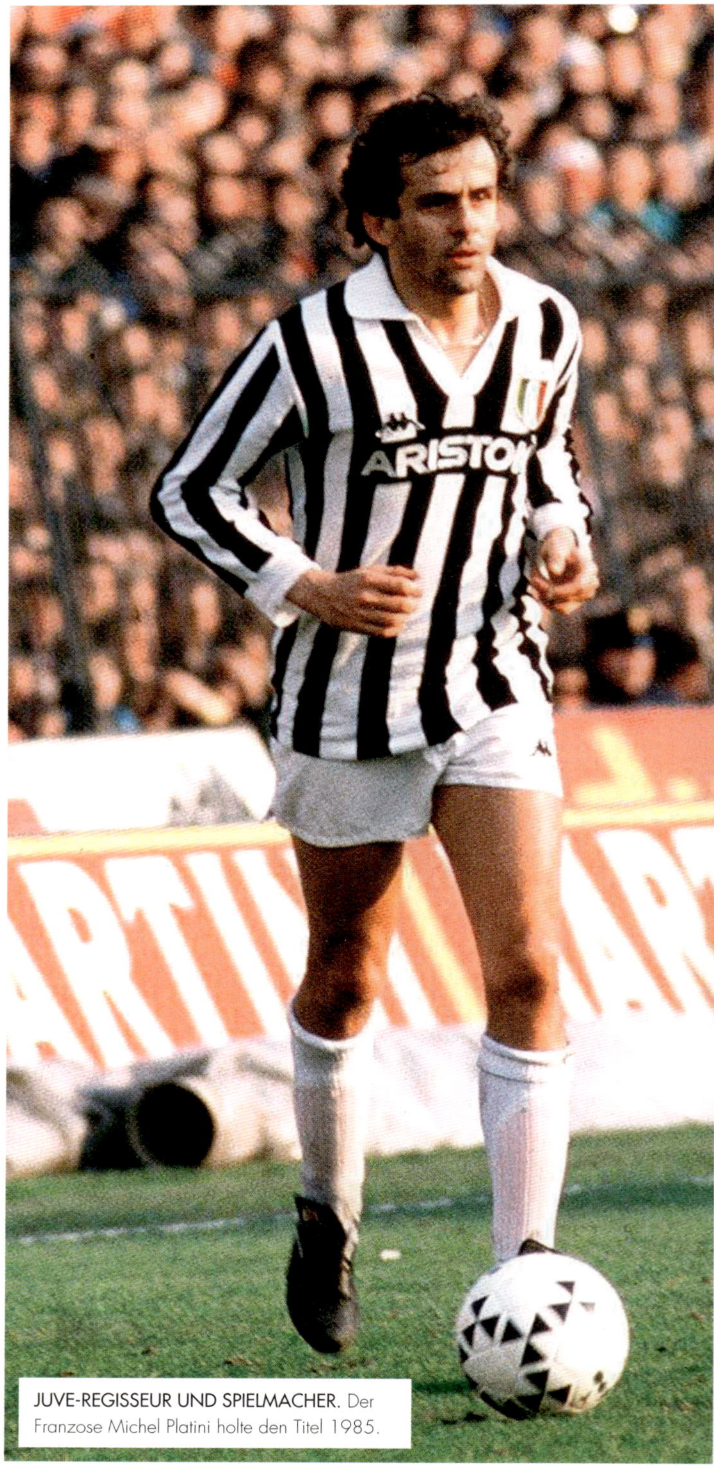

JUVE-REGISSEUR UND SPIELMACHER. Der Franzose Michel Platini holte den Titel 1985.

Schon 1976 wurde er erstmals zu Frankreichs Fußballer des Jahres gewählt und damit sein Ausnahmetalent anerkannt. Seit Just Fontaine hatte Frankreich nicht mehr so einen Weltklasse-Fußballer hervorgebracht – und danach vermutlich nur noch Zinédine Zidane. Platini war Spielgestalter und Torjäger, Mittelfeldstrategie und Angriffsmotor in einer Person. Diese herausragende Klasse bestätigte er auch, als er 1982 in die italienische Serie A und zu Juventus Turin wechselte. Trainer Giovanni Trapattoni stellte ihm mit Boniek einen kongenialen Mittelfeldpartner zur Seite und baute Juve zum besten Team Europas auf. Ging das Finale 1983 noch gegen den HSV verloren (Magath entschied das Endspiel von Athen), so gewann Juve 1984 den Europapokal der Pokalsieger und 1985 den der Landesmeister. Das 1:0 im 30. Finale gegen den FC Liverpool besorgte der Chef persönlich. In der 58. Minute verwandelte Michel Platini einen Foulelfmeter zum Siegtreffer und wurde mit insgesamt sieben Treffern auch bester Torschütze im Europapokal. Das Finale von Brüssel aber wurde überschattet von 39 toten Zuschauern, sodass Platinis Siegtor an Bedeutung verlor.
Seine Torquote ist beeindruckend: 98 Tore für AS Nancy in 175 Spielen, 58 Tore für AS St. Etienne (104 Spielen) und 68 Tore für Juventus (147 Spiele) – eine unfassbare Ausbeute für einen Mittelfeldspieler. Dreimal wurde er Torschützenkönig in Italien und erzielte 1984 neun der 14 französischen Tore an einer EM-Endrunde. Einen Rekord, den Ronaldo erst 2016 einstellen konnte.
1987 im Alter von nur 31 Jahren beendete Platini seine Ausnahmekarriere. Und wurde zu Frankreichs Heilbringer. Ähnlich wie Franz Beckenbauer wurde er Teamchef der Franzosen von 1988 bis 1992, war Organisationschef der WM 1998, UEFA-Präsident von 2007 bis 2016 und brachte die EM-Endrunde 2016 nach Frankreich. Begründet aber sind Ruhm und Anerkennung auf jenen Fähigkeiten, die er auf den Rasen zauberte. Michel Platini als Alleskönner, als Stratege und Torjäger in einer Person. ■

RAÚL

Geb. > 27. JUNI 1977 in Madrid/Spanien | Position > ANGRIFF
Verein > REAL MADRID | Titel > 1998, 2000, 2002

TORMONSTER MIT DEM ENGELSGESICHT

Er ist ein torhungriger Gentleman, hat stets ein Lächeln auf den Lippen, das ihm hohe Sympathiewerte eintrug. Und er hat einen festen Stammplatz in den Geschichtsbüchern von Real Madrid.
Raúl González Blanco, kurz nur Raúl genannt, knackte als erster Spieler die 50-Tore-Marke in der Champions League. Mit seinen 71 Toren in 142 Spielen belegt der Mittelstürmer hinter Ronaldo und Messi Platz drei in der ewigen Bestenliste und erreichte einen Torquotienten von 0,5. In jedem zweiten Spiel schoss er ein Tor. Zweimal (2000 und 2001) wurde er bester Torschütze in der Königsklasse ausgezeichnet, war Welttorjäger 1999 und gewann dreimal die Champions League.
Im Finale 1998, beim 1:0 gegen Juventus unter Trainer Jupp Heynckes, stand er ebenso in der Startelf wie 2000 und 2002. Da steuerte er jeweils einen Treffer zum Real-Sieg bei. Beim 3:0 gegen den FC Valencia setzte er in der 75. Minute den Schlusspunkt, beim 2:1-Sieg gegen Leverkusen im Jahr 2002 machte er in der 8. Minute das 1:0, ehe Zidane unmittelbar vor der Pause den Siegtreffer zum 2:1 markierte. Im Weltpokalfinale 1998 gelang ihm gegen Vasco da Gama der 2:1-Siegtreffer.
Raúl – das war die menschgewordene Torgarantie. Auch auf seine alten Tage – Raúl spielte von 2010 bis 2012 für Schalke 04 in der Königsklasse – hat ihn sein Torinstinkt nicht verlassen. 2015 beendete er seine aktive Laufbahn bei Cosmos New York (9 Tore in 30 Spielen), nachdem er von 2012 bis 2014 in der Wüste für al-Sadd Sport Club 11 Tore in 39 Spielen erzielt hatte.
Raúl gilt bis heute als Real-Ikone. Dabei war es ein Zufall, dass Raúl im Alter von 15 Jahren zu den „Königlichen"

wechselte. Sein Vater war ausgesprochener Atlético-Fan, hier begann auch seine Karriere. Nur, weil Präsident Jesus Gil 1992 die gesamte Jugendarbeit aus Kostengründen auflöste, wechselte Raúl zu Real – und legte hier eine Weltkarriere hin. ■

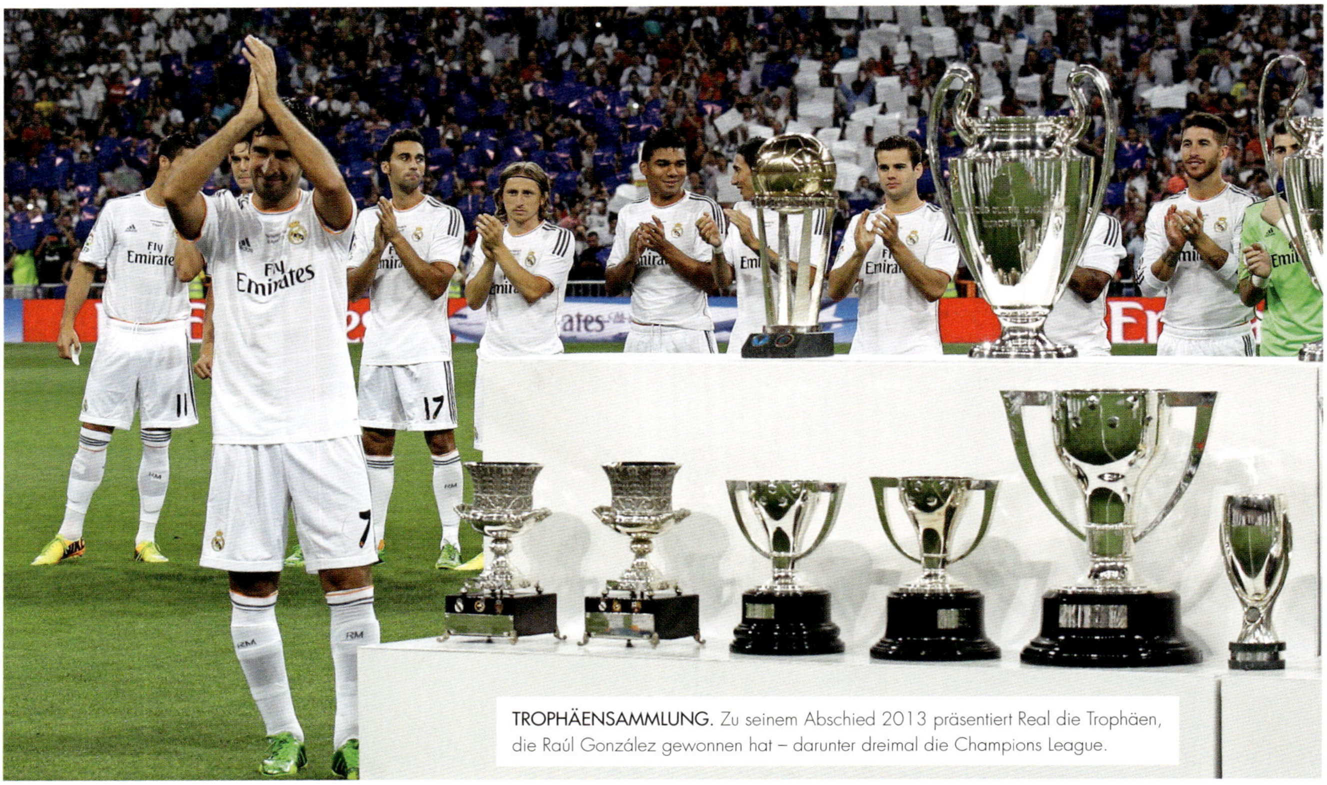

TROPHÄENSAMMLUNG. Zu seinem Abschied 2013 präsentiert Real die Trophäen, die Raúl González gewonnen hat – darunter dreimal die Champions League.

LARS RICKEN

Geb. > 10. JULI 1976 in Dortmund | Position > MITTELFELD
Verein > BORUSSIA DORTMUND | Titel > 1997

DAS BVB-TOR DES JAHRHUNDERTS

Selten lässt sich eine Karriere auf ein Spiel reduzieren. Bei Lars Ricken ist es so, obwohl er zwischen 1993 und 2007 301 Spiele für seine Dortmunder Borussia absolvierte und dabei 49 Tore erzielte.

Aber dieses eine brachte ihm den Eintrag in die Geschichtsbücher: 28. Mai 1997, Borussia Dortmund gegen Juventus Turin im Münchner Olympiastadion. Es ist das Endspiel der Champions League und Dortmund ist krasser Außenseiter. Kalle Riedle hat den BVB 2:0 in Führung gebracht, del Piero den Anschlusstreffer erzielt. Da bringt Ottmar Hitzfeld den Mann der wichtigen Tore. Lars Ricken hat im Viertelfinale gegen AJ Auxerre und im Halbfinale gegen Manchester United jeweils den 1:0-Siegtreffer erzielt. Jetzt kommt er in der 71. Minute für Stéphane Chapuisat, wird von Andy Möller auf rechts angespielt, läuft noch ein paar Schritte und hebt dann den Ball über Torwart Peruzzi zum 3:1 ins Netz. Zehn Sekunden nach seiner Einwechslung macht er mit seinem ersten Ballkontakt Dortmund zum Gewinner.

Weil der Treffer so schön war, wird er zum Tor des Jahres 1997 gewählt. Und weil er so wichtig war und Dortmunds einzigen Triumph in der Königsklasse sicherstellte, wurde er zum BVB-Tor des Jahrhunderts gewählt. ■

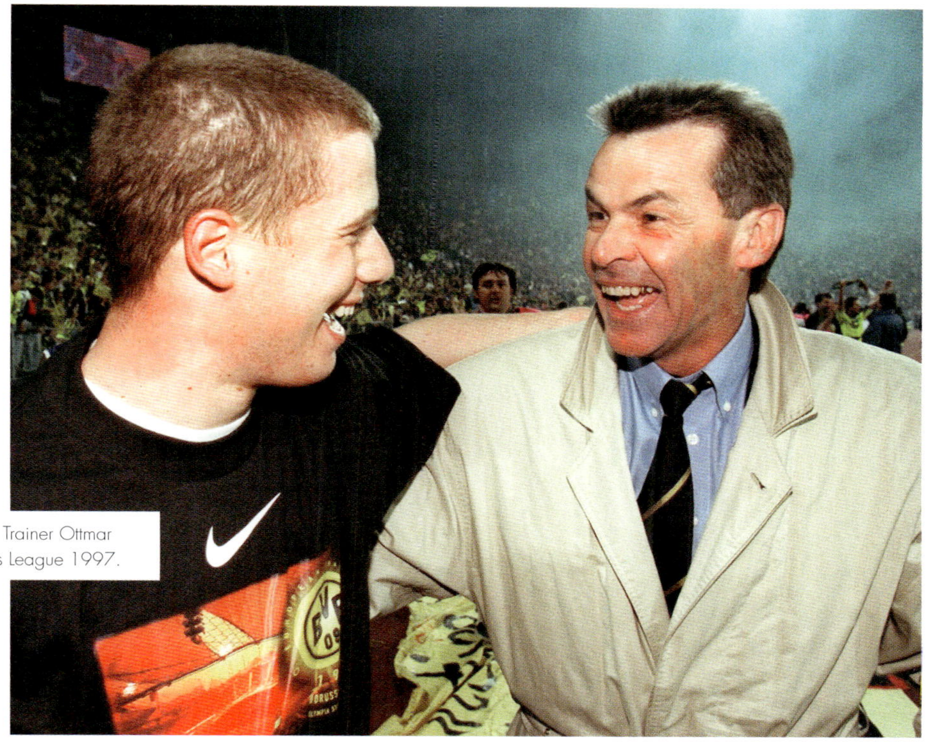

STRAHLENDE GESICHTER. Lars Ricken mit Trainer Ottmar Hitzfeld nach dem Gewinn der Champions League 1997.

ARJEN ROBBEN

Geb. > 23. JANUAR 1984 in Bedum/Niederlande | Position > ANGRIFF
Verein > FC BAYERN MÜNCHEN | Titel > 2013

DER MEISTER IN VIER LÄNDERN

Schon mit 16 stürmte Arjen Robben durch die Eredivisie, die erste Liga der Niederlande. Der Stürmer, in der Jugendakademie von Groningen ausgebildet, gab am 3. Dezember 2000 sein Debüt. 2003 wurde er als Talent des Jahres gewählt, 2005 als Europas bester Nachwuchsspieler ausgezeichnet. Das außerordentliche Talent war ihm in die Wiege gelegt.

Bei Beckenbauer war es eine Ohrfeige, die dafür sorgte, dass er statt zu 1860 zum FC Bayern wechselte. Bei Robben war es sein falsch geschriebener Name in einem Vertragsformular, warum er nicht zu Ajax, sondern zum PSV Eindhoven wechselte. Sein Vater Hans, bis heute auch sein Manager, wertete den falsch geschriebenen Namen als nur geringe Wertschätzung. Solche Zufälle bestimmen Karrieren. Arjen Robben ist bis heute ein Mann für die wichtigen Spiele und die großen Titel geblieben. Er wurde Meister in Holland (2003 mit Eindhoven), in England (2005 und 2006 mit dem FC Chelsea), in Spanien (2008 mit Real Madrid) und in Deutschland (fünf Titel seit 2010) mit dem FC Bayern. Allein die Auflistung seiner Vereine zeigt: Robben ist eine erste Adresse unter Europas Topspielern.

Die Krone sicherte er sich mit den Bayern: Nach zwei verlorenen Endspielen (2010 und 2012) war es der niederländische Stürmer, der das Finale 2013 entschied.

Wembley-Stadion in London, das deutsch-deutsche Finale, Borussia Dortmund gegen Bayern München, die 89. Minute: Robben nimmt einen Kurzpass von Ribéry auf, umkurvt vier Borussen, erwischt den Ball mit der Spitze, stochert ihn an Weidenfeller vorbei zum 2:1 ins Netz. Es war die

Entscheidung, es war der lang ersehnte Titel für Bayern und die Krönung für Robben selbst. Schon das 1:0 durch Mandžukić hatte er elegant und mit einer Energieleistung vorbereitet. Deshalb war die Wahl zum „Man of the Match" in diesem Champions League-Finale die Bestätigung für ihn und gegen alle Zweifler, die dem schnellen, dribbelstarken Linksfüßler zu oft Eigensinnigkeit und Egoismus vorgeworfen hatten.

Robben, in seiner Karriere durch unzählige Muskelverletzungen gehandicapt, ist ein Winner. Wenn es drauf ankommt, ist er besonders gut. Schon in seiner ersten Bayern-Saison 2009/2010 war er es, der mit wichtigen Toren in Florenz, Manchester und Madrid den Weg ins Finale ebnete. Anschließend wurde er zu Deutschlands Fußballer des Jahres gewählt. In Europa standen ihm Ronaldo oder Messi vor der Sonne, da reichte es nur zu Platz drei, wie auch bei der WM 2014 (hinter Messi und Neuer). Aber sein Tor in Wembley hat ihm einen Platz in der ewigen Liste der Champions League gesichert. ■

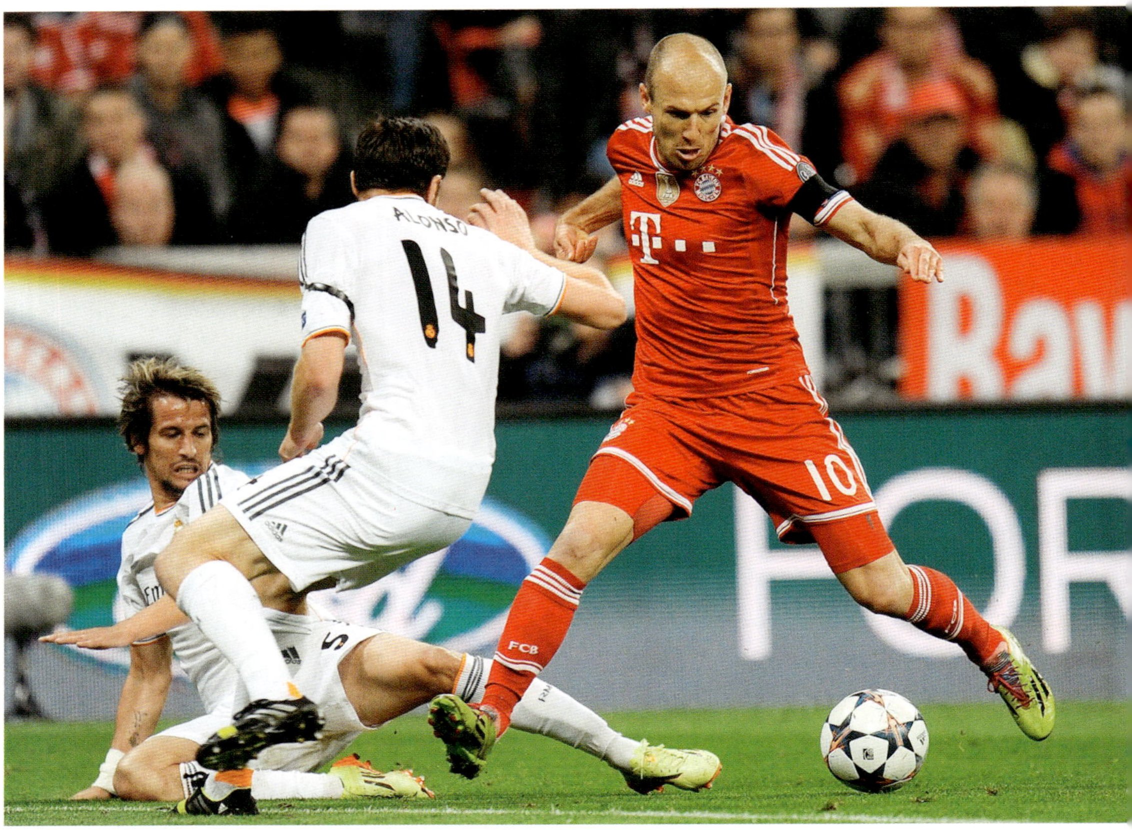

GROSSES DUELL. Bayern gegen Real, Robben gegen seinen Ex-Klub. Der Niederländer gewann mit Bayern 2013 den Titel, machte das Siegtor.

CRISTIANO RONALDO

Geb. > **5. FEBRUAR 1985** in Funchal/Madeira/Portugal | Position > ANGRIFF
Verein > **MANCHESTER UNITED, REAL MADRID** | Titel > 2008, 2014, 2016

CR7 UND SEINE REKORDJAGD

Viele halten ihn für arrogant. Sein Gehabe auf dem Rasenrechteck wirkt egozentrisch. Wenn er sich breitbeinig wie ein Pistolero für einen Freistoß aufbaut, verdrehen seine Kritiker die Augen. Cristiano Ronaldo ist ein ganz besonderer Typ. Zwei Episoden kennzeichnen am besten den Charakter des Mannes, der auf der Insel Madeira aufwuchs.

Im Dezember 2013 eröffnete er in seiner Heimatstadt Funchal sein eigenes Museum. Das bestätigt den Ego-Trip.

Im November 2012 ließ Ronaldo den Goldenen Schuh,

den er als bester Torschütze Europas erhalten hatte, versteigern. Der Erlös in Höhe von 1,5 Mio Euro spendete er für Hilfsprojekte für palästinensische Schulen in Gaza. Das zeigt den Gutmenschen in ihm.

Wer seine Mitspieler fragt, bekommt Erstaunliches zu hören. Er, der Egoman, der Ich- und Showmensch, der sich beleidigt fühlt, wenn einer wie Bale (angeblich) mehr Ablösesumme gekostet hat als er, sei selbstkritisch, wiss- und lernbegierig. Keiner würde so hart arbeiten wie er, um sich täglich zu verbessern. So hat er seine unglaubliche Sprungtechnik immer weiter verbessert, um im Kopfballspiel noch stärker zu werden. So macht er nahezu täglich Schusstraining, um seine Technik zu verfeinern. Den Effekt, den er dem Ball bei Frei- oder Fernschüssen mitgibt, ist antrainiert. Da scheint es, als falle der Ball plötzlich vom Himmel, weil er das Kunstleder in höchster Geschwindigkeit so zu streicheln versteht wie ein Tennisspieler dem Ball beim Topspin. Cristiano Ronaldo hat sich selbst zu einer Marke gemacht. Nicht nur, dass er das „CR7", diese Mischung aus Initialen und Rückennummer, markentechnisch eintragen ließ und in Portugal zwei Boutiquen mit diesem Namen eröffnet hat, die von seinen Schwestern betrieben werden. Das Können, das Aussehen, das Gehabe – all das ist einzigartig. Immer dann, wenn seine Kritiker wieder mit dem Lästern beginnen, belegen die Zahlen und Fakten, dass er wirklich ein Ausnahmekönner ist:

- Weltfußballer 2008, 2013, 2014;
- Englischer Meister 2007, 08, 09;
- Spanischer Meister 2012;
- 17 Tore in elf Spielen der Champions League-Saison 2015/16;
- Mit über 230 Toren bester Real-Torschütze aller Zeiten;
- Bester Torschütze der Champions League aller Zeiten
- Torschützenkönig der Champions League 2008, 2013, 2014, 2015, 2016.

Es gibt keinen Torrekord, den der Portugiese nicht hält. Der kleine Junge, der schon mit 12 Jahren von der Insel Madeira zu Sporting Lissabon kam und im Alter von 18 Jahren zu Manchester United wechselte, galt schon früh als Ausnahmetalent. Durch seine Schnelligkeit, Dribbelstärke, seine Finten und Schusskraft machte er die Scouts aller europäischen Topklubs auf sich aufmerksam, ehe ihn Alex Ferguson von ManU überzeugte. Er erhielt die Rückennummer 7, die zuvor David Beckham getragen hatte. Und ballerte ManU bis ins Finale der Champions League. Am 21. Mai 2008 gewann ManU das Endspiel in Moskau gegen den FC Chelsea mit 7:6 n. E. Ronaldo köpfte das 1:0, Lampard glich aus (45.). Obwohl Ronaldo im Elfmeterschießen an Čech scheiterte, holte sich ManU die Krone. Ronaldo saß auf dem europäischen Olymp.

Ein Jahr später wechselte er für die Rekordablösesumme von 100 Millionen Euro zu Real Madrid und half 2012 mit, La

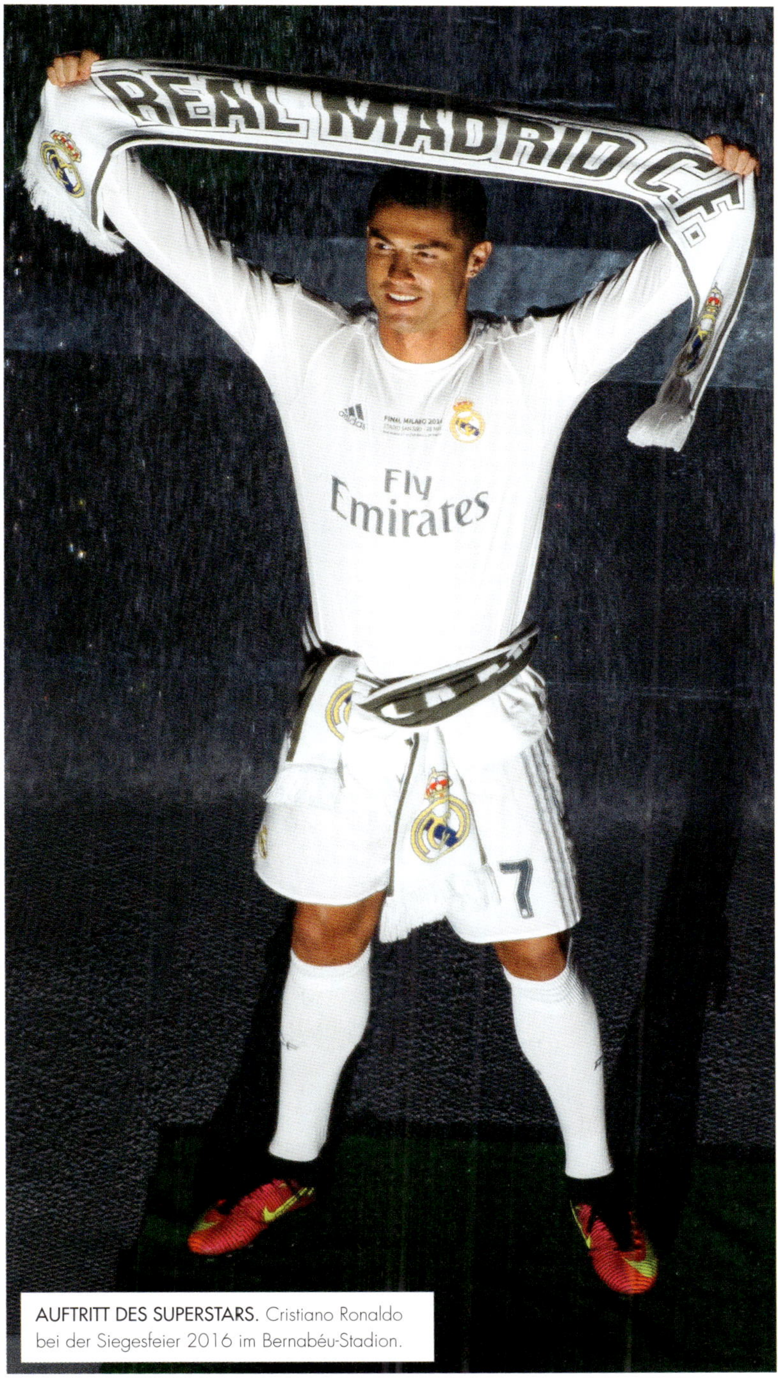

AUFTRITT DES SUPERSTARS. Cristiano Ronaldo bei der Siegesfeier 2016 im Bernabéu-Stadion.

Decima zu gewinnen, den 10. Europapokalsieg für die „Königlichen". Mit 4:1 nach Verlängerung wurde der Stadtrivale Atlético Madrid besiegt. Ronaldo setzte mit einem verwandelten Elfmeter den Schlusspunkt und war somit der erste Spieler, der für zwei verschiedene Siegerklubs Finaltore erzielt hatte. Mit 17 Treffern in elf Spielen brach er auch den Torrekord des Italieners José Altafini.
Auch 2015 und 2016 wurde er Torschützenkönig und löste Raúl als besten Torschützen aller Zeiten ab. Real brachte er nahezu im Alleingang erneut ins Endspiel: zwei Tore gegen den AS Rom, ein Hattrick zum 3:0 über den VfL Wolfsburg – und natürlich traf er auch im Finale. Da verwandelte er den fünften und entscheidenden Elfmeter zum 5:3-Sieg im Elfmeterschießen – wie 2014 gegen den Stadtrivalen Atlético Madrid. Ronaldo im Königsklassenglück.
Viermal schon gewann er den „Goldenen Schuh" als Europas bester Torschütze. Bei Real erzielte er im Schnitt mehr als ein Tor pro Spiel (260 Tore in 236 Spielen). Keine Bestmarke ist vor ihm sicher. Und diese einmalige Karriere ist auch nach drei Champions League-Titeln noch nicht zu Ende. Es gibt viele, die mögen ihn nicht. Aber seine herausragenden Leistungen sind unstrittig. ■

IAN RUSH

Geb. > 20. OKTOBER 1961 in Flint/Wales | Position > STÜRMER
Verein > FC LIVERPOOL | Titel > 1984

REKORDSCHÜTZE VON DER ANFIELD ROAD

Das große FC Liverpool, das in den 80er Jahren den englischen und europäischen Fußball dominierte, ist mit einigen Namen eng verbunden – mit dem Macher Bob Paisley und mit dem Torjäger Ian Rush.
Paisley entdeckte den jungen Stürmer bei Chester City und holte ihn für 300.000 Pfund als teuersten Teenager jener Zeit an die Anfield Road. Ein Glücksgriff. Denn der spindeldürre, nur 1,80 m große Stürmer ist bis heute mit 364 Toren Liverpools Rekordtorschütze.
Mit seinem Angriffspartner Kenny Dalglish mischte er Europa auf. Gemeinsam holten sie 1984 den Europapokal der Landesmeister, wurden fünfmal englischer Meister. Rush, zugleich auch Rekordspieler und -schütze von Wales (73 Länderspiele, 28 Tore), hatte großen Anteil an dem Triumph von Rom. Fünf Tore hatte er bis zum Finale erzielt. Im Endspiel, in Rom und gegen den AS Rom ausgetragen, hieß es 1:1 nach 90 und 120 Minuten. Das Elfmeterschießen musste entscheiden. Rush verwandelte zum 3:2, Liverpool gewann mit 4:2. Anschließend wurde er zu Englands Fußballer des Jahres gewählt und holte sich mit 32 Toren den „Goldenen Schuh" als Europas bester Torschütze.

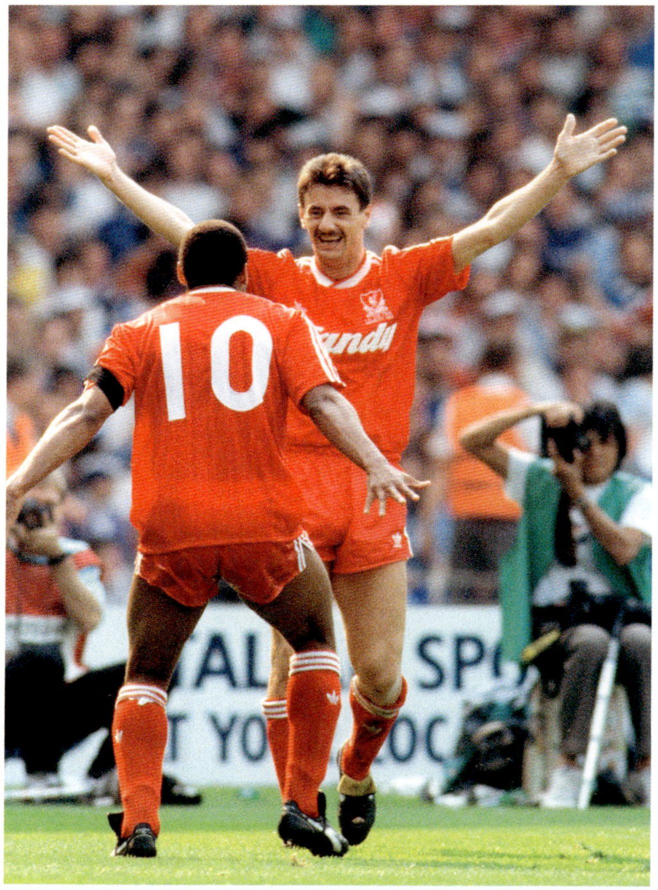

STRAHLENDER HELD. John Barnes feiert den Torschützen Ian Rush.

Auch im Jahr darauf zog Liverpool ins Finale ein, verlor aber in Brüssel gegen Juventus und wurde nach der Katastrophe von Heysel für sieben Jahre für alle internationalen Spiele gesperrt. Damit war auch die Europapokal-Karriere des Ian Rush beendet.

Eine Liverpool-Legende ist er geblieben. Von 1980 bis 1996 trug er das Trikot der Reds, unterbrochen nur von einem unglücklichen Jahr bei Juventus Turin. Anschließend ließ er seine Karriere bei Leeds United, Newcastle, Sheffield und als Spielertrainer bei Wrexham ausklingen. ■

KARL-HEINZ SCHNELLINGER

Geb. > 31. MÄRZ 1939 in Düren | Position > ABWEHR
Verein > AC MAILAND | Titel > 1969

DER ERSTE DEUTSCHE AUF DEM OLYMP

Sie nennen ihn Carlo il Biondo, Carlo der Blonde. Er stammt aus Düren, aber ist längst in Italien zu Hause. 1963, bevor die Bundesliga eingeführt wurde, wechselte Karl-Heinz Schnellinger über die Alpen. Und deshalb wissen die wenigsten, dass der Abwehrmann der erste deutsche Spieler ist, der den Europapokal der Landesmeister gewann. Schnellinger spielte bei vier WM-Endrunden für Deutschland, erzielte 1970 das legendäre 1:1 im WM-Halbfinale gegen Italien. Das „Ausgerechnet Schnellinger", das Ernst Huberty in die deutschen Wohnzimmer rief, hat ihn berühmt gemacht. Es war übrigens sein einziges Tor in 47 Länderspielen. Aber in der Bundesliga fand er nahezu nicht statt. Erst auf seine alten Tage kam er für eine Saison zurück, spielte für Tennis Borussia Berlin und verabschiedete sich nach 19 Einsätzen Richtung Segrate nahe Mailand, wo er bis heute lebt. Dieser Carlo war ein Weltklasse-Verteidiger, 1962 sogar zu Deutschlands Fußballer des Jahres gewählt (und bei Europas Wahl auf Platz drei). Wie gut er wirklich war, zeigt folgende Episode: Als Englands Fußballlegende Sir Stanley Matthews 1965 eine Weltelf einlud, wählte er Schnellinger zu seinem direkten Gegenspieler, weil er ihn für den besten Linksverteidiger der Welt hielt. Schnellinger, vom AS Rom aus Köln verpflichtet, hatte seine große Zeit beim AC Mailand. Hier spielte er mit Rivera, mit Prati, mit Trapattoni zusammen. 1968 gewannen sie den Europapokal der Pokalsieger durch einen 2:0-Endspielsieg gegen den HSV. Ein Jahr danach erklommen sie Europas Olymp: Milan gewann das Finale gegen Ajax mit 4:1, wobei Pierino Prati drei Tore erzielte. Carlo war nicht wegzudenken aus dem Milan-Team, eine feste Abwehrgröße. Er war kopfballstark, geschickt im Zweikampf, schnell und zweikampfstark und dazu ein glänzender Taktiker. Trainer Nereo Rocco setzte ihn in allen sieben Spielen ein und natürlich auch im Finale. Acht Titel in neun Jahren holte er mit Milan – mit der Krönung des Endspiels von Madrid. ■

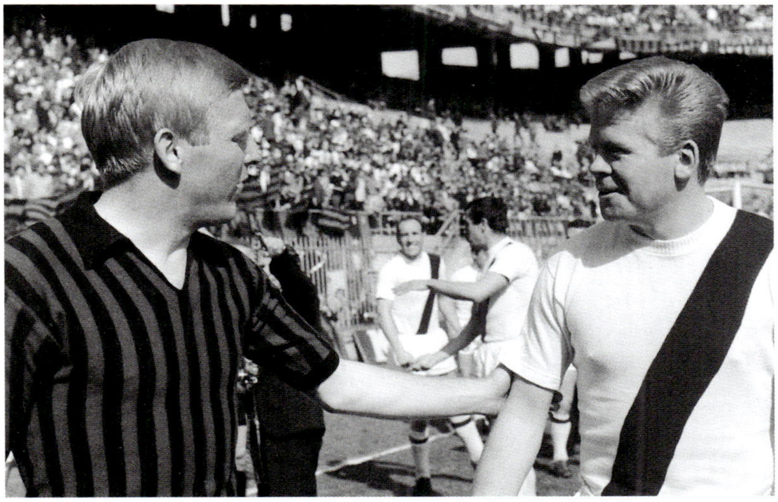

DEUTSCHES DUELL IN ITALIEN. Karl-Heinz Schnellinger (links) vom AC Mailand, Helmut Haller von Juventus Turin.

CLARENCE SEEDORF

Geb. > 1. APRIL 1976 in Paramaribo/Suriname | Position > MITTELFELD
Verein > AJAX AMSTERDAM, REAL MADRID | Titel > 1995, 1998, 2003, 2007

REKORDSIEGER AUS SURINAME

Wer an die Helden der Champions League denkt, zählt Namen wie Di Stéfano, Cruyff, Baresi oder Messi auf. Aber der einzige Spieler, der mit drei verschiedenen Klubs viermal triumphierte, ist Clarence Seedorf, der Mittelfeldspieler aus Suriname.

Der Dampfmacher, Stratege und manchmal auch geniale Spielmacher wuchs in der Ajax-Schule auf und spielte bereits im Alter von 16 Jahren in der ersten Liga. Mit Ajax triumphierte er auch 1995 erstmals in Europa. Mit Amsterdam gewann er das Endspiel gegen den großen AC Mailand mit 1:0. Den nächsten Titel holte er 1998 mit Real Madrid. Unter Trainer Jupp Heynckes half er mit, nach 32 Jahren „La Septima" zu holen, als das Endspiel gegen Juventus Turin mit 1:0 gewonnen wurde. 2003 und 2007 komplettierte er seine Sammlung von vier Titeln mit dem AC Mailand, stand zudem 2005 in jenem Finale, das Milan nach 3:0-Führung noch spektakulär gegen den FC Liverpool verlor.

Damit ist Seedorf, der sechs Sprachen spricht, gemeinsam mit den Barça-Spielern Messi, Xavi, Piqué und Iniesta der einzige Spieler mit vier Champions League-Triumphen. Nur Gento (6) und Maldini (5) waren erfolgreicher, aber keiner schaffte diese Erfolge mit drei verschiedenen Klubs.

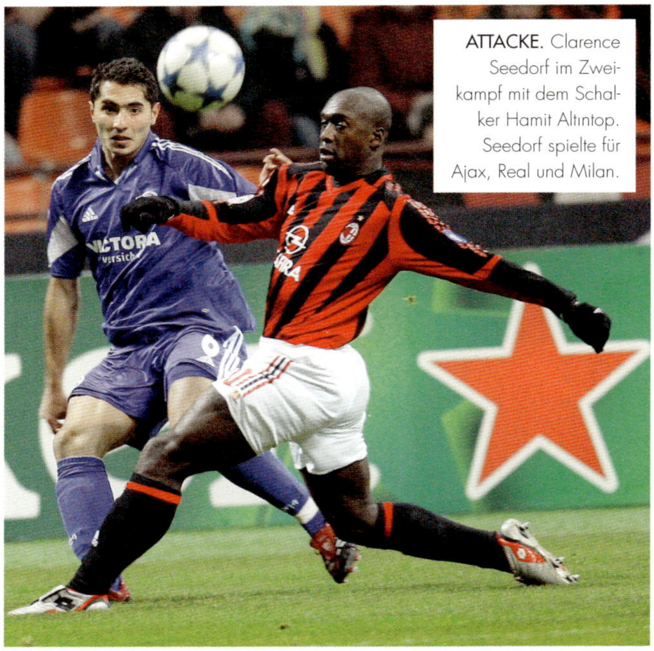

ATTACKE. Clarence Seedorf im Zweikampf mit dem Schalker Hamit Altıntop. Seedorf spielte für Ajax, Real und Milan.

Seedorf blieb in seinem Heimatland, den Niederlanden, dennoch umstritten, weil er in der Nationalmannschaft nicht so herausragend auftrat wie bei seinen Vereinen. Hier wurden ihm Phlegma und fehlende Ausstrahlung unterstellt. In seinen 86 Länderspielen blieb er ohne Titel. ■

ZINÉDINE ZIDANE

Geb. > 23.JUNI 1972 in Marseille/Frankreich | Position > MITTELFELD/TRAINER
Verein > REAL MADRID | Titel > 2002, 2016

ZIZOU ALS DOPPELTER CHAMPION

„Zizou", so sein Spitzname, ist einer von sechs, die als Spieler und Trainer Europas Fußballkrone erobert haben. Neben Zinédine Zidane sind das Ancelotti, Guardiola, Cruyff, Rijkaard, Munoz und Trapattoni. Beide Titel holte er mit Real Madrid, obwohl er seine größte Zeit bei Juventus Turin feierte. Auch mit Juve erreichte er zweimal das Finale, verlor aber 1997 gegen Dortmund und 1998 gegen Real Madrid.

Zidane, genialer Techniker, Vorbereiter und Vollstrecker, hat algerische Wurzeln, wuchs in Marseille auf. Mit 14 kam er in das Jugendinternat von Cannes, stand mit 24 Jahren im UEFA-Cup-Finale, das er 1996 gegen Bayern München verlor. Anschließend wechselte er zu Juventus Turin und wurde 2001 von Real Madrid für die damalige Rekordablösesumme von 73,5 Millionen Euro verpflichtet. Erst mit Real holte er die Titel, die er mit Frankreich längst gewonnen hatte: Weltmeister 1998, Europameister 2000. Bereits 1998 wurde er zu Europas Fußballer des Jahres gewählt, dreimal (1998, 2000, 2003) wurde er auch zum Weltfußballer gekürt. Die Champions League gewann er 2002 mit Real Madrid und steuerte den Siegtreffer gegen Bayer Leverkusen zum 2:1 persönlich bei.

Unrühmliche Berühmtheit erlangte er im WM-Finale 2006, als er zunächst das 1:0 per Elfmeter erzielte, sich in der 109. Minute seines letzten Spiels vom Italiener Marco Materazzi zu einem Kopfstoß provozieren ließ und die Rote Karte sah. Italien gewann anschließend das Elfmeterschießen, „Zizou" blieb die Krönung zum Abschied verwehrt.

Der Feldverweis im WM-Finale war nicht seine einzige Rote Karte. Immer wieder ließ er sich provozieren, seine Karriere ist mit Unbeherrschtheiten gepflastert. Auch deshalb blieb er nie unumstritten, wurde respektiert, aber nie wirklich geliebt.

Nach seiner Karriere blieb der Franzose in Madrid und bereitete sich in Spanien auf seine zweite Karriere als Trainer vor. 2015 erwarb er die UEFA-Pro-Trainerlizenz und trainierte Real Madrid Castilla, die zweite Mannschaft. Am 4. Januar 2016 übernahm er das große Real, nachdem Rafael Benítez gescheitert war und Real nur auf Platz drei überwinterte. Gleich in seinem ersten Trainerjahr ließ er den Champions League-Titel folgen. Real gewann das Finale im Elfmeterschießen gegen den Stadtrivalen Atlético. Und „Zizou" holte in Mailand seinen ersten Titel als Trainer. ■

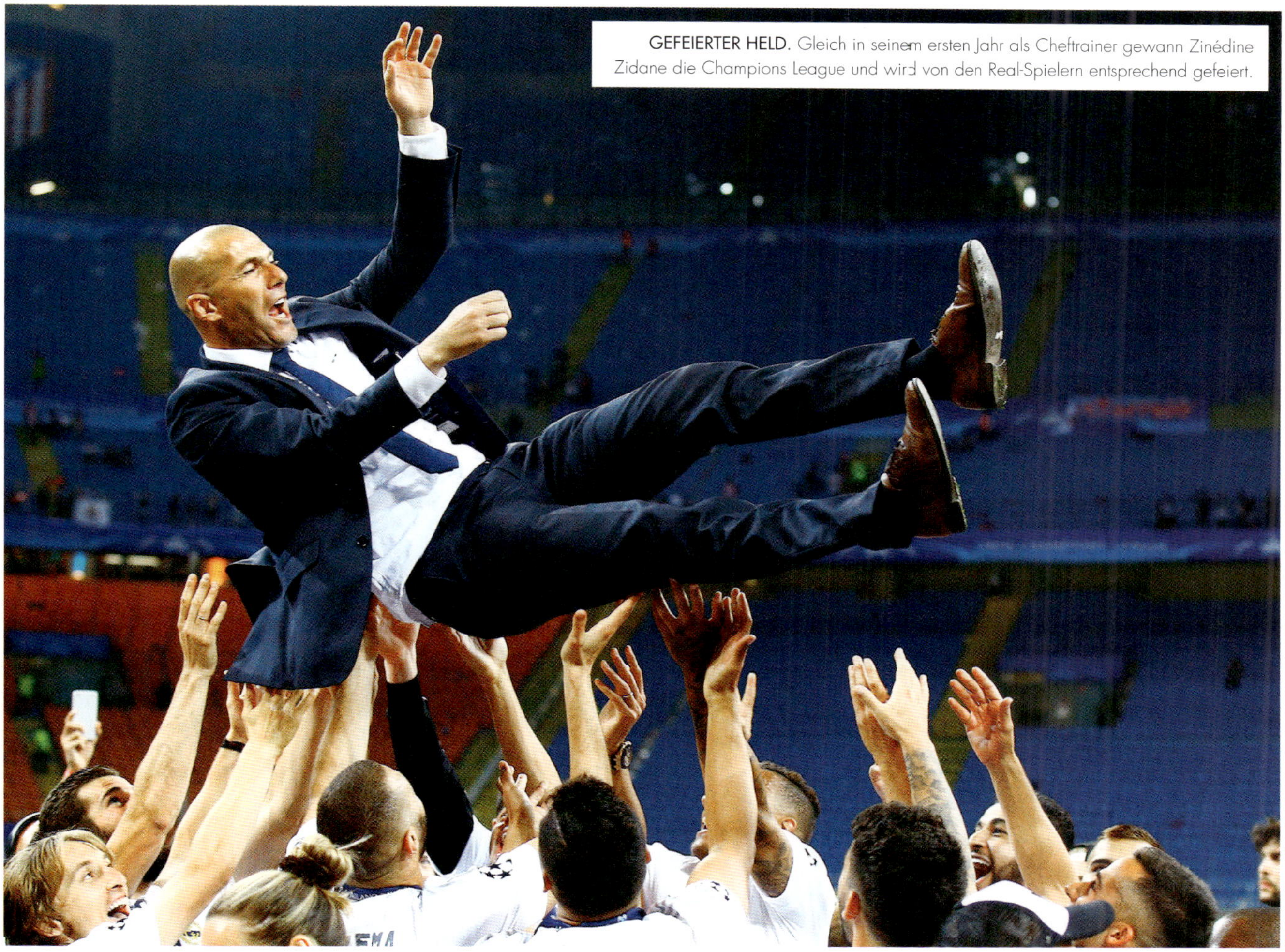

GEFEIERTER HELD. Gleich in seinem ersten Jahr als Cheftrainer gewann Zinédine Zidane die Champions League und wird von den Real-Spielern entsprechend gefeiert.

STATISTIK

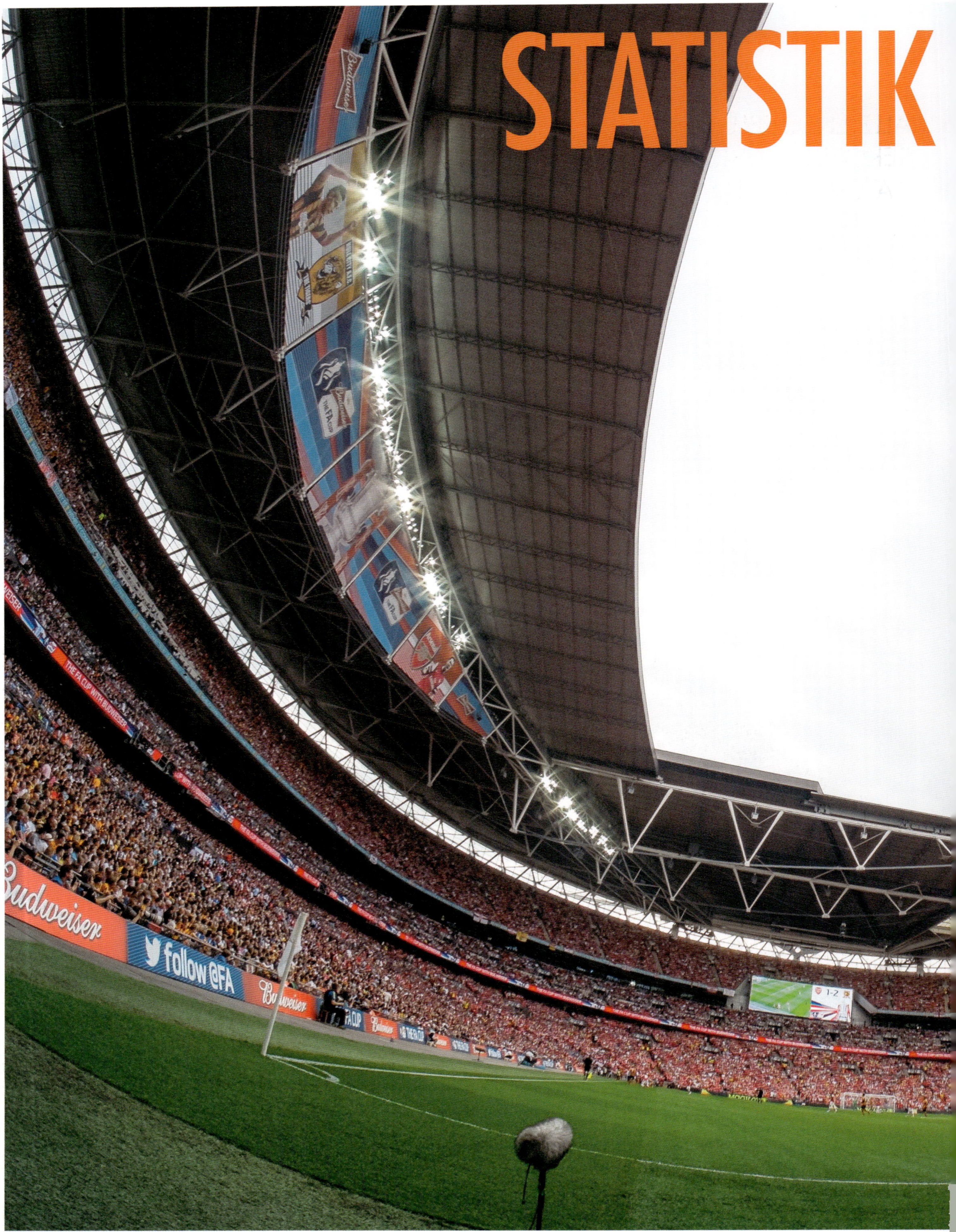

ALLE ENDSPIELE, GROSSE REKORDE: ZAHLEN UND DATEN ZUM NACHLESEN.

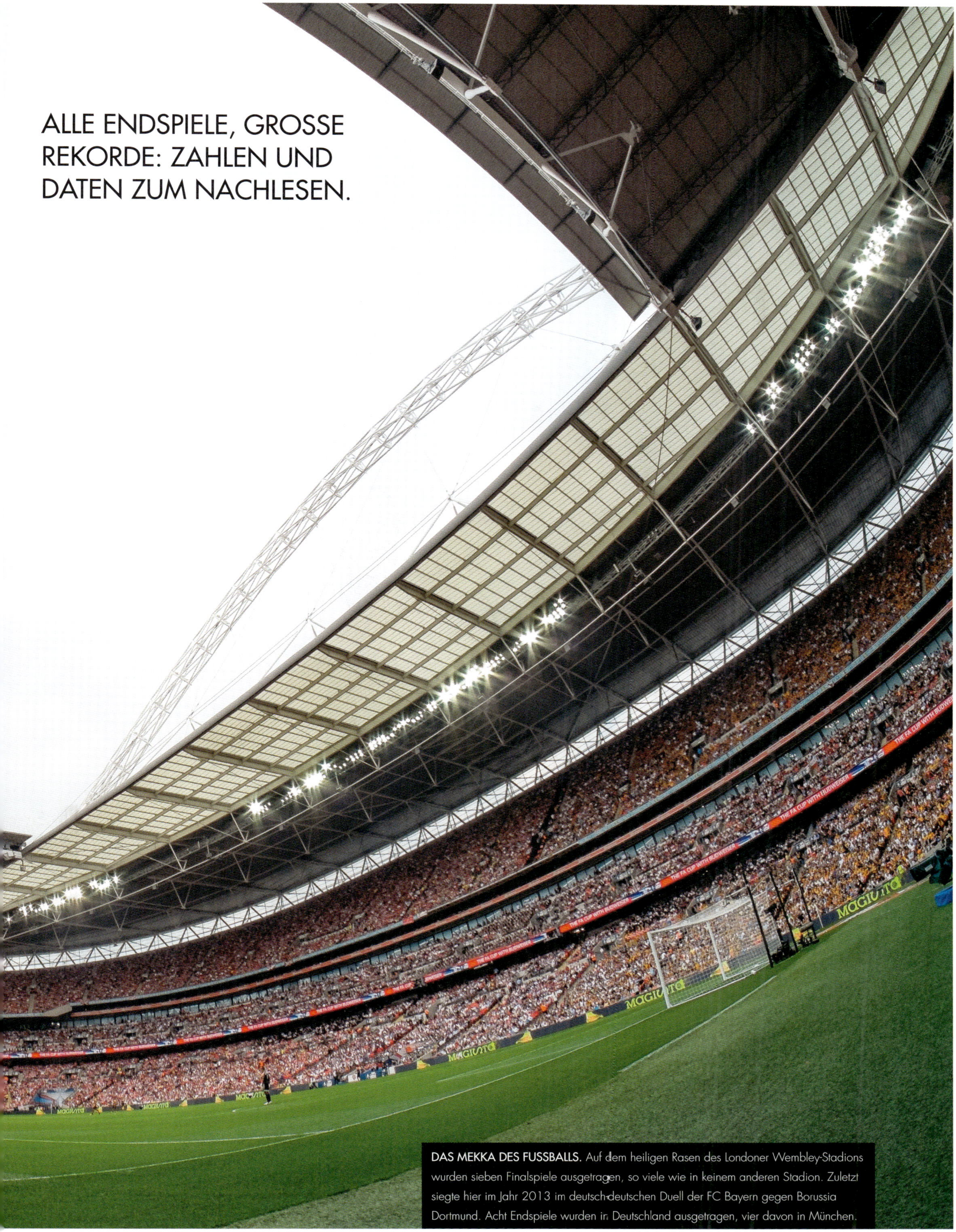

DAS MEKKA DES FUSSBALLS. Auf dem heiligen Rasen des Londoner Wembley-Stadions wurden sieben Finalspiele ausgetragen, so viele wie in keinem anderen Stadion. Zuletzt siegte hier im Jahr 2013 im deutsch-deutschen Duell der FC Bayern gegen Borussia Dortmund. Acht Endspiele wurden in Deutschland ausgetragen, vier davon in München.

Datum	Paarung	Stadion/Zuschauer	Ergebnis	Torschützen	Schiedsrichter
13.06. 1956	Real Madrid – Stade Reims	Parc des Princes (Paris/Frankreich, 38.239)	4:3 (2:2)	0:1 Michel Leblond (6.), 0:2 Jean Templin (10.), 1:2 Alfredo Di Stéfano (14.), Héctor Rial (30.), 2:3 Michel Hidalgo (62.), 3:3 Marquitos (67.), 4:3 Héctor Rial (79.)	Arthur Ellis (England)
30.05. 1957	Real Madrid – AC Florenz	Santiago Bernabéu (Madrid/Spanien, 120.000)	2:0 (0:0)	1:0 Alfredo Di Stéfano (69./Foulelfmeter), 2:0 Gento (75.)	Leo Horn (Niederlande)
28.05. 1958	Real Madrid – AC Mailand	Stade du Centenaire (Brüssel/Belgien, 67.000)	3:2 n.V. (0:0, 2:2)	0:1 Juan Schiaffino (60.), Alfredo Di Stéfano (74.), 1:2 Ernesto Grillo (78.), 2:2 Héctor Rial (79.), 3:2 Gento (107.)	Albert Alsteen (Belgien)
03.06. 1959	Real Madrid – Stade Reims	Neckarstadion (Stuttgart/Deutschland, 78.000)	2:0 (1:0)	1:0 Mateos (1.), Alfredo Di Stéfano (47.)	Albert Dusch (Deutschland)
18.05. 1960	Real Madrid – Eintracht Frankfurt	Hampden Park (Glasgow/Schottland, 127.621)	7:3 (3:1)	0:1 Richard Kreß (18.), 1:1 Alfredo Di Stéfano (27.), 2:1 Alfredo Di Stéfano (29.), 3:1 Ferenc Puskás (45.), 4:1 Ferenc Puskás (56./Foulelfmeter), 5:1 Ferenc Puskás (60.), 6:1 Ferenc Puskás (70.), 6:2 Erwin Stein (72.), 7:2 Alfredo Di Stéfano (73.), 7:3 Erwin Stein (75.)	John Mowat (Schottland)
30.05. 1961	Benfica Lissabon – FC Barcelona	Wankdorf-Stadion (Bern/Schweiz, 26.732)	3:2 (2:1)	0:1 Sándor Kocsis (21.), 1:1 José Aguas (31.), 2:1 Ramallets (32./ Eigentor), 3:1 Coluna (55.), 3:2 Zoltán Czibor (75.)	Gottfried Dienst (Schweiz)
02.05. 1962	Benfica Lissabon – Real Madrid	Olympiastadion (Amsterdam/Niederlande, 61.257)	5:3 (2:3)	0:1 Fernec Puskás (18.), 0:2 Ferenc Puskás (23.), 1:2 José Āguas (25.), 2:2 Cavém (33.), 2:3 Ferenc Puskás (40.), 3:3 Coluna (50.), 4:3 Eusébio (63./Foulelfmeter), 5:3 Eusébio (69.)	Leo Horn (Niederlande)
22.05. 1963	AC Mailand – Benfica Lissabon	Wembley (London/England, 45.715)	2:1 (0:1)	0:1 Eusébio (19.), 1:1 José Altafini (58.), 2:1 José Altafini (69.)	Arthur Holland (England)
27.05. 1964	Inter Mailand – Real Madrid	Praterstadion (Wien/Österreich, 71.333)	3:1 (1:0)	1:0 Sandro Mazzola (43.), 2:0 Aurelio Milani (52.), 2:1 Felgo (69.), 3:1 Sandro Mazzola (76.)	Josef Stoll (Österreich)
27.05. 1965	Inter Mailand – Benfica Lissabon	Giuseppe Meazza (Mailand/Italien, 89.000)	1:0 (0:0)	1:0 Jair de Costa (42.)	Gottfried Dienst (Schweiz)
11.05. 1966	Real Madrid – Partizan Belgrad	Stade du Centenaire (Brüssel/Belgien, 46.745)	2:1 (0:0)	0:1 Velibor Vasović (55.), 1:1 Amancio (70.), 2:1 Serena (75.)	Rudolf Kreitlein (Deutschland)
25.05. 1967	Celtic Glasgow – Inter Mailand	Estádio Nacional (Lissabon/Portugal, 45.000)	2:1 (0:1)	0:1 Sandro Mazzola (6./Foulelfmeter), 1:1 Tommy Gemmel (63.), 2:1 Stevie Chalmers (84.)	Kurt Tschenscher (Deutschland)
29.05. 1968	Manchester United – Benfica Lissabon	Wembley (London/England, 92.225)	4:1 n.V. (0:0, 1:1)	1:0 Bobby Charlton (55.), 1:1 Jaime Graça (80.), 3:1 George Best (97.), 3:1 Brian Kidd (98.), 4:1 Bobby Charlton (100.)	Concetto Lo Bello (Italien)
28.05. 1969	AC Mailand – Ajax Amsterdam	Santiago Bernabéu (Madrid/Spanien, 31.782)	4:1 (2:0)	1:0 Pierino Prati (7.), Pierino Prati (39.), 2:1 Velibor Vasović (60./ Foulelfmeter), 3:1 Ángelo Sormani (66.), 4:1 Pierino Prati (75.)	José Ortíz De Mendibíl (Spanien)
06.05. 1970	Feyernoord Rotterdam – Celtic Glasgow	Giuseppe Meazza (Mailand/Italien, 53.187)	2:1 n.V. (1:1, 1:1)	0:1 Tommy Gemmell (30.), 1:1 Rinus Israël (31.), 2:1 Ove Kindvall (117.)	Concetto Lo Bello (Italien)
02.06. 1971	Ajax Amsterdam – Panathinaikos Athen	Wembley (London/England, 83.179)	2:0 (1:0)	1:0 Dick van Dijk (5.), 2:0 Arie Haan (87.)	Jack Taylor (England)
31.05. 1972	Ajax Amsterdam – Inter Mailand	De Kuip (Rotterdam/Niederlande, 61.354)	2:0 (0:0)	1:0 Johan Cruyff (48.), 2:0 Johan Cruyff (77.)	Robert Héliès (Frankreich)
30.05. 1973	Ajax Amsterdam – Juventus Turin	Stadion Rajko Mitić (Belgrad/Serbien, 89.484)	1:0 (1:0)	1:0 Jonny Rep (4.)	Milivoje Gugulović (Serbien)

Aufstellung I	Aufstellung II	Trainer I	Trainer II
Juanito Alonso, Marquitos, Rafael Lesmes, Zárraga, Héctpr Rial, Miguel Muñoz, Marsal, Gento, Atienza, Joseito, Alfredo Di Stéfano	René Jaquet, Simon Zimny, Robert Jonquet, Raoul Giraudo, Michel Leblond, Robert Siatka, Michel Hildago, Leon Glowacki, Raymond Kopa, René Bliard, Jean Templin	José Villalonga	Albert Batteux
Juanito Alonso, Torres Pastor, Marquitos, Rafael Lesmes, Zárraga, Héctor Rial, Miguel Muñoz, Mateos, Gento, Raymond Kopa, Alfredo Di Stéfano	Giuliano Sarti, Ardico Magnini, Sergio Cervato, Aldo Scaramucci, Alberto Orzan, Guido Gratton, Giuseppe Virgili, Armando Segato, Miguel Montuori, Julinho, Claudio Bizzari	Luis Carniglia	Fulvio Bernardini
Juanito Alonso, José Santamaría, Rafael Lesmes, Zárraga, Santisteban, Héctor Rial, Gento, Atienza, Raymond Kopa, Joseito, Alfredo Di Stéfano	Narcisco Soldan, Cesare Maldini, Alfio Fontana, Mario Bergamaschi, Eros Beraldo, Luigi Radice, Nils Liedholm, Giancarlo Danova, Juan Schiaffino, Ernesto Grillo, Ernesto Cucciaroni	Luis Carniglia	Giuseppe Viani
Rogelio Domínguez, José Santamaria, Marquitos, Zárraga, Santisteban, Ruiz Cervilla, Héctor Rial, Mateos, Gento, Raymond Kopa, Alfredo Di Stéfano	Dominique Colonna, Bruno Rodzik, Robert Jonquet, Raoul Giraudo, Armand Penverne, Robert Lamartine, Jean Vincent, Roger Piantoni, Michel Leblond, Just Fontaine, René Bliard	Luis Carniglia	Albert Batteux
Rogelio Domínguez, José Santamaria, Pachín, Marquitos, Del Sol, Zárraga, Vidal, Gento, Cánario, Ferenc Puskás, Alfredo Di Stéfano	Egon Loy, Hans Weilbächer, Friedel Lutz, Dieter Lindner, Hermann Hofer, Hans-Walter Eigenbrodt, Dieter Stinka, Erwin Stein, Alfred Pfaff, Erich Meier, Richard Kreß	Manuel Fleitas	Paul Oßwald
Costa Pereira, Mário João, Germano, Ângelo, Coluna, José Neto, Santana, Cruz, Cavém, José Augusto, José Águas	Ramallets, Gracia, Gensana, Foncho, Vergés, Luis Suárez, Garay, Ladislav Kubala, Sándor Kocsis, Evaristo, Zoltán Czibor	Béla Guttmann	Enrique Orizaola
Costa Pereirc, Mário João, Germano, Ângelo, Coluna, Cruz, Cavém, António Simões, José Augusto, José Águas, Eusébio	Araquistáin, José Santamaria, Pachin, Miera, Casado, Gento, Felo, Del Sol, Tejada, Ferenc Puskás, Alfredo Di Stéfano	Béla Guttmann	Miguel Muñoz
Giogio Ghezzi, Mario Trebbi, Cesare Maldini, Mario David, Giovanni Trappatoni, Gianni Rivera, Dino Sani, Victor Benítez, José Altafini, Gino Pivatelli, Bruno Mora	Costa Pereira, Raúl Machado, António Simões, Santana, Coluna, Humberto Fernandes, Cruz, Cavém, José Torres, José Augusto, Eusébio	Nereo Rocco	Fernando Riera
Giuliano Sarti, Armando Picchi, Giacinto Facchetti, Tarcisio Burgnich, Carlo Tagnin, Luis Suárez, Aristide Guarneri, Mario Corso, Aurelio Milani, Sandro Mazzola, Jair da Costa	Vicente Train, José Santamaria, Pachín, Isidro Sánchez, Zoco, Lucien Müller, Gento, Felo, Ferenc Puskás, Alfredo Di Stéfano, Amancio	Helenio Herrera	Miguel Muñoz
Giuliano Sarti, Armando Picchi, Giacinto Facchetti, Tarcisio Burgnich, Luis Suárez, Peiró, Aristide Guarneri, Mario Corso, Gianfranco Bedin, Sandro Mazzola, Jair da Costa	Costa Pereira, Raúl Machado, Germano, Coluna, José Neto, Cruz, Cavém, António Simões, José Torres, José Augustc, Eusébio	Helenio Herrera	Elek Schwartz
Araquistáin, Sanchis, Pirri, Pachín, De Felipe, Zoco, Velázquez, Gento, Serena, Grosso, Amancio	Milutin Šoškić, Velibor Vasović, Branko Rašović, Fahrudin Jusufi, Ljubomir Mihajlović, Radoslav Bečejac, Mane Bajić, Josip Pirmajer, Vladimir Kovačević, Mustafa Hasanagić, Milan Galić	Miguel Muñoz	Abdulah Gegi
Ronnie Simpson, Billy McNeill, Tommy Gemmel, Jim Craig, Bobby Murdoch, Jimmy Johnstone, John Clarke, Bertie Auld, William Wallace, Bobby Lennox, Stevie Chalmers	Giuliano Sarti, Armando Picchi, Giacinto Facchetti, Tarcisio Burgnich, Aristide Guarneri, Mario Corso, Gianfranco Bedin, Sandro Mazzola, Angelo Demenghini, Renato Cappellini Mauro Bicili	Jock Stein	Helenio Herrera
Alex Stepney, Bill Foulkes, Tony Dunne, Shay Brennan, Nobby Stiles, David Sadler, Paddy Vrerand, Bobby Charlton, Brian Kidd, John Aston, George Best	José Henrique, Jacinto Santos, Adolfo Calisto, Jaime Graça, Coluna, Humberto Fernandes, Cruz, António Simões, José Torres, José Augusto, Eusébio	Matt Bubsy	Cabrita
Fabio Cudicini, Karl-Heinz Schnellinger, Roberto Rosato, Angelo Anquilletti, Gianni Riviera, Saul Malatrasi, Giovanni Trappattoni, Pierino Prati, Giovanni Lodetti, Kurt Hamrin, Ángelo Sormani	Gert Bals, Tonny Pronk, Barry Hulshoff, Velibor Vasović, Theo van Duivenbode, Wim Suurbier (46./Bennie Muller), Inge Daniellson, Johan Cruyff, Sjaak Swart, Piet Keizer, Henk Groot (46./Klacs Nuninga)	Nereo Rocco	Rinus Michels
Eddy Pieters Graafland, Theo van Duivenbode, Piet Romeijn (105./Guus Haak), Theo Laseroms, Rinus Israël, Willem van Hanegem, Wim Jansen, Franz Hasil, Henk Wery, Coen Moulijn, Ove Kindvall	Evan Williams, Billy McNeill, Tommy Gemmell, Jim Brogan, Bobby Murdoch, Jimmy Johnstone, David Hay, Bertie Auld (77./George Connelly), William Wallace, Bobby Lennox, Yogi Hughes	Ernst Happel	Jock Stein
Heinz Stuy, Gerrie Mühren, Velibor Vasović, Wim Suurbier, Barry Hulshoff, Sjaak Swart (46./Horst Blankenburg), Nico Rijnders (46./Arie Haan), Johan Cruyff, Johan Neeskens, Dick van Dijk, Piet Keizer	Takis Ikonomopoulos, Georgios Vlachos, Ioannis Tomaras, Fragiskos Sourpis, Anthimos Kapsis, Aristidis Kamaras, Haris Grammos, Kostas Eleftherakis, Dimitris Domazos, Totis Filakouris, Antonis Antoniadis	Rinus Michels	Ferenc Puskás
Heinz Stuy, Gerrie Mühren, Ruud Krol, Barry Hulshoff, Horst Blankenburg, Wim Suurbier, Arie Haan, Johan Cruyff, Sjaak Swart, Johan Neeskens, Piet Keizer	Ivano Bordon, Giacinto Facchetti, Tarcisio Burgnich, Mario Giubertoni (12./Mario Bertini), Mauro Bellugi, Gianfranco Bedin, Gabriele Oriali, Mario Frustalupi, Roberto Boninsegna, Sandro Mazzola, Jair da Costa (56./Sergio Pellizzaro)	Ştefan Kovács	Giovanni Invernizzi
Heinz Stuy, Wim Suurbier, Gerrie Mühren, Ruud Krol, Barry Hulshoff, Horst Blankenburg, Johan Neeskens, Arie Haan, Johan Cruyff, Johnny Rep, Piet Keizer	Dino Zoff, Sandro Salvadore, Francesco Morini, Silvio Longobucco, Gian Pietro Marchetti, Giuseppe Furino, Fabio Capello, Franco Causio (78./Antonello Cuccureddu), Roberto Bettega (63./Helmut Haller), Pietro Anastasi, José Altafini	Ştefan Kovács	Čestmír Vycpálek

Datum	Paarung	Stadion/Zuschauer	Ergebnis	Torschützen	Schiedsrichter
15.05. 1974	FC Bayern München – Atlético Madrid	Heyselstadion (Brüssel/Belgien, 48.722)	1:1 n.V. (0:0, 0:0)	0:1 Luis Aragonés (114.), 1:1 Georg Schwarzenbeck (120.)	Vital Loraux (Belgien)
17.05. 1974	FC Bayern München – Atlético Madrid (Entscheidungsspiel)	Heyselstadion (Brüssel/Belgien, 23.325)	4:0 (1:0)	1:0 Uli Hoeneß (28.), 2:0 Gerd Müller (56.), 3:0 Gerd Müller (69.), 4:0 Uli Hoeneß (82.)	Alfred Delcourt (Belgien)
28.05. 1975	FC Bayern München – Leeds United	Parc des Princes (Paris/Frankreich, 48.374)	2:0 (0:0)	1:0 Franz Roth (72.), 2:0 Gerd Müller (78.)	Michel Kitabdjian (Frankreich)
12.05. 1976	FC Bayern München – Saint-Etienne	Hampden Park (Glasgow/Schottland, 54.864)	1:0 (0:0)	1:0 Franz Roth (57.)	Károly Palotai (Ungarn)
25.05. 1977	Liverpool FC – Borussia M'gladbach	Olympiastadion (Rom/Italien, 56.000)	3.1 (1:0)	1:0 Terry McDermott (28.), 1:1 Allan Simonsen (51.), 2:1 Tommy Smith (65.), 3:1 Phil Neal (84./Foulelfmeter)	Robert Wurtz (Frankreich)
10.05. 1978	Liverpool FC – Club Brügge	Wembley (London/England, 92.500)	1:0 (0:0)	1:0 Kenny Dalgish (64.)	Charles Corver (Niederlande)
30.05. 1979	Nottingham Forest – Malmö FF	Olympiastadion (München/Deutschland, 65.000)	1:0 (1:0)	1:0 Trevor Francis	Erich Linemayr (Österreich)
28.05. 1980	Nottingham Forest – Hamburger SV	Santiago Bernabéu (Madrid/Spanien, 50.000)	1:0 (1:0)	1:0 John Robertson (20.)	António Garrido (Portugal)
27.05. 1981	Liverpool FC – Real Madrid	Parc des Princes (Paris/Frankreich, 48.360)	1:0 (0:0)	1:0 Alan Kennedy (82.)	Károly Palotai (Ungarn)
26.05. 1982	Aston Villa – FC Bayern München	De Kuip (Amsterdam/(Niederlande, 45.000)	1:0 (0:0	1:0 Peter Withe (67.)	Georges Konrath (Frankreich)
25.05. 1983	Hamburger SV – Juventus Turin	Olympiastadion (Athen/Griechenland, 73.535)	1:0 (1:0)	1:0 Felix Magath (9.)	Nicolae Rainea (Rumänien)
30.05. 1984	Liverpool FC – AS Rom	Olympiastadion (Rom/Italien, 69.693)	4:2 i.E. (1:1, 1:1, 1:1)	1:0 Phil Neal (15.), 1:1 Roberto Pruzzo (44.) // Elfmeterschießen: Steve Nicol schießt über das Tor, 0:1 Agostino di Bartolomei, 1:1 Phil Neal, Bruno Conti schießt über das Tor 2:1 Graeme Souness, 2:2 Ubaldo Righetti, 3:2 Ian Rush, Francesco Graziani schießt über das Tor, 4:2 Alan Kennedy	Erik Ferdiksson (Schweden)
29.05. 1985	Juventus Turin – Liverpool FC	Heyselstadion (Brüssel/Belgien, 59.000)	1:0 (0:0)	1:0 Michel Platini (58./Foulelfmeter)	André Daina (Schweiz)
07.05. 1986	Steaua Bukarest – FC Barcelona	Ramón Sánchez Pizjuán (Sevilla/Spanien, 65.000)	2:0 i.E (0:0, 0:0, 0:0)	Elfmeterschießen: Urruti hält gegen Mihail Majearu, Helmut Duckadam hält gegen Alexanko, Urruti hält geen Ladislau Bölöni, Helmut Duckadam hällt gegen Ángel Pedraza, 1:0 Marius Lăcătuș, Helmut Duckadam hältz gegen Pichi Alonso, 2:0 Gavril Balint, Helmut Duckadam hält gegen Marcos Alonso	Michel Vautrot (Frankreich)
27.05. 1987	FC Porto – FC Bayern München	Praterstadion (Wien/Österreich, 62.000)	2:1 (0:1)	0:1 Ludwig Kögl (25.), Rabah Madjer (77.), Juary (80.)	Alexis Ponnet (Belgien)
25.05. 1988	PSV Eindhoven – Benfica Lissabon	Neckarstadion (Stuttgart/Deutschland, 55.000)	6:5 i.E (0:0, 0:0, 0:0)	Elfmeterschießen: 1:1 Elzo, 2:1 Wim Kieft, 2:2 Dito, 3:2 Ivan Nielsen, 3:3 Redouane Hajry, 4:3 Gerald Vanenburg, 4:4 Pacheco, 5:4 Søren Lerby, 5:5 Mozer, 6:5 Anton Janssen, Hans van Breukelen hält gegen António Veloso	Luigi Agnolin (Italien)

Aufstellung I	Aufstellung II	Trainer I	Trainer II
Sepp Maier, Paul Breitner, Franz Beckenbauer, Georg Schwarzenbeck, Jupp Kapellmann, Johnny Hansen, Rainer Zobel, Franz Roth, Uli Hoeneß, Conny Torstensson (76./Bernd Dürnberger), Gerd Müller	Reina, Eusébio, Capón, Adelardo, Salcedo (88. Alberto Fernández), Melo, Ramón Heredia, José Ufarte (68. Becerra), Luis Aragonés, Irureta, José Gárate	Udo Lattek	Juan Carlos Lorenzo
Sepp Maier, Georg Schwarzenbeck, Jupp Kapellmann, Johnny Hansen, Paul Breitner, Franz Beckenbauer, Rainer Zobel, Franz Roth, Uli Hoeneß, Conny Torstensson, Gerd Müller	Reina, Eusébio, Capón, Salcedo, Melo, Ramón Heredia, Alberto Fernández (65./José Ufarte), Adelardo (61./Domingo Benegas), Luis Aragonés. José Gárate, Becerra	Udo Lattek	Juan Carlos Lorenzo
Sepp Maier, Georg Schwarzenbeck, Jupp Kapellmann, Franz Beckenbauer, Björn Andersson (5./Josef Weiß), Rainer Zobel, Franz Roth, Uli Hoeneß (42./Klaus Wiunder), Bernd Dürnberger, Conny Torstensson, Gerd Müller	David Stewart, Paul Reaney, Paul Madeley, Norman Hunter, Frank Gray, Terry Yorath (78./Eddie Gray), Johnny Giles, Billy Bremner, Peter Lorimer, Joe Jordan, Allan Clarke	Dettmar Cramer	Jimmy Armfield
Sepp Maier, Jupp Kapellmann, Udo Horsmann, Johnny Hansen, Franz Beckenbauer, Georg Schwarzenbeck, Franz Roth, Uli Hoeneß, Bernd Dürnberger, Gerd Müller, Karl-Heinz Rummenigge	Ivan Ćurković, Pierre Repellini, Osvaldo Piazza, Christian López, Gérard Janvion, Jean-Michel Larqué, Dominique Bathenay, Jacques Santini, Patrick Revelli, Hervé Revelli, Christian Sarramagna	Dettmar Cramer	Robert Herbin
Ray Clemence, Phil Neal, Emlyn Hughes, Joey Jones, Tommy Smith, Ray Kennedy, Terry McDermott, Steve Heighway, Jimmy Case, Kevin Keegan, Ian Callaghan	Wolfgang Kneib, Frank Schäffer, Hans Klinkhammer, Hans-Jürgen Wittkamp, Berti Vogts, Rainer Bonhof, Horst Wohlers (79./Wilfried Hannes), Herbert Wimmer (24./Christian Kulik), Uli Stielike, Jupp Heynckes, Allan Simonsen	Bob Paisley	Udo Lattek
Ray Clemence, Phil Neal, Alan Hansen, Phil Thompson, Emlyn Hughes, Graeme Souness, Ray Kennedy, Terry McDermott, Jimmy Case (64./Steve Heghway), Kenny Dalglish, David Fairclough	Birger Jensen, Gino Maes (72./Jos Volders), Georges Leekens, Edi Krieger, Fons Bastijns, René Vandereycken, Jan Sørensen, Lajos Kü (60./Dirk Sanders), Daniël de Cubber, Julien Cools, Jan Simoen	Bob Paisley	Ernst Happel
Peter Shilton, Larry Lloyd, Frank Clark, Kenny Burns, Viv Anderson, John Robertson, John McGovern, Ian Bowyer, Tony Woodcock, Trevor Francis, Garry Birtles	Jan Möller, Kent Jönsson, Ingemar Erlandsson, Rolard Andersson, Magnus Andersson, Staffan Tapper (34./Claes Malmberg), Robert Prytz, Anders Ljungberg, Jan-Olov Kinnvall, Tommy Hansson (82./Tommy Andersson), Tore Cervin	Brian Clough	Bob Houghton
Peter Shilton, Larry Lloyd, Frank Gray (66./Bryn Gunn), Kenny Burns, Viv Anderson, John Robertson, Martin O'Neill, Gary Mills (John O'Hare), John McGovern, Ian Bowyer, Garry Birtles	Rudi Kargus, Peter Nogly, Manfred Kaltz, Ditmar Jakobs, Ivan Buljan, Caspar Memering, Felix Magath, Holger Hieronymus (46./Horst Hrubesch), Willi Reimann, Jürgen Milewski, Kevin Keegan	Brian Clough	Branko Zebec
Ray Clemence, Phil Neal, Alan Kennedy, Alan Hansen, Phil Thompson, Sammy Lee, Graeme Souness, Ray Kennedy, Terry, Dermott, David Johnson, Kenny Dalglish	Agustín, García Navajas, García Cortés (85./Pineda), Camacho, Sabido, Vicente Del Bosque, Ángel, Uli Stielike, Juanito, Lauri, Cunningham, Santillana	Jimmy Case	Vujadin Boškov
Jimmy Rimmer (10./Nigel Spink), Gary Williams, Kenny Swain, Ken McNaught, Allan Evans, Dennis Mortimer, Gordon Cowans, Des Bremner, Peter Withe, Gary Shaw, Tony Morley	Manfred Müller, Hans Weiner, Udo Horsmann, Klaus Augenthaler, Wolfgang Kraus (79./Kurt Niedermayer), Bernd Dürnberger, Wolfgang Dremmler, Paul Breitner, Karl-Heinz Rummenigge, Reinhold Mathy (52./Günter Güttler), Dieter Hoeneß	Tony Barton	Pál Csernai
Uli Stein, Manfred Kaltz, Ditmar Jakobs, Holger Hieronymus, Jürgen Groh, Bernd Wehmeyer, Felix Magath, Wolfgang Rolff, Horst Hrubesch, Lars Bastrup (56./Domenico Marocchino), Jürgen Milewski	Dino Zoff, Claudio Gentile, Antonio Cabrini, Sergio Brio, Gaetano Scirea, Massimo Bonini, Marco Tardelli, Michel Platini, Zbigniew Boniek, Roberto Bettega, Paolo Rossi	Ernst Happel	Giovanni Trapattoni
Bruce Grobbelaar, Phil Neal, Mark Lawrenson, Alan Kennedy, Alan Hansen, Ronnie Whelan, Graeme Souness, Sammy Lee, Craig Johnston (72./Steve Nicol), Ian Rush, Kenny Dalglish (94./Michael Robinson)	Franco Tancredi, Ubaldo Righetti, Sebastiano Nela, Michele Nappi, Agostino di Bartolomei , Dario Bonetti, Falcão, Bruno Conti, Toninho Cerezo (115./Mark Tullio), Roberto Pruzzo (64./Odoacre Chierico), Francesco Graziani	Joe Fagan	Niels Liedholm
Stefano Tacconi, Gaetano Scirea, Luciano Favero, Antonio Cabrini, Sergio Brio, Marco Tardelli, Michel Platini, Massimo Bonini, Paolo Rossi (89./Benjamino Vignola), Massimo Briaschi (Cesare Prandelli), Zbigniew Bonie	Bruce Grobbelaar, Steve Nicol, Phil Neal, Mark Lawrenson (46./Craig Johnston), Alan Hansen, Jim Beglin, Ronnie Whelan, John Wark, Paul Walsh (46./Gary Gillespie), Ian Rush, Kenny Dalglish	Giovanni Trapattoni	Joe Fagan
Helmut Duckadam, Ştefan Iovan, Adrian Bumbescu, Miodrag Belodedici, Ilie Lărbulescu, Mihail Majearu, Ladislau Bölöni, Lucian Bălan (72./Anghel Iordănescu), Victor Piţurcă (112./Marin Radu), Marius Lăcătuş, Gavril Balint)	Urruti, Gerardo, Migueli, Julio Alberto, Alexanko, Víctor Muñoz, Bernd Schuster (84./Moratalla), Ángel Pedraza, Marcos Alonso, Carrasco, Steve Archibald (111./Picchi Alonso)	Imre Jenei	Terry Venables
Józef Młynarczyk, João Pinto, Inácio (65./Frasco), Eduardo Luís, Celso gelb, Quim (46./Juary), Jaime Magalhães, António Sous, André, Rabah Madjer, Futre	Jean-Marie Pfaff, Helmut Winklhofer, Hans Pflügler, Norbert Eder, Andreas Brehme, Norbert Nachtweih, Lothar Matthäus Hansi Flick, Michael Rummenigge (82./Lars Lunde), Ludwig Kögl, Dieter Hoeneß	Artur Jorge	Udo Lattek
Hans van Breukelen, Ivan Nielsen, Ronald Koeman, Jan Heintze, Eric Gerets, Berry van Aerle, Edward Linskens, Søren Lerby, Hans Gillhaus (107./Anton Jannssen), Gerald Vanenburg, Wim Kieft	Silvino, Mozer, Dito, Álvaro, António Veloso, Pacheco, Elzo, Shéu, Rui Águas (57. Wando), Mats Magnusson (112./Rediuane Hajry), Chiquinho	Guus Hiddink	Toni

Datum	Paarung	Stadion/Zuschauer	Ergebnis	Torschützen	Schiedsrichter
24.05. 1989	AC Mailand – Steaua Bukarest	Camp Nou (Barcelona/Spanien, 97.000)	4:0 (3:0)	1:0 Ruud Gullit (18.), Marco van Basten (28.), Ruud Gullit (38.), Marco van Basten (46.)	Karl-Heinz Tritschler (Deutschland)
23.05. 1990	AC Mailand – Benfica Lissabon	Praterstadion (Wien/Österreich, 58.000)	1:0 (0:0)	1:0 Frank Rijkaard (68.)	Helmut Kohl (Österreich)
29.05. 1991	Roter Stern Belgrad – Olympique Marseille	San Nicola (Bari/Italien, 58.000)	5:3 i.E. (0:0, 0:0, 0:0)	Elfmeterschießen: 1:0 Robert Prosinečki, Stevan Stojanović hält gegen Manuel Amoros, 2:0 Dragiša Binić, 2:1 Bernard Casoni, 3:1 Miodrag Belodedici, 3:2 Jean-Pierre Papin, 4:2 Siniša Mihajlović, 4:3 Mozer, 5:3 Darko Pančev	Tullio Lanese (Italien)
20.05. 1992	FC Barcelona – Sampdoria Genua	Wembley (London/England, 70.827)	1:0 n.V. (0:0, 0:0)	1:0 Ronald Koeman (112.)	Aron Schmidhuber (Deutschland)
26.05. 1993	Olympique Marseille – AC Mailand	Olympiastadion (München/Deutschland, 64.400)	1:0 (1:0)	1:0 Basile Boli (44.)	Kurt Röthlisberger (Schweiz)
18.05. 1994	AC Mailand – FC Barcelona	Olympiastadion (Athen/Griechenland, 70.000)	4:0 (2:0)	1:0 Daniele Massaro (22.), 2:0 Daniele Massaro (45.), 3:0 Dejan Savićević (47.), 4:0 Marcel Desailly	Philip Don (England)
24.05. 1995	Ajax Amsterdam – AC Mailand	Ernst-Happel-Stadion (Wien/Österreich)	1:0 (0:0)	1:0 Patrick Kluivert (85.)	Ion Crăciunescu (Rumänien)
22.05. 1996	Juventus Turin – Ajax Amsterdam	Olympiastadion (Rom/Italien), 80.000)	4:2 i.E (1:1, 1:1, 1:1)	1:0 Fabrizio Ravanelli (12.), 1:1 Jari Litmanen (41) // Elfmeterschießen: Angelo Peruzzi hält gegen Edgar Davids, 1:0 Ciro Ferrara, 1:1 Jari Litmanen, 2:1 Gianluca Pessotto, 2:2 Arnold Scholten, 3:2 Michele Padovano, Angelo Peruzzi hält gegen Sonny Silooy, 4:2 Vladimir Jugović	Manuel Díaz Vega (Spanien)
28.05. 1997	Borussia Dortmund – Juventus Turin	Olympiastadion (München/Deutschland, 59.000)	3:1 (2:0)	1:0 Karl-Heinz Riedle (29.), 2:0 Karl-Heinz Riedle (34.), 2:1 Alessandro Del Piero (64.), 3:1 Lars Ricken (71.)	Sándor Puhl (Ungarn)
20.05. 1998	Real Madrid – Juventus Turin	Amsterdam Arena (Amsterdam/Niederlande)	1:0 (0:0)	1:0 Predrag Mijatović (67.)	Hellmut Krug (Deutschland)
26.05. 1999	Manchester United – FC Bayern München	Camp Nou (Barcelona/Spanien, 90.000)	2:1 (0:1)	0:1 Mario Basler (5.), 1:1 Teddy Sheringham (90.), 2:1 Ole Gunnar Solskjær (90.)	Pierluigi Collina (Italien)
24.05. 2000	Real Madrid – Valencia CF	Stade de France (Paris/Frankreich, 78.759)	3:0 (1:0)	1:0 Morientes (39.), 2:0 Steve McManaman (67.), Raúl (75.)	Stefano Braschi (Italien)
23.05. 2001	FC Bayern München – Valencia CF	Giuseppe Meazza (Mailand/Italien, 74.500)	5:4 i.E. (0:1, 1:1, 1:1)	0:1 Mendieta (3.Foulelfmeter), 1:1 Stefan Effenberg (51./Foulelfmeter) // Elfmeterschießen: Paulo Sérgio schießt über das Tor, 0:1 Mendieta, 1:1 Hasan Salihamidžić, 1:2 John Carew, 2:2 Alexander Zickler, Oliver Kahn hält gegen Zlatko Zahović, Cañizares hält gegen Patrik Andersson, Oliver Kahn hält gegen Amedeo Carboni, 3:2 Stefan Effenberg, 3:3 Baraja, 4:3 Bixente Lizarazu, 4:4 Kily González, 5:4 Thomas Linke, Oliver Kahn hält gegen Mauricio Pellegrino	Dick Jol (Niederlande)
15.05. 2002	Bayer Leverkusen – Real Madrid	Hampden Park (Glasgow/Schottland, 51.456)	1:2 (1:2)	0:1 Raúl (8.), 1:1 Lúcio (14.), 1:2 Zinédine Zidane (45.)	Urs Meier (Schweiz)

Aufstellung I	Aufstellung II	Trainer I	Trainer II
Giovanni Galli, Mauro Tassotti, Paolo Maldini, Alessandro Costacurta (75./Filippo Galli), Frank Rijkaard, Franco Baresi, Roberto Donadoni, Angelo Colombo, Carlo Ancelotti, Ruud Gullit (60./Pietro Virdis), Marco van Basten	Silviu Lung, Dan Petrescu, Ștefan Iovan, Adrian Bumbescu, Nicolae Ungureanu, Tudorel Stoica, Iosif Rotariu (46./Gavril Balint), Daniel Minea, Gheorghe Hagi, Victor Pițurcă, Marius Lăcătuș	Arrigo Sacchi	Anghel Iordănescu
Giovanni Galli, Mauro Tassotti, Paolo Maldini, Alessandro Costacurta, Frank Rijkaard, Franco Baresi, Alberigo Evani, Angelo Colombo (90./Filippo Galli), Carlo Ancelotti (74./Daniele Massaro), Ruud Gullit, Marco van Basten	Silvino, Samuel, Ricardo Gomes, José Carlos, Aldair, Hernâni, Vítor Paneira (78./Vata), Valdo, Jonas Thern, Pacheco (59./César Brito), Mats Magnusson	Arrigo Sacchi	Sven-Göran Eriksson
Stevan Stojanović, Refik Šabanadžović, Ilija Najdoski, Siniša Mihajlović, Miodrag Belodedici, Robert Prosinečki, Slobodan Marović, Vladimir Jugović, Dejan Savićević (84./Vlada Stošić), Darko Pančev, Dragiša Binić	Pascal Olmeta, Mozer, Éric Di Meco (111./ Dragan Stojković), Bernard Casoni, Basile Boli, Manuel Amoros, Bruno Germain, Laurent Fournier (75./Phillipe Vercruysse), Chris Waddle, Abédi Pelé, Jean-Pierre Papin	Ljupko Petrović	Raymond Goethals
Zubizarreta, Nando, Ronald Koeman, Juan Carlos, Albert Ferrer, Michael Laudrup, Pep Guardiola (113./Alexanko), Eusebio Sacristán, Bakero, Hristo Stoichkov, Julio Salinas (64./Goikoetxea)	Gianluca Pagliuca, Pietro Vierchowod, Moreno Mannini, Marco Lanna, Srečko Katanec, Fausto Pari, Attilio Lombardo, Toninho Cerezo, Ivano Bonetti (72./Giovanni Invernizzi), Gianluca Vialli (100./Renato Buso), Roberto Mancini	Johan Cruyff	Vujadin Boškov
Fabien Barthez, Éric Di Meco, Basile Boli, Jocelyn Angloma (61./Jean-Philippe Durand), Marcel Desailly, Franck Sauzée, Abédi Pelé, Jean-Jacques Eydelie, Didier Deschamps, Rudi Völler (78./Jean-Christophe Thomas, Alen Bokšić)	Sebastiano Rossi, Mauro Tassotti, Paolo Maldini, Alessandro Costacurta, Frank Rijkaard, Franco Baresi, Roberto Donadoni (55./Jean-Pierre Papin), Demetrio Albertini, Marco van Basten (86./Stefano Eranio), Daniele Massaro, Gianluigi Lentini	Raymond Goethals	Fabio Capello
Sebastiano Rossi, Christian Panucci, Paolo Maldini (84./Stefano Nava), Filippo Galli, Marcel Desailly, Mauro Tassotti, Roberto Donadoni, Zvonimir Boban, Dejan Savićević, Demetrio Albertini, Daniele Massaro	Zubizarreta, Ronald Koeman, Albert Ferrer, Sergi Barjuan (73./Quique Estebarazanz), Nadal, Pep Guardiola, Bakero, Guillermo Amor, Begiristáin (51./Eusébio Sacristán), Romário, Hristo Stoichkov	Fabio Capello	Johan Cruyff
Edwin van der Sar, Michael Reiziger, Danny Blind, Frank Rijkaard, Frank de Boer, Edgar Davids, Clarence Seedorf (54./Nwankwo Kanu), Ronald de Boer, Jari Litmanen (69./Patrick Kluivert), Finidi George, Marc Overmars	Sebastiano Rossi, Christian Panucci, Paolo Maldini, Marcel Desailly, Alessandro Costacurta, Franco Baresi, Roberto Donadoni, Zvonimir Boban (85./Gianluigi Lentini), Demetrio Albertini, Daniele Massaro (90./Stefano Eranio), Marco Simone	Louis van Gaal	Fabio Capello
Angelo Peruzzi, Pietro Vierchowod, Ciro Ferrara, Gianluca Pessotto, Paulo Sousa (57./Angelo Di Livio), Moreno Torricelli, Antonio Conte (44./Vladimir Jugović), Didier Deschamps, Gianluca Vialli, Alessandro Del Piero, Fabrizio Ravanelli (77./Michele Padovano)	Edwin van der Sar, Sonny Silooy, Winston Bogarde, Danny Blind, Frank de Boer (68./Arnold Scholten), Kiki Musampa (46./Kiki Musampa), Edgar Davids, Ronald de Boer (90./Nordin Wooter), Jari Litmanen, Finidi George, Nwankwo Kanu	Marcello Lippi	Louis van Gaal
Stefan Klos, Matthias Sammer, Stefan Reuter, Jürgen Kohler, Martin Kree, Jörg Heinrich, Andreas Möller (89./Michael Zorc), Paul Lambert, Paulo Sousa, Stéphane Chapuisat (70./Lars Ricken), Karl-Heinz Riedle (67./Heiko Herrlich)	Angelo Peruzzi, Ciro Ferrara, Paolo Montero, Sergio Porrini (46./Alessandro Del Piero), Mark Iuliano, Angelo Di Livio, Didier Deschamps, Vladimir Jugović, Zinédine Zidane, Alen Bokšić (88./Alessio Tacchinardi), Christian Vieri (73./Nicola Amoruso)	Ottmar Hitzfeld	Marcello Lippi
Bodo Illgner, Roberto Carlos, Hierro, Sanchís, Christian Panucci, Fernando Redondo, Clarence Seedorf, Christian Karembeu, Raúl (90./Amavisca), Predrag Mijatović (89./Davor Šuker), Morientes (82./Jaime)	Angelo Peruzzi, Paolo Montero, Mark Iuliano, Gianluca Pessotto (71. Daniel Fonseca), Moreno Torricelli, Angelo Di Livio (45./Alessio Taccinardi), Didier Deschamps (78./Antonio Conte), Zinédine Zidane, Edgar Davids, Filippo Inzaghi, Alessandro Del Piero	Jupp Heynckes	Marcello Lippi
Peter Schmeichel, Ronny Johnsen, Gary Neville, Denis Irwin, Jaap Stam, Jesper Blomqvist (67./Teddy Sheringham), David Beckham, Nicky Butt, Ryan Giggs, Andy Cole (81./Ole Gunnar Solskjær), Dwight Yorke	Oliver Kahn, Markus Babbel, Samuel Kuffour, Lothar Matthäus (80./Thorsten Fink), Thomas Linke, Stefan Effenberg, Jens Jeremies, Mario Basler (89./Hasan Salihamidžić), Michael Tarnat, Carsten Jancker, Alexander Zickler (71./Mehmet Scholl)	Alex Ferguson	Ottmar Hitzfeld
Iker Casillas, Míchel Salgado (85./Hierro), Roberto Carlos, Iván Campo, Iván Helguera, Karanka, Fernando Redondo, Steve McManaman, Raúl, Morientes (72./Sávio), Nicolas Anelka (80./Sanchís)	Cañizares, Mauricio Pellegrino, Miroslav Đukić, Jocelyn Angloma, Mendieta, Farinós, Angulo, Gerard, Kily González, Gerardo (69./Adrian Ilie), Claudio López	Vicente Del Bosque	Héctor Cúper
Oliver Kahn, Willy Sagnol (46./Carsten Jancker), Bixente Lizarazu, Samuel Kuffour, Patrik Andersson, Thomas Linke, Mehmet Scholl (108./Paulo Sérgio), Stefan Effenberg, Hasan Salihamidžić, Owen Hargreaves, Giovane Élber (100./Alexander Zickler)	Cañizares, Mauricio Pellegrino, Roberto Ayala (90./Miroslav Đukić), Amedeo Carboni, Jocelyn Angloma, Mendieta, Kily González, Baraja, Pablo Aimar (46./Albelda), John Carew, Juan Sánchez (66./Zlatko Zahović)	Ottmar Hitzfeld	Héctor Cúper
Hans Jörg Butt, Boris Živković, Lúcio (90./Marko Babić), Diego Placente, Yıldıray Baştürk, Michael Ballack, Bernd Schneider, Zoltán Sebescen (65./Ulf Kirsten), Thomas Brdaric (39./Dimitar Berbatov), Oliver Neuville	César Sánchez (68./Iker Casillas), Míchel Salgado, Roberto Carlos, Hierro, Iván Helguera, Zinédine Zidane, Luís Figo (61./Steve McManaman), Santiago Solari, Claude Makélélé (73./Flávio Conceição), Raúl, Morientes)	Klaus Toppmöller	Vicente Del Bosque

Datum	Paarung	Stadion/Zuschauer	Ergebnis	Torschützen	Schiedsrichter
28.05. 2003	Juventus Turin – AC Mailand	Old Trafford (Manchester/England, 68.000)	2:3 i.E. (0:0, 0:0, 0:0)	Elfmeterschießen: David Trezeguet verschießt, 0:1 Serginho, 1:1 Alessandro Birindelli, Clarence Seedorf verschießt, Marcelo Zalayeta verschießt, Kakha Kaladze verschießt, Paolo Montero verschießt, 1:2 Alessandro Nesta, 2:2 Alessandro Del Piero, 2:3 Andriy Shevchenko	Dr. Markus Merk (Deutschland)
26.05. 2004	AS Monaco – FC Porto	Arena AufSchalke (Gelsenkirchen/Deutschland, 53.040)	0:3 (0:1)	0:1 Carlos Alberto (39.), 0:2 Deco (71.), 0:3 Dmitriy Alenichev (75.)	Kim Milton Nielsen (Dänemark)
25.05. 2005	Liverpool FC – AC Mailand	Atatürk Olympiastadion (Istanbul/Türkei, 70.024)	3:2 i.E. (0:3, 3:3, 3:3)	0:1 Paolo Maldini (1.), 0:2 Hernán Crespo (39.), 0:3 Hernán Crespo (44.), 1:3 Steven Gerrard (54.), 2:3 Vladimír Šmicer (56.), 3:3 Xabi Alonso (60.) // Elfmeterschießen: Serginho schießt über das Tor, 1:0 Dietmar Hamann, Jerzy Dudek hält gegen Andrea Pirlo, 2:0 Djibril Cissé, Dida hält gegen John Arne Risse, 2:1 Jon Dahl Tomasson, 2:2 Kaká, 3:2 Vladimír Šmicer, Jerzy Dudek hält gegen Andriy Shevchenko	Manuel Mejuto González (Spanien)
17.05. 2006	FC Barcelona – Arsenal FC	Stade de France (Paris/Frankreich, 77.500)	2:1 (0:1)	0:1 Sol Campbell (37.), 1:1 Samuel Eto'o (76.), 2:1 Belletti (80.)	Terje Hauge (Norwegen)
23.05. 2007	AC Mailand – Liverpool FC	Olympiastadion (Athen/Griechenland, 63.000)	2:1 (1:0)	1:0 Filippo Inzaghi (45.), 2:0 Filippo Inzaghi (82.), 2:1 Dirk Kuyt (89.)	Herbert Fandel (Deutschland)
21.05. 2008	Manchester United – Chelsea FC	Olympiastadion Luschniki (Moskau/Russland, 69.500)	6:5 i.E (1:1, 1:1, 1:1)	1:0 Christiano Ronaldo (26.), 1:1 Frank Lampard (45.) // Elfmeterschießen: 1:0 Carlos Tévez, 1:1 Michael Ballack, 2:1 Michael Carrick, 2:2 Belletti, Petr Čech hält gegen Cristiano Ronaldo, 2:3 Frank Lampard, 3:3 Owen Hargreaves, 3:4 Ashley Cole, 4:4 Nani, John Terry schießt an den Pfosten, 5:4 Anderson, 5:5 Salomon Kalou, 6:5 Ryan Giggs, Edwin van der Saar hält gegen Nicolas Anelka	Ľuboš Michel' (Slowakei)
27.05. 2009	Manchester United – FC Barcelona	Olympiastadion (Rom/Italien), 62.467)	0:2 (0:1)	0:1 Samuel Eto'o (10.), 0:2 Lionel Messi (70.)	Massimo Busacca (Schweiz)
22.05. 2010	FC Bayern München – Inter Mailand	Santiago Bernabéu (Madrid/Spanien, 74.954)	0:2 (0:1)	0:1 Diego Milito (35.), 0:2 Diego Milito (70.)	Howard Webb (England)
28.05. 2011	FC Barcelona – Manchester United	Wembley National Stadium (London/England, 87.695)	3:1 (1:1)	1:0 Pedro (27.), 1:1 Wayne Rooney (34.), 2:1 Lionel Messi (54.), 3:1 David Villa (70.)	Viktor Kassai (Ungarn)
19.05. 2012	FC Bayern München – Chelsea FC	Allianz Arena (München/Deutschland, 62.500)	3:4 (0:0, 1:1, 1:1) i.E.	1:0 Thomas Müller (83.), 1:1 Didier Drogba (89.), Elfmeterschießen: 1:0 Philipp Lahm, Manuel Neuer hält gegen Mata, 2:0 Mario Gomez, 2:1 David Luiz, 3:1 Manuel Neuer, 3:2 Frank Lampard, Petr Čech hält gegen Ivica Olic, 3:3 Ashley Cole, Bastian Schweinsteiger schießt an den Pfosten 3:4 Didier Drogba	Pedro Proença (Portugal)
25.05. 2013	Borussia Dortmund – FC Bayern München	Wembley National Stadium (London/England, 86.298))	1:2 (0:0)	0:1 Mario Mandzukic (60.), 1:1 Ilkay Gündogan (68./ FE), 1:2 Arjen Robben (89.)	Nicola Rizzoli (Italien)
24.05. 2014	Real Madrid – Atlético Madrid	Estádio da Luz (Lissabon/Portugal, 60.976)	4:1 (0:1, 1:1) n.V.	0:1 Diego Godin (36.), 1:1 Sergio Ramos (90.), 2:1 Gareth Bale (110.), 3:1 Marcelo (118.), 4:1 Cristiano Ronaldo (120./ FE)	Björn Kuipers (Niederlande)
06.06. 2015	Juventus Turin – FC Barcelona	Olympiastadion (Berlin/Deutschland, 70.442)	1:3 (0:1)	0:1 Rakitić (4.), 1:1 Morata (55.), 1:2 L. Suarez (68.), 1:3 Neymar (90.)	Cüneyt Çakır (Türkei)
28.05. 2016	Real Madrid – Atlético Madrid	Giuseppe Meazza (Mailand/Italien, 71.942)	5:3 (1:0, 1:1, 1:1) i.E.	1:0 Ramos (15.), 1:1 Ferreira-Carrasco (79.), Elfmeterschießen: 1:0 Lucas Vázquez, 1:1 Antoine Griezmann, 2:1 Marcelo, 2:2 Gabi, 3:2 Gareth Bale, 3:3 Saúl, 4:3 Sergio Ramos, Juanfran schießt an den Pfosten, 5:3 Cristiano Ronaldo	Mark Clattenburg (England)

Aufstellung I	Aufstellung II	Trainer I	Trainer II
Gianluigi Buffon, Ciro Ferrara, Paolo Montero, Igor Tudor (42./Alessandro Birindelli), Gianluca Zambrotta, Lilian Thuram, Alessio Tacchinardi, Mauro Camoranesi (46./Antonio Conte), Edgar Davids (65./Marcelo Zalayeta), Alessandro Del Piero, David Trezeguet	Dida, Paolo Maldini, Kakha Kaladze, Alessandro Nesta, Alessandro Costacurta (66./ Roque Junior), Gennaro Gattuso, Rui Costa (87./Massimo Ambrosini), Clarence Seedorf, Andrea Pirlo (71./Serginho), Andriy Shevchenko, Filippo Inzaghi	Marcello Lippi	Carlo Ancelotti
Flavio Roma, Hugo Ibarra, Patrice Evra, Julien Rodriguez, Gaël Givet (73./Sébastien Squillaci), Lucas Bernardi, Édouard Cissé (64./Shabani Nonda), Akis Zikos, Jérôme Rothen, Ludovic Giuly (23./Dado Pršo), Morientes	Vítor Baía, Jorge Costa, Ricardo Carvalho, Nuno Valente, Paulo Ferreira, Costinha, Deco (85./Pedro Emanuel), Maniche, Carlos Alberto (60./ Dmitriy Alenichev), Pedro Mendes, Derlei (79./Benny McCarthy)	Didier Deschamps	José Mourinho
Jerzy Dudek, Steve Finnan (45./Dietmar Hamann), Sami Hyypiä, John Arne Riise, Djimi Traoré, Jamie Carragher, Harry Kewell (23./Vladimír Šmicer), Steven Gerrard, Xabi Alonso, Milan Baroš (85./Djibril Cissé), Luis García	Dida, Cafú, Paolo Maldini, Alessandro Nesta, Jaap Stam, Gennaro Gattuso (112./Rui Costa), Clarence Seedorf (86./Clarence Seedorf), Andrea Pirlo, Kaká, Andriy Shevchenko, Hernán Crespo (85./Jon Dahl Tomasson)	Rafa Benítez	Carlo Ancelotti
Víctor Valdés, Rafael Márquez, Puyol, Giovanni van Bronckhorst, Edmilson (46./Iniesta), Oleguer (71./Belletti), Ronaldinho, Mark van Bommel (61./ Henrik Larsson), Deco, Ludovic Giuly, Samuel Eto'o	Jens Lehmann (Rot, 17./Notbremse), Ashley Cole, Sol Campbell, Emmanuel Eboué, Kolo Touré, Robert Pirés (18./Manuel Almunia), Freddie Ljungberg, Aliaksandr Hleb (85./Reyes), Cesc Fàbregas (74./Mathieu Flamini), Gilberto Silva, Thierry Henry	Frank Rijkaard	Arsène Wenger
Dida, Paolo Maldini, Alessandro Nesta,Marek Jankulovski (80./Kakha Kaladze), Massimo Oddo,Gennaro Gattuso, Clarence Seedorf (90./ Giuseppe Favalli), Andrea Pirlo, Kaká, Massimo Ambrosini, Filippo Inzaghi (88./Alberto Gilardino)	Pepe Reina, Steve Finnan (88./Arbeloa), Daniel Agger, John Arne Riise, Jamie Carragher, Steven Gerrard, Xabi Alonso, Jermaine Pennant, Javier Mascherano (78./Peter Crouch), Boudewijn Zenden (59./Harry Kewell), Dirk Kuyt	Carlo Ancelotti	Rafa Benítez
Edwin van der Sar, Patrice Evra, Rio Ferdinand, Wes Brown (120./ Anderson), Nemanja Vidić, Owen Hargreaves, Michael Carrick, Paul Scholes (87./Ryan Giggs), Cristiano Ronaldo, Wayne Rooney (101./ Nani), Carlos Tévez	Petr Čech, Ashley Cole, Ricardo Carvalho, John Terry, Claude Makélélé (120. Belletti), Michael Essien, Frank Lampard, Joe Cole (99./Nicolas Anelka), Michael Ballack, Florent Malouda (92./Salomon Kalou), Didier Drogba (Rot, 116./Tätlichkeit)	Alex Ferguson	Avram Grant
Edwin van der Sar, Patrice Evra, Rio Ferdinand, Nemanja Vidić, John O'Shea, Anderson (46./Carlos Tévez), Ryan Giggs (75./Paul Scholes), Ji-Sung Park (66./Dimitar Berbatov), Michael Carrick, Cristiano Ronaldo	Víctor Valdés, Puyol, Piqué, Yaya Touré, Sylvinho, Xavi, Busquets, Iniesta (90./Pedro), Samuel Eto'o, Lionel Messi, Thierry Henry (72./Seydou Keita)	Alex Ferguson	Pep Guardiola
Hans Jörg Butt, Daniel Van Buyten, Martín Demichelis, Philipp Lahm, Holger Badstuber, Hamit Altintop (63./Miroslav Klose), Mark van Bommel, Bastian Schweinsteiger, Arjen Robben, Ivica Olić (74./Mario Gomez), Thomas Müller	Júlio César, Javier Zanetti, Lúcio, Maicon, Walter Samuel, Cristian Chivu (68./Dejan Stanković), Wesley Sneijder, Esteban Cambiasso, Samuel Eto'o, Diego Milito (90./Marco Materazzi), Goran Pandev	Louis van Gaal	José Mourinho
Víctor Valdés, Dani Alves (88./Puyol), Piqué, Javier Mascherano, Éric Abidal, Xavi, Iniesta, Busquets, Pedro (90./Ibrahim Afellay), David Villa (86./Seydou Keita), Lionel Messi	Edwin van der Sar, Patrice Evra, Rio Ferdinand, Nemanja Vidić, Fábio (69./Nani), Ryan Giggs, Ji-Sung Park, Michael Carrick (77./ Paul Scholes), Antonio Valencia, Wayne Rooney, Javier Hernández	Pep Guardiola	Alex Ferguson
Manuel Neuer, Jérôme Boateng, Philipp Lahm, Diego Contento, Franck Ribéry (97./ Ivica Olić), Bastian Schweinsteiger, Toni Kroos, Anatoliy Tymoshchuk, Arjen Robben, Thomas Müller (86./Daniel Van Buyten), Mario Gomez	Petr Čech, Ashley Cole, David Luiz, Bosingwa, Gary Cahill, Ryan Bertrand (73./Florent Malouda), Frank Lampard, Mata, John Mikel, Didier Drogba, Salomon Kalou (84./ Fernando Torres)	Jupp Heynckes	Roberto Di Matteo
Roman Weidenfeller, Neven Subotić, Mats Hummels, Łukasz Piszczek, Marcel Schmelzer, Sven Bender (90./Nuri Sahin), İlkay Gündoğan, Marco Reus, Jakub Błaszczykowski (90./Julian Schieber), Kevin Großkreutz, Robert Lewandowski	Manuel Neuer, Dante, Javi Martínez, Jérôme Boateng, Philipp Lahm, David Alaba, Franck Ribéry (90./Luiz Gustavo), Bastian Schweinsteiger, Mario Mandžukić (90./Mario Gomez), Arjen Robben, Thomas Müller	Jürgen Klopp	Jupp Heynckes
Iker Casillas, Raphaël Varane, Sergio Ramos, Fábio Coentrão (59./ Marcelo), Dani Carvajal, Sami Khedira (59./ Isco), Gareth Bale, Luka Modrić, Ángel Di María, Cristiano Ronaldo, Karim Benzema (79. Morata)	Thibaut Courtois, Diego Godín, Filipe Luís (83./ Toby Alderweireld), Juanfran, Miranda, Tiago, Koke, Raúl García (66 /José Sosa), Gabi, David Villa, Diego Costa (9./Adrián)	Carlo Ancelotti	Diego Simeone
Gianluigi Buffon, Andrea Barzagli, Leonardo Bonucci, Stephan Lichtsteiner, Patrice Evra (89./Kingsley Coman), Paul Pogba, Claudio Marchisio, Andrea Pirlo, Arturo Vidal (79./Roberto Pereyra), Morata (85./Llorente), Carlos Tévez	Marc-André ter Stegen, Piqué, Javier Mascherano, Jordi Alba, Dani Alves, Ivan Rakitić (90./ Pedro), Busquets, Iniesta (78./Xavi), Luis Suárez (90./ Jérémy Mathieu), Lionel Messi, Neymar	Massimiliano Allegri	Luis Enrique
Keylor Navas, Dani Carvajal (52./Danilo), Pepe, Sergio Ramos, Luka Modrić, Casemiro, Toni Kroos (72./Isco), Gareth Bale, Karim Benzema (77./Lucas Vázquez), Cristiano Ronaldo	Jan Oblak, Juanfran, Diego Godín, Stefan Savić, Filipe Luís (109./Lucas Hernández), Saúl, Augusto Fernández (46./Yannick Ferreira-Carrasco), Gabi, Koke (116./Thomas Partey), Antoine Griezmann, Fernando Torres	Zinédine Zidane	Diego Simeone

EWIGE TABELLE

Rang	Verein	Nation	Saisons	Titel	F	Sp	S	U	N	Tore	Diff	Pkt
1	Real Madrid	ESP	46	11	14	395	234	69	92	868:423	+445	771
2	FC Bayern München	D	32	5	10	305	172	66	67	598:306	+292	582
3	FC Barcelona	ESP	26	5	8	270	156	63	51	534:264	+270	531
4	Manchester United FC	ENG	26	3	5	251	137	63	51	458:245	+213	474
5	AC Mailand	ITA	28	7	11	241	119	63	59	401:228	+173	420
6	Juventus FC Turin	ITA	30	2	8	234	114	59	61	366:232	+134	401
7	SL Benfica Lissabon	POR	33	2	7	212	97	49	66	352:228	+124	340
8	FC Porto	POR	29	2	2	207	92	49	66	296:228	+68	325
9	Liverpool FC	ENG	21	5	7	165	88	39	38	288:146	+142	303
10	Arsenal FC	ENG	20	0	1	179	84	40	55	282:199	+83	292
11	Ajax Amsterdam	NED	28	4	6	177	81	43	53	270:189	+81	286
12	Inter Mailand	ITA	18	3	5	156	77	40	39	222:156	+66	271
13	Chelsea FC	ENG	14	1	2	148	74	42	32	249:130	+119	264
14	FC Dynamo Kiev	UKR	27	0	0	168	63	37	68	212:217	-5	226
15	PSV Eindhoven	NED	24	1	1	151	56	35	60	191:184	+7	203
16	Celtic Glasgow FC	SCO	23	1	2	132	59	22	51	194:155	+39	199
17	RSC Anderlecht	BEL	27	0	0	156	51	36	69	209:260	-51	189
18	Olympique Lyonnais	FRA	13	0	0	112	51	26	35	182:132	+50	179
19	Borussia Dortmund	D	13	1	2	108	52	22	34	182:133	+49	178
20	Atlético Madrid	ESP	11	0	3	97	48	26	23	152:88	+64	170
21	Olympiacos CF Piräus	GRE	28	0	0	138	45	26	67	158:224	-66	161
22	Glasgow Rangers FC	SCO	24	0	0	125	43	31	51	168:192	-24	160
23	Valencia CF	ESP	11	0	2	102	43	30	29	148:102	+46	159
24	Galatasaray SK Istanbul	TUR	23	0	0	143	41	36	66	154:232	-78	159
25	Roter Stern Belgrad	SRB	17	1	1	86	46	13	27	187:113	+74	151
26	Panathinaikos FC Athen	GRE	22	0	1	127	36	37	54	136:175	-39	145
27	Olympique de Marseille	FRA	14	1	2	98	40	18	40	149:117	+32	138
28	Paris Saint-Germain FC	FRA	9	0	0	76	39	16	21	130:86	+44	133
29	AC Sparta Prag	CZE	17	0	0	102	33	24	45	128:152	-24	123
30	FC Spartak Moskau	RUS	15	0	0	98	33	20	45	135:154	-19	119
31	PFC CSKA Sofia	BUL	22	0	0	86	34	15	37	122:129	-7	117
32	AS Rom	ITA	10	0	1	89	31	24	34	112:126	-14	117
33	Bayer 04 Leverkusen	D	10	0	1	87	32	18	37	127:148	-21	114
34	Feyenoord Rotterdam	NED	13	1	1	73	29	22	22	126:88	+38	109
35	AS Monaco FC	FRA	11	0	1	74	29	16	29	114:87	+27	103
36	IFK Göteborg	SWE	13	0	0	70	30	10	30	115:108	+7	100
37	FC Steaua Bukarest	ROM	17	1	2	87	25	22	40	102:126	-24	97
38	FC Schalke 04	D	8	0	0	65	26	15	24	96:96	0	93
39	FC Shakhtar Donetsk	UKR	11	0	0	74	26	13	35	106:119	-13	91
40	FC Basel	SUI	13	0	0	68	24	13	31	95:125	-30	85
41	Deportivo La Coruna	ESP	5	0	0	58	23	15	20	74:79	-5	84
42	Rosenborg Trondheim	NOR	18	0	0	90	21	21	48	109:172	-63	84
43	Club Brügge KV	BEL	11	0	1	59	24	11	24	79:70	+9	83
44	SV Werder Bremen	D	9	0	0	60	23	14	23	95:98	-3	83
45	FC Girondins de Bordeaux	FRA	7	0	0	50	21	16	13	54:54	0	79
46	FK Austria Wien	AUT	17	0	0	63	22	13	28	90:99	-9	79
47	Standard Lüttich	BEL	9	0	0	46	24	5	17	79:56	+23	77
48	SK Rapid Wien	AUT	13	0	0	60	24	5	31	93:95	-2	77
49	FC Marila Pribram	CZE	10	0	0	45	22	10	13	75:58	+17	76
50	FC Dinamo Bukarest	ROM	14	0	0	54	21	9	24	82:83	-1	72
51	Sporting CP Lissabon	POR	15	0	0	66	20	12	34	88:120	-32	72
52	CSKA Moskau	RUS	10	0	0	68	18	16	34	75:109	-34	70
53	Fenerbahce SK Istanbul	TUR	18	0	0	73	20	10	43	72:140	-68	70
54	Leeds United FC	ENG	4	0	1	38	20	6	12	73:40	+33	66
55	ACF Florenz	ITA	5	0	1	39	18	12	9	53:45	+8	66
56	KS Gornik Zabrze	POL	12	0	0	43	20	6	17	69:65	+4	66
57	FC Zenit St. Petersburg	RUS	7	0	0	46	18	10	18	54:58	-4	64
58	AS Saint Etienne	FRA	9	0	1	39	19	6	14	49:41	+8	63
59	Lazio Rom	ITA	5	0	0	44	17	11	16	66:55	+11	62
60	Borussia M'gladbach	D	6	0	1	37	16	12	9	77:43	+34	60
61	Hamburger SV	D	6	1	2	39	18	6	15	69:55	+14	60
76	SG Dynamo Dresden	D	7	0	0	30	12	6	12	48:44	+4	42
86	VfB Stuttgart	D	5	0	0	27	8	7	12	33:42	-9	31
90	1. FC Köln	D	3	0	0	17	7	8	2	27:19	+8	29
92	VfL Wolfsburg	D	2	0	0	16	9	1	6	24:19	+5	28
109	Frankfurter FC Viktoria	D	6	0	0	20	7	1	12	23:32	-9	22
115	1. FC Kaiserslautern	D	2	0	0	12	6	2	4	18:16	+2	20
131	1. FC Nürnberg	D	2	0	0	8	5	1	2	16:14	+2	16
135	FC Carl Zeiss Jena	D	2	0	0	8	5	0	3	12:11	+1	15
137	Eintracht Frankfurt	D	1	0	1	7	4	2	1	23:15	+8	14
161	Hertha BSC	D	1	0	0	12	2	4	6	10:18	-8	10
164	TSV 1860 München	D	1	0	0	4	3	0	1	12:4	+8	9
167	1. FC Magdeburg	D	3	0	0	8	3	0	5	15:11	+4	9
201	Eintracht Braunschweig	D	1	0	0	5	2	0	3	5:5	0	6
241	1. FC Saarbrücken	D	1	0	0	2	1	0	1	5:7	-2	3
243	FC Hansa Rostock	D	1	0	0	2	1	0	1	1:3	-2	3
276	Rot-Weiss Essen	D	1	0	0	2	0	1	1	1:5	-4	1
295	Chemnitzer FC	D	1	0	0	2	0	0	2	2:5	-3	0
299	FC Sachsen Leipzig	D	1	0	0	2	0	0	2	2:6	-4	0

F Finalteilnahmen | **Sp** Anzahl der Spiele | **S** Sieg | **U** Unentschieden | **N** Niederlage | **Diff** Differenz | **Pkt** Punkte (3-Punkte-Regel) | **T** Titel

DIE HÖCHSTEN SIEGE

Datum	Verein	Tore
3.10.1973	Dinamo Bukarest – FC Crusaders	11:0
17.9.1969	Feyenoord – KR Reykjavik	12:2
24.10.1979	Ajax Amsterdam – Omonia Nikosia	10:0
22.9.1970	M'gladbach – EPA Larnaka	10:0
17.9.1969	Leeds – Lyn Oslo	10:0
6.10.1965	Benfica – CS Stade Dudelange	10:0
26.9.1962	Ipswich – Floriana FC	10:0
26.9.1956	Manchester Utd. – Anderlecht	10:0
1.10.1980	Liverpool – Oulu PS	10:1
14.9.1966	Haka Valkeakoski – Anderlecht	1:10
17.9.1986	FC Porto – Rabat Ajax	9:0
3.10.1984	IFK Göteborg – Avenir Beggen	9:0
24.10.1972	FC Bayern – Omonia Nikosia	9:0
22.9.1971	Olympiakos Nikosia – Feyenoord	0:9
16.09.1970	Celtic Glasgow – Kokkola PV	9:0
24.11.1965	Anderlecht – Derry City	9:0
25.10.1961	Real Madrid – Odense 1913	9:0

DIE TORREICHSTEN SPIELE

Datum	Verein	Tore	alle Tore
17.9.1969	Feyenoord – KR Reykjavik	12:2	14
5.11.2003	Monaco – La Coruna	8:3	11
1.10.1980	Liverpool – Oulu PS	10:1	11
3.10.1973	Dinamo Bukarest – FC Crusaders	11:0	11
14.9.1966	Haka Valkeakoski – Anderlecht	1:10	11
10.9.1964	Lokomotive Sofia – Malmö FF	8:3	11
13.9.1961	Odense 1913 – Spora Luxembourg	9:2	11
24.10.1990	Real Madrid – FC Tirol	9:1	10
28.9.1983	Standard Lüttich – Athlone Town	8:2	10
24.10.1979	Ajax Amsterdam – Omonia Nikosia	10:0	10
7.11.1973	Basel – Club Brügge	6:4	10
22.9.1970	M'gladbach – EPA Larnaka	10:0	10
17.9.1969	Leeds – Lyn Oslo	10:0	10
20.11.1968	Lahden Reipas – Spartak Trnava	1:9	10
6.10.1965	Benfica – CS Stade Dudelange	10:0	10
18.9.1965	F. Budapest – Keflavik IF	9:1	10
26.9.1962	Ipswich – Floriana FC	10:0	10
13.9.1961	Feyenoord – IFK Göteborg	8:2	10
18.5.1960	Real Madrid – E. Frankfurt	7:3	10
2.10.1957	R.S. Belgrad – CS Stade Dudelange	9:1	10
26.9.1956	Manchester Utd. – Anderlecht	10:0	10

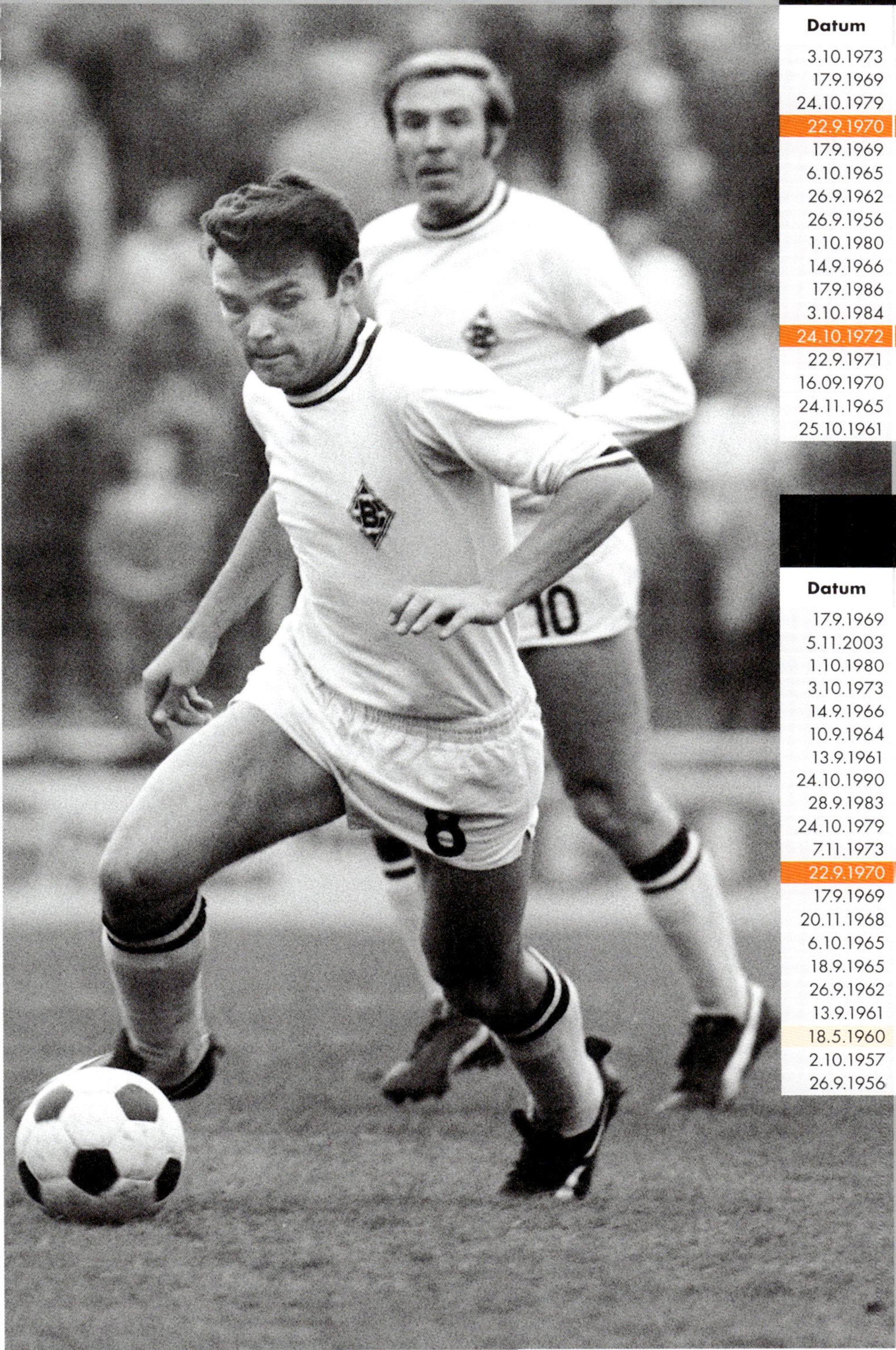

SCHÜTZENFEST. Das einzige zweistellige Europacup-Ergebnis eines deutschen Klubs schaffte Borussia Mönchengladbach 1970. Herbert Laumen war es, der gegen Limassol auch das erste Europacup für die Gladbacher erzielte.

EWIGE NATIONEN-TABELLE

Rang	Nation	C	T	F	Sp	S	U	N	Tore	T-D	Pkt
1	Spanien	119	16	27	1056	549	240	267	1932:1130	+802	1887
2	England	109	12	19	936	471	223	242	1604:953	+651	1636
3	Deutschland	138	7	17	937	433	197	307	1598:1229	+369	1496
4	Italien	107	12	27	861	402	224	235	1303:907	+396	1430
5	Frankreich	89	1	6	603	252	137	214	894:726	+168	893
6	Portugal	81	4	9	515	217	116	182	762:625	+137	767
7	Niederlande	74	6	8	445	177	112	156	650:537	+113	643
8	Schottland	56	1	2	299	121	62	116	427:402	+25	425
9	Belgien	57	0	1	307	108	66	133	411:467	–56	390
10	Griechenland	65	0	1	323	92	83	148	357:500	–143	359
11	Ukraine	42	0	0	260	96	54	110	338:357	–19	342
12	Türkei	63	0	0	292	80	59	153	280:504	–224	299
13	Russland	39	0	0	254	78	60	116	296:368	–72	294
14	Tschechien	37	0	0	195	70	47	78	256:294	–38	257
15	Schweiz	49	0	0	201	66	39	96	277:364	–87	237
16	Rumänien	48	1	2	209	64	42	103	256:318	–62	234
17	Österreich	50	0	0	201	65	34	102	268:356	–88	229
18	Serbien	29	1	2	140	64	21	55	257:195	+62	213
19	Schweden	46	0	1	179	59	32	88	219:309	–90	209
20	Ungarn	40	0	0	151	61	25	65	270:277	–7	208
21	Polen	40	0	0	146	59	22	65	208:238	–30	199
22	Bulgarien	38	0	0	140	44	25	71	190:241	–51	157
23	Dänemark	46	0	0	159	36	36	87	177:323	–146	144
24	Norwegen	45	0	0	156	29	32	95	165:330	–165	119
25	Slowakei	14	0	0	62	23	13	26	83:92	–9	82
26	Kroatien	13	0	0	62	20	11	31	73:103	–30	71
27	Zypern	32	0	0	94	18	15	61	87:243	–156	69
28	Finnland	35	0	0	86	15	7	64	68:256	–188	52
29	Nordirland	33	0	0	75	8	19	48	71:193	–122	43
30	Irland	36	0	0	79	8	12	59	63:227	–164	36
31	Weißrussland	7	0	0	38	7	10	21	37:87	–50	31
32	Albanien	19	0	0	41	7	8	26	26:69	–43	29
33	Luxemburg	36	0	0	78	8	5	65	62:332	–270	29
34	Malta	30	0	0	62	7	6	49	28:211	–183	27
35	Island	26	0	0	56	5	7	44	43:177	–134	22
36	Israel	7	0	0	34	4	4	26	26:69	–43	16
37	Armenien	1	0	0	6	5	0	1	14:5	+9	15
38	Slowenien	3	0	0	14	1	4	9	6:32	–26	7
39	Bosnien–Herzegowina	3	0	0	8	1	2	5	9:13	–4	5
40	Kasachstan	1	0	0	6	0	4	2	5:11	–6	4
41	Georgien	1	0	0	4	1	0	3	7:8	–1	3
42	Lettland	2	0	0	4	0	1	3	0:11	–11	1
43	Mazedonien	1	0	0	2	0	0	2	0:6	–6	0
44	Litauen	1	0	0	2	0	0	2	0:8	–8	0

C Club-Saisons | **T-D** Tor-Differenz

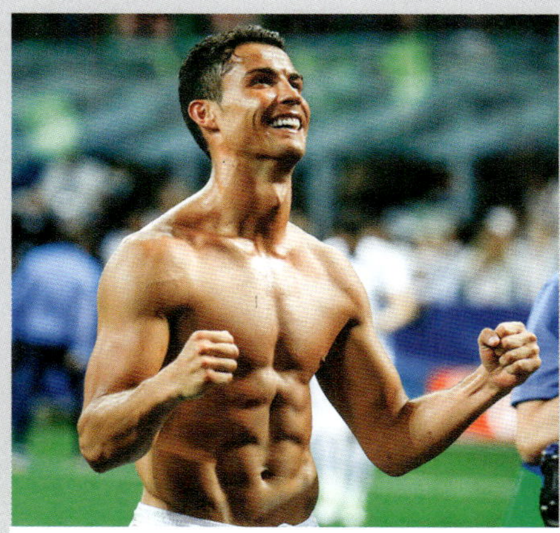

DER SHOWMAN. Cristiano Ronaldo posiert mit nacktem Oberkörper, hat sich selbst zu einer Marke gemacht. Aber keiner schoss so viele Tore wie der Portugiese im Dienste von Real Madrid.

REKORD TORJÄGER

Rang	Spieler	Tore
1	Cristiano Ronaldo	93
2	Lionel Messi	83
3	Raúl	71
4	Ruud van Nistelrooy	56
5	Thierry Henry	50
6	Alfredo Di Stéfano	49
7	Zlatan Ibrahimović	48
	Andriy Shevchenko	48
9	Karim Benzema	46
	Eusébio	46
	Filippo Inzaghi	46

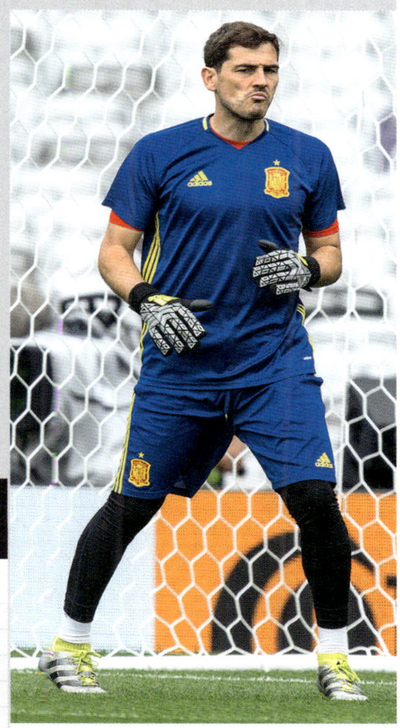

DER HEILIGE IKER. So nennen die Spanier ihren Torwart Iker Casillas. Keiner spielte häufiger in der Champions League als der Torhüter von Real Madrid und dem FC Porto.

REKORD SPIELER

Rang	Spieler	E
1	Iker Casillas	156
2	Xavi	151
3	Ryan Giggs	145
4	Raúl	142
5	Paolo Maldini	135
6	Cristiano Ronaldo	127
7	Clarence Seedorf	125
8	Paul Scholes	124
9	Roberto Carlos	120
10	Zlatan Ibrahimović	119

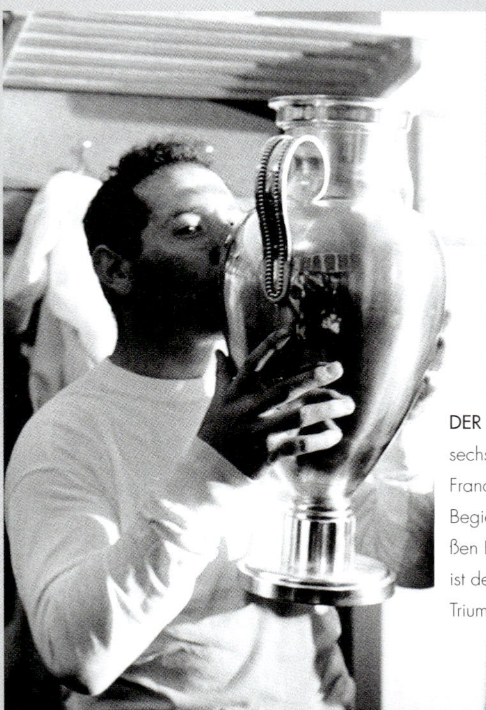

DER REKORDHALTER. Nach dem sechsten Titelgewinn 1966 küsst Francisco Gento die Trophäe der Begierde. Er gehörte zum „Weißen Ballett" von Real Madrid und ist der einzige Spieler mit sechs Triumphen.

SPIELER MIT DEN MEISTEN TITELN

Rang	Spieler	T
1	Francisco Gento	6
2	Juan Alonso	5
	Alessandro Costacurta	5
	Alfredo Di Stefano	5
	Rafael Lesmes	5
	Paolo Maldini	5
	Marquitos	5
	Hector Rial	5
	Juan Santisteban	5
	Jose Maria Zarraga	5

DER DAUERBRENNER. Gemeinsam mit Francisco Gento stand Paolo Maldini achtmal in einem Finale. In der Liste der Rekordspieler liegt der Italiener, Kapitän und Abwehr-Ass vom AC Mailand auf Platz fünf.

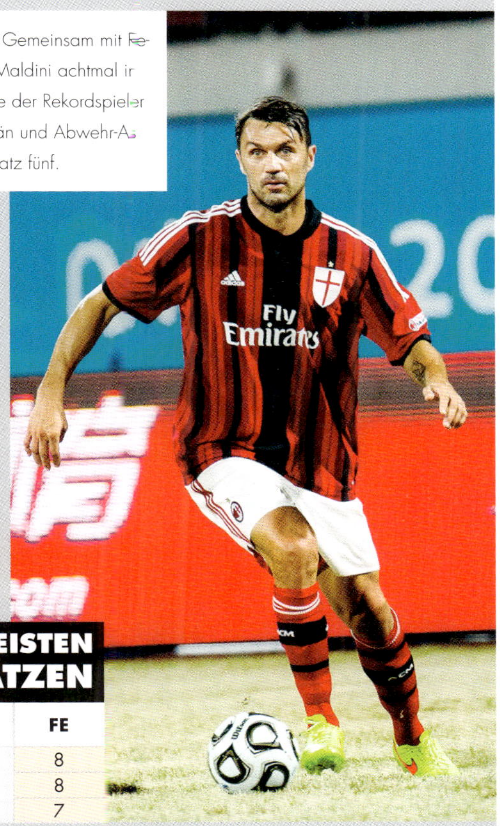

SPIELER MIT DEN MEISTEN FINAL-EINSÄTZEN

Rang	Spieler	FE
1	Francisco Gento	8
	Paolo Maldini	8
3	Alfredo Di Stéfano	7

E Einsätze | **FE** Finaleinsätze

TITEL REKORDE

Club	Saisons	T	F
Real Madrid	46	11	14
AC Mailand	28	7	11
Liverpool	21	5	7
FC Bayern	32	5	10
FC Barcelona	26	5	8
Ajax Amsterdam	28	4	6
Inter Mailand	18	3	5
Manchester Utd.	26	3	5
Juventus	30	2	8
Benfica	33	2	7
FC Porto	29	2	2
Nottingham	3	2	2
Eindhoven	24	1	1
Steaua Bukarest	17	1	2
R.S. Belgrad	17	1	1
Marseille	14	1	2
Feyenoord	13	1	1
Chelsea	14	1	2
Dortmund	13	1	2
Celtic Glasgow	23	1	2
Hamburg	6	1	2
Aston Villa	2	1	1

FINAL TEILNAHMEN

Club	Saisons	T	F
Real Madrid	46	11	14
AC Mailand	28	7	11
FC Bayern	32	5	10
FC Barcelona	26	5	8
Juventus	30	2	8
Liverpool	21	5	7
Benfica	33	2	7
Ajax Amsterdam	28	4	6
Inter Mailand	18	3	5
Manchester Utd.	26	3	5
Atlético Madrid	11	0	3
Stade Reims	4	0	2
Marseille	14	1	2
Dortmund	13	1	2
Steaua Bukarest	17	1	2
Hamburg	6	1	2
FC Porto	29	2	2
Nottingham	3	2	2
Valencia	11	0	2
Celtic Glasgow	23	1	2
Chelsea	14	1	2
Feyenoord	13	1	1
E. Frankfurt	1	0	1
R.S. Belgrad	17	1	1
Eindhoven	24	1	1
St. Etienne	9	0	1
Club Brügge	11	0	1
M'gladbach	6	0	1
Florenz	5	0	1
Leverkusen	10	0	1
Partizan Belgrad	10	0	1
Sampdoria	1	0	1
Leeds	4	0	1
Monaco	11	0	1
Aston Villa	2	1	1
AS Rom	10	0	1
Panathinaikos	22	0	1
Arsenal	20	0	1
Malmö FF	13	0	1

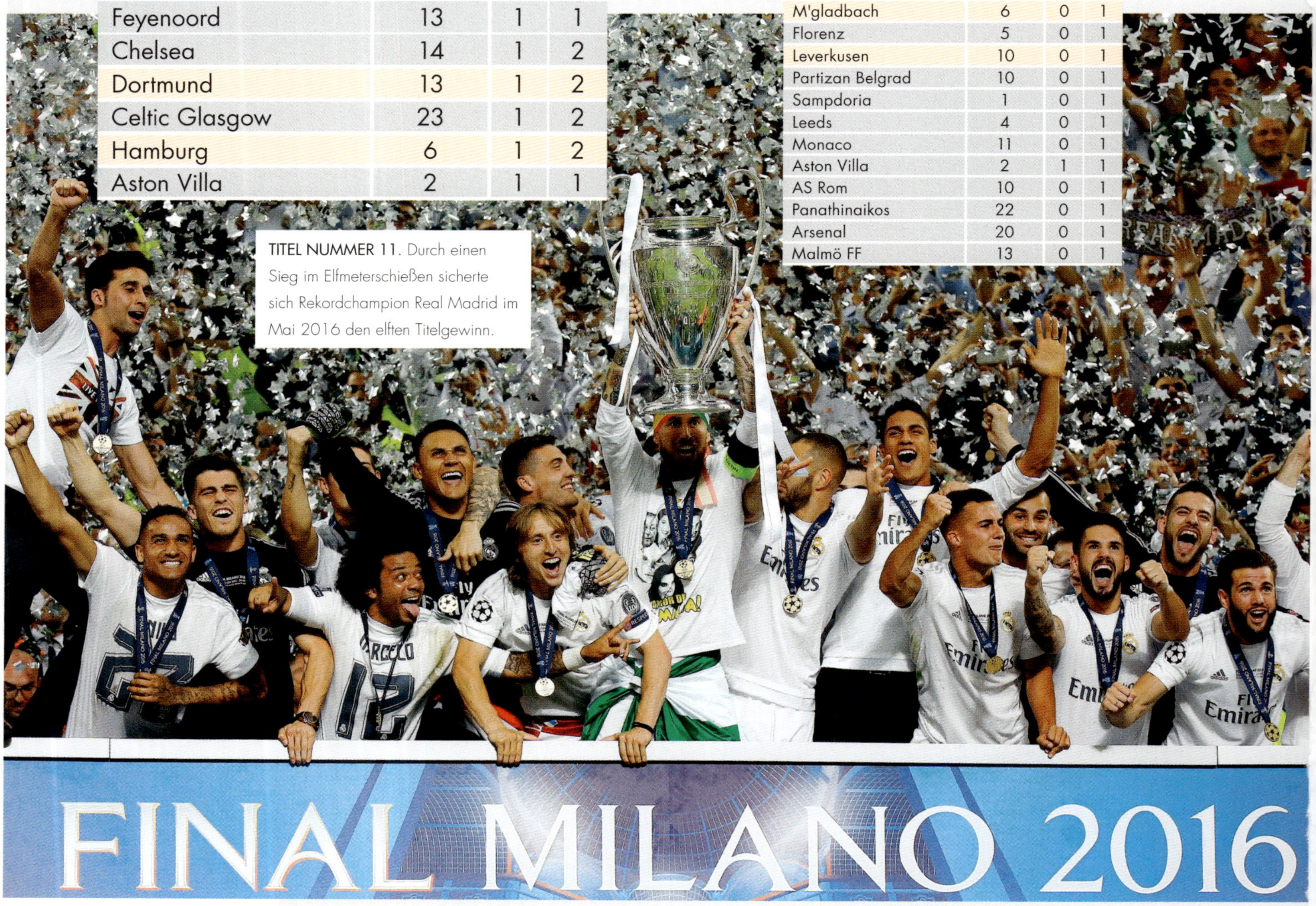

TITEL NUMMER 11. Durch einen Sieg im Elfmeterschießen sicherte sich Rekordchampion Real Madrid im Mai 2016 den elften Titelgewinn.